启真馆 出品

反联邦论

[美] 默里·德里、赫伯特·J. 斯托林 编

马万利 译

ZHEJIANG UNIVERSITY PRESS
浙江大学出版社

图书在版编目（CIP）数据

反联邦论 /（美）默里·德里，（美）赫伯特·J. 斯托林编；马万利译 .
—杭州：浙江大学出版社，2021.5
书名原文：The Anti-Federalist
ISBN 978-7-308-20656-3

Ⅰ . ①反… Ⅱ . ①默…②赫…③马… Ⅲ . ①宪法—美国—文集
Ⅳ . ① D971.21-53

中国版本图书馆 CIP 数据核字（2021）第 074901 号

本书译自：*The Anti-Federalist: An Abridgment*, by Murray Dry, of *The Complete Anti-Federalist*, edited by Herbert J. Storing, The University of Chicago Press, Chicago and London, 1985。

反联邦论

［美］默里·德里 ［美］赫伯特·J. 斯托林 编 马万利 译

责任编辑	王志毅	
文字编辑	孙华硕	
责任校对	董齐琪	
装帧设计	罗　洪	
出版发行	浙江大学出版社	
	（杭州天目山路 148 号　邮政编码 310007）	
	（网址：http://www.zjupress.com）	
排　　版	北京辰轩文化传媒有限公司	
印　　刷	河北华商印刷有限公司	
开　　本	635mm×965mm　1/16	
印　　张	34	
字　　数	396 千	
版 印 次	2021 年 5 月第 1 版　2021 年 5 月第 1 次印刷	
书　　号	ISBN 978-7-308-20656-3	
定　　价	118.00 元	

中译本序言

一

　　1775 年，英属北美殖民地爆发反对英国统治、争取独立的战争。1776 年 7 月 4 日，殖民地召开大陆会议，会议通过了由托马斯·杰斐逊起草的《美利坚十三个联合政体共同宣言》(The Unanimous Declaration of the Thirteen United States of America，后世称《独立宣言》)，不承认英国国王对 13 个殖民地的权威，宣告殖民地独立。1777 年 11 月 19 日，大陆会议通过《邦联条例》(The Articles of Confederation)，规定独立后的 13 个邦以邦联的形式联合为一个政治体，名称为"美利坚合众国"(The United States of America)。1783 年 9 月 3 日，英美两国代表在巴黎签订和约，英国承认美国独立。

　　独立后，美国因战争欠下了沉重的内债和外债，还面临英国的海上封锁、边境印第安人的骚扰以及国内部分地区的骚乱。有人指责邦联政府过于软弱，呼吁修改《邦联条例》，赋予合众国政府更大的权力。1787 年，在邦联国会的授意下，各邦派代表在费城集会。会议持续了 3 个多月 ①，最后通过了一部《宪法》草案，提请邦联国会提交各邦批准。这部《宪法》草案规定，宪法获得 9 个邦批准后生效。

随后，各邦组织召开不同形式的代表大会或会议，就本邦是否接受这部《宪法》草案进行讨论和表决。1787 年 10 月，特拉华邦第一个宣布接受《宪法》草案；至 1788 年 6 月 21 日，宾夕法尼亚、新泽西、佐治亚、康涅狄格、马萨诸塞、马里兰、南卡罗来纳、新罕布什尔等 9 个邦先后宣布接受《宪法》草案，《宪法》获得效力。到 1790 年 5 月，余下的弗吉尼亚、纽约、北卡罗来纳、罗得岛等邦也先后宣布接受《宪法》草案。

在费城会议以及随后的宪法批准运动中，对《宪法》草案的反对之声不绝于耳，赞成与反对双方的辩论与斗争十分激烈。那些赞同《宪法》草案的人自称为"联邦主义者"（the federalist），相应地将对《宪法》草案持反对意见的人称为"反联邦主义者"（the anti-federalist）。在费城会议上，有的代表因反对会议议程而提前离会，有的拒绝在《宪法》草案上签字，这些反联邦主义者包括：马萨诸塞邦的艾尔布里奇·格里、纽约邦的罗伯特·耶茨和约翰·兰辛、马里兰邦的路德·马丁和约翰·弗朗西斯·默塞、弗吉尼亚邦的乔治·梅森和埃德蒙·伦道夫。托马斯·杰斐逊、约翰·昆西·亚当斯、弗吉尼亚邦代表帕特里克·亨利等因

---

① 关于会议的起始时间，后世有不同算法。综合来看，会议有几个时间节点：5 月 14 日为会议原定开幕日期；5 月 25 日，会议代表达到法定人数；9 月 15 日，《宪法》草案誊清；9 月 17 日，代表签字，会议结束。据此，一说会议始于 5 月 25 日，共 116 天，见詹姆斯·麦迪逊《辩论：美国制宪会议记录》（上、下），尹宣译，沈阳：辽宁教育出版社，2003 年，"联邦制宪会议记录的解密与成书"第 4 页；另说会议始于 5 月 14 日，共 127 天，见凯瑟琳·D. 鲍恩《民主的奇迹：美国宪法制定的 127 天》，郑明萱译，北京：新星出版社，2013 年，第 18-19 页等处。

故未参加会议，可被视为会场外的反联邦主义者。在宪法批准运动中，联邦主义者与反联邦主义者为了避免自己的身份影响读者的理解力，大都采用化名发表文章，阐述自己的政治见解。联邦主义者亚历山大·汉密尔顿、詹姆斯·麦迪逊、约翰·杰伊共用化名"普布里乌斯"（Publius）[①]。反联邦主义者主要有：森提内尔、布鲁图斯、联邦农夫、宾夕法尼亚邦大会少数派、阿格里帕、一位农夫（又作"一位马里兰农夫"）等等；反联邦主义者帕特里克·亨利、理查德·亨利·李更多以实名写信或者发表演讲。

　　虽然联邦主义者与反联邦主义者之间的分歧并非泾渭分明，有些人对于《宪法》草案的态度会随着时间的推移与形势的改变而改变，两个阵营内部也都存在分歧，但是，双方的主要分歧还是大致有脉络可寻。联邦主义者认为，合众国正面临巨大的危机，而当前的《邦联条例》没有为邦联政府赋予应对危机所必需的权力，特别是在全国范围内征税与设立常备军这两项重要权力，因此，必须修改条例，扩大总体政府的权力。反联邦主义者认为，合众国并不存在严重危机，当前的困难可以在邦联体制下随着时间的推移逐步得到解决；税收权是关系到人民的自由与幸福的重要手段，必须由各邦保留；和平时期的常备军是危险的，各邦现有的民兵足以满足防御之需；《宪法》草案为未来的联邦政府赋予了过于强大的权力，那些权力将使各邦政府形同虚设；《宪法》草案没有为联邦政府各部门权力设计有效的平衡与制约机制；《宪法》草案缺乏重要的保护人民权利的条款；邦联国会授权费城会议修改《邦联条例》，但会议抛出一部新《宪法》，这是一种越权行为，《宪法》草案不具备正当性。

[①] 中文化名者名字以楷体标识，反联邦主义者的化名原文见本书附录。

　　长期以来，人们似乎更愿意从今天《美利坚合众国宪法》中看到当年宪法斗争中的主要胜利者——联邦主义者的功劳，而对被冠以"反联邦主义者"头衔的反对派和修正派们不能给予足够的重视和肯定。在绝大多数历史教科书和史学论著中，反联邦主义者"作为消极和失败的因素，只是在伟大的 1787 年宪法运动的阴影中，才找到一席促狭之地"①。实际上，反联邦主义者从一开始就被"污名化"了。从双方的政治分歧看，正如学者指出，联邦主义者的真正称呼应该是"国家主义者"（nationalist），反联邦主义者才是"真正的联邦主义者"。②反联邦主义者并非"失败者"，有学者指出，反联邦主义者的政治原则"并没有被《宪法》消解，而是内在于美国政治生活的原则与传统之中"③。更有学者指出，反联邦主义者应该被视为"另一种建国者"（the other founders）④。笔者注意到，美国当代历史学家约翰·菲尔林通过对杰斐逊与汉密尔顿这两位"建国之父"的平行研究，指出在美国 200 多年的政治历程中，"那些相左的意见像是美国政治体的 DNA 双链"，共同炼成了今天的合众国。⑤总之，反联邦主义者与联邦主义者一样，对美国政治思想传统都产生了深远的影响，

---

① Murray Dry, *The Anti-Federalist: An Abridgment of The Complete Anti-Federalist ed. by Hebert J. Storing*，Chicago: University of Chicago Press, 1985, p.1.

② David J. Siemers, *Ratifying the Republic: Antifederalists and Federalists in Constitutional Time*, Stanford: Stanford University Press, 2002, preface, p.xvii.

③ Murray Dry, *The Anti-Federalist*, p.4.

④ Saul Cornell, *The Other Founders: Anti-Federalism and the Dissenting Tradition in America 1788—1828*, Chape Hill: The University of North Carolina Press,1999.

⑤ John Ferling, *Jefferson and Hamilton: The Rivalry That Forged A Nation*, London: Bloomsbury Press, 2013；约翰·菲尔林：《杰斐逊与汉密尔顿：美利坚是怎样炼成的》，王晓平、赵燕、黑黥译，北京：商务印书馆，2015 年；马万利：《坚守与重塑：评约翰·菲尔林的"国父史学"》，载《读书》2018 年第 6 期。

应该得到后世的关注和研究。

二

在那场宪法斗争中，不论胜败如何，联邦主义者与反联邦主义者都为后世留下了不朽的文献。这些文献可分为两部分：一部分是费城会议的各种记录，另一部分是各邦在宪法批准时期两派发表的文章、书信与演讲等。

费城会议是在高度保密的状态下进行的，但是，会议并不反对与会代表个人记录会议内容，并同意官方的会议记录可在日后由总统或总统交由国会处理。这样，到会议结束时，根据后世学者的发掘，已经形成了至少10份由会议代表留下的会议记录，主要有：马萨诸塞邦代表鲁弗斯·金、佐治亚邦代表威廉·皮尔斯、新泽西邦代表威廉·佩特森、马里兰邦代表詹姆斯·麦克亨利、纽约邦代表罗伯特·耶茨、弗吉尼亚邦代表乔治·梅森等与会代表的会议记录，官方会议秘书威廉·杰克逊（William Jackson）少校的正式会议记录，亚当斯总统组织编成的会议记录。弗吉尼亚邦代表詹姆斯·麦迪逊的会议记录后来被编辑出版，值得重视。①美国学术期刊《比较法律》认为，"不读麦迪逊的宪法会议记录，无人能够进入《美国宪法》的研究"。在麦迪逊记录的基础上，美国学者马克斯·法兰德编辑了大部头会议记录汇编②，颇

---

① *Notes of Debates in the Federal Convention of 1787*, by Madison James, with an introduction by Adrienne Koch, Athens, Ohio: Ohio University Press, 1966.

② Max Farrand ed., *The Records of the Federal Convention of 1787*, New Haven: Yale University Press, 1911(3 vols.), 1937(4 vols.), 1966(4 vols.). 该书目前尚无中译本。此外，该书另有节本：Max Farrand, *The Framing of the Constitution of the United States*, New Haven and London: Yale University Press, 1913. 节本兼有资料集与论著的性质。

受好评，《纽约时报》书评栏目指出它是"1787年美国宪法大会工作进程记录的标准权威版本"。1987年，詹姆斯·H.哈特森主编了对马克斯·法兰德汇编的补遗①。后世出版的这些会议记录详略不同，各有特色，在笔者看来，麦迪逊与法兰德的记录是研究费城会议以及会议上联邦主义者与反联邦主义者不同观点的主要文献。②

联邦主义者与反联邦主义者的政治言论更多地发表于费城会议之后的各邦宪法批准大会期间。联邦主义者亚历山大·汉密尔顿、詹姆斯·麦迪逊、约翰·杰伊以普布里乌斯为名发表文章。最初的77篇文章于1787年10月与1788年4月之间各自发表于纽约的三份报纸《独立》(*Independent Journal*)、《纽约邮报》(the *New York Packet*)及《每日广告》(*The Daily Advertiser*)中。1788年3月22日，汉密尔顿将前36篇结集出版；5月28日，又出版了第二集。③1788年，这77篇文章加上普布里乌斯后来发表的8篇文章共85篇被结集出版④，一般被简称为 *The Federalist*。到20世纪，学者更习惯称这部文献为 *The Federalist Papers*。

---

① James H. Hutson ed., *Supplement to Max Farrand's the Records of the Federal Convention of 1787*, New Haven:Yale University Press, 1987.

② 本文关于费城会议记录的介绍，参考尹宣：《联邦制宪会议记录的解密和成书》。对于其中提到的文献，凡本人能找到的，都进行了出处考证。尹宣（1942—2009），旅美华人，对美国早期政治文献译介作出杰出贡献，2009年元月因心脏病突发病逝于武汉。

③ 参见尹宣：《〈联邦论〉汉语译本序言》，载汉密尔顿、杰伊、麦迪逊：《联邦论：美国宪法述评》，尹宣译，南京：译林出版社，2016年，第7页。

④ *The Federalist: A Collection of Essays, Written in Favour of the New Constitution, as Agreed upon by the Federal Convention, September 17, 1787, in two volumes* (1 ed.). New York: J. and A. McLean. 1788. 现藏于美国国会图书馆。

相比之下，人们对反联邦主义者的言论的注意和收集要比联邦主义者文章的集结出版迟得多。晚至 1965 年，莫顿·博顿编辑的《反联邦主义者文集》（以下简称"文集"）出版。① 在这部文集中，博顿把反联邦主义者的文章和书信摘录到一起，编为 85 章。该书附有博顿本人的导言、哈罗德·W. 伯林格（Harold W. Bolinger）的前言以及约翰·罗纳德（John Roland）的导言。博顿的文集意在与《联邦主义者文集》对应，结果，一方面，这使得反联邦主义者的历史地位在学术界得到很大的提升；另一方面，在一定程度上难免仍然将反联邦主义者置于联邦主义者的"阴影"之中，并且，他在体例上拘泥于 85 章的做法，使得这个版本注定不能成为真正意义上的全集。

1980 年，赫伯特·J. 斯托林编辑的《反联邦主义者全集》（七卷本）（以下简称"全集"）② 出版。斯托林编写全集的方式是：第 1 卷收录了一些相关的序言和导言，第 2 卷收录那些不愿在《宪法》上签名的宪法大会代表的反对言论和最主要的议题，接下来再按各邦批准《宪法》的顺序来编排——宾夕法尼亚（第 3 卷）、马萨诸塞和新英格兰（第 4 卷）、马里兰、弗吉尼亚等（第 5 卷）、纽约（第 6 卷上部），第 6 卷下部为对全集的总结，第 7 卷为全集索引。斯托林摆脱了博顿的体例局限，尽可能详尽地收录了费城会议期间以及各邦宪法批准大会时期众多反联邦主义者的言论，是目前所见真正意义上的全集。值得一提的是，在全集

---

① Morton Borton, ed. and with introduction, *The Antifederalist Papers*, Michigan: Michigan State University Press, 1965.

② Herbert J. Storing, *The Complete Anti-Federalist*, Chicago: University of Chicago Press, 1981, vol.7. 斯托林编辑此全集始于 1963 年，到 1977 年逝世时基本完成，后期的编辑工作由他的学生默里·德里（Murray Dry）完成。

的第 1 卷中，斯托林写了一篇长达 100 页的前言《反联邦主义者赞成什么？》，次年以单行本出版。①

1985 年，斯托林的学生默里·德里在斯托林全集的基础上，编辑出版了《反联邦主义者文选》（以下简称"文选"）。② 这个选本在编排上采用与文集基本相同的方式，在内容上带有明显的侧重，其中很多是"反联邦主义者作品中最有影响力的部分，它们在诸如联邦主义、共和主义、司法审查以及权利法案等问题上，提供了与《联邦主义者文集》不同的观点"③。总体看来，这个选本是值得信赖的。

在上述三部主要反联邦主义者文献之外，还有按地区或者主题编撰的宪法批准运动文献汇编。中译本附录了默里·德里开列的这类文献。

迄今为止，联邦主义者文献至少已经有三个中译本。1980年，程逢如、在汉、舒逊依据纽约出版商"现代文库"的文献版本译出中译本《联邦党人文集》。④ 但这并非该文献目前唯一的中译本。值得重视的是，2012 年，台湾地区的学者推出中译本《联邦论》⑤；2016 年，尹宣翻译并评注的《联邦论：美国宪法述评》

---

① Herbert J. Storing, *What the Anti-Federalists Were For*, Chicago: University of Chicago Press, 1982.

② Murray Dry, *The Anti-Federalist: an abridgement of the Complete Anti-Federalist ed…...by Hebert J. Storing*, Chicago: University of Chicago Press, 1985.

③ Murray Dry, *The Anti-Federalist*, Preface, p.vii.

④ *The Federalist: A Commentary on the Constitution of the United States from the Original Text of Alexander Hamilton, John Jay, James Madison*, New York: Modern Library；汉密尔顿、杰伊、麦迪逊：《联邦党人文集》，程逢如、在汉、舒逊译，北京：商务印书馆，1980 年。

⑤ 汉密尔顿、麦迪逊、杰伊：《联邦论》，谢叔斐译，长春：吉林出版集团有限责任公司，2012 年。

出版。[1]

目前还没有一部真正意义上的反联邦主义者文献中译本。《反联邦党人赞成什么？》[2]是《反联邦主义者全集》第1卷中"编者前言"的中文单行本，并非反联邦主义者的原始文献。《联邦党人与反联邦党人在宪法批准中的辩论（1787—1788）》[3]按编译者设立的七个主题将联邦主义者与反联邦主义者的言论并列收录在一起，有一定的争鸣效果，但内容单薄，远不能反映反联邦主义者政治思想的精华甚或全貌。《辩论：美国制宪会议记录》是麦迪逊所做的宪法大会记录，并不专门包含反联邦主义者的政治言论，更未收录宪法批准运动期间反联邦主义者的政治言论。相比之下，反联邦主义者文献的编译工作是国内学术界的当务之急。

三

中译本主要以默里·德里的文选为底本。译者查对了上述赫伯特·J.斯托林的全集及多部相关历史文献。这类历史文献基本上都实现了数字化，可免费下载，译者将电子版与纸质版进行了比对。

中译本在第7章"弗吉尼亚"中增加了理查德·亨利·李致埃德蒙·伦道夫总督的信。为方便读者阅读，中译本附录了一些文献资料，包括：

---

[1] 汉密尔顿、杰伊、麦迪逊：《联邦论：美国宪法述评》，尹宣译，南京：译林出版社，2016年。

[2] 赫伯特·J.斯托林：《反联邦党人赞成什么？——宪法反对者的政治思想》，汪庆华译，北京：北京大学出版社，2006年。

[3] 《联邦党人与反联邦党人在宪法批准中的辩论（1787—1788）》，姜峰编译，北京：中国政法大学出版社，2012年。

——反联邦主义者中英文化名与实名对照表

——费城会议前后 13 个殖民地（邦、州）基本情况

——《邦联条例》

——费城会议代表名单

——费城会议《宪法》草案

——全集目录

尽管读者很容易查到《邦联条例》与费城会议《宪法》草案的多种中译本，但这里也附上与本书相配套的中译本。

中译本中的"文选序言"出自默里·德里，"全集序言"及各章中的"引言""编者按"均出自赫伯特·J. 斯托林。

每篇文章在英文底本中仅以日期标识，中译本按照译者的理解添加了标题，日期保留。各章尾注为原注，由赫伯特·J. 斯托林所撰。中译本中的脚注除少数出自默里·德里（标为"——默里·德里"）外，均为译者所撰，标识省略。为便于读者查阅原文，注释中带有文献信息性质的人名及文献名一律保留原文。

中译本保留了全集及文选中的段落号，以便读者检阅。示例：段落号 2.7.1，表示以下文字出自全集的第 2 卷第 7 章第 1 段；尾注中的"联邦农夫 II，2.8.15"，表示联邦农夫的第二篇文章，载于全集的第 2 卷第 8 章第 15 段。个别情况下，同一个段落号之下会出现多个自然段，这有时是由于底本如此，有时是由译者对过长的段落拆解而成。可以理解，中译本尾注中提到的某些段落号并不能在正文中找到对应段落，因为中译本是对全集的节略。

中译本保留了文选的页码，即本书边码，以便读者在使用"索引"时检阅。第 7 章"弗吉尼亚"中"理查德·亨利·李致埃德蒙·伦道夫总督的信"是译者添加的，因此没有边码。

中译本的"索引"尝试用一种新的编排方式。译者放弃目前国

内学术译著中索引照搬原文，按英文字母排序的惯常做法，改为按中文词条的汉语拼音排序。愚以为这样能使读者查阅更加便捷，充分发挥索引的检索功能。因此，读者在索引中检索外国人名时，需注意按其姓氏而非名字的中文拼音顺序排检，如"约翰·亚当斯（John Adams）"，索引中作"亚当斯，约翰（Adams，John）"。

中译本中的联邦主义者或者反联邦主义者的化名或笔名用楷体标识。译者尽可能对其真实身份进行考证，并在附录中列出。

四

关于一些重要术语的翻译，有必要重新申论。

核心术语 the (Anti-)Federalist 的汉译颇费思量。主要由于商务版中译本《联邦党人文集》的广泛影响，这一术语在国内学术界多数时候被译为"（反）联邦党人"。在一些著述中，它有时也被译为"反联邦主义者"（李剑鸣）、"（反）联邦派"（杨仕文、尹宣、谢淑斐），或转译为"州权派"（张友伦、李昌道）、"民主派"（黄绍湘、余志森），等等。"党人"的译法取"朋党"之意，并不一定意味着当今政治领域的"政党"。这个译法本身并无不妥，但容易让今天的读者联想到"政党"。实际上，美国建国初期还没有形成较为正式的政治党派，并且党派之争在当时的政治领袖及很多民众看来是应该被杜绝的。因此，上述谢淑斐及尹宣各自推出的中译本《联邦论》中放弃了"党人"的译法。再者，宪法反对者们常常各自独立行动；有论者指出，宪法反对者们失败的一个重要原因，就是没有建立组织、采取共同行动。鉴于此，译者放弃"党"或"派"的译法，选择"（反）联邦主义者"的译法。

中译本的书名也经反复推敲而成。译者这里首先向《联邦党人文集》三位前辈译者程逢如、在汉、舒逊致敬！他们在上个世纪80年代的这项开拓性工作，为国内学者走出浩劫年代的政治阴影、了解美国政治制度及世界政治文明提供了一个重要窗口。作为《联邦党人文集》的"姊妹篇"，中译本定名为"反联邦论"，而不是"反联邦党人文集"，主要是因为考虑到前述"（反）联邦主义者"的译法，同时借鉴谢淑斐及尹宣各自推出的两部中译本《联邦论》，并考虑到它并非全集，而是文选。

中译本中的"联邦""邦联""联盟""国家"等术语需要放到具体语境中理解。汉语学界通常将美国《1787年宪法》生效之前的体制称为"邦联"（confederation），之后的体制称为"联邦"（federation）。但是在本书中，一些反联邦主义者可能出于自己对政治的理解，并不刻意做这种区分，很多时候混同使用。译者遵照"信"译原则与约定俗成，将confederation译为"邦联"，将federation译为"联邦"。因此，在中译本中，联邦有时可能指《宪法》生效之前的体制，而邦联偶尔也指其后的政体，希望读者不要为此困扰。此外，联邦主义者与反联邦主义者还经常用union笼统表示新《宪法》生效前后的各邦联合形式，中译本译作"联盟"或"联合体"。联邦农夫等人称自己所在的邦为country，译者直译为"国家"，以准确表达言者的政治观念；由此，中译本中的"国家"可能指各邦，可能指合众国，希望读者根据语境理解。

关于state一词，一般情况下，中译本将独立之后、新《宪法》生效前的那13个state译为"邦"，将其后的state译为"州"。译者认为，邦联时期的13个state都有自己的《宪法》，有独立的征税与训练民兵的权力，有自己独立的终审法庭，可以说在很大程度上是一个主权政治体，近似于中文的"邦"。译者注意到，北美宣布独立后，1776 年 12 月 28 日，宾夕法尼亚殖民地第一个颁布带有宪法性质的《宾夕法尼亚共和国（邦）居民权利宣言》（A Declaration of the Rights of the Inhabitants of the Commonwealth, or State of Pennsylvania），确定其主权实体的官方名称为"宾夕法尼亚共和国"，并沿用至今，此即为一例。不过，在某些语境中，为表述方便，中译本也不刻意区分"邦"与"州"的翻译。

1787 年的费城会议，国内通常称为"制宪会议"。但是，反联邦主义者较少用 constitutional convention 之类的表述（联邦主义者亦是），更多的是 the federal convention、the Philadelphia convention、the convention of 1787，the assembly 等等。译者认为，这再一次说明反联邦主义者质疑那次会议的"制宪"正当性。因为如前文所述，他们认为邦联国会只是授权各邦代表修改《邦联条例》，结果代表们抛出一部新的《宪法》草案，是一种僭越行为，有人甚至认为是一场阴谋。因此，中译本避免使用"制宪会议"一词，选择按照原文直译为"联邦大会""费城会议""宪法大会""大会议"等等。同时提醒读者注意，一些反联邦主义者有时也用"大会"（the convention、the assembly）代指各邦的宪法批准大会。相信熟悉那段历史的读者能够结合上下文识别它们的所指。

对于新《宪法》为合众国所设定的政府，那个时代的论者多使用 general government（总体政府）来指称，反联邦主义者还使用 federal government（联邦政府）、entire government（整体政府）、national government（全国性政府）描述它的性质，甚至斥责其为 complete government（全能政府）、consolidated government（统制政府）。希望读者注意体会这类描述的微妙涵义。值得提醒的是，国内中文著述描述合众国政府时，不时见到

"中央政府"这一表述，这是十分错误的，因为相关历史文献中没有 center government 这类表述，而且合众国是联邦性质的，只存在联邦政府与邦（州）政府，只有非联邦性质的国家才有中央政府与地方政府。

税收问题是反联邦主义者与联邦主义者争论的核心问题之一。这方面双方经常使用的术语有：tax、duty、impost、excise、import、export 等等。译者不专于税制理论，尝试将它们分别译为"直接税""间接税""关税""消费税""进口税""出口税"。这些中译应符合美利坚在那个时代的税制实践，但与当前国内学术界的通行理论不甚吻合，如有不妥之处，敬请方家指谬。

顺便说一下，美国国名 the United States of America 被译为"美利坚合众国"，但其更贴切的译法难道不是直译名"美利坚联邦"——美利坚的联合的各邦？"合众国"译名的本意指众国之合，但在现代汉语中，"合众"有"民众联合"的歧义。很多美国宪法研究者坚持认为，美国是各邦的联合，而不是"民众联合"，他们指责《宪法》"开头的那七个字"（We the people of the United States）中"我们人民"的表述是对"我们各邦"的僭越。

术语翻译是学术译介中的重要问题。尹宣提出要"重构汉语译名（概念）体系"[①]，虽为矫枉过正，但并非空穴来风。译者无意于矫枉过正，上述译名有些已经约定俗成，沿用亦未尝不可。

2018 年 7 月 2 日于大连理工大学

[①] 尹宣：《〈联邦论〉汉语译本序言》，载汉密尔顿、杰伊、麦迪逊：《联邦论：美国宪法述评》，尹宣译，南京：译林出版社，2016 年，第 6 页。

文选序言

这部文选是由对赫伯特·J.斯托林的《反联邦主义者全集》[1]节略而成，目的是为研究美国政治思想，特别是关注美国建国问题的学者提供一个与《联邦主义者文集》相对应的单卷本。这些著述和言论入选的依据是它们所表达的观点的重要性，以及它们在宪法批准运动中的独特地位。

在选材取舍方面，我遵循先师的建议，那些建议在他对全译本所收录文章的说明中，以及它的延伸性文章《反联邦主义者赞成什么？》（参见"参考文献"）中，都有所提及。那篇文章的第1章可视为本书的导言。

斯托林安排反联邦主义者的出场方式是：首先，是那些"未签名者"[2]的反对意见及其最重要的文章；然后，按地理位置以及批准《宪法》的时间先后排序——宾夕法尼亚、马萨诸塞、新英格兰、弗吉尼亚及南弗吉尼亚、纽约。我的选本沿用这一顺序，保留了每个地区的材料。关键的文章是布鲁图斯的信件（全部收录）及联邦农夫的信件（节选）。这些都是反联邦主义者作品中最有影响力的部分，它们在诸如联邦主义、共和主义、司法审查以及权利法案等问题上，提供了与《联邦主义者文集》不同的观点。

---

[1] Herbert J. Storing, *The Complete Anti-Federalist*, Chicago: University of Chicago Press, 1981. 斯托林编辑此《全集》始于1963年，到1977年逝世时基本完成，后期的编辑工作由他的学生默里·德里完成。

[2] 指没有或者拒绝在《宪法》草案上签名的人，参见附录四《费城会议代表名单》。

本书保留了《反联邦主义者文集》的很多编辑模式——斯托林为每部分写作序言，介绍它的宪法批准运动的背景以及所选文章的大致情况，在注释中介绍了进一步的参考文献；保留了页边的段落编码。（为方便起见，为每个段落设计了三个数字，第一个数字表示该段落属于《反联邦主义者文集》的第几卷，第二个数字表示该段落属于该卷中的第几篇文章，第三个数字表示该段落属于该文章的第几个自然段。）选文内容若有删节，原段落及其编码保留不变。因此，会出现数字不连贯的情况，斯托林的导言中提到的段落有时在这个选本中也会找不到。读者若想参阅全集，在定位原段落时几乎没有麻烦。（《反联邦主义者全集》的内容表在单行本《反联邦主义者赞成什么？》的附录中也能找到。）

这本文选所列的参考文献包括两个部分。除了斯托林在注释中经常提到的著作（他使用了简称）之外，我添加了一些书籍和文章，其中有些为斯托林所引或者所知，另外一些是他 1977 年去世后才出版的。

我勉力使这个单卷本忠于斯托林原初作品的高品质和完整性。

默里·德里

viii

全集序言

《合众国宪法》被建国一代人视为杰出的，甚至举世无双的，1因为它是审慎抉择的产物。先前的建国方案大多数似乎要么是机遇的产物，要么是某一个全能人物颁布的法令。但是，《合众国宪法》是众多不同的政治家在一起花了三个多月才制定出来的，它在全国经过广泛、充分、激烈的辩论，它的采纳经过了一个十分开放的代议制程序。从这一点讲，我们必须认识到，那些反对《宪法》的人在建国过程中起到了虽然次要但不可或缺的作用。他们参与了美利坚建国的对话。举一个最突出的例子，经过 1787 年和 1788 年讨论后形成的这部《宪法》并非后来的那部《宪法》，大家都知道，它很快得到了修正，添加了一部《权利法案》。再者，一个国家的创建并不因《宪法》的制定而结束。这部《宪法》的确解决了很多问题，它确立了关于治国及其原则的长期框架——我们不接受当前的这样一种说法：根本大法尚未成形，还有待后代人形塑。但是，它没有解决一切问题，它没有完成确立美利坚国家制度的任务。共同体的政治生活仍然是一种对话，其中反联邦主义者的关注点与原则仍然起着重要的作用。

那么，反联邦主义者应该获得国父的名号，应该承认，这多少有点反讽的意味。他们也配得上人们赋予建国者的那种荣誉与研究热情。然而，总体上，他们并没有获得这种地位。他们曾投身于一项消极的、失败的事业，最后只在伟大的 1787 年宪法运动的阴影下，才找到一席促狭之地。他们经常被说成是心胸狭隘的地方政客，目光无法超越他们自己所在的邦或者地区。他们被描述成没有原则的人，宁愿利用任何争论拖延《宪法》的生效，而在《宪法》被采纳之后，很多人又改头换面，成为热切的联邦主义者。[1]诚然，随着批评《宪法》及其制定者的比尔德学派的兴起，反联邦主义者开始被以一种更友好的眼光看待。梅里尔·詹森（Merrill Jensen）告诫我们要认真思考反联邦主义者的主张有可能是正确的——他们主张《邦联条例》（the Articles of Confederation）只需要温和的改变，而《宪法》背离了革命的原则。他鼓励对反联邦运动进行完整的历史叙述，指出有必要对反联邦主义者的思想进行认真研究。与此同时，比尔德学派分析模式的粗糙之处也被抹平，我们今天不再受到比尔德很多过激之处的影响，开始重新思考宪法冲突中的阶级差异。[2]所有这些研究都不无价值，但是，对比尔德视角的矫正恰恰暴露了其最初的斜视缺陷，即它倾向于考察反联邦主义者中的简单民主派农民，正如倾向于考察联邦主义者中追逐私利的商业寡头一样。[3]这些研究都有其道理，但其画面仍是单薄的、扭曲的。实际上，在为数不多的关于反联邦主义者思想的重要论述中，有一个是非常有说服力的，它反对将比尔德的理论用于反联邦主义者身上，并试图证明，反联邦主义者实际上是一群对美利坚民族的自我治理"心存疑虑的人"。[4]戈登·伍德①对于美国建国以及美国何以逐渐融入一种新的政治理论进行了百科全书式的论述，这极大地推动了我们关于反联邦主义者的理解。伍德的眼光深刻、犀利，但是，他最后对于从反联邦主义者自身的角度去理解反联邦主义者不感兴

———

① 戈登·伍德（Gordon S. Wood），美国当代著名历史学家，其多种著作有中译本问世。

趣，而是更愿意揭示塑造整个"意识形态"（Ideology，贝林的术语）氛围的那种更深刻的社会力量。由此，那场对于反联邦主义者来说完全是政治性的辩论，对于伍德来说完全是社会性的了。[5]

对于反联邦主义者的思想、原则以及观点，目前还没有哪种研究像反联邦主义者自己或者当时其他人的考察那样持久、深入。本书想展开的正是这种研究。我们的目的不在于展现反联邦运动的历史，或者分析其经济、社会或者心理基础。我们试图避免预设某种外在的问题或者分析框架。相反，我们将从反联邦主义者思想内部入手，像他们思考问题那样去思考问题，像他们提出问题那样追寻问题。我们将探索反联邦主义者理论的不同层面，批判性地深入到他们之中，必要的时候也会走出来，但我们始终认为，反联邦主义者有很多可借鉴之处。美国是以辩论或对话的形式建立的，因此，反联邦主义者的思想最好被放在那场对话运动及其不同层面上进行考察。有鉴于此，在关注辩论中的反联邦主义者时，也有必要对联邦主义者予以适当关注，但是其目的只是展现反联邦主义者到底反对什么，这对于理解他们赞成什么是有必要的。

在开始探寻反联邦主义者赞成什么时，应该说，我们没有像字面上理解的那样，去解释反联邦主义者反对什么。反联邦主义者反对的首先是《宪法》。然而，在从更深入、更重要的角度看，我们探寻的目标在某些方面的确是正确的，因为反联邦主义者自己知道，他们关于《宪法》的消极结论源于一种积极的政治理论或者政治原则。[6] 那么，我们的目的就是要对反联邦主义者的根本立场予以同情的、批评的、全面的论述。

然而，有没有一个单一的反联邦立场呢？乍一看来，的确没有。反联邦主义者声称宪法反对者们也互不认同，他们没有共同

3

的原则，他们的观点互相冲突。这一点夸大其词，因为在很多针对《宪法》的反对观点上，他们之间的一致性比乍看起来要大得多。[7]当然，当深入阅读反联邦主义者的作品后，不可能不为其中的巨大差异而震惊。我们很难发现一个全部反联邦主义者都同意的立场。到最后，他们甚至在反对接受《宪法》这个问题上也不能达成一致。很多人同意，只要确保《宪法》得到修正，他们就接受它；其他人最后甚至不需要保证修正也接受了《宪法》，认为那是最佳选择。实际上，要确定谁是反联邦主义者，也没有明确而快捷的方法。有些人，著名的如埃德蒙·伦道夫，在不同时期是联邦主义者或者反联邦主义者。一些人对两种立场的温和节制态度常常暧昧难辨。而且，反联邦主义者的具体反对意见及其给出的理由常常带有明显的自相矛盾之处。这不是说，联邦主义者的情况就更好。联邦主义者之所以给人留下更有统一性的印象，是因为他们在（总体上）支持《宪法》这一点上是一致的，虽然某些联邦主义者的保留观点与反联邦主义者的反对意见几乎难辨。由于联邦主义者的胜利，以及《联邦主义者文集》给后代留下的巨大影响，这一印象还得到强化，这部文集占据了联邦主义者的舞台，将统一性扩大到全部支持《宪法》的人之中。[8]实际上，在联邦主义者中也存在对立与矛盾，就像在他们的对手中一样。

如果联邦主义者与反联邦主义者都有内部分歧，那么从更深层次看，他们也是互相联合的。他们分歧的根源不在于对人性或者政治生活的目的的不同理解。他们不是相互斗争的政体之间的深刻分裂。他们是同一个家族成员之间不那么尖锐、也不那么清晰的分歧，那些成员都同意，政府的目的是管理以及保护个人的权利，而实现这一目的的最佳工具是某种有限的、代议制的政府形式。双方的共同之处是，在更大范围说清楚两个阵营之间相对

模糊的界限，以及各自内部的多样性。这并不是说，差异可以忽　4
略，就像有些人说的，合众国内部没有根本性的政治斗争或者政
治理论创建。[9]差异是有限的，但是，它们是实际存在的，而且
是形式清晰的。我们的国家诞生于认同，但生活在分歧之中，而
分歧的主要界限可上溯到建国时期的那场辩论。

　　我们在探寻反联邦立场的根本一致性时，不是要列出各种观
点的出现频率。我们要寻找的不是"共同点"，而是那些"根本性
的"东西。我们有可能在少数几份文献中，甚至在某一份文献中
找到这种东西。因此，在探究这类问题时，在联邦主义者一方，
像詹姆斯·麦迪逊这样的人会比像坦奇·考克斯①这样的人更重
要。这不是因为前者更典型，或者直接说，更有影响力，而是因
为他看得更远、更清楚。同样道理，在反联邦主义者一方也是如
此，他们是联邦农夫、布鲁图斯，以及诸如（马里兰）农夫、公
正考察者之类不那么出名的人物。这些人并非都被广泛阅读，其
中某些人提出了不同一般的观点，他们探索了，或者至少展现了
绝大多数其他反联邦主义者视为当然的理论基础。

　　用这种方法，在扫清我们道路上表面的障碍，并尽可能处理
好我们甚至在最好的反联邦主义思想家身上也可能发现的那些模
糊和松散之处后，我们将发现一套更加清晰、更具内在一致性的
原则，这套原则对于理解美国的创建以及美国政体的重要性，超
乎我们通常的想象。但是我们也会发现，在反联邦立场的核心地
带，有一种悖论或者说张力。这是反联邦思想的关键缺陷，同
时也是它的力量乃至光荣所在。对于《宪法》的那些核心原则，

---

① 坦奇·考克斯（Tench Coxe, 1755—1824），美国建国时期政治家，曾代表宾夕法
　尼亚州出任国会代表（1788—1789），常用笔名"美利坚公民"（American Citizen）
　写作。

反联邦主义者既不完全反对也不完全接受。他们实际上印证了汉密尔顿的讥讽：试图和稀泥。[10]塞西莉亚·凯尼恩（Cecelia Kenyon）总结说，他们是一群心存疑虑的人，道理就在这里。联邦主义者以抓住了美利坚民族的机遇而自豪；反联邦主义者并非看不到这一机遇，他们只是没能联手抓住。他们怀疑，他们阻挠，他们多虑。然而，这不是思想的失败或者勇气的缺乏。他们有自己的"理由"，而那些理由是有分量的。他们认为——这一点不能轻易否定——这一伟大的民族机遇从根本上讲是有问题的，无论是抓住它还是放弃它，都不可能不带任何风险。反联邦主义者既想要联盟也想要各邦；既想要大的美利坚共和国，也想要小的、自治的共同体；既想要商业美德也想要市民美德；既想要个人收益也想要公共利益。归根到底，反联邦主义者的思想展现了这些张力，任何重大的美国政治思想都需要面对它们，因为它们并没有被《宪法》消解，而是内在于美国政治生活的原则与传统之中。

尾注

［1］ 参见 John Fiske, *The Critical Period of American History, 1783—1789* (Boston 1888) ch. 7; George Bancroft, *History of the Formation of the Constitution of the United States of America* (New York 1882) II, book 4 passim; George Ticknor Curtis, *Constitutional History of the United States: from Their Declaration of Independence to the Close of the Civil War* (New York 1889) I, 626; Andrew McLaughlin, *The Confederation and the Constitution, 1783—1789* (New York 1905) ch. 17; Forrest McDonald, *E Pluribus Unum* (Boston 1965) 208.

［2］ Charles Austin Beard, *An Economic Interpretation of the Constitution of the United States* (1913, 1935); Merrill Jensen, *The Articles of Confederation* (Madison, Wisc., 1940); Jensen, *The New Nation* (New York 1950); Jackson Turner Main, *The Anti-Federalist: Critics of the Constitution* (Chapel Hill, N. C., 1960); Forrest McDonald, *We the People: The Economic Origins of the Constitution* (Chicago 1958); Robert E. Brown, *Charles Beard and the Constitution: A Critical Analysis of "An Economic Interpretation of the Constitution"* (Princeton 1956); Jackson Turner Main, "Charles A. Beard and the Constitution: A Critical Review of Forrest McDonald's *We the People," William and Mary Quarterly* January 1960, 88–102, 此文包含 Forrest McDonald 的反驳，ibid. 102–110.

［3］ 参见 Main, *Antifederalists* 280–281.

［4］ Cecelia Kenyon, "Men of Little Faith: The Anti-Federalists on the Nature of Representative Government," *William and Mary Quarterly* January 1955; Kenyon, "Introduction," *The Anti-Federalists* (Indianapolis 1966).

［5］ Gordon Wood, *The Creation of the American Republic, 1776—1787* (Chapel Hill, N, C., 1969) ch. 12. 参见 Bernard Bailyn, *The Ideological Origins of the American Revolution* (Cambridge, Mass., 1976).

［6］ 因此，Anti-Federalist 似乎是这个名字的最贴切的写法。这个词在当时写法不一，此后也是。Anti-Federalist 这个写法为这群人（或者这种立场）提供了一个较为恰当的称谓，使正方与反方形成对垒，但实际上是在强调其作为反对派的角色。Antifederalist 一词写起来更方便，今天已被广泛接受，但表达的是一种实际上并不存在的内部一致性，而 Anti-Federalist 表达的只是一个否定性的、依附性的统一性。Forrest McDonald 可能是唯一一位考虑到这一细微书写问题的作者，他同意这两种写法的区分。他接受 Anti-Federalist 这一写法，认为它"是更中性的术语"；而当它不用作中性时，实际上反映了他的一个与这里的结论相反的观点，即，在反联邦主义者的观点或者原则中没有重要的理论一致性。Forrest McDonald, "The Anti-Federalists,

1781—1789," *Wisconsin Magazine of History* Spring 1962, 206n.

[7]　Plebeian 6.11 等处。

[8]　*The Federalist* 的根本统一性是有争议的。参见 Douglass Adair, "The Authorship of the Disputed Federalist Papers" part 2. *William and Mary Quarterly* April and July 1944；再版于 *Adair, Fame and the Founding Fathers*, ed. H. Trevor Colbourn (New York 1974) 27–74. Alpheus Mason, "The Federalist—a Split Personality," *American Historical Review* LVII, no.3 (1952). Gottfried Dietze, *The Federalist* (Baltimore 1960).

[9]　Daniel Boorstin, *The Genius of American Politics* (Chicago 1953).

[10]　*The Federalist* no. 23, 151.

目　录

第 1 章

森提内尔

编者按

森提内尔^①是反联邦主义者中最多产、名气最大的写手，他　7
刊载于费城《独立报》^②及费城《自由人》(*Freeman's Journal*)
上的那些文章被广泛印刷，只不过不是全文。[1]前两篇文章曾在
众多报纸上转载，也曾作为单页报单独发行。[2]最早的 9 封信还
曾再刊于 1788 年纽约发行的一部反联邦主义者的文章汇编。[3]

森提内尔的文章共有三组。第一组共 18 篇，发表于 1787 年 10
月 5 日至 1788 年 4 月 9 日之间，讨论新《宪法》及其鼓吹者的原
则。第二组是第 19—24 篇，发表于 1788 年的 10 月和 11 月，目的
是影响《宪法》被采纳后新国会代表的选举。这一组文章主要涉及
宾夕法尼亚过去以及当前的政党政治，以及罗伯特·莫里斯^③及其同
僚的财政丑闻。最后，在 1789 年秋，又出现了另外 12 篇文章，署
名"重生的森提内尔"，涉及《联邦宪法》的修正案草案，以及本邦
《宪法》和本邦一些政治事件。全集只收录第一组文章。^④

森提内尔的信件当时一般认为出自大法官乔治·布莱恩
(George Bryan)，后者是宾夕法尼亚一位杰出的立法者和法官，
也是本邦反联邦主义者的主要领导人。然而，布莱恩法官的儿
子塞缪尔(Samuel Bryan)曾宣称自己是其中几封私人信件的作

---

① 森提内尔(Centinel)为 Centinel(意为"哨兵")的音译，主要活动在宾夕法尼
亚。另，1817 年波士顿曾刊行一份报纸，名为《哥伦比亚哨兵报》(*Columbian
Centinel*)。

② 《独立报》(*Independent Gazetteer*)，又名《自由年鉴》(*the Chronicle of Freedom*)，
由以利亚撒·奥斯瓦尔德创办，1782—1790 年间在费城发行，每日出版(星期天
除外)，是当时发表反联邦主义者言论的主要媒体之一。

③ 罗伯特·莫里斯(Robert Morris, 1734—1806)，美国国父之一，在独立战争中任
财政官员。

④ 本书只收录第一篇文章。

者[4]。今天，人们一般认为，他就是作者，只不过反映的是他父亲的思想，而且无疑是与乃父密切合作的产物。[5]

森提内尔不像比如说联邦农夫的那些信件或者加图（Cato）、布鲁图斯的文章那样，对观点进行系统的安排和表达。他的文章更像是一些不无偏见的即兴演讲，跨越了一段时间，面对的是一群摇摆不定并且多少心不在焉的听众。在众多主题上游移不定而不是对主题进行有章法的阐述，是森提内尔的风格。通常，他写文章时，一开始回顾上一篇文章，然后，要么移到新的问题上，

8　　要么阐述此前几乎从未提及的主题，要么基本上是在重复早先的观点。森提内尔强调最多的，通常是关于某些通常命题的肤浅论述，比如：抵制大人物影响的重要性，报纸的批评立场以及联邦主义者对此的扼杀企图，支持《宪法》的人的各种邪恶之举，等等。但正是通过对这些基本主题的抽丝剥茧，可以导出更有意义、更关键的观点。

这些文章冗长而为人诟病。虽然伯顿·康克尔（Burton Konkle）说，"这些文章在当时堪与联邦主义者的文章相媲美，只不过一个在这边，一个在另一边"[6]，但这样的说法几乎是站不住脚的。虽然这些文章中散布着有史学价值的信息，还不乏根本性的、重要的观点，但总体上，它们的品质无法与那些最好的反联邦主义者作品相比，更不用说联邦主义者的作品了。第一篇文章在整个反联邦主义者的作品中实际上具有很高的重要性；第二篇文章也重要；第四、五、六、七篇文章对于反联邦主义者思想的研究者来说，包含了有价值的材料；其余的文章对于非专业读者来说，几乎可以一带而过。下面对每篇文章的内容作一简要介绍。

在第一篇文章中，森提内尔首先指出心平气和、审慎思考的

重要性，接下来开始讨论约翰·亚当斯的均衡政府原则。森提内尔认为：第一，人类没有足够的智慧建构这样一个政府；第二，它不能持久；第三，它在任何情况下都不能达到保护自由的目的。自由政府的正确原则是政府对人民负责，在那里，人民是有德性的，财产是平均分配的。因此，最好的政府是结构简单的、任期较短的、轮选的等等。这部《宪法》草案既不是亚当斯所希望的均衡的，也不是森提内尔所设想的有责任的。接下来，森提内尔开始讨论新《宪法》下国会的权力，他警告，所有的思想家都认为，一个过于辽阔的国家不能按民主原则治理，除非结成一个由众多小共和国组成的邦联（2.7.1–19）。接下来，他讨论新政府的结构，指出，参议院将是具有巨大权力的组织，而政府在实际运行中将是没有责任的寡头制。最后，森提内尔还指出，它没有制定条款规定出版自由和陪审团制度。

在第二篇文章中，森提内尔先是重复了讨论必须是集中而自由的，不受"声名显赫的人"的影响，然后开始逐条反驳一篇最有影响力的联邦主义者的文章，即詹姆斯·威尔逊（James Wilson）10月 6 日对费城公民的简短致辞。[7]森提内尔指出，联邦政府的权力，特别是在税收和司法领域的权力，会危害各邦，危及出版自由和人身自由，而这些都没有一部权利法案予以保护。他指出，在和平时期不应该维持常备军，除非获得立法机构 2/3 票数的同意；参议员将成为永久寡头制的轴心；关于修正的规定其实是虚的；宪法反对者远不止一些利益相关的人，还包括值得尊敬的自耕农、费城会议上的一些人，以及国会中的大多数人。

第三篇文章一开始重复了此前的一些观点：决断的重要性、深入考察的必要性以及联邦主义者的可疑动机。森提内尔描述了导致宪法制定及其在宾夕法尼亚获得通过的那些事件，由此证明躲藏在旧体制中的寡头制试图变成新的、永久性制度的企图。他还批评国会被赋予了改变邦的决定的权力——国会有权改变邦就联邦国会议员选举、征召民兵、维持奴隶贸易20年等问题开会的时间、地点及方式。他这最后一条是这篇文章唯一有意义的贡献（2.7.26）。最后，他表达了对于贵格会支持《宪法》的不解，并援引布鲁图斯的作品讨论了在一个辽阔疆域维持自由政府的不可操作性。

第四篇文章更有实质性内容。森提内尔在这篇文章中坚持认为，美利坚当前的困境是由革命的财政需求造成的，而不是源于《邦联条例》的内在缺陷。他警告政府过度治理的危险，那将削弱人民的责任与义务意识，而这对于一个自由政府来说是非常重要的；在此基础上，他指出，唯一必要的修正就是，赋予国会对商业课税以及规划贸易的权力。最后，他再次叙述了宪法制定过程中的秘密：争论激烈，依赖有名望的人物，夸大当前困境，企图把新政府说成是唯一的替代方案，反对呼声之高，以及重新考虑的必要。

第五篇文章主要是回应威尔逊在宾夕法尼亚宪法批准大会上的一段讲话，称合众国的高度统制是不恰当的。这篇文章很多地方是重复第一篇和第二篇文章对于新《宪法》下总体政府权力过于宽泛的批评。在这篇文章中，森提内尔首次讨论了"必要和适当条款"问题，他通过证明《宪法》将使得各邦只不过是选举团，并且会渐渐（通过国会在规定选举上的最终权力）被全都排挤出去，反驳了威尔逊关于《宪法》要求保存各邦的说法。这篇文章还包含关于双主权的简短但有趣的论述（2.7.99–100），并论及政府的目的是制约和控制野心与权谋（2.7.101）。

在第六篇文章中，森提内尔讲道，人民曾经充满对自由的热10 忱，如今却打算牺牲掉它，完全不顾新《宪法》中人所共知的危险，"只想收获商业规划的金色果实"，这是一种"不可思议的转变"。在这种评价中，森提内尔揭示了人性中对支配权的贪念，提出必须在创设政治制度时对此预先防范："公民政府的伟大目标，就是保护弱者不受强者的压迫，使每个人都享有同等的自由……"（2.7.107）

第七篇文章没什么实质性内容。森提内尔的这篇文章与此前文章的不同之处仅在于，对宾夕法尼亚的联邦主义者予以更加有力的批驳，并建议，虽然宾夕法尼亚大会采取赞同态度，但被"爱国的启蒙之笔"唤醒的人民"将在任何必要的时候用武力主张自己的自由"。（2.7.116）在文章的最后，他提议再召开一次大会。

第八篇文章讨论了自由的好处、新《宪法》的危险，以及被诸如华盛顿等令人尊敬的人名遮蔽的宪法鼓吹者们的腐败特性和变节行为。相比先前的讨论，这篇文章在语言上更加粗暴，另外，还指出商人的特性就在于，沉浸在自己狭窄的财富计划中，是最后一批注意到对公共安全的威胁的人（2.7.126）；除此之外，了无新意。

第九篇文章一开始赞扬了费城会议是一次爱国主义对野心的胜利，出身良好的人几乎不会企图推翻它。接下来指出，《宪法》表面上保留了对自由的热爱，但实际上是在心甘情愿地向统治我们的人投降。联邦主义者的不当勾当由来已久。

第十篇文章描述了报纸的成功，它唤醒人们去认识《宪法》的危险及威尔逊和联邦主义者的倒行逆施——他们建立委员会以征集资金，为联邦主义者计划的实现以及在必要的时候使用武力提供支持。

在第十一篇文章里，森提内尔回到更系统的辩论中。宪法鼓吹者主要依赖三个观点:(1)共同体的困境;(2)无政府状态的弊端;(3)联盟解散的可怕后果。第一个观点在前面文章中已经论及,森提内尔在这里只讨论第二和第三个观点。他指出,即便是无政府状态,也要比专制好;《宪法》被采纳,要比《宪法》不被采纳,更有可能导致无政府状态;联盟解体是不可能发生的,那实际上只是《联邦主义者文集》作者脑子里幻想出来的;即便拒绝《宪法》的结果是联盟的破裂,偶尔打几仗也要比专制好。在这篇文章的最后,森提内尔抱怨,邮政当局阻挠报纸从一个邦传递到另一个邦。

11　　在第十二篇文章中,森提内尔辩称,宪法赞成者的活动包含了阴谋。他揭露他们热衷于收费,他们仰赖有名望的人,他们在马萨诸塞之类的地方造势,以及他们企图压制报纸,特别是在宾夕法尼亚。

第十三篇文章进一步批判"阴谋家们"的活动,最后呼吁"爱国者们"建立地方社会组织,加强彼此之间的交流,以"挫败野心团伙的计谋"。

在第十四篇文章中,森提内尔大量援引路德·马丁的原话,证明新《宪法》并不是要、也不打算要建立一个联邦政府,而是要建立一个统制的(consolidated)政府。在这篇文章的最后,他进一步讨论了反联邦主义者报纸的发行遭压制的问题。

在第十五篇文章中,森提内尔重拾第一篇文章的主题,指出政府科学是最难的、最深奥的,人们很容易受到有手段、有野心的人的蒙骗,特别是在当前这样的时刻,对新事物的正常的疑虑已经被丢弃。成堆的报纸都在怂恿马萨诸塞批准宪法,这证明马萨诸塞的形势使得很多正派人士落入了联邦主义者的圈套,选举是在亢奋的情绪中进行的,有才干的反联邦主义者很少获选,即便如此,《宪法》仍只是以微弱优势获得通过,并以修正为条件。

在第十六篇文章中，森提内尔指出，关于追溯既往法律的条款会阻止新国会采取措施迫使公共渎职者说明原因。如果国会打算为政府筹划钱财，其成员会被支持《宪法》的誓言所阻碍；而如果即便如此他们仍要这样做，就会受到最高法院的限制，（森提内尔辩称）因后者将有权采用最后的手段——解释《宪法》。欠合众国的旧债如果不偿还，那么这对某些邦，比如宾夕法尼亚，将是不公正的——这些邦为尽自己的义务付出了非同寻常的努力，而那些拖欠的邦却得到不正当的好处。

在第十七篇文章中，森提内尔首先继续指出，《宪法》包庇拖欠公债的邦，他还具体讨论了罗伯特·莫里斯以及军务总长托马斯·米弗林（Thomas Mifflin）的那些财政事件。他再次提到邮政局"压制""爱国"报纸。最后，他为反联邦主义者作家本杰明·沃克曼（Benjamin Workman）辩护，反击弗朗西斯·霍普金森（Francis Hopkinson）的攻击。

第十八篇文章是最后一篇，他进一步讨论了各种旨在促成《宪法》生效的阴谋伎俩，特别是全国各地的联邦主义者都一致倾向于扩散虚假信息，混淆视听。他描述了反联邦主义者在宾夕法尼亚的力量。森提内尔保留使用化名，以防出现人身攻击，结果分散了读者的注意力，使他们注意不到真正的问题。

新《宪法》在国会权力、政府结构、出版自由等方面的缺陷

【审慎思考的重要性——约翰·亚当斯的均衡政府原则——新《宪法》下国会的权力——新政府的结构——出版自由和陪审团制度】

奥斯瓦尔德先生[①]：

鉴于《独立报》能自由讨论一切公共问题，我希望贵报能在下一期登载拙文如下。

致宾夕法尼亚的自由人
朋友们、同胞们、公民同仁们：

2.7.1　在你们打算永远放弃共和国《宪法》[②]为你们确保的自由与权利之前，请允许我作为你们中的一员，提请你们再思考一下那些伟大而珍贵的权利，恳求你们充分注意我提出的关于联邦政府方案的中肯意见。你们目前的政府机制保障你们拥有自己的人身、房屋、文件、财物不受他人搜查和掠夺的权利，因此，任何许可证，但凡未经事先神圣宣誓或郑重保证而获得充分基础，致使官员或者传令人受命或者被要求搜查你们的房屋、羁押你们的人身或者褫夺你们的财产，又没有详细开列搜查细节的，均不被认可。你们的《宪法》还进一步规定："在关于财产权的争辩中，以及在人与人的纠纷中，各方都有诉诸陪审团的权利，这是神圣不可侵犯的。"它还声明："人民享有言论自由，写作和出版自己思想感情的自由，因此，报刊自由不应受限制。"[8]宾夕法尼亚的法律至今犹存，你们仍然拥有言论自由以及出版自己的思想感情的自由。那些权利还能属于你们多久，你们自己说了算；你们的房子能否继续成为你们的避难所，你们的文件、你们的人身和你们的财产

---

① 即以利亚撒·奥斯瓦尔德（Eleazer Oswald, 1755—1795），美国独立战争时期军官，退役后从事出版和新闻业。

② 这里指"1776年宾夕法尼亚宪法"，全称为《宾夕法尼亚共和国（邦）居民权利宣言》（A Declaration of the Rights of the Inhabitants of the Commonwealth, or State of Pennsylvania）。

能否继续因受到普遍保护而保持神圣和自由，你们现在必须作出决断。陪审团制度能否继续是你们与生俱来的权利，宾夕法尼亚的自由人，不，全美洲的自由人，得站出来大声宣布。

　　我无法想象，提出我的个人见解，并呼吁他人提出自己的见解，是没有法律依据的擅妄之举；况且这些并非我个人的一己之见。而如果我还在以一个自由人的胆识拿起笔写作，那是因为我知道，报刊自由还不受侵犯，陪审团依然是裁决者。　　2.7.2

　　最近召开的大会① 通过了一份建立新的联邦政府的方案，提交给你们思考。这份方案是否旨在实现市民社会的那些伟大目标，即，共同体的幸福与繁荣，这与你们未来的幸福休戚相关。因此，你们理所当然地应该认真思考，而不要受任何有名望的人的权威的影响。对于这份草案，费城的公民们不应该在理性审视其基本原则之前，就在激情的驱使下，决定同意与否；而应该作出冷静的、审慎的考察，并以其内在的德性作为你们赞同与否的唯一标准。如果说在某些形势下，自由而无偏见的讨论是正当的，或者说是必须的，那今天就是这样的时刻——自由人们的自由与那些最宝贵的权利危在旦夕，其前途完全取决于你们当前的行动。对于那些有能力提出政府原则的人，我们应该多加鼓励，让他们引导人民作出更加正确的判断。政府治理是一门深奥的学问，很少有人能无师自通。没有这类帮助，人们很容易听信那些大人物的意见，认为他们的水平最高，因此稀里糊涂就表示同意；很容易轻信那些人的正直和爱国心，跟随他们。人们忘了，一个人的天资越高、能力越强、获得的东西越多，其控制欲就越强，而心地最纯洁的人往往会被人玩弄于股掌之间，成为专制的工具。要不　　2.7.3

　　14

────────────

① 指 1787 年费城会议。

是由于时间与习俗为政府形式带来了稳定及人们的归属感，政府早就落入了少数有先见、有抱负的人之手，而这些人如果联合起来，就可以随时摧毁最好的体制，甚至使人民成为心甘情愿地臣服于他们的工具。

2.7.4　　最近的这场革命已将一切陈规旧俗铲除殆尽。当前各项制度已是全新的，革新的愿望在旧的各个共同体中十分明显，也合乎理性，但目前并不过于强烈；因为最有头脑的人不愿意看到市民政体发生全面的根本性变化，而反对标新立异是普通法的精髓所在。

2.7.5　　那些财大气粗、心怀野心的人，不管在什么群体里，都认为自己有权力对老百姓颐指气使，而且他们总能成功地将这种良好感觉变成现实。这样一来，思想向来犹疑不定的人民，随时打算屈就任何极端政府。他们经历了太多的磨难，虽然个中原因各种各样，但他们一直觉得，那都是由于目前邦联的软弱所致，因此，在他人的诱导下，他们满心指望，只要接受这个政府体制草案，就能脱离苦海；而一旦梦想破灭，他们又立即陷入堕落与虚无。那些大人物自吹自擂，说自己已经赢得了两个在美利坚最具威望的人①的同意，希望以此平息一切对于他们的新方案的怀疑与猜忌；他们洋洋得意，认为自己长期谋划的权力与扩张的计划已经完成。我无意于暗示，这里所谈的这两个人没有报国之心；我的意思是，其中一个人的善良与热忱虽然毋庸置疑，但在一个人们注定毫无经验的问题面前，这份热忱与善良只能是从他自己的其

15　他伟业中假借而来；而年事已高所带来的软弱与踌躇，又在另一

---

① 这两个人指华盛顿与富兰克林。在为期近 4 个月的 1787 年费城会议上，华盛顿被推举为主席，富兰克林德高望重，经常在关键时刻作出有影响力的发言。

个人身上频频得手。[9]

亚当斯先生通过各种论述[10]反复向人们灌输他的那些政府原 2.7.6
则，各家报纸也登载大量文章，花大量篇幅去造势；我担心，它
们对出席这次会议的某些心地善良的人造成了误导。但现在从结
果看，这份政府草案框架有过之而无不及。

我一直翘首以盼，有一位思想开明的爱国之士能拿起笔来， 2.7.7
揭露那些原则的不当，遏止其不良影响。亚当斯先生的好政府方
案的一个核心前提是：三权制衡及其互相约束的本质将带来利益
的平衡，并由此促进共同体的幸福。他断言，每个政府的长官们
都会受到个人利益和野心的驱动，这有损于公共进步；因此，保
障人民权利、促进人民福祉的唯一有效途径，就是在政府各项权
力的运作过程中，在两个不同群体的成员之间建立一种利益对抗，
并由第三个群体的成员来制衡。[11]这种设想假定，人的智慧能够
在政府中树立三支同等力量的权力，并在共同体中形成一种相应
的均势，使这三支力量各自发挥作用，它们的观点与利益各不相
同，足以阻止任何其中两支合谋破坏第三支权力。亚当斯先生追
溯了历史上存在过的每一种政府形式的宪政构成；但是，从所能
查到的史料看，历史并没有提供一个例子，证明这种政府形式的
存在。他的确说过，从理论上讲，英国的宪政就属于这样的政府
形式，但这无异于是在说，他的原则都是虚幻的，在现实上是行
不通的。这样的权力结构如果能行得通，那能维持多久呢？一天
也维持不了，因为人的天赋、智慧和勤勉程度千差万别，这导致
各个团体的力量有大有小，而随着权力的每一次增加，进一步扩
充权力的手段也会大大增多。英国的社会状况比美洲好得多，更
适合这样的政府设计。在那里，有着强有力的世袭贵族，以及等
级与利益的现实差别。但是，即便如此，由于缺少真正的权力相

等及利益差别，政府的三支权力最终徒有虚名。对执政行为的唯一切实有效的制约，到最后只能是人民的思想。

2.7.8　　倘使按照这些原则来构建政府、维持政府，那么政府就能够实现市民社会的那些伟大目标吗？倘使每个政府的执政者们都野心勃勃、利欲熏心，其结果只会是互相倾轧、尔虞我诈，谈何共同体的福利与幸福？

2.7.9　　各行其政的政府不会为全社会带来益处，有鉴于此，我们只

16　能另寻别的政府原则。我相信这样的原则能够找到，那就是，政府中被赋予权力的人对选民的责任越大，这种政府形式就越适合自由人。[12]一个共和的或者自由的政府，只存在于人民品德高尚、财产被恰当平分的地方。在这样的政府里，人民拥有主权，他们的感受或者意见是衡量每一项公共措施的标准；若非如此，政府的性质就变了，寡头制、君主制或者专制统治就会在其废墟上建立起来。最大的责任可以通过简单的政府结构来实现。人民大众不可能自始至终参与政府的运作，而由于缺少必需的信息，又很容易被人灌输各种思想。如果通过设置各种各样的权力机构，将政府方案搞得很复杂，人民又会陷入迷惘。面对滥权或恶行，不同的人会找出不同的源头，有的认为其根源在于参议院，有的认为在于众议院，如此这般，结果人民若插手进来，反而被说成是有瑕疵的，甚或完全无益的。但是，如果我们仿照宾夕法尼亚的《宪法》，将全部立法权力交与单一的机构（独立于行政与司法之外），它经选举产生，任期有限，通过循环流动杜绝终身制，通过搁置议事进程防止急躁冒进，那么，我们就能清晰地划分责任，人民就不会抱怨自己无法不搞错责任者，我们就能找到确定而有效的补救办法，在下次选举中将那些未尽到责任的人剔除出去。这种责任约束能够规避一院制立法机构可能带来的一切危险，最

大程度地保障人民的权利。

提出这样的前提后，下面我将开始考察那份政府草案。我相　2.7.10
信，即便是最平庸无能之辈，也能明显看出，它无一处包含了一
个自由政府所需具备的那些基本要素，它既不是如亚当斯先生所
提倡的，或者不列颠宪政所追求的那样，建立在那些均衡制约的
权力之上，也不需要对其选民负责——在我看来，那些责任是对
人民的自由与幸福的唯一有效的保障；恰恰相反，它是一桩最鲁
莽的行动，企图在自由人之间树立一个专制的寡头政体，这样的
政体人世间不是没有过。

而在我考察总体政府的结构之前，我先讨论一下国会将被赋　2.7.11
予的权力的限度。

毋庸置疑，立法权是政府中最高的代表权，其他一切权力
都从属于它。先贤孟德斯鸠尝言：立法权后面必定紧跟着征税
权。[13]那份政府草案第一条第八款规定，国会有权"规定和征收
直接税、间接税、进口税与消费税，以偿付国债，以及为合众国
提供共同防御和公共福利，但所有间接税、进口税与消费税应全
国统一"。这里说得再清楚明白不过了。且不说该方案中的其他　17
条款，仅此一款，就足以为邦联确保一切强大的行政权力，以及
确保在和平时期维持常备军。这些将成为压迫的巨大引擎，更严
重的是，会将合众国的商业，将财政的一切外部来源，比如对进
口物无限制征收进口税等等，都置于绝对控制之下。它们还会被
附加到任何国内税项之上，税金、关税、地产税，但凡他们认为
"公共福利"所必需的，都会强加到这些邦的公民身上。国会将委
派官员到美利坚的每个角落去征收。常备军会保证税金的收缴，
不论税金多么沉重、多么不公。国会将歪曲目前各邦立法机构的
课税目标，以"公共福利"为名，牢牢控制每一种收入渠道。

2.7.12 　　该方案第三条第一款①规定，司法权适用于"一切基于本宪法、合众国法律以及根据合众国权力所缔结的及将缔结的条约而产生的普通法的及衡平法的案件；一切涉及大使、其他使节及领事的案件；一切有关海事法和海事管辖权的案件；以合众国为当事人的诉讼；两个州或数个州之间的诉讼；一州与另一州的公民之间的诉讼；一州公民与另一州公民之间的诉讼；同州公民之间对他州让与土地的所有权的诉讼；一州或其公民与外国或外国公民或国民之间的诉讼"。

2.7.13 　　司法权将被授予一个最高法院，以及国会依此不断设立的多个下级法院。

2.7.14 　　该条款列举的司法机构管辖目标非常庞大，而民事案件之间的界限常常十分模糊，因此很有可能，州司法机构完全被僭越，因为在司法管辖权的争端中，联邦法庭总是最强大的、最占优势的。每一个熟悉英国法庭历史的人都知道，它们在不同时期，通过什么样的巧妙手段，将自己的司法范围扩大到法律对象所属于的机制之外，尽管与那些对象的属性格格不入；一个刑事法庭甚至掌握民事案件的审理。

2.7.15 　　为了使全能性的国会毫无悬念地凌驾于州的政府与司法机构之上，第六条规定："本宪法及依照本宪法所制定之合众国法律，以及根据合众国权力所缔结或将缔结的一切条约，均为全国的最高法律；即使与任何一州的宪法或法律相抵触，各州的法官仍应遵守。任何一州宪法或法律中任何与之相悖的内容，均为无效。"

2.7.16 　　根据这些条款，征税权这项压倒一切的权力，以及立法、司法等延伸性权力，都被交予总体政府，其结果，这些权力在运行

———————————

① 现为第三条第二款。

过程中，必然会吞并州的立法与司法机制。这都是宪法草定者们蓄意而为的，这一点，还可以从《宪法》其他部分为此专设的条款上一目了然。（但是，由于担心如此巨大的变化会引起人民的警觉，他们不得不保留分权政府的形式，以掩人耳目。）根据第一条第四款"举行参议员和众议员选举的时间、地点和方式，由各州议会自行规定，但除选举参议员的地点一项外，国会可随时以法律制定或变更此类规定"，这无异于规定，当州立法机构退出人们的视线，不再行使这项必要的政府职能时，国会就会代为规定众议员和参议员的选举和任命。 **18**

如果上述说法是正确的，即如果合众国将被融为一个帝国，你就该想一想，无论如何组织，这么大的一个政府是否适用于这么宽广的疆域，它是否具有可操作性，是否有利于自由？一些伟大人物早已论述，任何一个疆域辽阔的国家都不能按民主之类的原则来治理；唯一的办法是，由众多小共和国结成一个邦联，各个小共和国拥有一切内政权力，但在管理外部或总体事务方面联合起来。 **2.7.17**

似乎不难证明，除了专制主义，没有什么能够将一个如此巨大的国家约束在一个政府之下，而且不论你当初建立的是什么样的政府，它最终都有可能演变成专制主义。 **2.7.18**

不同辖区、不同政府有着各种各样的地方利益和需求，它们近水楼台，掌握着优越的信息渠道。如果一个总体政府是按照自由原则建立和维持的，就无力照顾这么多的利益和需求；更何况，如果整个联盟的事务都由一个政府来管理，时间往往也不够。难道我们没有发现，很多大州里居民的居住地距离政府所在地十分遥远，他们在大声抱怨这方面的不便与不利；而且，为了享受到本地政府的好处，他们正在分成更小的区划。[14] **2.7.19**

2.7.20 考察完了权力问题后，下面考察总体政府草案的结构。

第一条第一款规定："本宪法所授予的全部立法权均属于由参议院和众议院组成的合众国国会。"另有条款规定，总统（最高行政官）视条件而定对两院活动实施控制。

第二款规定："众议院由各州人民每两年选举产生的议员组成，每州的选举人应具备该州州议会人数最多一院的选举人所需具备的资格。"

参议院是立法机构的另一个组成部分，由每一州委派的两名参议员组成，任期 6 年。

2.7.21 根据第二条第一款，行政权力被授予合众国总统，总统经选举产生，任期 4 年。第二款规定："总统有权缔结条约，但须取得参议院的意见和同意，并须出席的参议员中 2/3 的人赞成；总统应提出人选，并于取得参议院的意见和同意后，任命大使、公使及领事、最高法院的法官，以及一切其他在本宪法中未经明定、但以后将依法律的规定而设置之合众国官员。国会可以制定法律，酌情把这些下级官员的任命权授予总统本人，或授予法院，或授予各部部长。"另有一款规定，他享有暂缓或赦免叛国罪及其他一切重罪与轻罪的绝对权力，但弹劾案除外。

以上就是方案的大致轮廓。

2.7.22 由此，众议院可以说是站在人民一边，用以制约参议院，而参议院可以说由那些更出色的人、出身良好的人组成。众议院人数（每 3 万居民选举 1 位议员）似乎太少了，既不足以传达必要的信息，如辽阔帝国的各种需求、各自地方的形势与情绪等，也不足以阻止在实施这一强大权力的过程中可能出现的腐败和恶势力。他们被遴选后的任期太长，难以保证维持对选民应有的独立和责任；他们选举的方式与地点规定得不够明确，如果国会可以控制这两点，那么就可能操控选举，办法是指定一个地方选举一个州的全部代表，从而给太多的人带来不便。

在这个方案中，参议院是能力很大的机构，它根据最不平等的　2.7.23
原则组建起来。在联盟中，最小的州与弗吉尼亚、马萨诸塞或宾夕法尼亚等大州有同等的力量。参议院除了其立法功能之外，还在相当大的程度上分享行政权，没有它的建议和认可，无法进行重要官员的任命。它的任期与任命方式可能是永久性的。其成员每 6 年遴选一次，其方式在国会控制之下，由于没有通过轮转来设置限制，他们就可能终身任职，这一点，从他们广泛的影响渠道看，是在所难免的。总统除非与众议院的立场一致，否则可能只是一种虚饰，其结果是，要么沦为那一机构中寡头集团之魁首，要么成为其走狗，而且，由于参议院有着占绝对优势的影响力，就为总统再次当选提供了最好保障。总统可能利用手中的赦免权，在参议院的教唆下，使违背人民自由的严重叛国行径不受处罚。

从这个角度考察这种政府的组织结构，我们发现，它完全放　2.7.24
弃了对人民的责任或者使命；而作为一个常设的均衡政府，它在实践中可能沦为永久的寡头政体。

这样一种政府的真正精神在于，厌恶和压制一切自由的探索　2.7.25
与讨论，受此驱动，该政府方案的创建者们没有就出版自由这一自由的守护神，以及暴政的横祸设置任何条款，而是对此完全沉默。一些伟大著作的作者指出，如果能够通过某种信仰机制或者　20
别的什么体制，使报刊自由成为神圣不可侵犯的事物，那么即便在土耳其，专制统治也会消失得无影无踪。[15] 更值得注意的是，它没有声明个人权利，这本是大多数自由宪法的前提；民事案件中的陪审团机制也被取消，因为根据以下条款，还能出现什么样的机制呢？第三条第二款："涉及大使、其他使节和领事以及以州为当事人的一切案件，其初审权属于最高法院。对上述的所有其他案件，无论是在法律方面还是事实方面，最高法院可享有上诉审理权，但须遵照国会所规定的例外与规则。"这真是司法领域里的标新立异，从现实层面看，很明显不允许陪审团提起上诉。因此，它实际上默认了可以取消民事案件中的陪审团机制，特别是当我们注意到，它对于刑事案件明确规定了陪审团机制，而对于民事案件却没有。

2.7.26　　有人说，我们的形势异常严峻，令人担忧，无论这份政府草案多么受人责难、遭人排斥，我们都只能要么接受它，要么走向毁灭，此外别无选择。我的公民同胞们，事情并没有那么严重，那都是暴君们的托词。欧洲目前的分裂状态确保我们不受他们的伤害；至于我们内部的分歧，我们也无须杞人忧天，一头撞进这样一种并非安全的、恰当的政府之中。要记住，在一切可能发生的邪恶中，专制的邪恶是最严重、最令人担忧的。

2.7.27　　不应奢望这篇讨论如此棘手问题的文章很容易被人们理解——尽管它应该被人们理解。如果这份政府草案经过充分讨论，得到各邦的逐个批准，那就什么也不用说了。但是，如果人们发现，它充满危险与不便，那么将来就应该召开一个包含反对者在内的广泛的会议，它更有能力提出一份合适的政府方案。

　　　　　这里谁为低贱，甘心为奴？

　　　　　如果有，请说话；因为我开罪的是他。

　　　　　这里谁为卑鄙，不爱他的国家？

　　　　　如果有，请说话；因为我开罪的是他。[16]

　　　　　　　　　　　　　　　　　　　　　森提内尔

尾注

[1]　除第二篇文章外，他的文章都首先刊载于 *Independent Gazetteer*，大多数都很快又刊印于 *Freeman's Journal*.

[2]　纽约联邦共和派委员会发行的，可能正是这些单页报（broadside）。见 Main, *Antifederalists* 235.

[3]　*Observations on the Proposed Constitution for the United States of America, Clearly Shewing It To Be a Complete System of Aristocracy and Tyranny and Destructive of the Rights and Liberties of the People* (New York 1788). 除了 Centinel 的文章外，还包括 Address and Reasons of Dissent of the Minority of the Pennsylvania Convention [below, 3.11], Edmund Randolph's letter of 10 October 1787 to the Speaker of the Virginia House of Delegates [above, 2.5] 以及《宪法》草案。

[4]　McMaster and Stone 的材料来自自己与历史学家 Paul Leicester Ford 的私人交往。据他介绍，Samuel Bryan 曾写信给乔治·克林顿（George Clinton），说："我个人配不上被阁下所知，但是……在 Centinel 的名下，我很荣幸得到了您的赏识和认可。"McMaster and Stone 6–7n. Burton Konkle 关于这封信件的观点明显不同："在 '森提内尔一世'（Centinel I）的名下，我很荣幸得到了您的赏识和认可。" Burton Alva Konkle, *George Bryan and the Constitution of Pennsylvania, 1731—1791* (Philadelphia 1922) 309. McMaster and Stone 应该是正确的，而 Konkle 似乎看错了。原始信件现已佚失。Samuel Bryan 还在 1801 年 2 月 27 日、1807 年 7 月 24 日致 Thomas Jefferson 的信中，以及 1790 年 12 月 18 日致 Albert Gallatin 的信中，说自己是 Centinel 文章的作者。Files of Ratification of the Constitution Project, National Archive. 见 Pennsylvania Convention Minority 3.11.2 n.2.

[5]　McMaster and Stone 6–7. 当时有人批评说："一场狭隘而拙劣的表演的作者（我应该说"作者们"）……"A Federalist, *Independent Gazetteer* 25 October 1787, McMaster and Stone 166.

Konkle 考虑了其中所有的不确定性。首先，他指出，"说 Samuel Bryan 是全部这些文章的作者，是有疑问的，就像说它们全面、准确地表达了 George Bryan 大法官的性情与信念一样。"*George Bryan* 309. 也有可能，写那些文章的是父亲："但凡熟悉 George Bryan 大法官写作的人，在这（第一）篇文章以及其余文章里都看不到 George Bryan 特定的文风或者常用词。"Ibid. 310–311; cf. 320. 这位父亲一定写过其中的一篇："这（第二）篇文章里包含大量的法律知识，感觉很像是大法官 George Bryan，而不是他儿子的手笔。这样，让人很容易觉得 '虽然儿子写了第一篇，但父亲一定写了第二篇'。"Ibid. 313.

［6］ Ibid. 309.

［7］ 参见下文 2.7.35 n.14. Konkle 指出，"James Wilson 于 6 日的致辞似乎是对 Centinel 于 5 日的文章的反应，就像 Centinel 本人 6 号的第二篇文章一样。"Ibid. p. 313. 但是，这种设想未必正确。根据 James Wilson 的传记，James Wilson 几乎没有时间去读 Centinel 的第一篇文章，并起草回应文章。James Wilson 把大量时间花在准备和思考致辞上。 Charles Page Smith, *James Wilson, Founding Father, 1742—1798* (Chapel Hill 1956) 264–265. 而且，James Wilson 并没有回应 Centinel 的最相关的部分观点。更有可能，James Wilson 回应的是本邦宪法批准大会先前的一次会议上有人在立法机构里提出的观点，特别是宾夕法尼亚大会的 16 位退席者提出的观点。参见下文 3.2.

［8］ "1776 年宾夕法尼亚宪法"，《权利宣言》，第 10、11、12 条。

［9］ 相比大多数反联邦主义者的慎重态度，Centinel 这里对 Washington 与 Franklin 的批评更为激烈。在这一点上，他屡遭诟病。参见 A Federalist 在费城发表的文章，*Independent Gazetteer*, 25 October 1787, McMaster and Stone 168. 抵制这两位德高望重的政治家，是反联邦主义者在辩论风格上的一大问题。下面这段联邦主义者的申辩文章文风夸张，但内容实在，它出自一位化名 One of the Four Thousand 的作者之手，发表于 *Independent Gazetteer*, 15, October 1787, McMaster and Stone 117–118："宾夕法尼亚的自由人们：请看看创立这个政府的那些人的品格和作为。你看那位德高望重的富兰克林，他以 70 岁的高龄，蜷缩在一艘小船的船舱里，暴露于横跨大洋的危险旅行之中，周旋于英国巡洋舰的监视之下，经历一个月的寒冬，为的是赢得法国宫廷的援助，以便美国最终能这样成功而光荣地结束战争，那么你还能说，这个人会插手《宪法》，危害你的那些自由？请你再将目光从这位年迈的公仆，转到那位高贵人性的缩影、杰出的美国英雄身上——我指的是我们敬爱的华盛顿。你看他，在 1775 年，离开自己幸福的家庭和安宁的享乐，不畏路途遥远，在北美大陆成败未明的时刻，挺身相助。你看他召集军队，振奋士气，将来自 13 个邦的公民，凝聚成一支兄弟般的军队。我们跟随他投入战场，眼见他身先士卒，临危不惧。我们跟随他在寒冬安营扎寨，眼见他与每一位士兵共同忍受饥饿、寒冷和劳苦。你看，对逆境，他坚韧不拔，对胜利，他谦虚退让。他温文尔雅，对于自己同胞的公民力量，在任何情况下都会十分尊重。更重要的，请睁开双眼，看看 1782 年他在安纳波利斯的精彩表现。当时他已经解甲荣退，将战刀交还大陆会议，然后，重新像一个美国农夫那样，在波托马可河畔辛勤劳作。我的同胞们，仔细看看这些爱国而高尚的卓越功勋，你还能说，我们国家的这位救星，为了自由，用他那无与伦比的毅力、恒心和宽宏，战斗了 8 年，最后会支持一种有害于它的政府形式？"其他联邦主义者也强调宪法拟定者们，特别是 Washington 和 Franklin 是令人尊敬的，参见 McMaster and Stone 117,129,136,168; Ford, *Essays* 23, 26; Ford, *Pamphlets* 64, 74, 221, 245–247.（还参见 Federal Republican 3.6.5

n.4.）反联邦主义者常常与对手们持有对宪法拟定者们同样的高度评价。The Federal Farmer 认为，"美利坚或许再也不会聚集起这么多数量的、具有更高品格的人"。（*The Federal Farmer* V.2.8.62）当然，批评之声也是有的，见 Martin 2.4.13, 19–20; Cato I, 2.6.5–6; Brutus I, 2.9.1–3; Old Whig VII, 3.3.41–42; Aristocrotis 3.16.1–3; Yeomanry of Massachusetts 4.19.1–3; American 4.20.1–3; Countryman from Dutchess County 6.6.2–4.

[10] John Adams, *Defence of the Constitutions of Government of the United States*. 其中第一卷于 1787 年在英国出版，"在为起草《联邦宪法》而召集的会议引起纷乱"期间到达美国。见 John Adams, *Works* IV, 275–276，编者注。另外两卷随后出版于 1788 年。

[11] 见 Adams, *Defence* 第一卷序言（Works IV, 283ff.）；Letters V, XXIII（同上，284, 322, 380–382）；Conclusion（同上，579ff.）以及 *Thoughts On Government*（1776）（同上，193ff.）一些反联邦主义者支持 Centinel 反对均衡政府（见 Brutus XVI, 2.9.202; [Maryland] Farmer V, 5.1.71–72; Lowndes 5.12.4; Impartial Examiner 5.14.35–40; Republicus 5.13.7; Monroe 5.21.19–28），但另一些反联邦主义者表达了与 Adams 非常相似的观点（见 *The Federal Farmer* VII, 2.8.97 注 [78]）。注意，Centinel 一方面反对权力的平衡，另一方面又特别支持分权原则，见 II, 2.7.50 及 n.29.

[12] 对此，一位联邦主义者写道："Centinel 断言，统治者尽责是人民所能拥有的最好的权利保障。果真如此的话，这份方案应该规定最大的责任，将一切政府权力都集于一人之手，但事实上并没有如此，这一点任何有辨别力的人都能看出。这句话是错误的。人与人之间的最大关联是利益，我这里是就总体而言，至于实际情况如何，你可以根据自己的经验与观察来判断。小偷、强盗知道自己对罪行负有责任，有被捆绑或游街的危险，但这并不影响他的行为。但是，如果在某种特殊情况下，能让他相信，忍受现实更符合他的利益，那么他那时就会选择做一个诚实的人。根据拟议中的方案，统治者与被统治者的利益是一样的，他们不能被分开，因为他们是同一群人，有着无差别的权利或权益；或者如我所言，是人民在治理自己，这样，他们的权利就是有保障的。"见 A Citizen, *Carlisle* [Pennsylvania] *Gazette* 24 October 1787.

[13] 这个问题在 V, 2.7.96 有重复，讨论得更加激烈，另参 II, 2.7.40.。

[14] 参见 Cato, III, 2.6.16 n.11.

[15] 参见 Gorden and Trenchard, *Cato's Letters* III, no. 71："在土耳其，印刷是被禁止的，以免常识会通过它变成对暴动有益，而对帝国刽子手有害。"

[16] 莎士比亚戏剧《尤利乌斯·恺撒》第二幕第三场。

第 2 章

联邦农夫

编者按

一般认为，在反联邦主义者的著述中，"联邦农夫的思考"①是最有才华的；这种评价是正确的，它值得任何研究反联邦主义者思想的人全面而认真地研读。与人们的一般印象相反，很奇怪，这些信件只在波基普希②的《乡土》（*Country Journal*）中刊登过，其他报纸很少转载。这些信件后来被印刷成小册子，广为流传。[1]根据出版商的说法，几个月内这些小册子印刷了 4 次，共几千份，销售一空。到 1788 年 1 月，作者又发表了一些"增补信件"，但这些信件冗长零乱，显然不如以前的那些信件成功。下面的文本取材于最初的那些小册子。[2]保罗·莱斯特·福特③只收录出版了其中较早的 5 封信，觉得"增补信件"多有重复。福里斯特·麦克唐纳④在其 1962 年编辑的平装本中，只收录了前 4 封 24"增补信件"。[3]重复之处的确存在，而且"增补信件"结构松散，

---

① 斯托林将联邦农夫的信件汇编为两部分：一、"联邦农夫的思考"（The Federal Farmer's Observations），即"为引导人们对最近的大会上提议的政府体制进行公正考察，并对其进行一些关键的、必要的更改而作的思考，致共和人士，1787 年"（Observations Leading to a Fair Examination of the System of Government Proposed by the Late Convention; and to Several Essential and Necessary Alterations in It. In a Number of Letters from the Federal Farmer to the Republican）；二、"增补信件"，写于 1788 年，可以说是对先前信件中提出的原则与立场的解释和支持。本书共收录了**联邦农夫的 9 封信**，即第 1—7、16—17 封信，后 4 封属于"增补信件"。

② Poughkeepsie，美国的一个城市，位于纽约州。

③ 保罗·莱斯特·福特（Paul Leicester Ford，1865—1902），美国小说家、传记作家，编有《制宪时期的小册子》（*Pamphlets on the Constitution of the United States, published during its Discussion by the People, 1787—1788,* edited with notes and a bibliography by Paul Leicester Ford , Brooklyn, N.Y., 1888），收录并点评了埃德蒙·伦道夫、理查德·亨利·李，以及反联邦主义者珀普利克拉（Poplicola）的文章。

④ 福里斯特·麦克唐纳（Forrest McDonald，1927—2016），美国历史学家，以研究美国宪法史见长。

但是，那些信件的确包含了很重要的内容。我们研究联邦农夫的思想，如果仅限于最初的那 5 封信，无疑是错误的。对于这些信件最好的评论之一，是蒂莫西·皮克林 ① 写给查尔斯·蒂林哈斯特（Charles Tillinghast）的信，落款日期是 1787 年 12 月 24 日。在诺亚·韦伯斯特 ② 的《美国博物馆》中，也提到了这些评论。[4]

一般认为，联邦农夫就是理查德·亨利·李，但威廉·W. 克罗斯基 ③ 在其《政治与宪法》中对此明确予以否定。[5] 克罗斯基曾表示将在下一卷对此展开讨论，但不幸的是，这一卷从未问世。[6] 克罗斯基关于李的作者身份的论断非但没有说服力，反而容易让人觉得通常的看法是正确的。本文编辑者在更大范围展开了对相关证据的考察，结果满意地发现，戈登·伍德提出的类似但独立的分析，虽然也是受克罗斯基的论断启发，但再次令人质疑关于作者身份的通常推理的可靠性。[7]

有人提出，联邦农夫身上带有明显的李的思想与风格；对此，伍德的反驳有力而切中要害。李写给伦道夫 ④ 的信后文会列出[8]，读者自己可以将它与联邦农夫的信做比较。通过比较会发现，一般来讲，二者有很多差异，但并不存在直接的矛盾；二者有很多相似话题，但都是很多其他反联邦主义者也写过的。或许，关于李就是作者的说法，最有说服力的反对意见是这样一个事实：联邦农夫的主要关注点是各邦的联合与消亡的问题，但是对此，李的信里没有涉及。这个差异是令人费解的，而克罗斯基的质疑似乎正源于此。当

---

① 蒂莫西·皮克林（Timothy Pickering，1745—1829），美国政治家。

② 诺亚·韦伯斯特（Noah Webster，1758—1843），美国词典编撰家，编有《韦氏大词典》等。

③ 威廉·W. 克罗斯基（William W. Crosskey），美国当代历史学家。

④ 埃德蒙·伦道夫（Edmund Randolph，1753—1813），弗吉尼亚邦总督，费城会议上《弗吉尼亚方案》的重要发起人。

然，仅以此为基础去否定或者确定信件的作者身份，是相当不可信的。李在 1787 年秋季和 1788 年上半年所写的个人信件中显示出很多与联邦农夫的相似之处（或许，并不比它与其他反联邦主义者的相似之处更多），它们具体地告诉我们，李与联邦农夫一样，关注联合问题，质疑一个单一政府能否管理好广阔的整个合众国。[9]克罗斯基想说，在弗吉尼亚宪法批准会议之前不久，李的观点发生了改变，但他又拿不出什么依据，因此缺乏说服力。[10]今天，仍然很明显的是，在自己那封较为正式的反对信件中，关于"联邦农夫的思考"中的突出观点，李并未给予任何注意。

在 1787 年 12 月 24 日刊登于《康涅狄格报》（*Connecticut Courant*）上的一份化名"新英格兰"（New England）的作者所写的文章中，李的身份可以被确定为联邦农夫。这篇文章被广泛转载，并且似乎在马萨诸塞引发了不少文章回应，那些文章都用联邦农夫指代李。[11]乔治·卡伯特 ① 之所以在其编撰的那份"增补信件"中，用眉批指出李就是作者，或许这就是缘由。这个版本的"增补信件"后来被送到波士顿图书馆（Boston Athenaeum），并且正如伍德发现的，后来在 1874 年出版的《馆藏编目》（*Athenaeum Catalogue*）中，明显将这些信件的作者联邦农夫归为李。此后，这个版本被大多数历史学家借鉴，从萨宾的《与美利坚相关的图书编目》② 到班克罗夫特③、福特[12]。这就是根据所在。尽管在这些问题上证据阙如，但在当时那些急于确定

① 乔治·卡伯特（George Cabot, 1752—1823），美国机械师、政治家。
② 萨宾，即约瑟夫·萨宾（Joseph Sabin, 1821—1881），美国藏书家。他与后继者共同编撰了《与美利坚相关的图书编目》（*Dictionary of Books Relating to America*，始于 1868 年）。
③ 即乔治·班克罗夫特（George Bancroft, 1800—1891），美国著名历史学家。

李的作者身份的人看来，联邦农夫与李的信件之间几乎没有矛盾；但对语气和观点上的差异，他们宁愿避而不谈、视而不见。[13]

韦伯斯特与皮克林在评论这些文章时，都没有说自己知道作者身份。[14]弗吉尼亚的爱德华·卡林顿①将联邦农夫的两卷作品送给杰斐逊，形容它们堪称"反对意见中的最佳作品"，但表示"作者不详"。[15]在李的往来信件中，以及在李的家庭手稿中，都没有关于其作者身份的证据。[16]而且，李的一位孙子兼早期传记作者提道，"李先生对《宪法》的反对意见，以及他对此进行的论证，散布于他1787年和1788年所写的大量通信之中，读起来是那么有力、有据"。但这时，这位孙子兼传记作者并没有提到联邦农夫，如果他认为李就是作者的话，他一定会提到的。[17]联邦农夫取得了巨大的成功与声誉，如果这些真的都属于李，而李本人却不知道，那就太奇怪了；同样的情况也可以推及其他可能的作者身上。对李的作者身份的反对意见层出不穷。但是，如果唯一有力的支持证据真的只是新英格兰的那篇文章及其衍生物，那么认为李就是作者，其信服力的确要大打折扣。

为什么对于一件如此广为人知、颇受尊重的小册子的作者，相关证据材料如此稀少呢？部分原因在于，那些18世纪的美国人一方面与其他人一样，对于个人问题怀有好奇心和某种意向，另一方面又的确认为，在政治辩论中，重要的是（或者说重要的应该是）看说了什么，而不是看那是谁说的。[18]

"联邦农夫的思考"包括四个部分：

一、序言，讲的是思考《宪法》时所应采取的方式（I, 2.8.1-8）；

二、考察按照自由原则将合众国融入一个单一政府的可行性

---

① 爱德华·卡林顿（Edward Carrington，1748—1810），美国军人、政治家。

（Ⅰ, 2.8.9–14; Ⅱ, 2.8.15–23）;

三、考察未来政府的组织与权力（Ⅲ, 2.8.24–43; Ⅳ, 2.8.44–58）;

四、结论（Ⅴ, 2.8.59–66）。

在这些思考以及在"增补信件"中，具有特别重要意义的是关于代议制与陪审团制度的精彩讨论。"增补信件"主要考察的是政府三个部门的主旨，但也包含特别重要的关于联邦主义（Ⅵ, 2.8.72–73）、联邦共和（Ⅵ, 2.8.75–80; XVII, 2.8.204–213）以及权利法案（XVI, 2.8.196–203）的讨论。下面就是这些文章的纲要。 26

"联邦农夫的思考"

一、序言

没有理由仓促地、不加考虑地接受。

这份草案只是部分地带有联邦属性，因此基本上可以说是要将各邦变成一个统制的政府，这一点，考察一下这个方案、它的历史，以及支持它的人的政治观点，就会发现。

二、根据自由原则，各邦不能并入一个统制政府（Ⅰ, 2.8.9–14; Ⅱ, 2.8.15–23; Ⅲ, 2.8.24）

1. 合众国可能作为单一国家存在的几种形式（Ⅰ, 2.8.10–13）。

2. 自由平等政府在一个辽阔而异质的疆域里的不可操作性（Ⅰ, 2.8.14）。

3.《宪法》没有，也不能提供自由政府的两个关键部门，而这两个部门是人民在立法机构中的实质性代表（Ⅱ, 2.8.16）。

4. 其他问题：

（1）中心与边缘地区不可能利益共享；而且，由于自由政府的法律的实施受到限制，法律的实施将必定通过恐吓与欺骗向边缘地区施压（Ⅱ, 2.8.17–18）。

（2）为这样一个差异化的国家制定一部权利法案，虽然不是不可能，但仍是很困难的（II, 2.8.19–21）。

5.《宪法》为一个具有内在缺陷的政府赋予了非常宽泛的权力，其结果，要么法律被搁置，要么军人当政，无论哪种情况，都会导致专制（II, 2.8.22–23）。

三、新政府的组织与权力（III, 2.8.25-43, IV, 2.8.44-58）

1. 组织（III, 2.8.25–34）。

政府的每个部分都得到简要的考察和批评（III, 2.8.25–30）。应该承认，各种缺陷，特别是众议院偏小、参议院的妥协方式，以及权力的混合，都是我们的形势的必然结果，而这又导致了结论：各邦不可能在适当的原则下统一起来（III, 2.8.31–34）。

27

2. 被不恰当或者过早地赋予的权力（III, 2.8.35–43; IV, 2.8.44）。

（1）针对外部问题或者某些内部问题的权力应当被授予总体政府，但是，不受限制的征税权力以及对国家的民兵力量的广泛控制是危险的。既然联邦政府在代议制方面有着如此多的缺陷（这里又进一步讨论），那么这些重要领域的权力的授予应该极其谨慎（III, 2.8.35–40）。

（2）考察了联邦司法机构被赋予的广泛的司法权力，证明其在很多方面都是不必要的、危险的，而就近陪审团制度没有得到保障（III, 2.8.41–43; IV, 2.8.44）。

3. 权限不明（IV, 2.8.44–45）。

关于直接税、关于副总统资格、关于下级官员的任命、关于国会控制最高法院上诉司法权等的条款。

4. 权力的实施得不到保障（IV, 2.8.46–58）。

（1）最高权力条款——没有条款规定条约的签订应该合乎《宪法》。

（2）"必要和适当条款"——国会权力不受国家目标的局限。

（3）没有权利法案保障州及个人在信仰、陪审团、出版方面的权利。

（4）修正条款——《宪法》将权力从多数人转到少数人手中，后者将抵制进一步的改变。

四、结论（V, 2.8.59-66）

政府应当维护而不是瓦解我们土地的平等分配以及我们人民的自由与勇敢的品格。

我们需要改进联邦政府，里面虽然有很多好的成分，但是其价值因人民的代表性不足而大打折扣。

赞成与反对《宪法》的两极对立——考察围绕《宪法》的派性活动。

《宪法》应该得到自由、细致的考察，还应该有修正意见。

"增补信件"

一、概述及引言

1.联邦主义者与反联邦主义者的派性特征（VI, 2.8.71-73）。

这是第一封信序言以及第五封信的继续，重点讨论了"忠诚的"联邦主义者、"假装的"联邦主义者、"真正的"联邦主义者以及"联邦主义者""反联邦主义者"这些术语的误导性。 28

2.一般立场与原则（VI, 2.8.74-80）。

（相当混杂地）简要复述了早先论述的问题，包括：需要一个更有效的政府，如此广阔的疆域里联邦制共和国的必要性，实质性代议制及陪审团制度的重要性。区分了自然的、宪政的、普通的以及法律的权利。

3.《邦联条例》的主要特征（VI, 2.8.81-86）。

4. 邦政府的组织（VI, 2.8.87–92）。

二、立法部门（VII-XII, 2.8.93-165）

1. 导言（VII, 2.8.93–96）。

必须有政府——目的是有一个靠说服来运作的政府，否则它将靠武力来运作。

公平、平等的代议制的标准：与人民的利益、情感、意见和观点大体一致。

2. 目前的代议制没有实质性意义，应当加强（VII-X, 2.8.97–142）。

（1）实质性的代议制应该包含社会各阶层，以维持均衡。两个主要阶层（贵族与民主），他们的次级阶层，他们的特性；其他的利益与党派。（一个重要的讨论。）众议院的代表席位太少，不足以反映这些阶层和利益，将演变为贵族政体（VII, 2.8.97–100）。

（2）英国真正的多阶层平衡（VIII, 2.8.102–110）。

相比罗马——差别就在于英国的实质性代议制。（在代议制问题上附带的、但也很重要的讨论。）

（3）回应宪法鼓吹者的观点（IX-X, 2.8.111–142）。

人民将选举好人（关于代议制的重要一点）（X, 2.8.111–118）。

国会成员必须回到自己的家乡，并且分担他们加给其他人的负担（IX, 2.8.119–126）。

人民拥有制约其统治者的强劲力量（X, 2.8.127）。

29　邦是体制的组成部分，将平衡总体政府（但是各邦没有宪政制约力）（X, 2.8.128）。

国会的目标是少数的、全国性的（X, 2.8.130–132）。

众议院的规模将及时增大（X, 2.8.133–134）。

集合很多人但又不使他们成为暴徒是困难的（X, 2.8.136）。

人民只要养成自由人的习惯，就会自由（X, 2.8.139）。

（4）参议院的组织、任命与权力（XI, 2.8.143–147）。

在合众国不能有真正的贵族代表，因此参议院将由总体上与众议院成员社会地位一样高的人组成；制约将只针对那些受限于别的任命方式、别的任职期限的人等等。

即便参议院是有效的，也应当进行修正：任职期限应该缩短，参议员应该是可召回的，应当制定轮值条款。缔约权是危险的，但全体国会有权制定商业规划。

3. 选举应当得到更好的保障（XII, 2.8.148–165）。

关于选举人与被选举人、选举方式（应当在多数选民所在的地区进行，等等）的一切总体原则，都应当在《宪法》里予以明确。州立法机构最接近人民，应当有必要的决断力。

三、行政部门（XIII-XIV, 2.8.166-182）

1. 任命（XIII, 2.8.166–72; XIV, 2.8.173–176）。

行政长官是必要的，但也是危险的——需要靠分散任职使其均衡。

设想并讨论了各种任命方式——从这些人中选择，目的是保持政府中的平衡，阻止立法机构受到官僚习气的影响。

2. 总统的选举与权力（XIV, 2.8.177–182）。

行政统一；对"第一人"的总体需求。

必须给予充足的权力；主要注意的是避免权力永久掌握在一 30
个人或者家族手中。那样的话，应该可以重选。

否决权——行政长官与法官的结合是最好的。

四、司法部门（XV, 2.8.183-195）

司法部门的特殊属性，及其危险的民粹政府趋势（2.8.183–184）。

司法机构的组织（2.8.185–188）。

最高法院受理涉及事实与法律的上诉权限（2.8.189）。

陪审团的重要性（2.8.190–194）。

法律与衡平（2.8.195）。

五、新政府的权力（XVI-XVIII, 2.8.196-230）

1. 权利法案（XVI, 2.8.196–203）。

（1）权利法案在有限政府中的基本目的（XVI, 2.8.196–198）。

（2）陪审团、"追溯法令"、"人身保护令"、司法程序、士兵驻扎以及出版自由等所需要的专门保护（XVI, 2.8.199–203）。

2. 需要通过联邦共和制在合众国维持自由而温和的政府（XVII, 204–213; VVIII,214–230）。

（1）联邦共和制的形态（XVII, 2.8.204–213）。

联邦共和制的基本特征（2.8.204–205）。

必需的其他权力，但必须接受联邦体制的制约（2.8.206–209）。

可能需要的其他联邦制约（2.8.210）。

如果州政府不拥有实权，仅有启蒙而积极的人民是不够的（2.8.211–213）。

（2）关于新政府被授予的权力的讨论（XVIII, 2.8.214–229）。

（3）美利坚联盟的真正纽带必须来自纯粹的联邦原则（XVIII, 2.8.230）。

一、大会的背景以及可能的三种政府

32

第一封信，1787 年 10 月 8 日

先生：

您好！

2.8.1　我去年冬天给您写那些信，讨论为合众国建立一个均衡的全国性政府，我的考察是轻松的。[19] 而后，当我从这一主题转向关

于我们的商业、收入、以往的政府管理等等问题时，却深感焦虑；当我细究这次会议提出的政府方案时，我再次感到焦虑。看来，会议提出的是一个要保留某些联邦功能的方案；但这是至关重要的第一步，由它出发，很显然会通向一个统制的合众国政府。这个方案将政府的各项权力以及人民的代表权分成全国性的与州政府性的，这种区分有悖自然，必定会为我们的制度的实施带来很大的不确定性。我对联邦的态度始终如一，我对保护财产、健全法治情有独钟，请您相信，如果说我有点固执己见的话，那我偏爱的，正是一种能确保这些良好目标的全国性制度。但是，如果一个政府在我看来不能平等保护共同体中各个阶层的权利，那么这样的政府我绝不认同。对于各式政府的缺陷，一些人竭力用稳定而恰当的管理去补救，我一直希望能与这些人联手合作。只不过，我一直担忧，一方面是奸诈的欠债人以及生活窘迫的人，另一方面是对共和平等心怀恨意的人，他们搅动人民的不安情绪，其结果，不是冷静、审慎的政府改革，而是为特殊阶层提升利益的变革。[20]请恕我不敬，先生，我不想在创建新制度中充当任何角色，只要大家愿意接受它，觉得它的治理是审慎的，我愿意袖手旁观。实际上，关于政体，我相信蒲伯的一句名言："其实好坏，全在治理。"[21]对此我深有体会，心悦诚服。面对现实，我不想做无谓的争论。我知道我们目前形势严峻，它要求我们必须加倍小心。[22]某种形式的联合政府是必需的。我们经历了太多的磨难，不论邦联当初有没有能力实现那些崇高的目标，今天都没什么意义了。在通向变革的道路上，或者说，在通向那些令人民总体上不太满意的政府的道路上，一些人、一些邦都曾经那么积极踊跃，现在我也不想再提了。一部《宪法》摆在我们面前，我们可能反对，可能修正后接受，可能不修正就接受；我们到底应该

33

朝哪个方向去努力，是个问题。要想不带偏见地回答这个问题，我们必须对制度本身以及每个做法可能导致的后果进行细致的考察。对此，我将凭我的坦率与公正之心，竭力完成；至于我的意见是否恰当，我的理由是否充足，我的结论适合多大范围，均由你来判断。在目前的形势下，不管别人有何举动，我是不会就《宪法》草案的好坏作出鲁莽、断然的评价的。我将敞开胸怀，悉心接受在我看来最有利于共同体幸福的一切事物。可以肯定地讲，如果人们仓促之间盲目接受一个政府体制，他们也有可能在他人的引导下，仓促和盲目地改变或者废除它，动荡就会接踵而来，一个接一个，直到最后，共同体在变化、骚乱、无序中失去和平以及本来美好的事物，随时接受另一个政府形式，不论它有多么专制，只要它承诺带来稳定。

34; 2.8.2　　那么，首要的问题就是，鉴于当前的形势，我们是否应当接受《宪法》草案？答案是，如果我们保持冷静和节制，我们并不会立即陷入混乱的危险；我们依然处于和平之中，并不存在被入侵的危险；各邦政府依然可以完全行使自己的权力；我们的各个政府依然能够应对当前的一切危机——除了统筹贸易、保障信用之外，而且在某种情况下，还能带来诸如公债之类的利益；我们是三个月之后还是九个月之后再接受这一改变，对我们每个人的个人处境而言，并无差异，毕竟，我们的幸福和繁荣主要取决于我们自己的努力。当前，我们还没有从一个漫长而痛苦的战争中完全恢复过来，农夫、渔民各色人等还没有完全修理好被战争毁坏的财物，勤劳和节俭再次成为他们的生计之本。个人债务在减少，战争带来的公债通过各种方式在减轻，公共土地今天已然成为进一步减少这些债务的生产性源头。我知道，一些没有耐心的人很想一下子就解决问题，不愿承认这些现实，但是，这些毕竟都是事实，任何人，只要你告诉他这个国家目前方方面面的情况，就会明白。当然，必须承认，我们的联邦体制（federal system）①是有缺陷的，某些邦的政府的确管理得不够好；但是，我们能将那些本来由这场战争导致的艰难局面归罪于我们政府的缺陷吗？我们应该允许人们根据当前的形势作出选择，就像根据每个人的情况去选择一样。目标不论是好是坏，人们总能找到一千个理由。当他们希望一个人改变处境时，就把它说得多么不幸、苦难、卑贱，同时描绘出另一幅令人惬意的画面，让他去接受；当他们不希望他改变时，又推翻先前的描述。当喧哗四起，懒惰的人开始闹事，我们就非常有必要仔细推敲各种事实，不放过假象背后的任何蛛丝马迹，全面审查、深入探究他们行为背后到底是什么样的一种力量。在政治领域司空见惯的是，人们描述事实，并非按照它原有的样子，而是按照他们希望的样子；人们在大脑中回忆过去的场景时，几乎全都会认为那就是事实。

如果花足够的时间去充分审查、思考这个体制草案，我相信，除了那些有野心、无耐心、无法无天的人的激情，没有什么能把我们引入混乱。那些对自己的环境还算满意的人，那些对这份变革方案的结果不抱有乐观期待的人，都会静静守候在现有的政府之下。很多经商的、有钱的人虽然不安分，但只要不是从事什么不正当的营生，就应该受到尊重；无论如何，不应该挫伤他们的期盼和希望。但是，对于那些希望在新宪政下谋个一官半职的人，对于那些处于弱势地位但有着狂热激情，总想要通过一次次革命发迹，但结果总是从一个困境落入另一个困境的人，我们

2.8.3

---

① 汉语学界通常将美国《1787 年宪法》生效之前的体制称为"邦联"，之后的体制称为"联邦"，但本文作者并无这类明确区分。

35 没必要在意；至于那些蓄意利用自己的弱势地位和狂热激情的人，我们根本就嗤之以鼻。那些急于接受一套方案的人，自然会告诉我们说，眼下就是危机，现在就是危急时刻，我们必须抓住时机，否则一切都会失去；他们自然会关闭自由讨论的大门，但只要头脑还有点清醒，只要花点时间，做点调查，就会发现那个方案是有缺陷的。这是一切时代的暴君及其走狗的做法。人们常说，这个国家的人民发起变革，不是为了把形势搞得越来越糟；果真如此的话，我敢说，他们也会理所当然地认为，只要变革，形势定会越来越好。浮躁与狂热，在任何社会里，都是创建专制政府的最佳工具。但审慎的有识之士一定会本着自由原则去建立和巩固政府。他们在评判这份政府草案之前，会明辨它给人民带来的可能是幸福还是灾祸。

2.8.4 当前，一个新奇之物赫然亮相。一直以来，我们的目标就是改革我们的联邦制度，强化我们的各个政府，也就是说，在共同体中建立和平、秩序与正义，但是现在，一个新目标却冒出来了。很明显，现在提出的这个政府方案完全可以说就是要改变我们的处境，使我们迟早成为同一群人。它不是要在一个联邦名义下保留 13 个共和国，而是明确要使我们属于一个统制政府。这一点，在接下来的几封信里，我想我会让你相信。在这个国度里，一段时间以来，旨在实现统制各邦的一直大有人在。这种改变有没有办法成为现实，它在实现过程中会不会引起动荡和内战，这样一种改变会不会完全葬送这个国家的自由，只有时间可以证明。

2.8.5 要想对我们面前的这个政府方案有一个公正的看法，要想证明统制政府的目标是一种幻想，不仅有必要考察这个方案本身，而且有必要考察它的历史，以及支持它的人的政治意图。

当初结成邦联，个人之间以及各邦之间都是自愿的，彼此有 2.8.6
着极大的信任。为了防止擅权，邦联的缔造者们对权力设置了限
制和制约，其结果是，在很多方面不足以应对联盟的危机。我们
注意到，几乎就在它被采纳的同时，国会议员就敦促对联邦体制
作出相应改变。早就有人提出，应该授予国会征收关税、统筹贸
易等权力，但是这引起各邦的警觉，它们担心失去权力，结果，
即便对于这几项授权，也有人提出了不少制约和限制。战争期间，
混乱的时局、纸币的发行，使人们在头脑中形成了关于政府与信
贷的不清醒的认识。我们过于期望回归和平，当然，结果我们失
望了。我们的那些政府成立不久，还不稳定，一些立法机构颁布
票券、债券和纸币法律，将时局不稳的责任归结于那些发行债券 36
的人。出于这些以及其他理由，社会上各阶层的人都一点一点地
被鼓动起来，谋求改变政府模式。这其实是立法机构在滥用权力，
而在某些情况下，人们认为它是社会上的民主派造成的，结果，
那些贵族寡头被赋予了那么多武器、那么多手段，有了这些，他
们在很大程度上正快速实现自己最想要的目标。如果一个压迫人
民的政府是这种变革方案的结果，那么它的兴盛不仅要归罪于那
些专横跋扈、肆无忌惮之人，而且要归罪于各邦中那些误用了自
己权力的人。

一些立法机构在纸币、在票券法律方面的做法，让很多正直 2.8.7
的人开始考虑要改变政府模式；要不是因为这些，他们不会有这
个想法。一方面坏事不断，另一方面一些狡诈的家伙又暗地里挑
唆，人们的思想变得极不稳定，这时，就容易有人铤而走险，接
下来，通常要么是革命，要么是内战。有人提议召开一个广泛的
大会，但只讨论商业问题。提议者明白，人民的注意力集中在联
邦体制的完善上，要是一开始就提出彻底变革的想法，恐怕没有

哪个邦愿意派代表参加。完全打破邦政府，组建一个统制的体制，这样的想法一开始不会被接受，因此，在提议召开会议时，仅仅是为了授予国会规划贸易的权力。对此，只有那些商业城镇感到高兴，而土地拥有者几乎不感兴趣。1786 年 9 月，一些来自中部邦的人聚集到安纳波利斯开会，仓促提议在 1787 年 5 月召开一个大会，其目的总体上在于修正邦联体制——这一切，在马萨诸塞的代表以及其他邦的代表到来之前，就决定了，而且，里面并没有一个字提到废除旧《宪法》，创立新《宪法》。各邦对此并无疑心，不知道他们已经渡过了卢比孔河①，于是指派代表参加新的大会，其唯一而明确的目的，乃是修改、补正邦联。很有可能，在那 10 到 12 天的时间里，能够意识到旧船将被破坏，必须登上眼前的这艘新船，否则就有溺毙的危险的人，在合众国里不到万分之一。我相信，各邦普遍认为，大会将形成一些改革邦联体制的意见，这些意见将接受国会的审查，如果获得同意，再由全部立法机构认可或者否决。弗吉尼亚派出了一个令人尊敬的代表团，并且由美利坚的头号人物②带队。这个代表团中，搭配了各种政治角色。但是，宾夕法尼亚指派的主要是那些位高权重的贵族。这时，明眼人看得出来，改变政府的时机来到了，他们要牢牢把

37 握住。其他 10 个邦也指派了代表，可是，他们选择的都主要是与商业、司法部门有关的人物，同时也指派了一些具有良好共和立场的人——如果这些人悉数到会，我敢说，我们今天所看到的将是一个更好的制度方案。在被委派的会议成员中，有那么八九个人缺席，我永远觉得，这是美利坚的不幸。[23] 如果他们始终与

---

① 卢比孔河，Rubicon，英语典故，指公元前 49 年恺撒渡过卢比孔河，比喻大势已定。

② 指乔治·华盛顿。

会，我很清楚，大会的结果就不会像现在这样——方案的每个部分都明显带有强烈的贵族倾向。[24] 将不会有如此严重的权力集中，特别是，在国家内部治安问题上，权力不会像他们所提交的《宪法》方案建议的那样，集中在一部分人手中，年轻的、爱幻想的人以及主张统制的贵族集团，都将受到比以前更多的限制。11 个邦[①] 参加会议，经过 4 个月的集中讨论，提出了一份新《宪法》，交由人民采纳或拒绝。对于社会上那些不安分、浮躁的人来说，任何形式的政府都可以接受；但是，我敢说，在那些启蒙的、安居乐业的人眼里，任何摆在面前等待接受的《宪法》，都需要经受坦率而彻底的考察。我们应该对大会报以适当的尊重——我们承认其中不乏德才兼备之士，但同时，我们必须搞清楚，这个共同体里的民主与贵族的力量在其中各占多少比例。或许，对于新《宪法》，不论支持者还是反对者，但凡明智的人都会认为，最好的办法，就是让它因自己的优点而得到保存，或者因自己的缺点而受谴责。首先，我敢说，这份草案是一种需要和解的方案，只　2.8.8
有通过和解的方式，只有放弃我们的部分意见，我们才有希望得到一个以自由、契约为基础的政府。正直的人们在讨论这一问题时，必须牢记这一点。

　　这份草案看上去似乎部分地带有联邦性，但是在其主要方　2.8.9
面，最终目的还是要将各邦纳入一个统制政府。

　　因此，我要提出的第一个问题是，根据自由原则，各邦在一个整体政府中到底应该被统制到什么程度？回答这一问题时，要考虑的问题有很多；对于政府形式上的那些重要变化，要考虑它们可能带来的一切后果。人民的幸福应该始终是每一位正直的政

---

① 11 个邦，应该是 12 个邦（除罗得岛外，其他邦均派出了代表）。原文如此。

治家的远大目标，他的一举一动都应该围绕这一点。如果我们成为同一群人，却不能在同一个政府下享有平等的幸福和利益，那么各邦的被统制就不能被接受。

2.8.10　　美利坚如果要作为一个单一国家存在，有三种自由政府形式可供选择。现在是时候决定我们的意见可指向哪一种了。[25]第

38 一种，不同的共和国在一个联邦首脑机构之下相互联系。在这种情况下，各邦政府必须成为各自人民权利的首要护卫者，必须能够排他性地规划内部治安，在各邦，政府必须是均衡的。由各邦组成的国会（或者联邦首脑机构）必须由对各邦负责、由各邦任免的代表组成。这个国会必须在要求各邦出人、出钱方面，协约、和谈或宣战方面，以及指导军力运用等方面，拥有广泛的指导性权力。在对政府的联邦性进行这样一种改进之后，国会的权力具有更强的建议、咨询性质，而不是强制性。第二种，废除各邦政府，将各邦组成或统制成一个整体政府，其中包含一个行政部门、一个司法部门、一个立法部门、而立法部门由参议员与众议员组成，他们来自联盟的各个部分。在这种情况下，各邦将实现完全统制。第三种，各邦在某些全国性目标上实现统制，但继续作为互不相同的、独立的共和国，比如在邦内的一般治安问题上。总体政府由行政部门、司法部门和均衡的立法部门组成，其权力广泛延伸到一切外交事务、与商业相关的海上问题、进口、陆军、海军、印第安人问题、和平与战争，以及共同体关注的一些内部问题；延伸到铸币、邮政、度量衡、民兵总方案、外族归化，甚或破产等问题[26]，但内部的社会治安问题，则由邦政府排他性掌管；延伸到一切国内案件中的司法管理，国内税收的分派与征集，以及根据上述总体方案进行的民兵组建。在这种情况下，统制仅限于某些目标，恰到好处。[27]

关于第一种方案或者说联邦方案，我觉得乏善可陈。国家主 2.8.11
权不具备强制的、有效的整合力量的权力，因此政府的那些目标
始终没法指望实现。在一个由互不相干的邦的代表组成的国会里，
很难合理地将权力混合到同一些人手里。

至于第二种或者说完全统制的方案，它值得当下每一个美国 2.8.12
人认真思考。如果它没有可行性，那么用它来塑造我们的政府、
引导我们的思想，将是致命的错误。

第三种方案或者说部分统制方案，在我看来，是唯一能够确 2.8.13
保本国人民自由与幸福的方案。泛泛地想，我曾认为第二种方案
是可行的[28]，但经过思考，从会议的记录中，我发现第三种方案
才是令人满意的，它才是我们能够安全并正当地遵循的唯一方案。
从这一点出发，秉着诚实与正直的态度，可以说，我所反对的目
标，是新《宪法》中那些看上去不合适的部分。会议似乎提出了
一个部分统制的方案，但它明显带有一种倾向，要将合众国的一
切权力最终都集于一个整体政府之中。从它的这一倾向，以及从 39
小邦坚持在参议院拥有同等选票的立场中，可以看出这份《宪法》
草案的最大缺陷。

很多伟大人物都论述过，一个自由的民选政府不可能覆盖广 2.8.14
大的疆域；无独有偶，今天一些人指出，单凭一个政府及总体立
法机构，不可能将利益平等惠及合众国的各个部分，因为不同的
邦有着不同的法律、习俗、思想，一个统制的法律体系有可能对
它们造成不合理的伤害。合众国目前拥有 100 万平方英里的疆
域，从中心到边缘距离大约 800 英里，而且半个世纪之后，人口
可能达到千万。

在我们放弃各邦政府，或者接受某些倾向于废除它们，将各
邦统制为一个整体政府的做法之前，某些原则必须要考虑，某些

事实必须要明确。在下面的信中，我将探究这些问题，并考察这份草案的一些关键条文。

您忠实的

联邦农夫

二、总体政府侵占了州政府的权力

第二封信，1787 年 10 月 9 日

先生：

您好！

2.8.15　一个自由的、良治的政府，核心在于立法上完全而平等的人民代表制度，以及司法管辖上的就近陪审团制度。完全而平等的代表制度指的是，代表们拥有共同的利益、情感、意见和看法，就好像人民全部聚会在一起时可能的那样。因此，在设计一个公正的代表制度时，应该考虑使社会各层次的人都能通过正常的选举过程，在其中享有一份代表权。为了便于宗教人士、商人、小贩、农夫、技师各色人等能够按适当比例向立法机构派出各自最有见识的人，代表数量必须足够大。[29] 在合众国，我们大约有200 名邦参议员，如果整个联盟只设一个立法机构，那么很显然，在处理内部税收与治安时，少于这一数量的联邦代表将不可能构成对人民的完全代表。如果社会的边缘群体不能像中心群体一样得到充分的代表，那么这种代表机制就不是平等的。在这个幅员辽阔的国家里，如果这样做，显然是行不通的。这样召集起来的代表机构，不可能代表距离政府所在地 500、600、700 英里之远的地区。

40; 2.8.16　在一个总体政府下，只有一个司法部门、一个最高法院和

一些适当数量的下级法院。我觉得，在这种情况下，要想维持司法管辖的公正性以及就近陪审团的现实益处，是完全不切实际的。[30] 目前，联盟里每一个邦都有最高法院，而在每一个最高法院之下，还有大量的县级法院和其他法庭。这些最高法院和下级法院大多数是巡回性的，每年在各自邦的不同县、区等地区开庭。有了所有这些移动性的法庭，在辽阔的国土内，我们的公民只需旅行一段适当的距离，总能找到一个地方打官司。我并不赞同将司法机构与个人拉得太近，以免他们动不动就想打官司；不过我认为，在一个好的政府里，每个公民若都能在一定距离内找到一个法庭，将是一件造福不浅的事，比如说，距家一天的行程，这样，他到法庭听证或者陪审，就没有太多不便，开销也不大。但是，在一个单一的司法部门里，不可能有这些优势。单一的最高法院的驻地通常在联盟的中心，每年最多一次移庭到东部或南部边远地区的中心地带；在这种情况下，每一个公民平均需要旅行150 或 200 英里，才能到达这种法庭，结果，无论下级法院多么适当地分布在联盟的不同的县、区，他们要想提起上诉，将颇费周折，且花费巨大。

即便既有可能将各邦统制到一起，又保留自由政府的一些特性，还有一个明显的问题就是，在政府驻地问题上，联盟的中部各邦将获益更大。财富、办公机构以及政府的优惠都会集中到联盟的中心，而边远各州[31] 及其州府将变得不那么重要。[32] 2.8.17

这一点还可以从另外一些角度去证明。根据自由原则，搞统制的想法是站不住脚的。自由政府的法律以人民的信任为基础，执法是温和的。而且，如果法律的执行遵守自由原则的话，其力量就延伸不到远离中心的地带。在中心地带，政府靠优惠诱使人们心甘情愿地支持；在边远地带，法律的执行必然以恐惧和强力为 2.8.18

原则。这就是每一个大共和国的问题，对此我们已经讲透了。[33]

2.8.19   有一些权利是不可让渡的、根本性的，在形成社会契约时，必须得到明确的规定。自由、启蒙的人民在结成这样的契约时，不会向治理他们的人让渡自己的全部权利，他们会对立法者和统治者设置限制，而且被治理者和治理者很快就会对这些限制清楚明了——后者会知道，自己做任何事都不能逃脱前者的察觉，以及广泛的警觉。这些权利应该成为每一部宪法的基础。如果人民的意见如此分歧，以至于在明确规定这些权利时不能达成一致，那么就有充分的理由反对他们组成一个整体社会，生活在同一个法律制度下。我得承认，我从未想过这些邦的人在这些问题上有什么根本的分歧；我只知道，他们所有的这些权利都有着一个共同的源头：不列颠制度，他们在创立各自邦的《宪法》时，明白自己对于这些权利的看法非常相似。然而，今天我要说，在这些问题上，甚至在关于陪审团制度的那一重要条款中，各邦都有着根本的不同，当他们聚集开会时，不可能达成哪怕一个字的共识，以确立这一审判制度，或者将除此之外的其他权利明确写入这一社会契约并成为根本性条款。[34]既然如此，我们怎么能将各邦统制在一个毫无牢固可言的基础之上？

2.8.20   有人找出种种理由，证明新《宪法》不需要一个更好的权利法案；对此我不想过多讨论。我相信，一个完全的联邦权利法案是非常合乎实际的。[35]当然，我要感谢这次大会，它让我想到了很多新的、更有力的反对各邦完全统制的理由。通过阅读会议记录，我坚信会议的公正性要不了多久就会露馅，如果说它在某些方面还可行的话，那么在某个方面，简直太过分了——它提议为总体政府赋予非常广泛的权力，在钱袋和武力方面，那些权力即便不完全是，也几乎就是完整的、无限的。但是，在总体政府的组织机构方面，会议摆出大量证据证明，为了合乎原则地（或者说出于安全考虑）维护和实施那些权力，政府不应该设立那些适当的分支或者部门。在每个社会里，这些权力必将存在于某处，但是然后，它们应该被置于人民的力量及卫士集中的地方。在一个自由国家里，这些权力有可能被正当地行使，或者说被安全地使用，这仰仗于一位能干的执政官、一群能干的法官、一个受人尊敬的参议院，以及一个稳定、充分、平等的人民代表机构。我认为，我提出过的、思考过的那些原则，都是有深厚基础的，任何有理性的人都不会否定它们。我们考察这部《宪法》，正是参考这些以及其他的可靠原则。这部《宪法》的优点如何，不在于它有没有一些民主词句，有没有一些精心构思的职能，也不在于它有没有一些小的疏漏，为有识之士所诟病；关键要看共同体中的那些权力哪些是关键性的，哪些是名义上的，要看为保护政府，保护真正的自由，那些核心权力设置在哪里、如何设置。

要仔细考察《宪法》草案，我们必须明确意识到，这些权力如果与至关重要的人民代表机制相剥离，那就是违背自然的。邦政府继续存在，继续有总督、参议员、众议员、官员和各类开销。在这些人员中，人民的代表占到绝大多数。他们彼此联系密切，而且可以直接与人民交往；由此才可以说，邦政府拥有人民的信任，堪称人民的直接护卫者。　　2.8.21

总体政府由一个新式的执政官、一个小的参议院以及一个很小的众议院构成。很多公民距离这一政府所在地超过 300 英里之遥，法官与官员们如果数量庞大，势必大大增加政府开销。如果《宪法》就这样被采纳，没有对其组织的相关条款作出修改的话，这就是将来的邦及总体政府的样子。至于权力，总体政府将拥有一切核心权力，至少理论上如此，而各邦则沦为权力的影子。因　　2.8.22

此，人民如果不付出极大的努力，为邦政府保留自己的权力，比如管理内部治安的权力，独立分派和征收内部税收、调遣民兵、最终根据自己的法律维持自己的法庭判决的权力，那么，平衡将不再延续，各邦政府必将消亡，或者形同虚设。

2.8.23　　但是，也应该认识到，被赋予全国政府的很多核心权力并非排他性的。有些权力仍然由各邦在行使，对此总体政府会谨慎地予以接受。但这并不证明，某些权力，如果审慎的人不愿意去行使，或者鲁莽的人想要或有可能用一种破坏自由政府的方式去行使，那么交出去就是正当的。总体政府这样组织起来后，足以实现很多宝贵的目标，并且有能力在不少案件中根据恰当的原则将其法律付诸实施；但是，我依然认为，即便它最热烈的支持者也不敢说，它无须动用军事力量的援助，也能够有效地行使打算赋予它的一切权力。而那些力量一旦被动用，将很快破坏这个国家的一切民选政府，导致无政府状态或者专制的出现。虽然我们还不完全清楚那个制度草案操作起来会是什么样子，但假如让事情都自然而然地发展，我们有可能找到一个差强人意的方案。被寓于总体政府中的那些权力，如果真由它来行使的话，最终必然影响到各邦的内部治安，以及一些外部问题。没有理由指望为数众多的邦政府及其关联机构在那些本属于自己直接管理的内务事务上欢迎执行联邦法律。倒是更有理由相信，总体政府由于远离人民，其所有成员的选举在两年内都不会超过一次，因此将被遗忘或者忽视；在很多情况下，其法律也没有什么人会理睬，除非官员队伍和军事力量始终出现在人民面前，以图加强执法，使政府令人敬畏。在这个国家里，法律要么被忽视，要么靠军事来执行，不管哪种，都会导致革命，导致自由的毁灭；这就是最真实的情况。忽视法律必然首先导致无政府和混乱状态，而靠军事维持法律虽然能短期奏效，将同样通往专制政府。[36]

您忠实的

联邦农夫

三、联邦法庭与州法庭的关系

第三封信，1787 年 10 月 10 日

先生：

您好！

自由人民的伟大目标既在于组建政府、制定法律以管理政　　2.8.24
府，更在于培养人们对法律的信赖与尊重，吸引共同体中那些有
识、有德之辈赞同法律，使他们在不需要巨大军事力量的逼迫下
支持法律。[37]我希望——尽管我承认希望不大——在新《宪法》
下的国会中，法律的命运就是如此。我完全相信，我们应该根据
多种不同的原则组建全国政府，使其各个部分更加有效，并确保
共同体内的不同利益在其中得到更好的落实。我对一个好的联邦
管理机构并不抱多大指望，并且就我而言，既能将各州统制起来，
又能总体上保持人民的权利，这样的设想没有多大可行性；因此
我认为，我们应当将某些权力留给州政府。实际上，即便这样，
在州政府里，人民的代表仍然要对某些被提议赋予全体政府的权
力设置限制，并提出一些原则，以确保被赋予的那些权力的正当
实施。我的目的并不限于重申反对意见，争取一些微不足道的权
力，或者一些无关痛痒的修正；我希望这个制度在被人们接受之
前就被改变，而且那些改变是关键性的。如果它未经这样的改变
就被接受了，尽管我还会继续思考如何维持我们的这些政府以及
我们人民的这些自由，但公民们毕竟默默接受了这个总体政府，

对其执政会产生很大的依赖。[38] 当然，一个英明而诚实的执政机构能够使人民在任何政府下都感到幸福，但是，这恰恰只能证明，我们向邪恶、愚蠢的野心家们打开了滥权的方便之门。下面，我首先要考察的是未来政府的组织；其次，在此基础上公正地指出，至少在被贸然赋予时，什么样的权力是不恰当的；再次，我要考察那些不受限制的权力；最后，考察那些行使得不牢靠、不适当的权力。

2.8.25　　首先，众议院这个所谓的民主机构由 65 名成员构成，也就是说，每两年从大约 5 万居民中选出一位。但实际上，联邦立法机构将这一数字增加到从每州 3 万居民中选出 1 位，小数点忽略不计。33 名代表将构成议事的法定人数，这一多数出席原则决定了众议院的决策机制。我不知道，300 万或 400 万人的利益、情感和意见，特别是在涉及内部税问题时，能否在这样一种议院里达成一致。按常理，被选出来的人十有八九都是上层人物。拿康涅狄格为例，它有 5 名代表，但是真正算起来，该州立法机构中构成民主部分的成员，100 个人中没有一个会成为这 5 人中的一员。在某种意义上，这个国家的人民都是民主的，但是，如果我们做个适当的区分——一方面是有钱、有能力的人，我们应该称之为这个国家里的"天然贵族"（natural aristocracy）[39]，另一方面是为数众多的中低层人民，我们应该称之为民主阶层，那么，这个联邦代议机构的民主性就十分微弱了，而且，如此小的代议机构缺乏恰当的原则保障。立法机构的各个分支是这类基本契约的核心部分，它在选择人员构成时，应该确保立法机构不会通过修改其成员的选举而实现自我改变。但根据第一条第四款，总体立法机构这样做是有可能的，它很明显可能这样去规划选举，以确保选出特定的人员构成。它可以将该州作为一个选区，将州府所在地或者州的任意一些地方作为一个或多个选举地。它可以宣布这 5 个（或者该州可能选出的任意数量的）得票最多的人就是获选人。在这种情况下，不难想象，那些散居在内地乡镇的人会把票投给不同身份的人；而生活在城市里的少数人，不管职业、阶层如何，都会联合起来，从备选人中找出他们最满意的 5 个人，为他们投出最高票数。所有这些做法，竟都是合乎《宪法》的，而且都是用悄悄的手段，在人民大体上没有直接察觉的情况下进行的。我知道，有人会说，总体立法机构在规划选举时，会采用一些公平、公正的原则。的确如此，好人在任何《宪法》下一般都会做好的治理者，但是，为什么在为社会制度设计基础时，我们要多余地为不恰当的措施留下方便之门？这是一个涉及面广的、有漏洞的条款，很多邪恶可能从这个授权国会规划选举的条文中溜进去。如果删除这一条款，选举规划权就只属于各州，在各州，人民被真正地代表；在各州，规划选举时能确保代表来自社会各个部分。在制定《宪法》的过程中，我们应当将每个州分成适当数量的选区，每个选区的选举人限定选举一定数量的候选人，即那些在本选区永久居住、有着永久利益的人；而要实现这一重要目标，被选出的代表应该获得全部参与投票的人给出的多数票。

在思考联盟各部分人民的完全、平等的代表机制的可操作性时，不仅要考虑距离的远近、辽阔土地上不同的思想、风俗、观念，而且要考虑东部、中部和南部各州的特殊性。这些差异往往不为人知，国会成员以及各州见多识广的人对此往往不如那些真正构成民主群体的人更清楚。东部各州比较民主，主要由温和的不动产持有人构成，这里富人不多，也没有奴隶。南部各州主要由富裕的种植园主以及奴隶构成，这里没有温和的不动产持有人，

45

2.8.26

这里占据上风的通常是贵族残余势力。中部各州部分带有东部特征，部分带有南部特征。

2.8.27　　一个联邦众议院，如果人数不恰当，不能完成诸如从各州征收税款等重大目标，那么可以说，在协调一致、上传下达方面，没有什么比它更杂乱无章、更不便利、更无能的了。这些人会不会一致行动，会不会先糊弄过这几年，然后成为联盟分崩离析的推手，我看很成问题。不管从哪个角度看这个体制，在正义的感召下，我们还是要说，一个联邦政府拥有广泛的、完整的权力，谋求的应该是各州在自己的法律框架下不能很好实现的那些伟大的全国性目标，相应地，这个联邦政府应由为数不多的部门构成。

2.8.28　　众议院采取的是统制的方案，但是参议院采取的完全是联邦方案。[40] 在参议院里，特拉华将拥有与联盟里最大的州同样的宪法地位，而这样的参议院拥有立法、行政与司法权力。联盟中的 10 个邦都认为自己是小邦，其中 9 个邦参加了会议。他们希望将强大的权力集中到参议院手中，因为在参议院里每个州都能平等地享有自己的一份权力。我认为，在 3 个所谓的大州那里，这一点是行不通的，他们希望以除此之外的其他原则来组建参议院。但是，这恰恰证明，我们不可能按照平等、正义的原则组建一个总体政府；而在相信可以根据正义和平等的原则组建总体政府之

46　前，我们不应当将如此广泛的权力放在它的手中。参议院由每州立法机构每 6 年选举出来的 2 名成员构成。上述关于众议员选举的条款同时还为总体立法机构赋予了规划参议员选举的权力，"除选举参议员的地点一项之外"。因此，在选举过程中，参议院并不比众议院更可靠。14 名参议员构成议事的法定人数；当 2/3 的参议员同意时，出席会议的多数参议员的投票构成参议院的表决（判定弹劾案、订立条约、驱逐成员等除外）。除了那些自己创立

的或者自己加薪的职务之外，立法机构的成员没有被排除当选任何军事或者文官职务的资格。在参、众两院中，任何一院只要有2/3 成员出席，就可以驱逐一名成员。参议院是一个独立的立法分支机构，一个审理弹劾案的法庭，还是行政机构的一部分，在订立条约以及几乎所有的官员任命上拥有否决权。

在这个体制中，副总统不是一个很重要的职位，至少不是一个非有不可的职位。他有时是参议院的一员，有时又充当高级行政长官。这个职位的选举，与合众国总统的选举一样，似乎有待完善。[41] 但是，当我们审视总统的这些权力及其行使方式时，我们发现，在这一点上，总体政府有很强的贵族倾向或者少数人统治的倾向。事实上，在一切有重大意义的事务上，执行者是总统和参议院，总统与参议院相连或者说受后者牵制，他会始终与参议院行动一致，从来无法对抗它的意志。任何官员，无论是文职还是军职，如果不见容于参议院，总统就任命不了。那么可以想见，如此重要的一个机构，其意志竟很难控制，在行使权力时竟会如此颐指气使。

司法部门，如果是在制衡的政府里，权力区分是很明晰的，但现在却很不恰当地混在同一群人手中——最高法院的法官们同时掌管着对法律、衡平与事实的处理。对于拟议中的总体政府，没必要考虑琐碎的细枝末节。在这次会议上，应该协调的是各方利益，特别是在大州与小州之间、运输业州与非运输业州之间，以及较为民主的州与较不民主的州之间。会议花费了大量心血，处理《宪法》草案中各部分的行文结构；但是应该承认，在这部《宪法》的一些核心部分，仍然存在很多严重错误。有人说，这都是形势所迫。全面考察这一问题之后，我一方面相信这种说法是对的；但是另一方面我在想，会议花这么多心血所做的探究和决

2.8.29

2.8.30

定又证明了什么？如果它们能有所证明的话，那只能是，我们不可能以正确的原则将各州统制到一起。它提议的政府组织证明，在那样组建起来的总体政府中，不可能使一切权力的赋予都是安全的；而且只要花点注意力看看政府草案的那些部分，就会明显发现，到时候，被提议赋予的那一切权力都既不会很好地服务于政府的那些目标，也不会很好地有助于保护自由。我希望，在权力的滥用没有得到很好预防的情况下，不会出现权力的滥用；我希望，那些授权总体政府按这个方案规划其成员选举以及自由区选举的条款，在每个州都能真正得到落实。我希望，被派出的小代表团同样能够公正、平等地具备代表能力；我希望，司法部门能够根据一些纯粹的原则，依据未来的法律乃至《宪法》开展工作，并且与国家形势保持一致。如果这份草案中列举的那些权力都被赋予的话，总体政府中的权力集中将是很可怕的。这个方案并没有设计出一个良好平衡的政府。立法部门中的参议院与行政部门实质上连为一体；总统或者首席行政长官会襄助参议员的蝇头小利，但绝不会对民主力量给予支持，无论它们多么受压制。在我的心目中，一个良好平衡的政府的最大优点在于，它由不同的部门构成，每一个部门都足够强大和独立，以确保自己的运转；每一个部门在其他部门偶有需求时，都会提供援助。

2.8.31　　常理告诉我们，即便小的众议院也是花费很大的，把大量代表集合到一起是不可行的。不论是从会议做决定上讲，还是从各州的形势看，召集一个规模适当的代表会议是不可行的。

2.8.32　　由此看来，参议院的这种组成以及众议院的狭小，就是我们面临的形势，也是千真万确的事实。在这样的全国性政府里，很多权力的实施都是有害的，而且可以说无药可治。

2.8.33　　一切官员都可以受到并且只受到参议院的弹劾，也就是说，受到那些任命他们的人，或者那些认可这些官员任命的人的弹劾。在弹劾案中，若非 2/3 的参议员同意，不得作出任何有罪判决。在这种情况下，对于众议院来说，弹劾权就没什么意义了；因为众议院经常做不出对罪犯的定罪，并因此有可能很少或者从不行使这一权利。除了前面提到的这类组织上的不牢靠、不便利之外，还应该指出，很难确保人民抵抗腐败和权势人物的致命影响。在《宪法》所列举的那些重大目标上，制定法律的权力将掌握在总统、8 位参议员以及 17 位众议员手中。当代表数较少时，任何措施的通过都容易获得有效人数，而这些人很容易受到贿赂、官员以及情面的影响，他们很容易形成私人政治集团，或者另外开小会，就某些办法轻易达成一致，并私下投票通过它们。

48

要想在正确的原则上组建起联邦政府的各个部门，的确困难重重，我对此深有感触。我似乎看见了一个组织如此脆弱的政府。在经过这样一番努力之后，我不得不相信，在赋予它权力时，必须加倍小心谨慎。[42]

2.8.34

其次，对于被提议赋予这种政府的某些广泛权力，有必要考察其限度以及可能的实施情况。这些权力包括立法的、行政的以及司法的权力，涉及的问题既有国内也有对外的。那些涉及外部问题的权力，比如一切涉及外交、通商、关税问题的权力，以及一切关乎海洋、和平与战争、印第安事务的权力，都理所当然地不能赋予别人，而只应该赋予这样的政府。很多涉及内部问题的权力，比如规划州际贸易、度量衡、铸币、邮政、外族归化等等，也明显应该属于它。这些权力的实施，可能不会对各州的内部治安产生实质性影响。但是，另外一些权力，比如设立和征集内部税、组建民兵、制定破产法、判定就本州内部法律引起的上诉、质询等等，则事关重大，往往牵涉几乎其他的一切权力。在我看

2.8.35

来，这些与其他权力相连的权力，以及被提议赋予这一政府的维持陆军、建立海军的权力，都属于共同体的核心权力，而剩下来留给各州的那些权力其实就没有多大意义了。

2.8.36 　　自行设立和征集税收的权力本身就影响重大。通过税收，政府能够动用税收对象的全部或任何部分的财产。税收虽然种类繁多，但内部税与外部税有着强烈差异。外部税是关税，被加于进口物之上。它们通常在一些海港城镇征收，只针对一部分人，虽然最后还是由消费者支付。一部分官员可以征收它们，它们不得高于贸易所能承受的限度，或者走私可能允许的程度；因为从商业的本质来看，它们是有边界的。[43]但是，内部税，比如人头税与土地税、消费税、文契税都可能加到共同体的每一个人或者每一种财产上。它们可能征收很长时间，执行很高的比例，这就必然需要很多官员去测算评估，去保障征收。在荷兰联合王国，总体政府在外部税方面权力很大，也用得很好；但在内部税方面，它只是在各行省之间作出摊派。在我们这个国家，内部税是很重要的，因为国家太辽阔。联邦税务的很多评估官员和征收官员距离联邦政府所在地300多英里之遥。此外，在这么大的一个国家

49 里设立和征收内部税，需要出台大量的条例，随时作用于人民大众身上。这势必与州法律发生冲突，导致混乱与普遍不满。最后，本来对这群人起作用的这部或者那部法律可能会被废除。单就这些条例，就可能很快破坏州法律与政府的运转，更不用说那些涉及民兵、铸币、商业、联邦司法等方面的法律了。

2.8.37 　　如果总体政府认为，就像某些机构（即便不是所有的机构）可能认为的那样，政治就意味着向权势机制寻求支持，那么，政府就会抓住一切时机增订法律，并扩充官员队伍去执行它们，认为这些都是必要的靠山。[44]如果这套策略被采纳，那么，要想维

持政府的运转，同时又想减免对外来货品的课税，就有可能设立一些比关税有更大收益的税种，最后，国内债权人所能做的就所剩无几了。国内税源将被悉数开发，在这个庞大的国土内，内部税的法律无所不在，联邦税务评估官员和征收官员会遍布各地。考虑了这一切因素之后，还将设立和征收内部税的权力赋予这样一个组织不良、能力不足的总体政府，还指望以后再修正这个政府，使它能够很好地行使这一权力，难道是明智、审慎、安全的吗？在政府有资格接受权力之前就将权力放到它的手中，岂止不安全，简直鲁莽。众所周知，这个权力必须与代议制形影不离，为什么权力要先行？少数人一旦拥有权力，就会无所不用其极，以阻挠代议制的发展，为什么还要将权力交到他们手中？为什么不限制权力，并在必要时修正《宪法》，在这一权力中加进修正条款，同时适当加强代议制？那样的话，那些渴望这一权力的人就会乖乖地让人民通过他们的代表进入政府，行使自己应得的那部分权力。即便无法实行恰当规模的代议制，我们也能发现，权力依然留在州里，而且目前不应当被轻易放弃。

　　每当我想起近来国会、各邦大会、各立法机构以及人民如何为自由事业而斗争，仔细权衡税收的重要性时，我就难以相信，我们提议将设立和征收内部税的权力赋予这样一个组织不良的政府，以达到这样一些目的，是严肃认真之举。即便合众国由一个200人组成的众议院征税，也就是说，康涅狄格15人，马萨诸塞25人，等等，实际上，中下层人民仍然在税收问题上没有很大的参与。我听到有人说，新《宪法》规定的代表人数足够多了，足够实现很多目标；在我看来，说这个机构人数足够多，足以保卫人民在政府治理中的权利，人民可以将自己的钱袋与武器交给它，无异于是在说，我们已经忘记了代议制的真正意思是什么。我还

2.8.38

50

注意到，有人说，国会不会试图设立和征收内部税；国会必须有这项权力，尽管它可能用不上。[45]对此，我承认，任何审慎的国会都不太可能设立和征收内部税，特别是直接税，但是，这只能证明，权力有可能被不恰当地赋予国会，并且可能会被鲁莽或者别有用心之徒所利用。

2.8.39 　　我听到，为了打击对《宪法》这一部分条文的反对，有几位绅士竟然试图这样来解释那些与直接税相关的权力：那些反对这部分条文的人是想自己拥有那些权力，所以才会说，国会只应该拥有摊派权，而将设立和征收它们的权力留给各邦。[46]我看不出这种说法有多少新意，它只能反过来证明这一部分条文是站不住脚的。根据《宪法》，毫无疑问，国会的权力将完全覆盖到一切税收领域。而且，就内部税而言，州政府会与总体政府同时拥有权力，二者可以在同样的年份对同样的对象课税；有人说总体政府可能取缔某项邦税，作为推动征收联邦税的必要手段，也并非毫无道理。[47]鉴于各邦都有大笔债务，并且都仍要大力举债，将某些内部税的税源交由它们独立掌握，明显是合乎时宜的，至少在联邦众议院得到恰当的扩展之前如此。总体政府手中设立和征收内部税的权力将使其在陆军、海军和民兵方面的权力变得更令人反感。根据《宪法》，国会将有权"招募陆军并供应给养，但此项用途的拨款期限不得超过两年；装备海军并供应给养；……规定征召民兵以执行联邦法律、平息叛乱和抵御外侵的条例；规定征召民兵的组织、装备和纪律……但民兵军官的任命和按国会规定的纪律训练民兵的权利由各州保留"。据此，国会在召集军队、以任意年限雇用官员和人员方面，将拥有无限的权力；只不过，拨款支持这些行为的一项立法不会适用两年以上的时间而已。而且，如果下一届国会两年内没有重新拨款，或者没有为军力的使用追加拨款，那么军队将陷于自我维持的境地。假以时日，军队羽翼渐丰，它让国会通过法律拨款扶持自己就没有多大困难了。

　　我知道在美利坚有不少人都喜欢常备军，特别是那些有可能在联邦体制内享有较大治理权的人；对我来说，很明显，一旦维持军队的费用有地方落实，我们大概就会拥有一个庞大的常备军。对于很多家庭的年轻男子来说，军队是一个非常令人满意的立业去处。供养军队的权力总得交予某些人，但是，这并不能证明，将这个权力交予一个人数如此之少的简单多数，而且不带任何制约，或者交予一个政府，人民大众在里面就其本质而言只是被名义上代表着，是公正的。在各邦政府里，这个国家的人民大众，比如自由民等，都被代表着。他们能够真正选择国会成员，有时还能选出一个与自己思维方式相同的人；但是，要想让这个国家^①里 3 万或 4 万人——相当于总人口的 1/10——找到一个人与自己拥有类似的情感、观点和利益，是不可能的。设立和征收税收的权力以及维持军队的权力都是百年大计；要确定这些权力，不必频繁地制定法律。对于这些法律的通过，这个国家的自由民等应当进行实质性的审查；这种审查应当放在立法机构中进行，或者至少放在被这个国家的普通老百姓送到国会里去的那少数人中进行，这样才是名副其实的"从他们中来"。^[48]

　　诚然，这个国家的自由民拥有财产的根基——土地，拥有武器，他们很强大，不能被公然冒犯，因此有人说，他们能够自立，对于他们的意见，统治他们的人不敢稍有疏忽。很容易看到，如果他们在国会通过法律时，或者在税收与军队方面的法律的通过

51

————————

① 联邦农夫称自己所在的邦为"国家"（country），故此下文有 3 万或 4 万人及 1/10 的人口之说。

上，没有行使自己正当的否决权，那么，二三十年之后，他们就会对这类事情不闻不问，他们那些被夸耀了的力量就会被完全剥夺。这样的局面，国会如果愿意的话，总有办法促成，比如通过规划民兵。社会上那些年轻的、活跃的人资产甚微，而其他人会制定方案使他们变成无足轻重的人。如果按照提议，1/5 或者 1/8 有能力拿起枪的人被选为民兵，那么，前一种情况下，民兵作为军队将无所不为，而在后一种情况下，民兵又毫无防御之力。各州将按照国会规定的模式以及制度训练民兵，也就是说，各州在民兵问题上的实际影响力只在于任命官员上。我没有看到有条款规定可以为执行联盟的法律而招募地方武装（posse comitatus），却看到有条款同意国会为执行这些法律而征召民兵，而且全体民兵或者部分精选民兵由军事长官而不是由郡长招募，其结果，首先是导致法律执行的完全军事化。[49] 我懂得，征税的权力、按照某种统制方案规划共同体军事力量的权力，以及为共同体提供防务与内部秩序、充分执行法律的权力，都总得有所归属；但是，我们在提供这些权力时，不应当明显地让共同体中的某些权力获得相对于其他权力的不正当优势，或者将多数人的命运托付给少数人的怜悯、审慎和节制。至于说有必要将某些特别的权力交给总体政府，在我看来，必须确保这些权力的运用更加安全，为此它必须经过国会中 2/3 或 3/4 成员的同意，直到联邦代表不断增长，国会中的民主成员能够拥有适当的机会作出理性的否决，以维护共同体中那些众多的、重要的、民主的成员的利益。

2.8.40　　我对各邦的法律与内部警务状况并不十分了解，不能完全明白联盟所制定的那些总体性破产法案将对此产生何种影响，或者如何促进公共利益。我知道，一些邦的债务人以财产来举债的模式与形式是很不相同的。如果真能制定出统一的破产法案，并且不会带来真实的、实质性的不便，我倒希望国会能制定出这样的法律。[50]

有几项权力被提议交给总体政府中的司法部门，我认为这是没有必要的[51]，这里我指的是那些涉及单个邦的内部法律方面的问题。恰当的做法是，联邦司法部门的权力范围与联邦立法部门的权力范围是一致的，也就是说，它只拥有依据联盟的法律做最终判决的权力。根据第三条第二款，联邦司法权力（以及其他权力）涵盖一切发生在一州与他州公民之间、不同州公民之间、一州或其公民与外国的州、公民或属民之间的案件。所有这些案件中的诉讼，除了针对一州政府的诉讼外，都被交由各州的法庭，并由其最终判定。由于没有条文排除这些法庭在这些案件上的司法权，这些法庭将与联邦下级法庭在这些案件上同时拥有司法权，由此，如果新《宪法》在这一点上没有被修正就被采纳，那么目前被交由邦法庭的大量的这类在我们的公民与外国人之间、不同邦的公民之间的诉讼，以及邦政府起诉外国人、邦政府起诉他邦公民的诉讼，都可能交由各联邦法庭，而上诉将从邦法庭或者联邦下级法庭转向联盟的最高司法法庭。

在所有的这些案件中，在州法庭里任何一方都可享有陪审团。除了纸币和票券方面的法律外——对此，《宪法》草案英明地作出防备，正义在这些法庭上都通过合理的条款得到维护。相比各联邦法庭，各州法庭更有能力根据本州法律作出恰当的判决。不管从哪个角度，我都看不出有必要为这些案件开启一个新的司法模式，或者说，开启一幕昂贵诉讼的新场景，让外国人、不同州的公民将自己与对方拖至几百英里之外的联邦法庭。诚然，那些法庭可能由一个英明而审慎的立法机构组织起来，结果由它们来维护正义变得相当容易，而且它们可能总体上是根据我国的普通法原则组织起来的；但是，这样的好处在《宪法》中完全没有

2.8.41

53

得到保障。陪审团制度只在少数刑事案件中才得到保障。联邦法律虽然将这一制度扩展到海上犯罪、违反各国法律的犯罪、叛国罪以及伪造联邦证券与硬币罪，但是即便在这类案件中，陪审团审判的就近原则仍然没有得到保障。特别是在大州，一位公民被控告在本州犯罪，却可能在距离案发地 500 英里之外受审。更不用说，在民事案件中，陪审团制度完全没有保障。虽然这次会议没有建立这种审判制度，但我们还是希望，国会在将这部新《宪法》付诸实施的过程中，会通过立法的方式，在一切适用这种制度的案件中做到这一点。

陪审团制度会不会在最高司法法庭里被排斥，是个十分重要的问题。根据第三条第二款，涉及大使、其他使节和领事以及以州为当事人的一切案件，其初审权属于最高法院。对上述的所有其他案件，无论是在法律方面还是事实方面，最高法院均享有上诉审理权，但须遵照国会所规定的例外与规则。法庭一词如果被理解为由法官组成的法庭，那么陪审团的观念就被排除在外了。这种法庭或者说这些法官将拥有前述一切案件在法律方面和事实方面的上诉审理权。法官将决定法律的使用以及事实的审定；根据《宪法》，事实的审定将交由法官，这样一来，审定事实的陪审团就被排除在外了。当然，通过例外情形以及制定规则的权力，国会可能在大多数必要的情况下引入陪审团审定事实。[52]

2.8.42　　如果需要一个最高法院，其最后的司法权只能集中在一切联邦问题上，而且根据法律不被允许的上诉除外。在某些案件中，各联邦法庭的司法权力将覆盖到成文法与衡平法，因此，针对法律、衡平以及事实的判决权力都将集中到最高法院手中。根据这部《宪法》，这些权力混同在同样一些人，即同样一些法官手中；而在大不列颠却属于不同人，也就是说，针对成文法的判定权掌握在成文法法官手中，针对衡平法的判定权掌握在衡平法院大法官（chancellor）手中，针对事实的判定权掌握在陪审团手中。将针对成文法的判定权以及针对衡平法的一般权力都交给同样一位法官，是非常危险的事情。这是因为，如果成文法约束了他，他可以退到衡平法中去，作出根据自己的理由与意见可能推演出的判决。在我国，目前还没有像大不列颠那样区分衡平法的先例，因此，在最高法院，衡平法将在很多年里都带有随意性。《宪法》为最高法院留下这样的结构，对此我深感遗憾。我看不出一星儿自由的火花，一点儿我们自己的或者不列颠的普通法影子。

这个法院将拥有前述一切其他案件的上诉审理权。很多人敏锐地发现，如果这样的上诉适用于刑事案件——这与人们通常对法律的理解不同，那么，前面所指的案件就同时包括《宪法》一开始就提到的刑事案件与民事案件。当一个外国人或者其他州的公民控告某州政府没能兑现战争期间许下的那么多承诺时，什么样的限度才是合适的？对此我们感到迷惑。贬低一个州，迫使它与个人对簿公堂，什么样的限度才是合适的？这也值得认真考虑。今天，各邦还没落到这一步，但新的司法体制将把州以及很多被告一同带上法庭，进行起诉，这是这份契约签订时双方始料未及的。所有那些在不同州的公民之间、公民与外国人之间、州与外国人之间，以及州与其他州公民之间的官司，都使各方认为现有的针对各州法律的矫正，以及提议赋予各联邦法庭的新的矫正，都可能是不符合任何原则的。

您忠实的

联邦农夫

2.8.43
54

四、联邦与各州在多项权力与权利上的关系

第四封信，1787 年 10 月 12 日

先生：

您好！

2.8.44　　陪审团的就近原则在各联邦法庭里不可能比在各州法庭里执行得更好。

　　　　第三①，在我看来，某些重要权力不仅被过于草率地赋予了总体政府，而且总体政府被赋予的很多权力都是不受限制的：既有可能落入正直的人手中，也有可能落入别有用心的人手中；既有可能被用于好的目的，也有可能被用于不好的目的。根据第一条第二款，众议院代表数与直接税在一些州按比例分配；根据该条第八款，国会有权为共同防御以及公共福利之目的设立和征收直接税、间接税等等，但是一切间接税、关税与消费税在合众国内应该统一。根据前一款，直接税应该在各州按比例分配。这似乎很符合一些思想敏锐的人所提的那个想法，即，就直接税来说，国会的权力只限于摊派。[53]但是根据后一款，设立和征收直接税等很明显更符合相反的、在我看来更真实的评价，即国会将有权对个人直接课税，而不需要假手于州立法机构。实际上，在我看来，前一款只是在说，每个州都应该缴纳一定比例的税额；而后一款是在说，国会应该有权设立和征收直接税，并且根据各州的配额对各州的个人课税。当然，我认为，这些仍然都是不明确的权力，人们可以见仁见智，对它们有不同的理解。

2.8.45　　副总统选举是否有资格限制，尚不清楚；对此它只字未提。

---

① 接前文联邦农夫的第三封信。

但是，副总统有可能成为总统，据此推断，他似乎当然具有总统资格，而总统资格的条件只适用于能够被选为总统的人。根据第二条第二款："国会可以制定法律，酌情把这些下级官员的任命权授予总统本人，或授予法院，或授予各部部长。"下级官员指谁？根据这一条款，国会有可能将一切官员的任命权授予总统，既然如此，它难道不会将几乎一切官员的任命权授予总统一个人，由此打破这一条款一开始所提到的赋予参议院的那种制约权？诚然，这种制约权的归属是有问题的，但是，对首席行政长官任命官员的权力的制约，根据这次会议的意见，以及根据普遍的意见，必须在《宪法》里得到明确规定。根据第三条第二款，最高法院应该拥有在法律与事实方面的前述授权，但除了国会打算归为例外的那些情形之外——国会可能扩大这种例外，结果使上诉受理权实质上失去效力，使这一条款失去意义。

第四，有一些权利，一直被我们在合众国奉为神圣，我们的各部《宪法》都予以明确认可；但是，如果新《宪法》以目前的这种样式被通过，这些权利终将不保。[54] 根据第六条，《宪法》草案、遵循它而制定的合众国各种法律，以及一切以合众国的名义业已订立，或者将要订立的一切条约，都将成为国土上的最高法律；每个州的法官都必须遵循它们，任何一州《宪法》或法律中任何与之相悖的内容均为无效。　　2.8.46

应该明白，人民一旦接受这部《宪法》草案，那将是他们所能采取的最后的，也是最有力的行动。接受这部《宪法》的人，不仅是新罕布什尔、马萨诸塞等的人民，而且是合众国的人民[55]；先前一切古代风俗、权利，以及据此在合众国里建立起来的各种法律、各部《宪法》，但凡与这部《宪法》或其部分内容不相宜的，都将被完全废除，一扫而净。不仅如此，将来遵循这部　　2.8.47

《联邦宪法》而制定的合众国的各种法律也将是最高法律，先前那些风俗、权利，以及据此建立起来的各种法律、各部《宪法》，但凡与这些法律不相宜的，也都将被它们完全废除，一扫而净。

2.8.48　　　根据上述条款，以合众国名义签订的各种条约，也将是最高法律。但并没有说这些条约的订立都要遵循《宪法》；实际上，

56　对于签订它们的那些人，也没有什么宪法限制。总统与 2/3 的参议员就有权独立地签订条约，而且一旦这些条约被签订，与之不相宜的一切法律及州《宪法》都将被废止。总统和参议院手中的这种权力是绝对的，总统和参议院通过条约确立的任何法规、条例或者做法，法官们都有义务为其附加全部效力。有没有什么可行的办法为订立条约的那些人设置限制？我说不好；如果没有，那证明这一权力在被赋予时应当更加考虑安全性。

2.8.49　　　《联邦宪法》、遵循该《宪法》而制定的各部国会法律，以及一切条约，将在合众国之内的一切领域拥有全部效力与效果；其他一切有碍于此的法律、权利和《宪法》都必须为它让道。全国性法律是最高的、优先于州或者地区的法律，这是没有问题的；但是，在那些不可让渡的，或者根本性的权利面前，全国性法律又应当让道，也就是说，由一部分人制定的全国性法律只能延伸至一些全国性目标。但是，国会的法律却不是如此。要真正认识到它们的界限，我们必须仔细考察一下被提议赋予总体政府的立法、行政和司法权力，把它们放到第一条第八款的条文中去思考。在列举了一些权力之后，它写道："制定为执行以上各项权力和依据本宪法授予合众国政府或政府中任何机构或官员的其他一切权力所必要和适当的法律。"我们已经知道，这个政府的这些权力既延伸至内部目标，又延伸至外部目标，还延伸至其他一切次级目标，因此，关于这些权力，关于那些被认为执行它们所必要和适当的法律的限度与数

量，在我们实施那些权力、制定相关法律之前，几乎不可能有一个正确的概念。在制定法律实施那些权力的过程中，我们希望有一个明智、审慎的国会，它能够尊重一群自由人民的意见，能够以那些在不列颠、在我们的政府里一直被视为核心的、基本的原则，作为他们的法律的基础。但是，对于一个不具备这种品格的国会，《宪法》却没有设定限制，要求它必须尊重那些原则。

有人说，当人民制定一部《宪法》时，代表们使用的一切权力都保留在人民手中 ①[56]，而且就目前而言，《联邦宪法》未明确赋予那些掌管全国政府的人的每一项权利与权力，都保留在人民自己或者他们的州的政府手中。[57] 另一方面，又有人说，当人民制定一部《宪法》时，交出了一切未明确为自己保留的权力。[58] 问题不在于这两种说法谁对谁错，而在于它们都只是一种意见，人们通常选择站在那个能满足自己目的的立场。但是，一般可以推断，若遇到模棱两可的情况，掌管政府的人总会随自己的喜好去解释法律，为的是增强自己的权力。大凡明智而审慎的人民，在创立《宪法》时，都会划好界限，小心描述出哪些是交出的权力，哪些是保留下来的权力。通过邦法律，人民已经保留了某些权利；更准确地说，这些权利已经以这样的方式得到认可和确立：邦立法机构必须尊重它们，不得制定任何僭越它们的法律。邦立法机构有义务关注本邦的《权利法案》。《权利法案》以及邦《宪法》才是各邦治理者与本邦人民之间的根本契约。

在 1781 年，合众国的人民制定了一部联邦宪法 ②，那是他们与他们的联邦统治者之间的根本契约。这些统治者就其本性来说，

2.8.50

57

2.8.51

---

① 此处原文有遗漏。

② 此处的联邦（federal，原文如此）宪法指《邦联条例》。在一些美国早期政论文中，并不能明确区分"邦联"（confederal）与"联邦"（federal）。

没必要注意其他契约。在他们看来，在制定法律的过程中，要遍览 13、15 甚至 20 部邦《宪法》，看看哪些权利已经被确立为根本权利，在制定法律时不能被僭越，是荒谬的。无疑，如果人民在联邦契约中能够想起邦《宪法》，指出邦《宪法》中一切并不与《联邦宪法》冲突的部分，引导他们的联邦统治者注意它们，那么联邦统治者就必须注意它们。但是，就当前提议的这个方案来说，情况却不是如此。一些人有意无意地宣扬上面那种有违自然的观念，这真是荒谬之至。我认为，我的意见不仅建立在理性之上，而且能得到大会报告本身的支持。那一条条权利都是各邦《宪法》所确立的，将继续被奉为神圣，而且是总体政府必须予以注意的——总体政府应该对这一条与那一条一样地予以注意；如果其中的某一条没必要得到《联邦宪法》的认可或确立，那么另一条也没有必要得到它的认可或确立。[59] 如果在解释《联邦宪法》时联系各邦《宪法》，发现民事案件中的陪审团审判制度已经得到了保障，那么，按照同样的原则，刑事案件中的陪审团审判原则、"人身保护令"权益等等也都是已经得到保障的，因为这些权利有着同样的基础，即它们是美利坚人的共同权利，已经得到各邦《宪法》的认可。但是，大会却认为有必要确认或者重新确立那一权益，以及刑事案件中的陪审团审判原则。至于"追溯法令"，大会既然在那些问题上敢那样做，那么在这一问题上就更是如此了。不得订立"追溯法令"，这本是各邦人民与其统治者之间的一条契约；但是，大会竟然通过第一条第十款，对各邦的契约中这一部分作出批准。事实上，《宪法》草案的第一条第九款、第十款并不比一部偏狭的《权利法案》高明到哪去，它们只不过将某些特定原则确立为契约的一部分，要求联邦立法者及官员永不僭越。它58 们规定，联邦立法机构永不通过公权褫夺令或者"追溯法令"，永

不对出口货物征税，等等；这不失为一种明智。一项权利的确立
意味着有必要确立另一项类似的权利。

　　这部分，权利法案必须加强；还要确立其他一些原则，作为　　2.8.52
合众国人民与它们的联邦统治者之间的这一根本契约的一部分。
总体上，在我看来，这种立场是不可改变的。

　　诚然，当前，我们不要在信仰问题上争吵；但是，在我们　　2.8.53
订立《宪法》时，对于老年人以及将要出生的几百万人来说，为
什么不将宗教活动的自由确立为这部全国性契约的一项内容？还
有其他一些权利，我们一直都懂得它们乃是自由人的权利，它们
保护我们不受任何鲁莽无理的搜查，即任何未经起誓、未经慎重
考虑而发出的对人的文件、财产、人身的搜查和羁押许可。有人
说，民事案件中的陪审团制度好几个邦都迥然不同，在它们的规
定中没有几个字是相同的。[60]果真如此的话，联邦立法机构将很
难用一些一般性法律确立这一制度。我可以开诚布公地讲，我认
为，这种制度能够被确立起来，但并非以我们所喜爱的那种好办
法，原因我上面讲过了。我在谈论陪审团的就近原则，或者事实
审理的邻近原则时，并没有特别指出我们目前在邻近审理方面的
状况——在我们这个启蒙的国度，人们仍然有可能受到那些居住
得并不很近的人的不公正的审判。事实审理的邻近原则的重要性
还体现在其他很多方面。证据的交互审查是非常重要的，特别是
在摆到涉案事实审理者的面前时。相比书面证据，一般老百姓更
容易通过口供确立事实。当事实审理被移送至远离涉案各方以及
证人的住所的地方时，口供就变得十分昂贵，甚至难以找到，这
时，涉案各方只能依靠书面证据，而这对于一般老百姓来说既昂
贵又用处不大。因此，书面证据的采信往往是片面的，对发现真
相很少起到正确的引导作用。

2.8.54　　还可以从别的方面说明陪审团制度的重要性。在每一个自由国家，至关重要的是，一般老百姓都应该能在司法以及立法部门中扮演一定角色，具有一定影响力。参议员、法官等职位以及那些需要经历昂贵教育才能进入的职位即便对一般老百姓保持开放，也不能满足他们真正重要的追求。一般老百姓很难有机会出人头地，进入这些职位。这些职位，以及其他大多数至关重要的职位，都被少数人占据。这些少数人，或者如亚当斯先生所称的"出身良好的人"[61]，在司法判决中、在立法活动中，一般都会倾向性地、也很自然地偏袒自己的那些同类。

2.8.55　　司法部门的陪审团制度，以及立法部门中代表的召集办法，
59　　都属于有益的创举，它们能在这个国家里为人民带来正确的力量分配，以及最明智、最合适的在共同体中保护自我的手段。他们作为陪审员或者代表的地位使他们能够了解这个社会的重大事件与政府治理的信息，获取相关知识；反过来，又进一步成为彼此的哨兵与卫士。我非常遗憾，我们的同胞中还有一些人对陪审员及代表的看法完全不是这样，认为他们只是一群无知的捣蛋分子，不应该在政府事务中有任何涉入。

2.8.56　　我承认，我的确不明白，在什么情况下，国会有什么理由制定一部压制出版自由的法律；而且我不敢确定，是否有什么措施限制国会不能对任何印刷品设立税项，不得对某些特定印刷品设立特别的重税——国会或许还会为征缴这些税款发行大笔债券。如果印刷商说，出版自由受到他所生活的州的《宪法》的保护，国会或许会言之凿凿地回答说，《联邦宪法》是它与人民之间的唯一契约，在这一契约中，人民没有与任何其他一方签约，因此，国会在行使赋予它们的权力时，在制定行使这些权力的法律时，除了《联邦宪法》，不受任何其他约束，这就像各州立法机构也只

受其行政长官与县、市、镇人民之间的契约的约束，人民在制定州《宪法》时，也不会注意到其他契约。

我非但不反对那一系列意义重大的权利，反而认为还有很多其他权利，无疑也必须被确立为国家体制的根本部分。

必须指出，一切条约都必须是在外国与 13 州的某种联盟之间签订的。也就是说，西方国家是与 13 州打交道，13 州已经共同地、分别地承担公共债务。如果新政府只是由 9 个、10 个、11 个或者 12 个州组成，那么那些条约就不能被视为对外国签约方有约束力。然而，我认为，更可能的情况是，如果有 9 个州接受《宪法》，其他州也会接受。　　2.8.57

我们还必须搞清楚，这一方案一旦被接受，相关的修订条款的意义还有多大。未经国会 2/3 成员或者一些州立法机构 2/3 成员的同意，不得发起任何修订行动。当权力掌握在人民的手中，或者共同体内民主派的手中时，特别是在当前的形势下，根据人类事务的一般规律，共同体中的少数有势力的人物将很容易召集大会，改变政府，说服老百姓相信那都是为了让他们过上好日子，然后从他们手中获得一部分权力。但是，一旦权力从多数人手中转到少数人手中，任何改变将变得极其困难。这时，政府只对少数人有益，那些人想方设法阻挠任何可能导致变化的事情发生。尽管老百姓拼尽全力发起抗争，但不会有任何结果。任何有头脑的人都看得出来，今天有人提议的改变都是要将权力从多数人手中转到少数人手中，接下来可能发生的就是，那些老练而活跃的贵族派会阻挠一切和平的改变措施，除非他们看到时机有利，可以扩大自己的权势。[62] 我感到，合众国里有数以千计的人尽管也知道《宪法》草案有着重大缺陷，但仍然打算接受它，设想将来在必要的时候还可以对它进行修改。这种想法是非常有害的，它　　2.8.58

60

是在提倡一种完全无益于培育自由政府的奴性品格,它与始终保持对自由的警觉——按照迪金森先生① 的说法,这对于一切自由州都是绝对必要的——格格不入[63]。如果我们的同胞们这么快就变了,开始厌恶1774年的那些话语,那么,再对他们讲自由话语,再尝试唤醒他们对自由的渴望,还有什么用?但是,我相信,事情不会变成这样,不论当前形势看上去如何,不到十分有力的证据出现,我是不会相信的。

您忠实的

联邦农夫

五、修改《宪法》草案的必要性

第五封信,1787年10月13日

亲爱的先生:

2.8.59　这些日子里,我只要有空,就在思考这部《联邦宪法》。它在我的头脑里打开了一道新奇的景象,我看不见权力被谨慎地交到大量的立法者、众多的行政长官手中,我只看见一切重要的权力都集中到一个中心,在那里,少数人将随意拥有它们。与其在政府组成过程中设置制约,以保护人民的权利不受那些被他们任命去治理政府的人的褫夺,不如懂得,土地在人民中的平等分配,以及人民因为天性和处境所获得的那些强大力量,将保护他们不受那些人的褫夺。如果土地的平等分配,以及我们人民的那些刚健习俗是一种优势的话,那么我们建立的,就应当是一个努力延长这些优势的政府,而不是一个不将那种财产平等以及那些自由而刚健的习俗破坏

---

① 指约翰·迪金森(John Dickinson, 1732—1808),参见附录。

殆尽，就决不安分工作的政府；很显然，这些优势都没有成为《宪法》草案的天然基础。没有哪位有思想的、深谙政府技艺的人，能 61 设想这些优势还会平稳地发展几年甚至几十年。[64] 至于某些人写文章大加称赞的个别情况，如众议院代表的年龄、总统的年龄，在我看来，对这一制度的总体趋势并没有什么影响。

当然，在我看来，《宪法》草案也的确有很多值得称道之处。 2.8.60 它以选举为基本原则，它将权力置于不同人手中的做法在本质上也是正确的。它对我们在某些邦立法机构中看到的那些邪恶保持警惕，这也是难能可贵之举。但是，由于在自由政府的一个重要功能，即人民代表方面的欠缺，这一体制的每个功能的价值都大打折扣。[65] 我们对民主制有太多的诟病，但我不像某些人，把民主部门看成是令人讨厌的机构；其实，这个部门应该足够大，以接纳共同体各个等级的那些有见识的人参与政府管理。

这份体制草案的那些严重缺陷，并不能很快被人察觉，因此，每 2.8.61 个邦、每个阶层的人都在受到明显的诱导，要去接受它。它借用了好几个邦的《宪法》特别是马萨诸塞邦《宪法》中的那些民主话语。在贸易规划中，东部邦将通过简单多数原则获得很多好处，比如，康涅狄格邦与新泽西邦将在总进口税中获得自己的份额。中部邦将获得政府席位方面的好处。南部邦将得到保护，他们的黑人将在立法机构中被代表，数量庞大的内地人很快就会成为立法机构中的多数。这个体制还向军务人员、法律人士承诺大量的就业机会。如果政府执政不会带来动荡，债权人、神职人员、工薪阶层以及其他仰赖货币报酬的人都将有保障。只要这个体制承诺这些正义而合理的好处，它就会得到一切正直的人的拥护；但是，任何时候，如果它向个别邦，或者个别等级的人承诺不平等、不正当的好处，它就应当受到反对。

在前面那些信中，我指出过《宪法》草案的很多优点，也努力 2.8.62

指出其中的很多重要缺陷。我承认，我们需要一个联邦体制——我们面前已经有一个体制，只需稍作修改，它就会成为一个还不错的体制。我承认，在债权人以及商人中间，存在着很多盘根错节的难题。面对这样的形势，你问我，我认为应该怎么做。在这方面，我的意见仅是一己之见，它只有与共同体中那些正直、重要的人物的意见一致时，才值得关注。虽然我十分相信，各邦大会在接受《宪法》草案之前，会以最严肃的态度对待相关的修改事宜，但关于那些大会开展修改事宜如何具有可操作性，我观察得还不够充分，还提不出什么意见。有人说，不要指望那些大会去修改它，对此我不敢苟同。在那些大会还没有尝试之前，很难说它们会还是不会。根据经验，它们有可能没法在修改问题上达成一致；到那时，摆在合众国人民面前的一个重要问题就是，还要不要接受当前这种形式的制度草案。实现各邦统制，是个全新的想法。由于那四五十个人都同意一种制度，就认为在我们这样一个启蒙的国度里，有着良好思想觉悟的人就必须不假思索地接受它，即便有着稳定的和平条件，也懒得费力修正那些他们认为有缺陷、对自由有危害、对共和政府的那些宝贵原则将起到破坏作用的内容，这真是令人不齿。

拖延真的很危险，而接受当前这种形式的体制也很危险。我仿佛看见，不管是哪种危险，其源头大体上正是合众国里两派丧失原则的行为和言论。这是两团火，正直、重要的人物发现自己一直被夹在中间。在这两派中，一派是卑劣的造反派、债务缠身的人，他们不想要法律，只想分得别人的财产，这些人被称为平等派、"谢斯派"① 等等；另一派是一些为数不多，但更危险的人，

---

① "谢斯派"，Shayites，指美国在 1786—1787 年间由丹尼尔·谢斯（Daniel Shays，1747—1825）领导的马萨诸塞州农民起义者。

以及他们那些软弱的仆从，他们贪婪地渴望一切权力和财产，从这些人的一切行为中，你不难发现，他们是多么厌恶自由和平等的政府，他们会有组织地一步步谋求从根本上改变这个国家的政府形式，这些人被称为贵族派、君主派等等。在这两派中间，是共同体的中坚力量，他们是中等财产者，他们一方面没有债务，另一方面又满足于共和政府，无意于获取巨额财产与高位要职。在 1786 年，那些造反派、平等派群起而动，侵犯他人的权利，企图按照自己的意愿建立政府。他们的行动很明显刺激了另一派。后者在 1787 年通过自己的赶时髦的追随者的推波助澜，用自己的话语和文字，抢占了政治阵地，现在正急于建立一个相比之下较为优雅的政府。这两派有可能对立也有可能联合，那主要取决于是否符合他们的利益与观点；相比共同体中那些坚实、自由、独立的人，这两派实在是无足称道。这里我不是说，这两派与那些真正赞同《宪法》草案的人是同一种人。事实上，这些贵族派之所以支持并急于接受《宪法》草案，只是因为他们认为，这是通向自己梦寐以求的目标的跳板。我认为我这样说是有根据的。这些人觉得，被提议的这个方案是目前所能得到的最佳方案，它能够施行一些年，能够带来一些好处；我认为这就是他们支持它时所设想的基本策略，以及他们对时局的共同观察。

　　共同体中那些明智的、有判断力的人都会仔细权衡这一切因素，他们会将最近的这次大会视为一次令人尊敬的大聚会——美利坚或许再也看不到这么大规模的、这么多令人尊敬的人的大聚会了。但是，大会成员聚到一起时，并不了解各邦成千上万的人对于新形势的各种看法。他们的所作所为只不过是在业已开启的最为重要的舞台上的初次亮相。尽管在各邦大会上或许不像在联邦大会上，人人都那么值得尊敬，但是，由于邦大会可能由

63

1500 到 2000 位能干的、深谙政府科学的人组成，他们来自共同体各个部分、各个等级，我们就必须承认，他们身上有着可敬之处——在他们身上集合了这个国家里最坚定的思想和真正的政治禀赋。作为修订者，他们将拥有特别的优势。说这些大会不可能冷静地、审慎地开展对这一体制的修订，说它们修订不了，是相当愚蠢、过于武断了。如果这些大会在考察这一体制之后，决定接受它，我何尝不非常满意，我希望能看见人们将政府治理变成一项平等惠及社会各个阶层的事情。我相信，为保护自由与财产，广大人民对好的政府是讲道德的、友好的；我相信，这是一切善良的人的职责，特别是那些被看作权利哨兵的人的职责——他们有责任深入考察各派那些颇有影响力的主张；有责任将它们公之于众，同时又避免激起过度的猜疑；有责任向人民展现事实，帮助他们形成正确的判断。如果希望这个国家的人民能够自己决定自己的事情，能够审慎地使政府适合自己的处境，就必然会对那些企图仓促接受一种制度、关闭考察大门的做法感到某种程度的厌恶。那些做法让人心生疑窦，怀疑那些人有着不可告人的意图，或者看到了这一制度中的某些缺陷，希望匆匆收场，以逃过自由人民的眼睛。

2.8.63　　在宾夕法尼亚，那些促成这一文本的绅士们，将会采取何种立场？[66] 波士顿的那些绅士们赞同出版商关闭报刊，反对讨论这一重要制度，即便那些讨论都是些常规性的公正而自由的讨论，他们又将会采取何种立场？[67] 大会的那些成员已经完成了他们的使命，但为什么其中有些人回到自己的邦后，就几乎忘记了行为的得体，只知道千方百计地让人接受他们自己制定的那个体制？坦白地讲，想到这些情况，再想到我前面提到的这个体制中的那些不受保护之处，我禁不住特别警觉，禁不住对某些特殊人物的行为比平时更加注意。如果摆在面前的这部《宪法》是一部好《宪法》，它就应该能经得起一群有思想、有见地的人民的检验——所有的人都会同意召开邦大会审议它；我们也应该相信，它会被接受，除非我们认为它不是一部好的《宪法》，或者那些大会围绕它出现了错误的分化。我承认，无论是接受还是反对这一体制的双方，都有一些不恰当的做法。所有反对这份草案的人都应当要么指出他所反对的缺陷是什么，并提出他可能接受的修正方案，要么提出另外一种政府体制，让公共意见为人所知，让我们能够在某种政府体制里达成一致；要么支持现在的这个政府体制，要么提出一个替代方案。我认为讨论的大门正在打开，我们盼望着各邦大会就我们面前的这个文本作出最终的决定。我们不希望看见，它们会就一些小的修改事项互不相让，在本可以使一个制度发生根本性好转时却失去了它。但是，就那些核心的修订而言，可以推测，有几个邦的大会将采取最理性的方式达成一致，完成修订；至于那些它们认识到，但没法改变的缺陷，它们会记录下来，作为将来修订的基础，而且会以一种每一个自由人都会使用的坚定而有力的语言，向那些日后将掌管政府的人建议，将来在依法建构这一制度时、在政府的治理活动中，都应该尽可能降低这些缺陷可能导致的害处。我们的同胞有资格得到一个诚实、可靠的政府，一个法治而非人治的政府；有资格得到一个自己选择的政府。作为这个国家的一个公民，我希望看见，这些目标都有望实现，而那些放荡、独断、傲慢的家伙都受到限制；我希望看见，如果《宪法》或者说社会契约含糊不清、不受保障，那么我们还可以完全依靠那些掌管政府事务的人的审慎、智慧与节制；否则的话，我们只能依靠一个同样不稳定、不安全的办法，即饱受一个滥用职权的政府的压迫之后，人民成功地从那些滥用职权

64

的人手中接过它，将它交到那些能够正确运用权力的人手中。

2.8.64 我对这一文本尽可能做了详尽的思考，但就我而言，我能确定的只有一点，那就是我们要采用一种理性的模式处理相关事宜，也就是说，要以自由与真诚为检验它的标准；要在几个月后召开各邦大会，冷静地考察这份制度草案的每一条、每一款、每个字句；用它们认为合适的条文去修订它。对于联邦会议所规定的全部接受或否定这份方案的这一模式，各邦大会应当遵守到什么程度，我认为应该由它们自己去决定。我们迄今为止对这一文本的考察都只是一般性的。一些邦里的那些共和派人物一直希望强化这份方案，使其更能确保自由与财产，使自由制度的那些原则能更持久；无疑，这些人会将意见集中到一起，明确限定哪些是他们自己所希望的改变与修正。如果他们最后发现彼此有着根本分歧，他们的大会将决定是否要原封不动地接受这份方案，或者什么才是更合适的做法。

65

2.8.65 出于这种印象，加上让人念念不忘的这样组织起来的总体政府在权力分配上的那些不合适、不恰当之处，特别是关于内部税、陆军与民兵、它自身组成人员的选举、不同州公民之间的诉讼等方面，让人念念不忘的缺少一个更完整的权利法案，等等，我就会把目前的这个文本暂时搁置起来。如果我将来有时间修改对它的看法，站到那些希望这个制度更安全、更可靠的人一边，赞同他们的那些观点，或许我会为你考虑，特别指出必须嫁接到这个制度上的那种修正——它不仅仅符合我自己的意见，而且是其他人深思熟虑的结果。你将与我一样觉得，经过一段时间后，观点更加有力，思考也更从容，回过头来看，对这份草案的那些反对意见真是太重要了；你会发现，在一个被赋予了国家内部治安之类重要权力的政府里，人民并没有被实质性地代表。

我认为，共同体中但凡正直而重要的人物，都希望看到这个 2.8.66
制度被修改，希望看到我们将要接受的《宪法》具有长期性、持
久性；因此，他们迫不及待地想看到权力被分散到政府的各个职
能部门，看到权力的滥用得到更有效的遏制。有人说，各邦官员
从自身的利益动机出发，会反对这部《宪法》，我认为这是没有道
理的；他们的地位总体上不会受到影响，只不过，很显然，如果
《宪法》这样被接受，那些有好处的职位和部门一定会重新开放。

您忠实的

联邦农夫

六、如何修正以及对现存各邦宪政的观察

第六封信，1787 年 12 月 25 日

先生：

您好！

我前面写给您的那些信，谈论《宪法》草案，都是为下面更 2.8.67
充分的讨论做铺垫。经过对这个文本以及相关意见的更加广泛的
思考，我将在接下来的几封信里，更具体地指明它的缺陷，并提
出修正意见。在这封信里，我只谈点一般性的、引导性的思考。 66
在当前这个至关重要的时刻，谈这些应该是恰逢其时。但不管怎
样，我希望您能先仔细阅读我的信件，然后再决定我的观点是否
重要，我的评论是否中肯，我的想法是否正直，我的心胸是否足
够坦荡。我认为，我是在给一个正直而有思想的人写信，而不是
在给一个浮躁、易怒、缺乏耐心的人写信。

当《宪法》刚公布时，出现了一种奇怪的潮流，一些人千方 2.8.68
百计地阻挠对这部文献进行公正、无偏袒的审查，罔顾它对于人

民及其子孙后代，对于自由伟业以及人类权利都具有无比重大的意义。这是浮躁的表现，是蓄意的图谋。那些人摆出一大串名人的名字，还利用谣传，以图误导人民，阻碍人民达成自己真正想要的结果；任何能认识到这一点的人，都有责任审查这部文献。阻止人民不受激情干扰的唯一办法，就是冷静地陈述事实，谨慎地揭示真相；而要做到这一点，我们常常不得不对人以及人性的方方面面进行艰难的剖析。

2.8.69　　自从10月份我给您写信以来，关于这部文献，我听到很多谈论，也读到不少相关文章。在仔细考察双方观点之后，我发现我更没有理由改变自己的立场，我对这个制度草案的优点与缺点的看法依然如故。不论是反对还是赞同它的人都使得我更加坚定地认为，从各方面因素看，这个体制比邦联体制为未来打下了更好的基础。至于那些重大的缺陷，比如众议院代表数量不够、选举不受保障、参议院中权力的过度混合、某些核心权利不受保障等等，反对派总体上似乎也意见一致，而很多有才干的赞同派实质上也承认。很显然，后者并不想为这些缺陷辩护，只是想用一块神秘的面纱遮盖住。他们躲避、搪塞；他们说我们不可能做得更好了；而他们中有些人气急败坏、手足无措，说的那些话只能证明其诡计多端，而不能证明他们的正派和坚定。

2.8.70　　已经有3个邦接受了《宪法》，不加任何修订[68]；这样一来，再加上其他一些情况，这几个邦一定会对最终结果产生影响，比如：我们是先将这一制度付诸实施，接受它，同时列出必要的修正，这些修正只要得到3/4的邦的同意，就会被纳入这一制度；还是在接受它之前就进行修订——这里我只想说修订是关键而必要的，至于在接受这一方案之前将这些修订条款在多大程度上纳入其中，各邦大会必须作出决定。我们的形势是严峻的，我们无

论选哪一种都是错误的。如果我们接受目前的这份《宪法》，我们
将面临危境；如果我们完全拒绝它，我们的危险会更大；而如果
我们总是在先接受还是先修订的问题上争执不下，那也会面临危
险。我们可能遭到的最大的政治灾难，就是混乱与内战；我们希　　67
望得到的最大幸福就是一个温和、自由、稳定的政府之下的和平、
团结与兴旺。被提出的那些修正案将有助于保护和指导政府；但
是，一旦这个制度就这样被采纳，人们可能对这些修正案变得麻
木，这是很危险的。目前，他们还算是清醒的，关于这一文本的
讨论如火如荼，并且已经取得了令人满意的成果。拥护自由的有
识之士已经在行动，人民心中正重新点燃起真正的共和主义热情，
开始对权力的滥用报以最大程度的警惕。但是，人民的这种警觉
还不够持久，不够牢靠；如果人民能够继续关注自己的自由，为
它们建立一座持久的庙宇，为它们的永久安全建立起宪政屏障，
那真是人民的大幸。一旦在统治者的权力与人民的权利之间树立
起这种清晰可见的界限，并使它们不断展现在所有人的面前，任
何僭越都将立即被发觉。这些就是人民的哨兵，自始至终都是，
特别是在人民的注意力难免不够集中的间歇。

　　我相信，在赞同《宪法》的人中，有些人同意作出恰当的修　　2.8.71
订，但有些人只同意做一些不确定的、似是而非的、意义不大的
修订。后者想的只是为自己留一扇大门，以便在合适的时机实现
自己的主要目标——对各州的完全统制，一个相比这份政府草案
更加高高在上、更缺少共和与自由的政府。因此，任何时候，如
果我们必须接纳这个制度，并提出一些修订意见，但凡真正支持
联邦共和国的人都希望看到，这些修订是明确的、精心设计的，
它们不仅能阻止我们的政府体制离共和原则与平等越来越远，而
且能使它们越走越近。无论对手搞出什么阿谀奉承或者阴谋诡计，

它们都总能预防。

2.8.72　　　那些反对《宪法》的人，或者为修宪而奋斗的人，常常被人指责在恶毒攻击那些宪法起草人，他们有口难辩。这种不公正的指责反倒使我对各派的行为有了一个看法。[69] 在赞同《宪法》的人中，有些其实是假冒的联邦主义者，他们实际上是想废除各邦政府；有些我觉得是真正的联邦主义者，他们希望在一个有效的联邦名义下实质性地保留各邦政府；有些人只是一些盲目的工具，没有任何目标。在反对者中，有些人也是假冒的联邦主义者，他们不想要联邦政府，或者只想要一个咨议性的政府；有些是真正的联邦主义者，他们的目标或许更加明确，并且与那些真正的联邦主义者是一样的；而有些人或许没有什么明确的目标。或许我们可以将赞成派与反对派称为托利党与辉格党什么的，或者称为联邦主义者或者反联邦主义者。赞成或反对《宪法》，并不能证明

68　　其对联邦的立场。如果要为各派取个名字，比如根据他们的一般政治倾向，应该说他们是共和派与反共和派。反对《宪法》的人一般都是支持人民大众的权利的人，他们才是共和派；赞同《宪法》的人一般是敌视这类权利的人，他们是反共和派。

2.8.73　　　即便赞成《宪法》的人真的任由人民根据《宪法》自身的优点与不足去接受或者拒绝它，我也不认为宪法起草者们在争辩过程中受到了反对者的影响。相反，那些积极鼓吹《宪法》的人一上来就摆出一些人的名字，把他们说成是不可违抗的权威人士，以此暗示人们应该接受这一制度。他们不进行认真的考察，一味将所有反对《宪法》的人说成是无政府主义的支持者，对 M 某某、G 某某、L 某某，以及几乎所有他们能找到的有名有姓的属于反对者的重要人物，都予以恶劣中伤。[70] 相比之下，反对派其实都比较温和，没有采用这种尖锐的报复态度——宪法鼓吹者如

果都是正派人，面对这么好的形势，应该感到高兴。反对派们一般都懂得，现在并不是煽风点火的时候；倒是在大量对手身上，他们看到了更多的激情。他们看到那些人试图误导人民，加快人民的分化。当听到那些名人的名字，在迫不得已的情况下，反对派们通常也只是泛泛地说，那些名字并不具有足够的权威，不足以证明人们应该早点接受他们所辩护的制度。这次大会作为一个组织，无疑值得尊敬，它的成员总体上都是当时或之前的各个国会的成员，应该说是一群令人尊敬的人。指名道姓地说一些人，是在挑起人身攻击。宪法鼓吹者们抬举自己所钟爱的那些人物，以那样的方式将其说成是了解我们内在政治信仰的人；但他们在这样做之前，最好对那些人的能力、政治立场以及处境，有更深的了解。他们应该知道，是不是所有那些被他们这样抬举的人，过去在履行公职时都有良好的记录，都得到共同体中正直之士的拥戴。这些狂热鼓吹者今天似乎动辄易怒，因为他们自己很愚蠢，考察的都是自己并不喜爱的事实与政治人物，而自己事先竟浑然不觉。他们可能会担心，自己打开了一扇大门，使得某位"尤利乌斯"[71]能够以自己的风格、用一种更文雅的方式提到一些人的名字，陈述事实，揭示真相；但是，这些鼓吹者完全可以放心，对方都是一些冷静的人，都深谙国家大事，不会在人民由一部《宪法》转向另一部《宪法》的关键时刻，对一些问题穷追不舍，尽管在其他情况下，这种追问可能是最值得称赞的。我不想再谈政治人物了，我只想考察这部《宪法》。而在具体考察之前，作为一个必要和先行的步骤，我将陈述一些广受认可的一般性的立场与原则，并简要谈谈邦联以及各邦大会（或邦《宪法》）的主要特点——通过经常反思这些特点，再加上全面的考察，我们就能够更好地作出决定。

69

2.8.74　　我们接受到的那些关于古代政府的信息，有些是片面的、模糊的，我们不要过于相信。我们是一个非常特别的人群，我们的人民总体上有着强烈的自由意识；他们精力充沛，但同时又足智多谋；他们聪明，有鉴别力，见多识广。我们应该按照他们的模式设计《宪法》与法律。我们没有王室，也没有贵族；政府完全是选举产生的，它决定着一切政策。为成为真正的自由人，我们在最艰难的斗争中锻炼自己的能力，并且获得了成功。但是今天，我们发现，我们的所作所为只能反映出我们对放荡不羁的热爱，以及一时的热情，而不是联邦体制中真正有活力的原则。[72]

2.8.75　　我们的疆土太大，不适合搞有限君主制；我们的代表必须时常集合开会，法律的执行必须是温和的、有条不紊的。最合适的制度就是联邦共和制，在这样一种制度下，全国性事务交给中央，地方事务交给各邦或者地区政府。联盟的权力应当仅限于商业、铸币等全国性目标；而且分权，即由不同的人执掌权力，是最安全的。

2.8.76　　好政府往往是积累经验、不断提高的结果；法律的不偏不倚地执行，是保护生命、自由与财产的关键。税收当然是重要的，但是征税权永远不能不受审查、不加限制，而应当交给一个能够充分地、实质性地代表广大人民的机构。为防止掌权者扩充权力，被委托的权力的数量应该通过拥有它的时限来制约。最高权力掌握在人民手中，统治者只掌握那些被明确表述交予他们的部分；这一点，聪明智慧的人民一直在宣扬，并且是在恰当的时机。他们小心翼翼地字斟句酌，划定界限，限制所交付出去的权力的实施。

2.8.77　　人民并不是通过《大宪章》从国王那里获得权力，或者说接受权益；他们只是明确并巩固自己作为英国人本该有的那些东西，而国王在宪章的抬头说"我们准许……"其实只不过是个形式。代议制、陪审团制度，都是已被人们发现的自由政府最重要的特征，也是人民大众在政府事务中发挥自己恰当影响的唯一途径。

在联邦体制中，我们不仅要平衡政府的各个部分，不论是邦政府的各个部分，还是联盟政府的各个部分；还要找到一种能够在总体政府与地方政府之间起平衡作用的力量。后者恰恰是人们或者一些文章作者很少考虑或者考虑不周的。　2.8.78

在一个自由而温和的政府下，未经人民或者其合乎《宪法》的代表，即一个有实质意义的代表部门的正式而自由的认可，不得制定任何法律。自由，在其真正的意义上，就是指保证在一个自由而温和的政府下享受我们诚实劳动的成果，以及保证人身安全，不受一切非法拘束。　2.8.79　70

说到权利，一些权利是生来具有而且不可让渡的；即便以人民的名义，也不能剥夺个人的这些权利。它们中有些是宪法意义上的，或者说根本性的。这些权利不能通过一般性的法律被改变或废除；只有人民通过明确的法案才能改变或废除它们。陪审团制度、人身保护令等等，属于这类权利，它们是个人依据神圣的人民契约，比如《宪法》，或者至少依据那些在长期运用中不断得到加强、不能被一般性立法机构废除的法律所主张的权利。它们中有些则是习惯性的或者纯法律意义上的，也就是说，是个人依据一般性立法机构可以自行改变或废除的那些法律所主张的权利。[73]　2.8.80

邦联是各个邦或者主权国家出于共同防御与公共福利的需要而结成的友好联盟。每个邦明确保留其主权，以及一切未明确交给国会的权力。一切联邦性权力都寓于一个由各邦代表组成的国会。这些代表由各邦立法机构每年选举产生——康涅狄格与罗得　2.8.81

岛除外，它们的代表由人民选出。每个邦在国会拥有一票，为代表支付报酬，指导或召回他们。没有哪个代表能担当会获利的职务，或者在 6 年周期中任职超过 3 年。每个邦可派代表不少于 2 人，不超过 7 人。

2.8.82　　国会（在 9 个邦的同意下）可以谈和、宣战，可以签约、结盟，可以对外签发驱逐令、惩戒令，可以铸币，可以规定钱币的成色与价值，可以根据特定比例征调钱财与人力，可以拨款，可以组建陆军与海军，可以发行信用票据，可以借贷。

2.8.83　　国会（在 7 个邦的同意下）可以派出、接受使节，可以管理俘虏，可以制定管理陆军与海军的法规，可以组建审理公海上的海盗罪以及重罪、解决邦与邦之间边界纠纷的法庭，可以统一度量衡，规划邮政以及印第安人事务。

2.8.84　　未经国会同意，没有哪个邦可以派出或接受使节，与他邦或者外国签订协议，在和平时期维持战争工具或者武装团体，或者发动战争、设立可能干扰国会条约的税项。每个邦都必须指派军团长官，维持纪律严明的民兵。每个邦都可以禁止任何特殊货物的输入和输出。

2.8.85　　一邦的自由居民可以获得其他邦自由公民的特许权与豁免权。在每个邦的信用都可以在其他邦被记录，被用于诉讼程序。

　　　　　若得到 9 个邦的允许，加拿大以及其他任何殖民地可以加入。

71　　　　经国会同意以及各邦立法机构的确认，可以作出修正。

2.8.86　　我认为，下面所谈的，都可以说是合众国里的不可让渡或者说根本性的权利。

　　　　　即便是为了息事宁人，也没有人愿意屈就到违背自己的信仰、扰乱自己的崇拜模式的地步。人民有权根据已知的常规法律拥有并享用自己的财产；未经他们的认可，或者他们的代表的认可，这些财产不能被剥夺。当政府因紧急需要而征用这些财产时，人民必须得到合理的补偿。个人安全在于可以自由地诉诸法律。任何法律或者税项，未经其按《宪法》规定组织起来的代表的同意，人民都可以不服从。他们在任何情况下都有资格受益于人身保护令以及刑事和民事案件中的陪审团制度。当受到指控时，他们有权要求在就近地区及时得到审理，要求由自己或者顾问应答，要求不被强迫自证有罪，要求证人证据面对面呈供，以及要求在法庭当面与对手对质。在向其本人充分描述所控罪行之前，不得要求任何人就被指控的罪行作出回答；他不得受到对人身、文件、财物的任何无理搜查和羁押。人民有权以有序的方式聚会，向政府请愿，要求纠错补偿。出版自由不应当受限制。非有实际服务不能得到报酬。不颁布任何世袭的荣誉，或者贵族等级。军人应当服从文官的权威；未经公民许可，士兵不得在他们中间驻扎。民兵必须始终加强武装、纪律严明，服务于国家的常规防务。最高的权力在人民手中；被委派的权力应当被定期地、频繁地交回到他们手中。立法权、行政权、司法权应当始终分离。或许，这里还应补充其他的一些权利。

关于邦政府的组织，每一个邦都应该有立法机构、行政机构以及司法机构。一般情况下，立法者应该被排除在重要的行政或者司法职位之外。除南、北卡罗来纳外，基督教各派没有在《宪法》上被区别对待。纽约、特拉华以及弗吉尼亚都排斥教职人员担任文官或者军事职务。其他邦在现实中也大致如此。 2.8.87

每个邦都有民主类型的部门。在罗得岛以及康涅狄格，每年选举 2 次；在南卡罗来纳，每 2 年选举 1 次；在其他邦，每年选举 1 次。所有的邦加在一块，共有 1500 名代表，相当于每 1700 名居民中选出 1 位，其中每 5 位黑人折合 3 位白人。各邦在选举 2.8.88

人或被选举人的年龄或道德品质方面，规定相同；在财产资格方面也大体相同。

2.8.89　　宾夕法尼亚将所有的立法权力都交给一个单独的部门，佐治亚也是如此；而在其他 11 个邦，立法机构都有第二个部门或者参

72　议部门。在组建这个部门时，它们将各种原则融在一起，旨在实现多种形式的制约与均衡。看到一些邦在设置防止大众混乱的屏障方面，表现出这般聪明才智，真是令人惊喜。在马萨诸塞，参议员名额根据他们的纳税情况，或者说几乎根据他们的财产情况按地区分配。在康涅狄格，一到 9 月，自由人要选出 20 位知事（counsellors）。他们先将候选人名单返回到一些城镇，由立法机构确定其中 20 位得票最多者，交给人民。到了 4 月，人民在其中选出 12 人，与总督、副总督一道，组成参议部门。在马里兰，自由人在每县选出 2 名选举人，选举人的资格与民主部门的成员一样；然后，由选举人选出参议员。在这两个邦，制约都是用选举的方式来实现的。一些邦还考虑任职者的服务期限、年龄、财产等问题。在南卡罗来纳，参议员任职 2 年；在特拉华，是 3 年；在纽约和弗吉尼亚，是 4 年；在马里兰，是 5 年；其他邦都是 1 年。在纽约和弗吉尼亚，参议员每年轮换 1/4。在弗吉尼亚，参议员必须年满 25 周岁；在南卡罗来纳，是 30 周岁。在纽约，选举人必须拥有至少 250 美元的财产；在北卡罗来纳，是 50 英亩土地；在其他邦，参议员选举人的资格与众议员选举人的资格是一样的。在马萨诸塞，参议员必须拥有至少 1000 美元可自由支配的财产，或者价值至少 2000 美元不动产；在新泽西，至少是价值 2666 美元的不动产；在南卡罗来纳，是价值至少 1300 美元的不动产；在北卡罗来纳，是 300 英亩土地，等等。每个邦的参议员的数量从 10 到 31 名不等，11 个邦合计 160 名，相当于大约

1000 名居民一位。

有两个邦，马萨诸塞和纽约，都在其立法机构中引入第三　2.8.90
个、但不完整的部门。在前者，总督可以否决不受 2/3 参议员以
及 2/3 众议员支持的法律；在后者，总督、首席大法官以及最高
法院诸法官也有权这样做。

每个邦都有单一的行政部门。在 5 个东部邦，总督由人民普　73; 2.8.91
选产生；在其他邦，则由立法机构选出。在南卡罗来纳，总督每
2 年选举一次；在纽约及特拉华，每 3 年一次；在其他邦，每年
一次。在纽约邦，总督之外没有"执行知事委员会"，但其他邦都
有。在一些邦，总督在参议院享有一票；这意味着，总督在某些
情况下有同样的权力，在其他情况下又享有十分不同的权力。执
行知事委员会成员的数量在各邦从 5 到 12 人不等。在 4 个东部
邦，以及新泽西、宾夕法尼亚和佐治亚，他们由人民选出的返乡
的立法者充任。在宾夕法尼亚，知事每 3 年遴选一次；在特拉华，
是每 4 年；在弗吉尼亚，是每 3 年；在南卡罗来纳，是每 2 年；
在其他邦则是每年一次。

每个邦都有司法部门，包括：最高以及次级普通法法庭、衡　2.8.92
平法庭以及海军法庭。各法庭一般设在不同地点，以便公民之需。
陪审团设到一切普通法法庭以及某些海军法庭。法官们主要由民
主的自由人组成。没有财产、品格低下或者未达到年龄的人被排
除在选举活动之外。某些法官品行良好即可续任，某些任期一年，
某些任期多年；全部法官由立法者提供薪俸。关于这一部门，太
多的具体问题这里不能一一细述。

您忠实的

联邦农夫

七、众议院代表数量以及阶层分析

第七封信，1787 年 12 月 31 日

先生：

您好！

2.8.93　　在考察人类组建过的各式各样的政府时，我们发现，它们的全部力量源头可归结为两类：强迫与说服。推动政府机器运作并为它们赋予特定影响力与控制力的，就是这两种重要的原则。人们受前者的压迫，或者受后者的驱动。我们称一个政府是专制的或者自由的，就是看哪一个是其主导原则。或许，一个政府不可能既专制，又能让其属民心悦诚服；按常理，我还敢说，一个政府不可能既自由，又能得到人们心甘情愿的支持，而且人们对法律的服从不需要借助外力的强迫。在专制政府里，一个人或者一些人置身于人民之外，他们制定法律，强令执行，并以武力相逼。在这样的政府里，有 1/4 的人都被武装起来，忍受兵役之苦，压制他人服从法律。而在自由政府里，人民或者他们的代表制定法律，法律的实施总体上是自愿认同乃至协助的结果；人民尊重长官，追求个人目标，享受自己的劳动果实，将其中十分少量的部分用作公共用途。[74] 很显然，人民大众更喜欢后一类政府；只有少数参与强化专制统治并从中得到报偿的人，才有可能暂时地喜欢前一类政府。我们的真正目标，就是充分发挥这一原则的功效，加强对各方的说服，并且尽可能少地使用武力。只要不是在专制政府里，说服就从来不会带来危险。但是，如果经常性地对内使用军事力量，就一定会破坏人民的爱与信任，挫伤人民的精神；

74　　那个或者那些统治人民并动用军事力量对付人民的人，就一定会使通过人民选举确立自己位置的做法完全不可行、不自然。

我再说一遍，这份草案一旦付诸实施，将在这两种原则之间暧昧不清；很难确定它到底会滑向说服还是武力。

政府必须存在。如果说服原则落空，武力就绝对是下一个手段。一旦国会的法律得不到尊重，成为一纸空文，这个体制就将陷入混乱；到那时，我们就必然求助于后一种手段，一切自由都荡然无存。

将人民集中到一起制定法律，在现实上是行不通的；他们只得选举立法者，并将他们指派到政府的不同部门。[75] 在代议制部门，我们的主要目标是集合人民的信任；在这里，说服的力量尽数展现出来。因此，在组建这一部门时，有几点必须要考虑到。它必须有能力明辨人民以及公共事务的形势，能够设身处地地为人民着想，有能力、有意愿制定与人民的状况及处境相适宜的法律；它必须能够确保抵制基于利益的勾结、腐败及权势；它必须拥有人民的信任与发乎自愿的支持。

我认为，这几点是不容争辩的。我前面提到，在一个公平、平等的代议制里，人民的利益、情感、意见与视角集中到一起，应该就像全体人民集合到一起一样；这一点也是不容争辩的。讲完了这些，下面我提出我的立场，那就是，如果连国家内部治安之类的最为关键的权力都打算交给政府，这样的政府就不可能提供真正的代议制。我还要提出关于代议制部门的修订意见：第一，应当扩大代表数量；第二，他们的选举应当得到更好的保障。

第一[76]，代表数量不够，应当增大。当存在很大的舆论空间时，你不会希望我用精确的计算来证明我的立场，你只会希望我的观点只是一个选项，就像我心中那些根深蒂固的意见一样。我们现在就处于这样一个公说公有理、婆说婆有理的处境。什么是

2.8.94

2.8.95

2.8.96

2.8.97

真正的代议制？政府的各种职能，虽然不能说哪个更重要，但也不能说哪个更少被人们理解，政治家们对哪一个的著述更不恰当。斯巴达的民选长官、罗马的保民官都徒有虚名，大不列颠的代议制也是不平等、不牢固的。在美利坚，我们在按照正确的原则建立这一重要部门上所花的努力，或许超过世界上其他任何地区；我相信，正是在这里，将实现代议制的伟大进步。在改进这一部门时，必须考虑人民的状况，以及与这一状况相适宜的代表数量、选举方式。如果我们发现，众多的人口定居在一个幅员辽阔、土地肥沃的国家，他们享有平等，他们中只有少数人甚至没有人受到富足或匮乏的困扰，那么，《宪法》与法律的当务之急就应当是，防止他们陷入全国性的堕落，保护他们生活在幸福之中。[77]

有道德的人民制定公正的法律，而好的法律反过来会保护人民的道德不会改变。如果人民是有道德而生活幸福的，但法律却与他们的品格格格不入，那么他们就容易慢慢变成一群唯唯诺诺、颓废堕落的动物。如果由人民或者他们的代表制定法律，这些法律一般都会合乎国民的品格与处境，除非代表机制是不公正的，是对人民进行不恰当的替代。人民应该成为选举者；如果按某种形式组织起来的代议制，使一个或多个天然的人类等级获得相对于其他等级的不正当优势，那么这种代议制就是不完善的，结果会导致一个等级渐渐成为主人，另一个等级渐渐成为奴隶。在政治平衡中，最为重要的是保护每一个等级都处于恰当的位置。我们讨论立法机构中的平衡，以及政府部门之间的平衡时，应当把这些落实到人民大众之中。我曾提出，在组建一个真正的代议制时，应该考虑共同体中不同等级的人之间的平衡，但又觉得这有

75

点虚幻^[78]；但后来，我读到贝卡利亚侯爵①的一段话后，茅塞顿开。这句话曾在 1774 年的大陆会议上被引用，那就是："在任何社会，都总有人竭力为一部分人授予权势与幸福，使其他人陷入极度软弱与悲惨的境地；好的法律的目的，就是要抵制这种企图，使自己的力量得到广泛而平等的传播。"^[79] 孟德斯鸠也指出："在自由国家，每一个被认为是一个自由主体的人，都必然会关注自己的政府；因此，立法权应当寓于全体人民大众之中，或者他们的代表之中。"^[80]

非常明显，这些著述者都考虑到了社会上很多等级的人——我们可以说他们是贵族阶层、民主阶层、商人或者技师等等；并且注意到了这些人出于利益与野心，总是念念不忘提高自身的地位，压制他人。在立法事务中，每个等级的人都必须能够切实有效地参与。如果人民不能从自己当中选出一些人、一些与自己真正类似的人，这时候你还告诉他们，说你们是选举人，你们能够选举自己的立法者，那只能说是在愚弄人民。先生，还有一点我希望您也别忘记了：我们不仅要制约这些自然发生的行为，而且要防止偶尔会发生的公共职务与个人利益的相互勾结——获选人出自选举人中间，选举人人数越少，公共职务与个人利益就越容易变坏。

要想恰当地处理好这一问题，我们必须首先对不同阶层的人有一个一般认识和描述，比如，他们可以按职业与政治倾向分类。首先是贵族阶层。有人说，这个国家里有三种贵族。第一种是宪法意义上的，就我们今天对这一概念的共同理解来说，合众国并

① 贝卡利亚（Cesare Bonesana Beccaria, 1738—1794），著名意大利法学家、启蒙思想家，其名著《论犯罪与处罚》最早于 1764 年以意大利文出版。

不存在这样的贵族。正如孟德斯鸠指出，如果社会上的一部分人由于财产、年龄、道德品格的问题，被排除在任何政府活动之外，那么其他的人就成为唯一合乎《宪法》的选举人或被选举人，他们构成贵族阶层。[81]在合众国的每一个邦，都有大量的人要么被判为有罪，要么年龄不足，要么没有足够的财产；根据这种分析，这些人都被排除在政府活动之外。第二种是贵族小集团，他们是一伙不讲原则的政治集团。他们的标志是财富或者能力，他们相互勾结，以不断扩大个人利益为目标。这类集团的存在是偶然的，但我们要特别予以警惕。第三种是"天然贵族"阶层。我们使用这一词时，指的是一个受人尊敬的等级。他们与天然的民主阶层之间的界限，在某种程度上只是一种人为的判断。我们可能将一些人放在这一边，将另一些人放在另一边。在少数派与多数派的各种纷争中，其实有相当多的人摇摆不定，不知道自己属于哪一边，应该属于哪一边。在我看来，合众国里的天然贵族大约有4万到5万人，在这些人中，包括总督、国会议员、邦参议院、国会的主要官员、军队与民兵中的主要官员、最高大法官、最杰出的专业人士，以及大财产者。[82]

共同体中其余的人和等级构成天然的民主等级，在这些人中，包括自耕农、下级文武官员、渔民、技师、商贩，以及众多的批发商和专业人员。显而易见，公正地讲，贵族与民主这两个阶层的人的性情是非常不同的，特别是关于公共与私人开销、工资、税收等问题。前一个阶层的人更加注重合作，有更强的荣誉感，有能力，有野心，知识渊博；后一个阶层的人并不那么习惯于同时关注众多高尚的目标，他们野心不大，相互之间更加诚实。他们的生活主要依赖中小产业、勤奋工作以及艰苦劳动；而前一个阶层的人的生活主要依赖来自大产业的收益以及政府重要职位的薪酬。

不仅这两个大派别的想法需要得到平衡,而且其他的利益与派别也是如此。这些利益与派别相互依存,并不总是会因为渴望权力、担心后果而互相倾轧;虽然他们一般会认为,比如说,批发商向来都是在制定对自己有利、压制农民的法律,农民也是如此;前一种法律对土地课税,后一种法律对商业课税。制造业主一般倾向于垄断,买家千方百计压低价格,卖家想抬高它;薪酬阶层努力抬高价格,支付薪酬的人则想压低它;公债主想扩大税收,人民总体上想降低税收。在社会的每一个阶段,以及人类的一切交易活动中,我们看见,各方的活动无不验证了这里引用的孟德斯鸠的结论:那些人无论失去多少、得到多少,如果在政府里没有相应的自己的保护者,终将走向毁灭。 77

各派别的关注点并不仅限于财产,他们还争夺等级和差别待 2.8.98
遇,他们所有的热情都能够在政治辩论中对号入座——那些居于社会上层的人常常对民主的善变性深怀鄙夷,认为民主常常与嫉妒、猜忌这类感情相伴随;自耕农分享了很大一部分财产与势力,坚守自己的意见与习俗;城镇上的技师们活跃但易变,诚实但轻信,他们人数不多,势单力薄,不能形成对自由政府的稳定支持;渔民的利益部分取决于陆上力量及其稳定性,部分取决于技师利益的变化。至于商人、小贩,他们是我们几乎一切交易的代理人,他们积极参与政府活动,在政府里拥有相当大的影响力。有一位颇有才华的人这样写道:勤劳而节俭的商人是自由的赞助人。有人说,赞同共和形式的政府的人,没几个是从学校里培养出来的;我认为这话是有道理的。[83] 法律、神学、医学等方面的绅士们大约占据总人口的1/4,但是他们的政治影响或许不亚于各类其他人加在一块的影响。从被派往国会里的那些人来看,在不多的代表中，法律人士占据多数；随着代表数的扩大，将会有越来越多的农民、商人等有机会进入政府。

2.8.99 　　以上这些总体考察能使您明白，我在区分不同的阶层，主张立法机构应当联合并平衡不同阶层的利益、情感、意见和立场时，我的意图是什么，我的思想范围是什么。我们不仅要进行这样的联合与平衡，防微杜渐，防止政府中一个派别渐渐压过其他派别，而且从这种联合以及充分代议制中，我们还能得到很多其他益处。一个小的代表机构不可能熟知人民的各种处境，其成员总体上与人民相距太远，不能体察民情；而且由于人数太少，也很难与人民交流。在任何地方，如果代表们脱离人民，就不能与他们的选民进行恰当的沟通；同时，如果选民不能比较便利地让他们的代表了解自己的需求、处境与意见，那么，这样的代议制就一定是

78　极不完善的。在任何地方，如果3万到4万居民中仅有1位代表，那么在我看来，这位代表所接触并熟悉的无非是其选民中的那些头面人物，而且他还要身兼联邦代表的职责，这样一来，这些代表与被广泛代表的人民之间就一定存在很大的距离。根据这份草案，特拉华邦、费城市、罗得岛邦、缅因大区、马萨诸塞的萨福克县，都将各有1位代表；这些代表与相应地区的广大人民之间互相并不十分了解，也很少交流。已经有人指出，如果只与头面人物交往，他就会从他们那里获取信息和思想，他所接受的各种观念都服务于他们的目的。另有一些人试图转移人们的注意力，希望他们不再盯着这种充满瑕疵的代议制不放；这样做似乎有道理，但其实不然，对此我将另文论述。[84]

2.8.100 　　即便我们能够克服利益平衡以及抬高一些人、压低其他人之类的帮派图谋等一切难题，代表们不能体察民情、信息不足、与人民缺乏交流仍然是不可克服的难题。这里我指的是，那一小部

分代表总是念念不忘发展私人关系。在我看来，一个人的暴政或者多数人的放荡，相比少数人的结党营私，还算不上那么邪恶。这种代议制议院如何变成一些私人小团体，如何受到被委派、被任命这类欲望的影响，如何受控于总统与参议员，如何获得人民的信任，都是值得我们深思的问题。为解决这类难题，同时也是为了驳斥对代议制部门的反对意见，已经有人提出很多思考，现在我来考察一下，如果说它们是没有根据的，那么那些反驳意见就是能够成立的。

　　人民是选举人，必定会选举好人，并参与治理。　　　　　　　2.8.101

　　有人说，国会成员必定会在规定时期回到家乡，必定会服从自己制定的法律，分担自己设立的负担。

　　人民拥有强大的力量推翻他们的统治者，在他们的国民品格中有着最好的对权力滥用的牵制力量；最高权力将保留在他们手中。

　　各邦政府将构成这一体制内的一部分，在这一体制内获得平衡。

　　国会将只致力于少数全国性目标，各邦政府将致力于较多的、地方性的目标。

　　新国会将比目前的人数更多，任何人数众多的机构都是笨拙的、无纪律的。

　　只是各邦在目前的国会里被代表，而人民要求在新的国会里　79
拥有代表；50 或 100 年后，代表数量将很大。

　　国会不会故意做错事，任何奴役人民的制度都是行不通的。

　　只要人民是自由的，他们就会捍卫自由政府；当他们厌倦自由的时候，独断政府才会出现。

　　我会在接下来的信件中考察这些观点。我不仅要证明它们没有很好的证据，而且会指出某些观点的错误，证明某些观点并不能很好地契合自由、启蒙的人民的高贵、刚健的情操。

联邦农夫

八、政府权力的执行与个人权利的保障

第十六封信，1788 年 1 月 20 日

先生：

您好！

2.8.196　　以上我谈的是政府的组织；接下来，我要具体考察那些规定政府权力的条款。其中某些条款对于正确界定权力的限度，以及保障、限定或者抑制它们的执行，都是必要的；我首先从这些条款开始考察。[85]

在一些《权利法案》中，我们经常能看到这种条款；但是，如果它们可以选择自己的位置的话，它们还应该成为《宪法》的一部分。《宪法》，或者整个的社会契约，都不过是一部法律文件，无非是一定数量的经人民同意的条文或款项；至于它关于权利的规定采取的是条、款、章节、法案，还是其他任何形式，并不重要。在我看来，在权利法案问题上，很多人进行了不必要的思考、无意义的区分。一方面，有些人认为它应该是《宪法》的一个必要的独特分支，包含着一定数量的、珍贵的、适用于一切社会的条款；另一方面，个人权利五花八门，很难在一部权利法案中列举出来，其中某些权利也很难通过一些条文、款项得到保障，更何况，联邦政府拥有明文列举的——不，危险的——权力，在这样的政府里，谈个人权利是无用的，到最后，有人会说，其他没有被提及的权利，都是被放弃的权利。[86]在我看来，其中很

100

多一般性的、没有明确限定的主张都是没有意义的。而那个率先提出上述后一点的人，迫于形势在《联邦宪法》上签了字，这直　　80接违背了他自己的初衷。[87]

最高权力毫无疑问在人民手中；人民保有一切自己未明确委任给那些治理自己的人的权力，这是我心中一条根深蒂固的原则，不论组成一个邦，还是组成一个联邦政府，都是如此。这不会有什么例外，除了某些特殊情况下，在某些特殊程序中才会有所差别。邦《宪法》涉及管理邦的一切大小事务，由邦掌握的权力常常太多，无法一一列举，而人民常常采取捷径，用一些泛泛的词语，将广泛的权力——实际上，所有的权力——都交给政府，然后，通过特别的列举，收回——更确切地说，保留——某些在他们心目中神圣的、任何法律都不得冒犯的权利。因此，在制定邦《宪法》时，存在着一种观念：一切未保留的权力都是被交出的。但是，在制定《联邦宪法》时，会事先假设已经存在各邦政府，联邦只负责一些大的、全国性的事务，这时我们常常发现，具体列举委托给联邦的各项权力，要比具体列举需要保留的个人权利容易。

这条原则，只要我们认真坚持，就能很好地发挥作用。当我们具体列举被交出的权力时，关于需要保留的各项权利，我们可以细致列举，也可以只字不提。我们可以将被交出的权力和需要保留的权利一并列举；也可以只列举被交出的权力，但要保证它们与需要保留的权利之间界限分明。我认为，最明智的做法是，具体列举前者，但不列举后者。鉴于人民关于这些未明说要保留的权利表现得犹豫不决，我们最好的办法就是列举出各项被交出的权力，然后用一般性的语言，模仿《邦联条例》第二条的方式，宣布一切未明白地、确定地交出的权力、权利与特权，都是被保留的。同样明智的是，人民应该明白地、确定地表达自己的根本性权利，而不是无奈地根据不可靠、不明确的推理和一般性原则去主张它们；他们应该知道，在自己与统治者之间围绕那些权利的斗争中，分歧是无止境的，没有什么是一劳永逸的。但是，即便根据一般的原则，一切未被明确交出的权利也都是当然地被保留下来，即便人民能够以足够的确定性断言自己在各种场合的权利，并轻而易举地确立它们，具体列举在任何情况下都被保留的很多最根本的权利，仍然有着说不尽的好处；至于那些不那么重要的权利，我们可以用一般性条款，宣布一切未被明确交出的权利都是被保留的。

我们不是要通过宣言去改变事物的性质，或者阐述新的真理，而是要在人民心中植入或者巩固他们自己可能永远不会想到，或者很快就会遗忘的真理与原则。一个民族要想使自己的政治或者信仰制度维持长久，就应该认同这些制度，把它们化成普遍的原则，好比写在每一份家谱的首页上一般。理论上，一条真理除非始终存在于人民的心中，并得到他们的认同，否则能有什么用？我们都懂得某些权利，比如：报刊自由、陪审团制度，英国人和美利坚人当然都相信它们是神圣的，对自己的政治幸福是至关重要的，他们的这种信念是当初有识之士为他们灌输的那些理念的结果，也是后来的经验的结果；但其他一些国家就不是这样，那里的人民听到这里所说的权利时，完全无动于衷，他们认为，那些根据专制君主的意志而设立的特权，对自己也没什么不好。

为什么按照同样的方式形成的生灵，却有着这么大的差异？其原因是明显的——那是教育的结果，是一系列通过示范、规诫和宣传深植于人民头脑中的观念的结果。当年英国人聚到一起，发起《大宪章》，他们并没有认为，单凭自己无可争议地拥有某些天生的、不可让渡的权利这一事实，就足够了；他们没有依赖不会说话的身份资格，而是用公示的法案明确地表述那些权利，并且公开地向全世界宣布自己有资格享有那些权利。他们制定书面的法律文件，列举那些他们当时认为根本的，或者处于危险之中的权利。即便如此，有识之士认为还不够。人民不应该忘记这些权利，在不知不觉间为独断政府铺路。人民当中有远见卓识的、正直的领袖人物，应该让这份文件不断得到强化，比如每年在公共场合宣读两次。不要让这份文件因得不到这类强化而失去效力，而要随着人民的崭露头角，在人民的头脑中不断强化它的内容。在某些国家里，人们不再自由，那只是因为他们仅仅凭借自己的身份资格，去主张那些天生的、不可让渡的权利。任何国家里的人都有资格拥有这些权利，但这不是因为他们的祖先曾经走到一起，把它们列到纸上，而是因为通过反复协商与宣传，这些权利都深入人心，各派人士都认识到它们，并且相信它们是神圣的。过去，我们不仅欣然享受我们所拥有的自由，而且不停地在思想上，在交谈中，在各种权利法案里，在报纸上，强化我们的自由所必须依赖的那些独特原则；作为这样一群人，我们的所作所为体现出杰出的智慧，在必要的时候，我会证明这一点。[88]

我坚决主张在《宪法》中增加一些明文规定的条款，其原因还不止如此。一切未被交出的权力都是被保留的，这种区分本身是公正的，但事实上却被这部《宪法》破坏了——对此我还会特别阐述；现在抛开这一点不谈，我认为，由于接受这部《宪法》，人民将很多广泛的、未被界定的权力交予国会，结果，在根据《宪法》实施这些权力的过程中，前文所述的那些权利会受到影响。那些反对出台一部联邦权利法案或者增补进一步公告条款的绅士，似乎是在以一种非常狭隘的、不完全的视角考虑这一问题。我们这里的目标，不仅是要列举那些被保留的权利，更主要

2.8.197

的是对那些被委托出去的、涉及某些重大问题的广泛权力进行解释，以及用既定的、已知的界限，去限制实施那些权力的人。如

82 果人民全都能充分了解政府的原理与职能，很多必要而有益的解释、限制可能就不需要了。在这部《宪法》中，似乎有一种精心设计的忽略；还有可能，对于一些十分常见的问题，不少解释性条款被省略了。人们共同关心的某些社会问题，如果我们自己一直知道、早就知道，就很容易认为别人也都知道，不必再去谈论了。这样的错误，即便一些有识之士也经常犯，这很自然，不足为怪。如果一架政府机器不需要出台明文公告的条款，那必须满足两个条件：一、被保留的权利都是没有争议的，并作出了符合其属性的界定；二、被委托给政府的权力都有明文界定，那些文字必须十分清晰，经得起任何程度的理性的推敲，绝不会被用来侵犯保留给人民的那些权利与特权。

2.8.198 　　我首先要强调的是：一切未被明确交出的权力都是被保留的；被具体列举的权力都只是被赋予的；其他一切权力都是未被赋予的、未被保留的；不需要限制国会运用它并不拥有的权力。这个推理是合乎逻辑的，只不过在人们的一般事务中意义不大而已；但是，《宪法》对它没有表现出任何形式的尊重。为证明这一点，我这里不妨引用一些条款。我只评论两三处。第一条第九款，国会不得授予贵族爵位。如果省略这一条，国会还有什么权力授予贵族爵位？它在《宪法》的哪一部分能够找到这种权力？答案必然是，国会不会有这种权力；也就是说，人民在接受《宪法》时，不会交出这种权力。那么，为什么要用一个否定性条款去限制国会做它不会有权做的事情呢？由此，这一条款毫无意义，它意味着，如果省略，国会也不会拥有这项权利，无论是根据对《宪法》中某些一般性词语的解读，还是根据国会拥有未被明确保留的权

力这一原则。这句话曾经出现在《邦联条例》中，现在据说是从警告的角度被引入到这部《宪法》中。但是，即便是警告性的条文，也难保不让人疑惑，至少让人怀疑它的必要性——如果这里有必要，很显然，其他一切类似情况下也同样有必要。实际情况应该是，人民在组建联邦，或者如这次召开大会时，一切行动都发乎自然，他们在解决问题时并不指望一般性原则以及逻辑推理，而是用几句话就把问题解决了，而且任何人只要一读就立即能看懂。

在刑事以及民事案件中的陪审团制度，长期以来一直被视为我们的一项基本权利，大多数邦的大会都一再认可、强调这一制度。[89]这部《宪法》在刑事审判中明确了这一原则，但在民事案件中却完全忽略了它。刑事案件中的陪审团制度，以及人身保护令的权益，都已经与合众国人民的所有根本的、必要的权利一样，被有效地确立。既然如此，为什么在接受一部《联邦宪法》时，我们却要接受这个，忽略那个，或者忽略其他全部？——还好，有几条例外，比如：承认不应该有追溯法令，不应该有贵族头衔，等等。当我们接受这部《宪法》，将其作为人民的最高法时，必须对它进行认真考虑。而当事后解读它时，我们以及子孙们必须严格遵循它的文字以及精神，在任何情况下都不能背离它们。在解读《联邦宪法》时，参考各个邦的《宪法》不仅是不可行的，也是不应该的。邦《宪法》完全是一些独特的文件、一些次级的法案。此外，人民今天需要确立某些根本性权利，这充分说明，这些权利尚属观念层面的事物，否则它们就不需要被牢固确立为联邦体制的一个部分，或者在联邦治理中被视为根本性的东西。进一步而言，同样是这些权利，如果换给各邦《宪法》去确立，稳固地赋予人民，那么，我们今天再认可它们，就意味着人民认为

2.8.199

83

它们在邦的体制内是不可靠的，认为新的社会制度安排使它们不复存在或被搁置一旁了，因此必须被重新确立。再进一步而言，人民如果在确立某些权利时，对类似的其他权利却保持沉默，这无疑说明，他们有意要放弃后一种权利，或至少对其不关心。权利，从一般的理性原则看，在一般的社会事务中，总会面临危险，难有保障；而人民在创立《联邦宪法》时，明确表示自己知道这些权利的这类处境，因此要列举、确立其中的某些权利。有鉴于此，结论就是，人民已经确立了一切他们奉为宝贵而神圣的权利。那么，不管从哪条原则看，人民既然已经开始，就应该继续具体列举、确立一切有可能在制定和实施联邦法律的过程中遇到问题的个人权利。我已经讨论过民事以及刑事案件中陪审团制度的好处及重要性，我不主张它只设立在刑事案件中，而主张广泛地设立。与其用四五十个字讲这一问题，倒不如用这个国家里一直在用的语言，说"合众国人民应当始终有权由陪审团审判"。这类语言说明，人民始终坚持这项权利是神圣的，始终要求国会根据这个国家的惯例与习俗，在任何情况下保护陪审团制度。我前面还提到，陪审团制度正是我们所缺少的；不同的邦对其进行的略有不同的补充与修正，实在是杯水车薪。陪审团制度是一个自由政府稳定而一致的特征；我们要保留的是实质，而不是文字形式。

2.8.200　　免于追溯法令、陪审团制度以及人身保护法令的权益，都只是合众国人民本该有的宝贵权利的一部分，即便是在按照普通法

84　　惯例进行的司法程序中，也是如此。这些权利可以用一般性词语来保障，比如，在纽约，在"西部边疆"，可以像上述其他邦一样，宣布合众国人民始终有权按照普通法惯例，按司法程序，运用和巩固这些权利。如果能列举出人民在这些过程中应该享有的具体的核心权利，就像很多邦、像英国已经做的那样，结果可能

会更好。这样，人民就可以站起来宣布如下：在向本人完整描述
一项指控之前，任何人不得被要求回答该指控，也不得被要求自
证有罪；在陆军和海军部门，在首先受到大陪审团指控之前，任
何人都不得被控有罪，导致其失去生命，或遭致不名誉的惩罚；
每个人都有权呈供一切可能对自己有利的证据，面对面地会见针
对自己的证人；每个人都有资格自由地、及时地获得权利与公正；
任何人都有权利不受一切对自己人身、住所、文件和财物的无理
搜查、扣押；一切许可证，如果未经事先起誓担保其理由正当，
没有特别指明搜查、逮捕、羁押的人或财物，都可被认为是有悖
于这项权利的；非经同侪的判定或者依据本土的法律，任何人不
得受到人身的放逐或财物上的侵扰。一位了不起的作家，曾思考
过这最后一个条款①，指出它本身就可以说包含了政治社会的整个
目的。[90]这些权利没有必要被保留；它们本就存在或被享有，只
不过是在少数几个国家罢了。它们都是有明文规定的权利，只不
过几乎为不列颠以及美国的法律所独有。在那些法律的实施过程
中，个人依据长期的习俗，依据《大宪章》、各种《权利法案》
等，已经获得了这些权利。一个人根据议会的法案，有资格享受
人身保护令的权益——在各邦法庭的司法程序中，人们有资格享
有这些权利和权益。但是，这绝不意味着，他们在联邦法庭也享
有它们，也有权主张它们，除非它们得到《宪法》或者联邦法律
的确立与保护。在联邦的司法程序里，我们当然需要主张人身保
护令权益，同时也要主张陪审团制度、召集协商者的权利、面对
面对质证人的权利、不接受无理的搜查许可证的权利等等，如果
《宪法》对这些都完全保持沉默的话。前者的确立，表明我们没有

_____

① 指《宪法》第一条第九款。

它就不能主张那些权益；后者的忽略，意味着它们被放弃或者被视为无关紧要。这些都是个人通过契约获得的权利与权益，他们必然会依据契约，或者久远的惯例，去主张它们。因为至少在这个国家里，能不能根据久远的惯例主张它们，还是个问题；由此，我们能不能根据契约，比如各种宪章、《宪法》，去广泛地主张它们，也就是个问题。

85; 2.8.201

人民接受《联邦宪法》时，赋予了国会组建独特的、新的司法机构，组建各个新的法庭，以及在它们之内规划一切诉讼的广泛权力。对此，《宪法》先提出了八条限制，然后才加一条规定：个人应该享有人身保护令的权益。如果就这样交出组建法庭、规划其诉讼的一般性权力，不加上任何保障这里所讨论的大多数权利的条款，国会难道不会在实施那些权力时，合乎宪法地破坏那些权利吗？在我看来，那些权利并没有得到任何程度的保障。退一步讲，假设情况不是这样，正如有人说的，由于所有的人都认为，除了很少一部分人外，全体人民都将享有这些宝贵的权利，因此，他们似乎已经相信这些权利是没有问题，或很少有问题的；那么，在这样的情况下，保障这些权利，消除一切怀疑，是鲁莽还是明智的呢？如果有必要的话，我愿意再多做思考，去证明它们的价值及政治意义。

2.8.202

这部《宪法》赋予国会广泛的征召和维持军队的权力。广泛的权力将为自己带来附属性权力，以及各种任何可能的手段。关于这些权力的实施，《宪法》中有没有条款阻止士兵在民房驻扎？你会回答：没有。它有时候竟被认为是维持军队的必要手段。人民主张自己有免于这种干扰的权利，依据的是什么原则？或许，他们会说，那就是这个国家的实践，以及某些邦《宪法》中已有的条款。但这样又有人会反驳：他们的这类免扰要求，从本质上讲，不仅没有习俗和观念的基础，而且不能从某些邦《宪法》里推演出类似的基础——那些《宪法》都是地方性的，在操作上是次级的，对总体政府没有控制力；他们已经接受了《联邦宪法》；他们在乎很多权利，唯独对这类免扰权完全沉默；他们已经交出与此相关的广泛权力，那些权力在实际运行中，必然会冲击他们的这一主张；如此等等。虽然不能断定这种驻扎会使我们陷入危境，但是，毫无疑义，确立那些权利是合适、恰当的，它们对于个人而言特别珍贵，对于自由政府的长治久安必不可少。有一位了不起的作家写道：英国人由于一直拥有自己的自由，往往忘记了它的宝贵。[91]但我们，就当前而言，似乎还没达到这个地步。我们有时甚至还误用了我们的自由，我们当中的很多人会拿它做交易，换取所谓的能力、强制力，以及其他一些我们认为有利于自由而泛泛使用的手段。在政治领域，变化与新奇之物层出不穷，就像在娱乐界和时尚界一样。

　　出版自由是一项基本的权利，不应当以任何税收、关税，用 2.8.203
任何方式限制；对此各派人士显然均无异议。人民在接受《联邦宪法》时，既然对此怀有些许疑虑，为什么不声明这一权利呢？赞成《宪法》的人说，一切未被交出的权力都是被保留的，这话没错；但是，重要的问题是，在实施那些被交出的权力的过程中，这一权利难道不会被破坏吗？人民或者印刷商们要求报刊自 86
由，其基础在于一些根本法，即契约以及各邦由人民订立的《宪法》。人民可以废除或者改变那些《宪法》，自然也可以废除或者限制这一权利。交出一般性的权力，与使用具体的词语一样，都可能导致这一结果。既然任何根据一邦《宪法》而主张的权利，都不应有悖于遵循《联邦宪法》而制定的联盟的法律，那么，问题来了，国会有权根据联盟的《宪法》制定什么样的法律，特别是在出版问题上？根据第一条第八款，国会有权设立和征收直接税、间接税、关税与消费税。这样一来，国会很明显将有权力对任何对象设立和征收任何税——对房子、土地、选票、产业、商品等物品；对契约、担保书等一切书面文件；对传票、诉状等一切司法文件；对许可证、海军军官文书之类的文件；对报纸、广告之类的文件等等，设立和征收税款，并要求海军军官、职员、印刷商等等具结担保一切自己经手的、可能涉税的文件的税款。印刷业与其他生意一样，一旦税收超过利润，就不会有人做。在我看来，对报刊任意征税的权力，就是破坏或限制其自由的权力。还有其他被交出的权力，在实施过程中也会影响到这一自由。这一自由太重要了，当然不能被这样任意征税，还时不时地被任意理解、解释。一份自由的报刊是交流商业以及大众事务的渠道；有了它，即便国家再大，人民也能了解彼此的性情，能够团结一致，构成抵御那些滥施淫威的统治者的强大力量。报纸有时也可能成为被误用的工具，发布很多不真实的消息；但是，在我看来，总体上还是利大于弊。一位我曾多次引用的杰出作家，用英国自由的果敢风格写道："报刊自由的最终确立，就好比为桥梁铺设了拱顶之石。"[92]关于根本性权利，我不想再多说了。其中的某些权利，我这封信里已有所涉猎。我所涉猎的这些权利应当得到明确的保障，至少在实施那些广泛的权力，可能导致它们受到伤害的时候。很显然，出于同样的原因，其他的一些权利，即便没那么重要，没那么容易受到危害，也应该得到恰如其分的保障。接下来，我将简要考察被提议赋予政府各部门的权力，特别是设立与征收国内税的模式。

联邦农夫

九、政府各部门的权力、国内税的模式　　　　　　87

第十七封信，1788 年 1 月 23 日

先生：

　　我相信，合众国的人民都是有思想的；在一个辽阔疆域里，　2.8.204
只有采取真正的联邦共和形式，才能维持一个自由的、温和的政
府。既然那几位能干的、赞同这一体制的人已经承认了这一点
（我希望人们记住他们作出的这种公开表达），我就不花时间去论
证了。[93] 那么，接下来的问题是，这一体制在多大程度上是联邦
共和的？在以前的一封信里，我指出，它是通向各邦统制的重要
的第一步；它带有强烈的这种趋势。[94]

　　但是，我们所说的联邦共和是指什么，统制政府又指什么呢？　2.8.205
要建立一个联邦共和国，我们必须首先按照共和原则建立一定数量
的邦，每个邦都组织一个政府，负责内部事务的管理。这样，每个
邦都必须联合在一个联邦核心之下，赋予其在特定的、经明确列举
的情况下，在特定的限制下，制定和执行法律的权力。这个联邦核
心可以是单一的总体机构，就像现在的国会，或者古代的"邦邻委
员会"（the Amphictyonic Council）；也可以由一个一院制或多院
制的立法机构，以及一个行政机构、一个司法机构组成。要组成一
个统制政府或者一个整体政府，就不能有邦或者地方政府；一切事
务，不论人身还是财产，都必须只服从一个立法机构制定的法律，
服从一个行政机构、一个司法机构。每一个邦的政府，比如新泽西
的政府，都是一个统制的或者整体的政府，但它尊重各县、镇，重
视本邦范围内的公民和财产。各邦政府是基础，是联邦核心赖以建
立的根基；当按照选举的原则合到一起时，它们构成联邦共和国。
一个联邦共和国会认为邦或地方政府是存在的，将它们视为联邦赖

以建立的实体或团队基础；没有了它们，联邦共和国一刻也不能存在。在建立联邦政府的过程中，在其各个委员会的运行过程中，每一个邦都必须被认作为一个主权实体；但是，在建立这一政府的过程中，我认为，经过人民或者本邦人民在其政府引导下的确认或默许，邦立法机构可以接受联邦的契约。但是，我并不认为，每个邦在各个总体委员会中都有同样的发言权，是各邦联盟的一个必不可少的条件。在组成一个联盟性质的共和国时，每个邦都必须保留管理内部治安的权力，所有的邦都必须将管理公共事务的权力委托给联盟。联盟应该掌握的权力的数量是一回事，而实施这些被赋予的权力的模式则是完全不同的问题。整体政府或统制政府与联邦共和国之间的本质区分，正是实施这些权力的模式不同；也就是说，政府无论是如何组织起来的，如果那些事关重大事务的联盟的法律，比如征税、供养军队等等，都直接针对的是个人以及个人的财产，而不是邦，并且能够延伸到组织民兵等领域，那么这样的政府，在其行政方面以及在其制定与执行法律方面，都不是联邦性的而是统制性质的。

88

我认为，联盟按配额从各邦征用自己所需要的人力或财力时，各邦应根据自己的法律，通过自己的官员，按照自己的方式，提供自己的配额。形象地讲，各邦政府好比站在联盟与个人之间，联盟的法律只对各邦起作用，也就是说，起着类似于联邦的作用；这时，没有各邦立法机构会议，什么也做不了。但是，另一种情况是，虽然各邦立法机构可能几年都不开一次会，联盟仍然能根据它自己的法律，通过它自己的官员，直接摊派和征收个人所得，征召人力，组建军队，等等；这时，联盟的法律直接作用于人民大众，作用于个人与财产，其模式与一个完全统制的政府一样。这两种模式十分不同，其运作与结果都朝着截然相反的方向。在前一种模式下，邦政府的存在是不可或缺的，摊派和征收税款等一切具体事务都被交到邦政府手里，当然，也就是说，被交到几千名仅由本邦设立、仅依赖本邦的官员手中。在后一种模式下，各邦的作用完全被排除在外，摊派和征收税款的全部事务都被交到几千名仅由联盟设立、仅依赖联盟的官员手中，这样一来，邦政府存在与否就没有意义了。的确，国会在征收既定数额的直接税时，必须依据《宪法》，按照固定的尺度——既然大多数邦同意了那个尺度，在一邦征收这么多数量，在另一邦征收那么多数量；但是，这并不影响这里所讲的原则，它只会保护各邦抵制蛮横的摊派。

联邦是一种相当安全和可行的模式，它建立在真正的联盟共和精神之上。它不会出现什么意外，因为在我们的经验中，还没有出现过邦疏忽联盟的合理摊派的例子。它按配额征派人力或财力，出于邦自身的需要组织和训练民兵，依据的是联邦共和的根本原则，因此我认为，除非邦疏忽了合理摊派，否则我们没有任何理由放弃这些原则，而试图用武力打击拖欠税款的邦又是很危险的，因为那将带来战争。因此，我们应当尽力搞清楚要预防的后果有多严重，并且十分注意惩处手段的使用限度。我不打算为邦联辩护，或者指责《宪法》草案的并不存在的缺点，但是，我们应当尊重事实，剔除那些不爱思考、不善观察的人蓄意为它们涂上的错误色彩。我们应当想到，即便在统制的政府中，征集人力财力的法案常常也可能没有立即得到响应。除了特殊情况外，历史学家很少关注税款的征集细节；但我们已经很好地证明，最有活力的政府常常会放弃一些已经存在多年的税项。这充分说明，核实的某些税款已经多年没有被征收了。我承认，在希腊、荷兰等地的各共和国有这样的先例，在那里，已经有好几个世纪，一

89

些邦国没有缴纳自己的配额；但是，值得注意的一点是，这些国家主要出于国防需要才实行摊派，它们在征集人力财力方面，是不是像那些直接向人民征税的整体政府一样如期、准时？我们有没有发现，后者与前者一样，经常陷入缺少军队和钱财的困境之中？据说，"邦邻委员会"以及日耳曼人的首脑机构都没有足够的权力以恰当的方式控制共和国成员。果真如此的话，难道不应该归罪于摊派？难道不应该主要归罪于那些成员国的力量不均衡，特别是在这样的环境下：每一个成员国自身拥有与外国势力以及强邻结盟的权力，而无须得到首脑的同意？归根到底，日耳曼人难道没有一个总体上并不比邻国逊色的政府？希腊共和国难道没有保持多个国家的团结，并构成一个人类伟大禀赋的大舞台？在欧洲，没有哪个政府征收的财力比荷兰政府更充足。至于在合众国，各邦独自直接征税，而联盟用摊派的方式征集税款。

在合众国，按比例摊派的钱财，比邦直接征税而得到的钱财要多，这难道不是事实吗？从联邦国会实施摊派至今，差不多10年了，在这段时间里，要求各邦上缴的钱财以及要求各邦支付的人员酬劳等，都增加了，折合币值大约3600万美元，其中大约2400万美元实际收讫，还有1200万美元这么一大笔款项没有收上来，个中原因，与其说是各邦的疏忽，不如说是纸币的突然变化等因素，这种变化导致大量支付无效，常常使得联盟通过别的方式发起另一项摊派，来间接地摊派某项需求。在我们不分青红皂白地批评摊派结果时，我们应当想到，各邦曾经多么慷慨，在战争期间为履行国会下达的摊派任务，付出了多大的努力。如果和平到来之后它们开始拖延，难道我们不应该问一问，这种拖延是否应该归罪于摊派的性质？还有，难道它不是部分由于另外两个原因。其一是这样一个广泛流传的观点：为满足国内利益需要

的摊派缺乏正当的原则基础。其二是政府自身的形势：政府提议
设立关税等税收，这实质上已经偏离了宪政体制，意味着需要作
出改变，就像一切针对政府提出的改变，都会导致对当前政府措
施的懈怠与疏忽。

　　我并不是在主张完全依赖摊派；我指出这些事实，只是想说
明它们并不像很多人说的那样完全无效。为了找到这些事实真相，
我翻阅公共档案；而为了找到其他问题的真相，我求助很多共和
人物，他们对合众国的事务最为了解。在和平到来之后，在听证
大会召开之前，合众国的那些有识之士普遍认为，有限的资金能
够满足联盟的需要。虽然眼下各邦的处境绝非我所希望的那样好，
但我敢说，要不是国会始终抓住那些税权不放，各邦的处境只会
更好。我们承认，我们的联邦政府没有足够的权力为目前的政治
体制赋予生命与活力，我们经历过失望以及些许不便；但是，我
们应当仔细区分，什么是联邦体制导致的，什么是严酷而漫长的
战争所导致的。13 年来，合众国发生了翻天覆地的变化，战争在
这一时期带来的人力与财物损失，我们所能计算出来的，至少有
3 亿美元。我们的人民就像是刚从一场重症中恢复过来。正是战
争，搅乱了商业的进程，导致纸币泛滥、信用低迷，使很多富家
大户失去稳定的生计。我们最大的弊端，正源于此；但凡有知识、
有思想的人，对此都必须明察。但是，三四年的时间过去了，在
医治战争创伤方面，我们修缮的房产，我们恢复的工业、渔业、
制造业，我们的节俭程度，并不比其他人在这种形势下所做的更
多。我们应当根据国家自身的情况，根据事实本身，而不是根据
外国的或者我们自己的报纸作出判断，那些报纸主要刊印于商业
城镇，在那里，不明智的生活方式、不谨慎的进口措施，以及很
多始料未及的挫折，都助长了人们的失望情绪，以及看任何事物

90

2.8.206

都只看阴暗面的性情。大家都认为，我们所能感受到的某些弊端，都应当归咎于各个政府的不当治理。有鉴于此，加上其他考量，我可以不含糊地讲，我们遭受的这些纯粹由于邦联的缺陷所导致的弊病，相比那些因失去基本自由而导致的结果，以及人们在一个厉行节约、崇尚自由、温良有度的政府下所享受到的幸福而言，无异于鸿毛之于泰山。

2.8.207 以前，我们似乎只意识到，所有的危险只在于将权力交给国会；而今，我们又似乎只认为，除了国会权力不足，没有别的危险。弊病需要一步步地纠正，但我们不去考察弊病的程度，就心甘情愿、不加限制地将几乎一切意义重大的权力拱手相让。邦联

91 的缺陷被夸大了，但凡我们所能感受到的一丝一毫的苦痛，都被归咎于它。由此，人们推断，必须对政府的原则与形式来一次彻底的改变。而在最主要的、事关联邦权力的问题上，我们全凭逻辑推理，处处与经验不符，这与健全的政治理性格格不入。[95]

2.8.208 有人说，既然联邦首脑机构需要实施宣战与媾和，提供共同防御，那么它就必须掌握一切为实现这一目的所必需的、不受限制的权力；譬如，控制钱袋与武力、征募人员与款项、组建民兵等权力，都在此列，因此，联邦首脑机构必须拥有这些权力。有人说，这些权力是必需的，它们存在于一国之中，以备在任何需要共同防御之际实施；这样的推论貌似有理，实则不足为信。有人说，一个人，或者由一群人构成的国会，既然其责任在于提供共同防御，那么就必须不受限制地拥有这些权力，这类说法也是很不正确的。长期以来，人们一直明白，正确的立场是：钱袋与武力绝不能置于自由政府里的同一人之手。我们的先贤们刻意区分它们，将武力交到国王的手上，同时设置大量限制；至于钱袋，只交到平民院之手。既然国王可以宣战或媾和，那么为国家提供

共同防御就是他的本职所在。这一榜样就在眼前，它告诉我们，一个深谙政府科学的民族绝不会认为，在将共同防御和天下太平托付给某人时，让他不受限制地掌握上述权力，是必要的或者说是一种不得已的权宜之计。那个人，其职责是保卫大众，或许可以独立地拥有为此所需的、不违背公共利益的一切工具，这样做或许是便利的；但是，英国人民深知，他们的自由与幸福的最大危险，更多地来自国王对这些权力的无限占有，而不是来自自己可能遭遇的外来之敌或内部动乱，因此，虽然他们赋予他保卫帝国的责任，但同时也明智地将分配和控制这些手段的权力交到另外一些人即他们的代表手上。在荷兰，最高执政官们必须提供共同防御，但是，他们所需要的各种工具，在很大程度上都是通过国家或地方国民大会明文征用而来的。理性与事实都表明，不论在履行迫在眉睫的国家防务和安全职责之际，让行政长官或者联盟首脑机构唯一地、直接地、独立地掌握一切权力，是一种多么便利的举措，这类长官或者首脑机构都不应当掌握它们，不然的话，公共自由就会受到威胁。

　　除了被交到一个全国性机构的主要成员手中，这些权力从来没有被明智而自由的国民们存放到其他任何地方，它们也不可能安全地存在于其他任何地方——这些成员组成一个整体政府，就像在大不列颠，这些权力被分别交到它的主要成员手中。但是，在一个联邦制共和国，国家组织完全不同；人民组成这样的政府，通常是因为他们的疆域过于辽阔，他们不能聚集到一个立法机构里或者在一个整体政府下，去实施那些合乎自由原则的法律。他们聚集到地方大会里，服务于地方目的，管理内部事务，然后出于一些共同的目的，将他们的邦联合并到一个联邦首脑机构之下。一个联邦性的共和国的本质特征是，其首脑机构依附于各地方政

92

117

府，受到各地方政府有限的约束，这是因为，实际上，只有在这些地方政府中，人民才能真正地聚集到一起，或者真正地被代表。因此，我们非常普遍地看到，在这类政府中，国会的权力被置于一群人手中，但受到相应的限制，且被明确地列举；而地方大会是强有力的、受保护的，由大量的成员组成。有识之士始终将支配性的权力安放在人民能通过其代表实质性地聚集到一起的地方。依据目前提议的这种体制，联邦首脑机构不受限制地掌握各种权力，它们一旦付诸实施，将会改变政府、危及自由；在这种权力里，我想有一点已经非常清楚，那就是，人民享有的只是代议制的影子，以及权利和自由保障的影子。在一个联邦性的共和国里，代表权的划分等问题在本质上要求相应的权力划分与安排，特别是在涉及税收和民兵的问题上；在我看来，现在提出来的这份方案在混淆那些在本质上完全不同的政府原则上，真可谓无与伦比。我这里无意于为各邦开脱，它们的确不应该忽略自己应该缴纳的份额；但是，我们在寻找解决方案时，只能受理性与事实的支配。不应否认，当多数人选择改变政府，而且又没有什么现存的协定约束时，他们就有权这么做——他们有权改换统治者，并由此决定他们的措施是否合理、什么时候合理；他们有权在任何时候采取自己认为合适的形式、通过自己认为合适的否决行为，终止他们认为对自己一方不利的那些措施。基于这些以及其他很多深思熟虑的考量，不用我说，一个问题出现了：为了既保障安全，又确保活力，应该向政府中的联邦首脑机构委托什么样的权力？我认为，经验、理性以及事实已经为我们指明了一个安全而又恰当的限度。我们已经组建了政府，这时，我们就应当在理性的指引下，根据经验以及当前的形势，在适当的时机赋予联盟以适当的权力。如果将来的形势与我们的预期相反，要求为联盟赋予进一步的权力，我们处理起来也会比较容易，而不需要像现在这样鲁莽地交出权力。目前提议的这种体制是未经尝试的，正派的赞同者和反对者都会承认，它在某种程度上只是经验的产物，它的组织是软弱的、不完善的；那么，安全的做法是，在为这个体制注入权力时应当慎之又慎，一旦我们确认我们为应付一般的紧急情况赋予了足够的权力，对于那些在通常情况下必定属于无用的，或者可能被滥用的权力，以及那些在非常情况下可能导致不确定后果的权力，我们就应该十分注意委派的方式。

通过为联盟赋予规划商业以及征缴关税的权力，我们为其提供了广泛的权威以及源源不断的资金，我相信这足以应对联盟当前的各种不足，就像消费税和直接税足以应对各邦当前的不足一样。各邦政府目前的开支大约是联盟的 4 倍，而它们的债务加在一起，也不过与联盟的债务相近。自和平以来，我们的关税几乎如其他税源一样源源不绝，而一旦落到总体规划体制下，可能发生的就是，这些税收将大幅提高。实际上，这种代议制方案几乎不会证明，在为国会赋予联盟所必需的各项权力之外，还赋予它不受限制的征收关税的权力，是正确的。有人说，如果国会只拥有通过关税征税的权力，贸易将会被附加过重的税收，联盟的税收也将不足以应对某些不常见的紧急情况；对此，我们应当认识到，贸易通常能自我调整，它自然而然就能摆脱掉任何过重的负担，进一步而言，如果只有国会掌握关税的权力，以及不受限制的通过消费税和直接税筹款的权力，那将产生更大的危险，即，联盟和各邦的双重征税权力将使得消费税和直接税达到一个不可思议的程度，特别是当它们对贸易的征税上不封顶的时候。

然而，我的目的并不是要否认国会可以通过内部税筹款，就像通过关税、消费税和直接税筹款一样。我的意见是，国会、具

93

2.8.209

体地说是国会草案，除了严格依据联邦体制，即在任何情况下都假各邦政府之手，否则不得通过内部税筹款；除了某一邦逾期太久还没有缴纳自己该缴的份额，否则不得通过内部税筹款；而如果像目前这样，大多数邦的立法机构将在其下一任期正式判定此前被加到它们身上的某项消费税或者份额不恰当的话，也不得通过内部税筹款。我们应当始终牢记，我们自身的经验以及他人的经验都已经表明，我们需要时刻警醒的弊病恰恰就在于一些邦在缴纳自己的份额时过于疏忽，而联盟手中的征缴那些邦的份额及其利息的权力，足以利用这一弊病。根据这样的联邦体制，通过规定上述例外，我们明确了通过常规法律程序征集税收的手段，避免了企图对一邦施加强制或胁迫的弊端，我们还避免了发生如下情况——在一个自由的联邦制共和国内，它绝不会发生，我也完全相信它绝不会发生——这里我指的是一种永久性的、持续的联盟的税法体制，它由数千名仅仅食禄于联盟，并由此估算和征集联邦税款的官员插手各邦内部去实施。根据每种原则，我们可以接受的是，联盟应当提供一份详细的报告，列出需要通过关税以及其他税收募集的一切款项；任何时候，一旦在关税的收益之外，还需要为联盟之需募集钱款，都可以将这些钱款摊派到各邦；而设立和征收款项的权力，除了某邦在规定时限内未缴纳自己的份额外，都不得被付诸实施。

这一模式看上去似乎很切合实际，也很符合政府的精神，但我认为，在一个已经将国会的权力扩展到通过直接税或消费税征集钱款上的联邦制共和国内，这样的情况不会发生。尽管设置了这些限制，联盟在税收方面的权力仍然过于不受限制；在我看来，进一步的审查是必要的。我不会认为像联邦政府中这种规模的代议制是足够可靠的，因为政府的力量以及人民的信任都必须首先来自地方的人民大会，联邦首脑机构的每一个部门都必须是较弱的，如果被委以重权都一定是不安全的。一个政府如果掌握着超过其选民单位所认可的权力，那就不仅会滥用权力，而且与它自身的责任也是不匹配的，这个政府将很快因不堪权力的重负而毁灭，就像因为缺少它而衰竭一样。

有两种方法可以进一步加强这种审查，防止联邦体制内不当的势力及其合作。首先，在征集税款、供养军队上，在建设海军上，在规划民兵方案上，以及在为维护军费而摊派钱款上，出席会议的联邦代表数必须占很高的比例，比如 2/3 或者 3/4；而在批准法律等重要事项上，必须获得 2/3 或 3/4 的到会人员的同意。其次，当某些重要的联邦法律被作为摊派方案或者作为通过实物税筹款的法律时，必须交由各邦立法机构审议，如果反对邦达到既定数量，比如相当于出席会议人数的多数时，这类法律将不具备效力。到底是该采纳哪一条措施，或者两条都采纳，哪种做法更明智，我这里不作判断。在一些联邦制的共和国里，这两种措施我们都看到过。第一种措施主要存在于邦联里，而且在一定程度上还继续存在于《宪法》草案里，特别是在参议院选定总统或者将某些议员除名的时候，以及众议院缔结条约、决议弹劾或者大规模修改《宪法》的时候。后一种措施存在于荷兰联省共和国里，但在那里要典型得多。第一种措施基于以下原则：这些重要的政策有时可能仅靠多数邦的同意就通过了，而联邦代表的简单多数往往带有贵族特征，带有某种特殊利益及其勾结，带有某些团体的派性，并且受到各种与总体利益不一致的动机、观念和倾向的支配。而后一条措施所基于的原则是，人民只有在自己所在邦的，或者地方性的大会里，才能真正地被代表，只有在这类大会里，他们的重大安全才有保障，由此，他们必须对这些关乎切

2.8.210

95

2.8.211　身利益的政策施加最终的宪法控制。我经常听到有人提出，我们的人民见多识广，不会屈服于压迫性的政府；各邦政府就是他们现成的保护人，享有他们的信任，与他们生死相依，洞悉他们的一切需求与情感。这说得都很对，但是，如果各邦政府——即便可以说是人民的保护人——不具有某种带有社会契约形式的权力，以便在自己这一关就阻断国会通过的有害于其人民的法律，那么，这些又有什么用呢？各邦政府必须站出来，审视法律的实施。他们可以表达不满，提出上诉——毕竟有那么多个政府。在某些极端的情况下，他们的成员可以出于自卫的原则进行抵制——毕竟他们有那么多个人、那么多群体。

2.8.212　　人们知道，相比在一些小的邦里，人民在一个辽阔的疆域里要比他们的统治者更有力量。反过来呢，难道就不是吗？小邦的人民也可以组织起来一致行动，而且更有活力；但是，在大的疆域里，治理者们发现，人民不容易组织起来，反倒他们自己更容易组织到一起；虽然他们不能将各部分的意见统一起来，但他们所到之处，常常能够调动一个地方的人与其他地方的人对着干。

　　有人声称，一个共和国的联邦首脑机构毕竟是软弱的、依附性的，因为在一切与联盟的分歧中，人民依靠并且支持的是他们的地方政府。即便这符合事实，难道这不是一种为软弱的组织积蓄力量以消除不便的办法吗？事实上，在这个混合制的共和国里，事件的具体处理主要依靠地方政府，没有地方政府，人民将陷于不幸，因为社会的幸福绝大多数都取决于内部的司法管理，以及内部的治安。君主的荣耀、政府的权力是一回事，属民的幸福是另一回事，它取决于很不相同的因素。最好的人、最美好的人性所最谨慎地守护的，正是后者；而前者才是暴君和压迫者所心仪的。

联邦农夫

尾注

[1]　见 J. Wadsworth 致 R. King, 16 December 1787, *The Life and Correspondence of Rufus King* X. 264; DePauw, *The Eleventh Pillar* 104, 113; Samuel Bannister Harding, *The Contest over the Ratification of the Federal Constitution in the State of Massachusetts* (Cambridge, Mass., 1896) 17. Robert Rutland 曾误认为，The Federal Farmer 的信件发表于《纽约日报》(*New York Journal*)，但他后来纠正，实际上，它们发表于波基普希的《乡土》(*Country Journal*)（1787 年 11 月至 1788 年 1 月），见 *The Ordeal of the Constitution* 22.

[2]　最初的那些信件以及后来的"增补信件"都曾由 Thomas Greenleaf 在纽约出版。

[3]　*Ford, Pamphlets*, 277 ff.; *Empire and Nation,* ed. McDonald, Upper Saddle River: Prentice Hall, Inc,1962. McDonald 的这个版本是相当不可靠的，不少地方任意改变原文的拼写和标点符号，令人难以卒读；更严重的是，有大量的错字、错版，以及整行整行的删略。1962 年，芝加哥出版商 Quadrangle Books 编辑出版了"增补信件"，但这个版本今天已经断版。

[4]　Octavius Pickering and Charles Upham, *The Life of Timothy Pickering* (Boston 1873) Ⅱ, 352–368; *American Museum*, May 1788, 422–433.

[5]　William W. Crosskey, *Politics and the Constitution* (Chicago，1953) Ⅱ, 1299–1300.

[6]　（Crosskey 的遗稿保管人 William Jeffrey, Jr. 完成了第三卷，以 *The Political Background of the Federal Convention* 为名，于 1980 年出版。但是，由于该卷只包含 1788 年 5 月 22 日以后的内容，因此并不包含 The Federal Farmer 的那些讨论。——默里·德里）Jeffrey 教授告诉我，Crosskey 的结论主要基于以下两点理由。
第一，据说，Crosskey 在 John Lamb（1735—1800，美国政治家、军人。——译者按）的文稿中发现了 Lee 写给 Lamb 的一封信，信中写道，他"很想看一看 The Federal Farmer 的那些信件"。既然无法解释他为什么要从 Lamb 那隐匿自己的作者身份，那么这恰恰说明他不是作者。但是，我在 Lamb 的文稿里并没有发现这类信件。Lamb 所在的委员会（即"纽约联邦共和委员会" [Federal Republican Committee of New York]，成立于宪法大会之后各邦举行的宪法批准运动期间，John Lamb 任主席。该委员会旨在发放反联邦主义者作品，协调与其他邦反联邦主义者的反宪法行动。——译者按）的确散发过"The Federal Farmer's Observations"等诸如此类的材料，Lee 也的确感谢过 Lamb 给自己分送一些反联邦主义者的材料，并表示一定会乐于阅读；但是，没有证据证明，The Federal Farmer 的文章就包含在送给 Lee 的那件包裹之中。参见 Joshua Atherton 的信，1788 年 6 月 23 日，载于 John Lamb Papers,

box 5, no. 25, New-York Historian Society；以及 Lee 给 John Lamb 的信，1788 年 6 月 27 日，载于 Leake, *Memoir of the Life and Times of General John Lamb* 309–310.（Jeffrey 教授后来再次提到这一问题时，说自己可能误导了 Storing，没讲清楚 Crosskey 得此结论的这一理由。Jeffrey 认为，Lamb 写给 Lee 的信，以及 Lee 收到包括 The Federal Farmer 在内的反联邦主义者的材料后表示感谢的信，让 Crosskey 认为 Lee 不是作者。——默里·德里）

第二，Crosskey 的结论基于以下事实：Lee 在 1787 年 10 月 16 日写给 Randolph 总督的信中，以实名发表自己对新《宪法》的反对意见。由此，Crosskey 推论，他没有动机在更长的小册子中，以化名的方式隐藏自己对《宪法》的反对意见。但是，使用化名不只是为了，甚至主要不是为了帮助作者隐藏自己的意见以保护自己；它只是一种习俗，旨在将人们的注意力吸引到观点上面而不是作者个人上。一个公众人物很可能在一次演讲或者一封信中公开自己的立场，然后以化名的方式出版一个更长、分析得更透彻的作品。在宪法辩论中，很多重要人物都是如此。

［7］ Gordon S. Wood, "The Authorship of *the Letters from The Federal Farmer,*" *William and Mary Quarterly* April 1974.

［8］ 全集卷号 5.6.（见第七章第一节。——译者按）

［9］ 见 *Letters* Ⅱ, 433–476.

［10］ Crosskey, *Politics and the Constitution* Ⅱ, 1300.

［11］ 转载 New England 的文章的刊物有：*New Hampshire Mercury* 2 January 1788；纽约的 *Daily Advertiser* 4 January; *Massachusetts Centinel* 5 January; *Gazette of Columbian Herald* 14 April. 其他认为 Lee 就是 The Federal Farmer 的文献（Wood 没有提到的）有 *Massachusetts Gazette* 1 January（转载于纽约以及宾夕法尼亚的一些报纸），*Massachusetts Centinel* 2 January，以及波士顿的 *American Herald* 7 January. 感谢得克萨斯大学（圣安东尼奥）的 Steven R. Boyd 为我提供了这些信息，他从这些文献中发现，当时有很多人都推测 Lee 就是作者。

［12］ Wood, *William and Mary Quarterly* 1974, 304–307. 见 Bancroft, *History of the Formation of the Constitution* Ⅱ, 230；另见 451–452; Ford, *Pamphlets* 277.

［13］ 还有一条证据线索是，在美国文物协会（American Antiquarian Society）提供的那个版本的 "The Federal Farmer's Observations" 中，标题页上有这样一条标记："Richard Henry Lee"。但是，这个手迹并没有与这本小册子一同出版。

［14］ 参见注 [4]。

［15］ 9 June 1788, *Proceedings of the Massachusetts Historical Society* 2nd series, XVⅡ (1903), 501. A Landholder（Oliver Ellsworth）辩称，Lee 修改了 George Mason 以及 Elbridge Gerry 的反对意见，"据说是大多数在纽约的那些报纸上随处可见的反对新《宪法》的粗俗言论的作者"，但是，他没有具体提到 The Federal Farmer，参见 Ford, Essays 161. 此外，J. Wadsworth 致 R. King 的信（16 December 1787，见前注 [1]）描

述了这些信件的流传情况，但是也没有确认作者身份。John Lamb 的通信者之一 Hugh Ledlie（休·莱德利，1720—1798，美国独立战争军人——译者按）从哈特福德给他写信，提到康涅狄格会议所采取的曲意逢迎态度："该邦每年从税收中拿出 8000 英镑给你所在的纽约邦，其中高达 900 英镑使得你和其他一些人能够给 The Federal Farmer 等诽谤者写信，并分发给本邦以及邻近诸邦，毒害善良的人民的思想，抵制美好的《宪法》。"见 John Lamb Papers, box 5, no. 1; New-York Historical Society.

［16］ Lee, *Letters* 各处；Lee Family Papers, 1742—1795（缩微胶片，弗吉尼亚大学图书馆）。

［17］ Richard H. Lee, ed., *Memoir of the Life of Richard Henry Lee* (Philadelphia 1825), I, 240. Lee 的一位最新的传记作者称 "The Federal Farmer 的信件" 是 "Lee 的最伟大的文献成就"，但他并没有考虑将作者归为 Lee 的那些理由。参见 Oliver Perry Chitwood, *Richard Henry Lee: Statesman of the Revolution* (Morgantown, W. Va. 1967) 173.

［18］ "The Federal Farmer 究竟属于弗吉尼亚还是属于堪察加（Kamchatka），他究竟拥有 500 个黑奴还是一贫如洗，都不重要，只要他的观点是恰当的、他的推理是有力……Lee 先生究竟是 Washington 将军的敌手，还是 Washington 将军的声誉与美德的追随者，对于公众，对于总体目标，都不重要……我们不是在争论人的品格……我们希望在美利坚独立的尺度上评判一切——合众国的主权以及人民的自由……" Helvidius Priscus, 4.12.9.

［19］ 我忍不住想探究为什么这些信件都会这样开头，特别是既然可能从"去年冬天"的"信件"中找到确定的线索判断作者是谁。但是，我本人的推测和研究没有结果。似乎没有关于这类信件，或者关于信件对象 "Republicus" 的可能身份的记录。

［20］ 关于一些过激派别的论述，见 I, 2.8.6–7; V, 2.8.62; VI, 2.8.68–73; VII, 2.8.97–98.

［21］ 见 Alexander Pope, *Essay on Man*, epistle 3 Lines 303–304. Pope 的这句诗在宪法批准运动的文献中常被征引，典型例子是 *The Federalist*, no. 68，另见 Penn 3.12.4.; [Maryland] Farmer Ⅱ, 5.1.36. 一般说来，其他反联邦主义者对这句话要比这里 The Federal Farmer 批评得更重（另见 III, 2.8.24–25; IX, 2.8.111），在这个问题上，The Federal Farmer 还受到另一位反联邦主义者同仁 A Countryman 的批评。联邦主义者关于好的政府管理的重要性的讨论，见 Poplicola 4.11.1n.1.

（蒲伯 [Alexander Pope，1688—1744]，英国著名诗人，文艺评论家。此处引文原文为 "That which is best administered is best"。商务印书馆版《联邦党人文集》中译文为"政体如何，愚人多虑；其实好坏，全在治理"。Penn 即宾夕法尼亚殖民地的创始人、反联邦主义者威廉·佩恩 [William Penn, 1644—1718]。"一个乡村派" [A Countryman] 的化名可能取自英格兰 17 世纪的一个政治流派，与"宫廷派"相对。Poplicola 为反联邦主义者"珀普利克拉"。——译者按）

［22］ 这段时期的"危急"并非只是联邦主义者或者联邦主义历史学家的发明。参见

VI, 2.8.70; Brutus I, 2.9.2; Old Whig IV, 3.3.18; Philadelphiensis I, 3.9.2; Centinel IV, 2.7.91 n.45.

［23］ 作者这里指的是：新泽西的 Abraham Clark，北卡罗来纳的 Richard Caswell 和 Willie Jones，弗吉尼亚的 Patrick Henry、Thomas Nelson 和 Richard Henry Lee。所有这些人都是宪法批评者，他们被选举参加宪法大会，但是要么拒绝服务，要么没能出席。见 Farrand III, 557–559. 参见 The Federal Farmer, V, 2.8.62，以及 Lee 在 1787 年 3 月 26 日写给 Randolph 的信，信中表达了自己对被指派参加会议的绅士们的信任（Lee, Letters II, 415）。关于各派赞成和反对《宪法》的讨论，又见 V, 2.8.62; VI, 2.8.68–73.

［24］ Pickering 反驳说："在《宪法》草案里，没有为贵族制提供基础，因为它的官员（包括立法与行政部门）不能通过世袭权利来维持职位，不能任职终身，不能互相推选对方，没有关于财富或者财产的任何资格要求。"见 Pickering and Upham, *The Life of Timothy Pickering* II, 353. 但是，The Federal Farmer 所担心的，不是习俗贵族制，而是天然贵族制，见 III, 2.8.25; VII, 2.8.97.

［25］ 注意，所有这些政府形式，包括第一种政府形式，都被描述为合众国作为一个"国家"可能选择的政府形式。正如 Merrill Jensen 所言，问题是在 1787 年之前有没有一个"国家"。"有一个新的国家，这一点当时的人都承认，但他们的分歧在于，这个新的国家是否应该有一个联邦性的，或者全国性的政府。"见 Jensen, *New Nation* XIV. 他们还有一个分歧：一个国家是否能够既作为一个国家存在，又没有一个全国性政府，参见 James Wilson 于 11 月 24 日在宾夕法尼亚宪法批准大会上的类似演讲，McMaster and Stone 225 ff; Elliot II, 427 ff.

［26］ 见 III, 2.8.25. 在这封信里，The Federal Farmer 为全体政府的立法权增加了邦际贸易规划权，但是忽略了民兵和破产方面的权力。关于破产法，见 XVIII, 2.8.221，在这封信里，他得出结论说，批准破产法的权力不应该被授予联邦政府。

［27］ 在这一点上，The Federal Farmer 在用语上的改变很有意义。这里，他在"联邦方案"与"统制方案"之间做了合乎当时标准的区分，而他下文所谓"部分统制"，是联邦原则与统制或者说全国性原则的结合。这些区分从根本上讲，与 Publius 在 *The Federalist* 中提出的那些区分是一致的（Publius, *The Federalist* no. 39, 253–257）。然而，在他的第 6 封信中，那些一开始鼓吹咨询性的"联邦方案"的人变成了"名不符实的联邦主义者"之一种（其他的是那些一开始鼓吹"统制"的人），而那些一开始赞同"部分统制"的人变成"真正的"或者"名副其实的联邦主义者"。见 VI, 2.8.72，另见 Martin Diamond, "What the Framers Meant by Federalism," *A Nation of States*, ed. Robert Goldwin, 2nd ed. (Chicago 1974) 25–42; and "The Federalists' View of Federalism," *Essays on Federalism* (Claremont, Cal., 1961). 关于"联邦共和国"的特性，见 XVII, 2.8.204–205. 其他反联邦主义者关于联邦共和国的联邦制度的含义的讨论，见 Brutus I, 2.9.4–21; [Pennsylvania] Farmer 3.14.6–10; Henry 5.16.1–2; Clinton 6.13.2.27.

［28］　参见 Monroe 的讨论（5.21.12.n.3.）：统制如果行得通，其可接受程度如何。

［29］　关于自由并平等的代表制度，见 *The Federalist* nos.35–36. 代表问题是 The Federal Farmer 的主要论题，参见Ⅲ，2.8.25–26, 39; Ⅴ, 2.8.59–60; Ⅵ, 2.8.76–77; Ⅶ–Ⅻ, 2.8.93–165; ⅩⅤ, 2.8.190.其他主要反联邦主义者关于代表问题的讨论，见 Brutus Ⅰ, 2.9.14–16; Dewitt 4.3.14; Cornelius 4.10.9; [Maryland] Farmer Ⅱ, 5.1.22–32; Ⅴ, 5.1.71–73; Chase 5.3.20; Republicus 5.13.3; Impartial Examiner 5.14.28–32.

［30］　关于审判，见Ⅳ, 2.8.44; Ⅵ, 2.8.80; ⅩⅤ, 2.8.190–194.

［31］　此处漏了分号。

［32］　然而，Publius 辩称，虽然边远各邦在联盟的常规福利的分派中分享最小的份额，但是他们的边境地位将使他们得到联盟不一般的援助。边远各邦从联盟所获甚少，但是他们在自己所需要的东西上得到得更多，这样，就维持了"恰当的平等"。参见 *The Federalists* no. 14, 87.

［33］　参见注 [37]。

［34］　见 McMaster and Stone 144–145 (Wilson); Ford, *Pamphlets* 148–149 (An American Citizen), 361 (Iredell); Ford, *Essays* 165 (A Landholder), 397–398 (Hugh Williamson); Ford, *Pamphlets* 241 (Aristides). 联邦主义者在宪法批准运动期间也反复提到这一点。

［35］　关于权利法案的必要性和作用，见Ⅳ, 2.8.46–56; ⅩⅥ, 2.8.196–203. 关于权利的种类，见Ⅵ, 2.8.80–86.

［36］　在 *The Federalist* 中，Publius 回应了这一观点，见 *The Federalist* no. 27. 在 no. 8, Publius 详细描述了 The Federal Farmer 这里所推断的类似结果，但是将其归结为不同的原因，即在一个不充分的总体政府下各邦之间的不和。

［37］　关于自由法律与人民品格之间的关系，见Ⅱ, 2.8.18; Ⅴ, 2.8.59; Ⅶ, 2.8.93–96; Ⅹ, 2.8.227. 另见 Cato Ⅲ, 2.6.15–20; Centinel Ⅰ, 2.7.9; Brutus Ⅰ, 2.9.16; Federal Republican 3.6.21; Philadelphiensis Ⅱ, 3.9.9; Turner 4.18; Columbian Patriot 4.28.2. 当然，这个问题与代议制有直接关系。参见注 [29]。

［38］　一位化名的反联邦主义杂文作家指出，即便作出某些关键性改变，要想使好的公民接受它，仍然有很大的困难（A countryman from Dutchess County, 6.6.42–64）。

［39］　关于"天然贵族"，参见Ⅵ, 2.8.97.

［40］　在这个问题上，A countryman from Dutchess County 说得很好，但他的话连反联邦主义者都没有注意到。他指出，参议院并不完全是联邦方案，因为每个参议员都有一票，因此，"鉴于目前的邦联是各邦的联盟，而不是各邦的统制，来自一个邦的全部代表都应该只共有一票，而鉴于邦参议院是统制方案，每位参议员都应该有一票。"（6.6.45）参见 [Pennsylvanian] Farmer 3.14.14–15; Republicus 5.3.12. 在"增补信件"中，The Federal Farmer 记录了一条更好的关于参议院的"联邦"基础的观点（Ⅺ, 2.8.143 ff）值得指出的是，很多联邦主义者认为参议院的"联邦"基础总体

上是深厚的，甚至认为参议员们会接受各自邦的指导。参见 Elliot II, 26 (Cabot), 47 (King); Ford, *Pamphlets* 40 (A Citizen of America), 206–207(Fabius), 223 ff.(Aristides); Ford, *Essays* 29 (Cassius); *Pennsylvania Gazette* 30 January 1788 (A Freeman); *Virginia Independent Chronicle Extraordinary* 9 April 1788 (A Freeholder); *Maryland Journal* 1 August 1788 (Speech Intended to Have Been Delivered in Maryland Convention).

［41］ Publius 在 *The Federalist* no. 68，457–458 写道："(反对者们)业已发表的貌似有说服力的那些话，倒似乎是在说，总统选举已经得到很好的保障。"这里，他可能指的就是 The Federal Farmer，见 Federal Farmer XIV, 2.8.177. James Wilson 也指出，总统选举方案"没什么可反对的"，见 McMaster and Stone 398. 但也有批评意见，见 Republicus 5.13.13.

［42］ 见 Brutus IV, 2.9.48 注 [41]。

［43］ 参见 *The Federalist* no. 35, 216–218.

［44］ Publius 回答说，如果政府对权势集团感兴趣，"那么达到这一目的最可靠的道路将是尽可能多地利用州的官员，并通过提高他们的薪水使他们站到联邦一边"。参见 *The Federalist* no. 36, 228. 执行力的问题还有更充分的讨论，见 VIII, 2.8.166–172. 参见 Brutus III, 2.9.42 注 [37]。

［45］ 见 Centinel II, 2.7.52 n. 30.

［46］ 见 Citizen of America, An Examination…Ford, *Pamphlets* 49；以及 Old Whig 引用的 Roger Sherman 和 Oliver Ellsworth 的论述，VI, 3.3.37 and n.35.

［47］ 关于目前全国的以及邦的税收权力，见 *The Federalist* nos. 32–34; no. 36, 227–229. Publius 的基本观点是，在这个问题上，当前的司法体制是各邦下级司法机构唯一可以接受的替代物。联邦主义者与反联邦主义者关于当前的税收权的其他讨论，见 McMaster and Stone 260 (Whitehill), 268–269 (Smilie); Ford, *Pamphlets* 50–51 (Webster); Ford, *Essays* 235–236 (Sherman); Elliot II, 333, 337, 372 (Smith); 339 (Williams), 346 (R. R. Livingston), 361–334 (Hamilton), 372 (Lansing); Elliot III, 306, 332 (Madison); Elliot IV, 75(Spenser); Brutus I, 2.9.5; Old Whig VI, 3.3.33–39; Mason 5.17.1.

［48］ 见注 [29]。

［49］ 关于精选民兵或者民防团与军事化执行的问题，在 *The Federalist* no 29, 182ff 中有直接的争论，只不过没有用这样的名字。对于前者，Publius 说自己左右为难，不知道如何对待反对意见，但这句玩笑话触及一个敏感问题："按常理，如果我们不能信任自己的儿子、自己的兄弟、自己的邻居、自己的同胞，那么我们的恐惧哪里是尽头？"同上，185.

［50］ 通过进一步的思考，The Federal Farmer 又总结说，通过破产法律的权力应该交给联邦政府，参见 XVIII, 2.8.221.

［51］ 关于司法问题的完整讨论，见 XV, 2.8.183–195. 另参见 Pickering 对 The Federal

Farmer 在这个问题上的有力回答：Pickering and Upham, *The Life of Timothy Pickering* Ⅱ, 359–360, 366–367.

［52］参见 Democratic Federalist 3.5.6 n.6.

［53］参见注 [46]。

［54］参见注 [35]。

［55］参见首席大法官 Marshall 在"麦卡洛克诉马里兰州案"（*McCulloch v. Maryland,* 4 Wheat. 316, 403, 1819）中的论争，以及 Publius 在 *The Federalist* no. 39, 253–254 中的观点。

［56］参见 Ford, *Essays* 163(A Landholder); Ford, *Pamphlets* 77 (A Citizen of New York); *The Federalist* no. 84; Edmund Pendleton，致 Lee 信，14 June 1788, David John Mays. Ed., *The Letters and Papers of Edmund Pendleton* (Charlottesville 1967) Ⅱ, 532; *A Native of Virginia, Observations upon the Proposed Plan of Federal Government* (Petersburg 1787)，重印于 *The Writings of James Monroe* ed. S. M. Hamilton (1898—1903) Ⅰ, 352 ff.（但并非 Monroe 所写）。反联邦主义者的反驳，见 One of the Common People 4.8.1. n.1; Farmer 4.17.2.

［57］这一观点与先前并不完全一致，但联邦主义者特别是 James Wilson 对这两种观点都提到了。参见 [New Hampshire] Farmer 4.17.14 n.9. 另见 McMaster and Stone 143–144(Wilson), 189 (Plain Truth). 377 (McKean); Ford *Essays* 45–46 (Cassius); Ford, *Pamphlets* 242 (Aristides), 356 ff.(Iredell); Elliot Ⅳ, 259 (Pinckney). 反联邦主义者的回应见 Martin 2.4.38 n.9; Brutus Ⅱ 2.9.26; Cincinnatus Ⅰ 6.1.4; Dewitt 4.3.7.

［58］见 Impartial Examiner 5.4.5; Henry 5.16.24. 对于这个问题，总体上可参见 Federal Farmer ⅩⅥ, 2.8.196 ff.

［59］见 Brutus Ⅱ, 2.9.30 注 [30]。

［60］参见注 [30][34]。

［61］John Adams, *Defence* Ⅰ, preface (*Works* Ⅳ, 290–291).

［62］见 Ⅵ, 2.8.71. 其他反联邦主义者关于警惕贵族制的讨论，见 [Maryland] Farmer Ⅳ, 5.1.26–32; Henry 5.16.7–8; Plebeian 6.11.2.

［63］Dickinson, *Letters from a Farmer in Pennsylvania* ⅩⅠ.

［64］参见注 [37]，以及Ⅲ, 2.8.39; Ⅵ, 2.8.97; 及 n.91. 另见 A Citizen of America (Noah Webster) 以及 A Landholder (Oliver Ellsworth) 的论述，以及 Ford, Essays, 166.

［65］参见注 [29]。

［66］参见 Pennsylvania Convention Minority 3.11.6–12; Centinel Ⅲ, 2.7.70.

［67］参见后文 Philadelphiensis Ⅰ, 3.9.2–6.

［68］这 3 个州是：特拉华、宾夕法尼亚、新泽西（批准时间分别是 1787 年 10 月 10 日、12 月 12 日、12 月 18 日。——译者按）。

〔69〕 关于各派别，参见注 [20]。关于"联邦主义"的各种形式，参见注 [25][27]。关于反联邦主义者对宪法起草者的攻击，见 Centinel Ⅲ, 2.7.70.

〔70〕 作者这里指的是 A Landholder（实名为 Oliver Ellsworth）在 1787 年底发表的一系列文章中对 George Mason、Elbridge Gerry、Richard Henry Lee 的答复与攻击，参见 Ford, *Essays* 150–166, 173–177. A Landholder 说 Lee 有"派系精神"，"对华盛顿怀有根深蒂固的仇恨"，还说他就是"在纽约的那些报纸上发泄自己对新《宪法》的反对意见的大多数文章的作者"。参见 Ford, *Essays* 161. 还有一些联邦主义者也写文章指名道姓地提到 Lee，特别是提到 Mason、Gerry（他们都曾实名发表文章批评《宪法》）；但总体上，反联邦主义者也同样对对手进行人身攻击。

〔71〕 *The Letter of Junius* [Woodfall's Junius]；参见Ⅷ, 2.8.107 及 n.69.

〔72〕 "很可惜，现行邦联体制创造者们所怀有的那些期望，都没有实现，也不会实现。那些绅士习惯沉湎于曾经在苦闷的战争年代激励着一切等级的人民的光荣精神，对联盟情有独钟，念念不忘自己在选择统治者、信任统治者方面所展现出来的智慧；结果，他们自吹自擂，说什么美利坚的人民只需知道那些该知道的东西，然后付诸行动就可以了。这个不大的错误导致他们在组建一个全国性政府时，虽然采取的是提建议的方式，但毕竟缺乏力量，因此这样建构起来的政府不值得信任。他们似乎一直没搞明白，单凭建议是对法律的可悲替代；他们也忘了，即便所有有智慧的人加上最超凡之辈，其建议在大多数曾经活在这个世上的人面前，也相形见绌。" A Citizen of New York [John Jay], "An Address to the men that ever lived," 1787, Ford, *Pamphlets* 71. 而 A citizen of Philadelphia 写道："《邦联条例》是我们年幼的各邦之间正直而崇高的誓约，美德与我们共同面临的危险冲抵了它的缺陷。"参见 McMaster and Stone 106.

〔73〕 注意，这里的这种区分并不始终如一。后来的提法是"合众国里不可让渡或者根本性的权利"，Ⅵ, 2.8.86. 参见Ⅱ, 2.8.19, The Federal Farmer 在这里又用了"不可让渡并且根本性的权利"这样的提法。

〔74〕 参见注 [37]。

〔75〕 参见注 [29]。

〔76〕 "第二"直到第 12 封信的 2.8.148 才出现，并且没有标出这一序号。

〔77〕 参见前文Ⅴ, 2.8.59.

〔78〕 参见前文Ⅱ, 2.8.15. Publius 坚称："每个等级的人都有自己的人做代表，这纯粹是一种幻想。"见 *The Federalist* no. 35, 219. The Federal Farmer 这里没有参考 *The Federalist*，这是由于 Publius 的这篇文章发表于 1788 年 1 月 5 日，而 The Federal Farmer 的这篇文章的标注日期为 1787 年 12 月 31 日。

〔79〕 参见英译本 Cesare Bonesana Beccaria, *An Essay on Crimes and Punishments* (London 1767), Introduction；R. H. Lee 在其 "Address to Inhabitants of Quebec, October 26, 1774" 中引用了这句话，见 *Journals of the Continental Congress* Ⅰ, 106. Beccaria 这本著作的这

个版本，与其他早期英语译作一样，遵循了 Beccaria 最初（1764 年）的章节安排。后来 André Morellet 在其 1766 年的法语译本中对章节进行了重新安排，对此 Beccaria 本人也予以接受。这个修正版更受人欢迎；现代的 Beccaria 作品集以及最近 Library of Liberals Arts 的硬皮本《论犯罪与处罚》（*On Crimes and Punishments*）用的都是这个版本。这里引用的这句话，曾被大陆会议以及一些反联邦主义者引用，也是 London 1767 版 Introduction 中的第一句话；但遗憾的是，这句话在修正版中变化很大，使得各种现代版本在这个关键问题上与美国建国一代人所读到的那些版本有很大不同。见 Cesare Beccaria, *Opere*, ed. Sergie Romagnoli (Florence 1958) I, 39; II, 862–863; Cesare Beccaria, *On Crimes and Punishments*, Henry Paolucci 英译（Indianapolis 1963）.

［80］　见《论法的精神》（*The Spirit of Laws* XI, Ch. 6.）.

［81］　同上，II, Ch. 2.

［82］　关于天然贵族的那些观念，John Adams 做了很好很有影响力的表述，反联邦主义者得益于此。参见 John Adams, *Defence*，第 25 封信（*Works* IV, 396–398）。其他反联邦主义者关于天然贵族的讨论，见前文 III, 2.8.25; Cato VI, 2.6.43; Brutus III, 2.9.42; [Maryland] Farmer II, 5.1.26–32; Smith 6.12.22 注 [30]。联邦主义者的回应，见 McMaster and Stone 335–336(Wilson); Elliot II, 256(Hamilton); *Carlisle Gazette* 24 October 1787 (A Citizen).

［83］　虽然这种想法很常见，但我还没有找到关于商人的这一说法的准确来源。关于学校，John Adams 写道："在欧洲，各国君主与贵族在每一所大学里发出声音，拥有影响力。民主，即简单民主，在识字人群中从来得不到支持。政府中的混合民主曾经受到来自英国与美利坚的支持，但现在这种支持也消失殆尽。"John Adams, *Defence*, preface (*Works* IV, 289).

［84］　见 The Federal Farmer 第 8—10 封信，2.8.102–142.

［85］　关于权利法案，见前文 II, 2.8.19–20.

［86］　参见注 [56][57][58]。联邦主义者认为，权利法案可能带来危险，见 *The Federalist* no. 84, 579; McMaster and Stone 143–144, 253–254 (Wilson). 189 (Plain Truth), 296 (Yeates); Ford, *Pamphlets* 242 (Aristides), 360 (Marcus); Elliot III, 191 (Randolph), 620 (Madison); Elliot IV, 141 (Maclaine), 142 (Johnston), 149, 167 (Iredell), 316 (General Pinckney).

［87］　James Wilson, "Address to the Citizens of Philadelphia," McMaster and Stone 143–144. 另见 Brutus II, 2.9.30 注 [30]。

［88］　关于这一重要主题的进一步阐述，见 Old Whig IV, 3.3.21–24; Impartial Examiner 5.14.5, 10; Henry 5.16.35–38; Delegate Who Has Catched Cold 5.19.13–17; Sentiments of Many, 各处。关于对待权利法案的这一态度，Edmund Randolph 在评论《弗吉尼亚权利宣言》（*Virginia Declaration of Rights*）时，做了很好的论述，见 Bernard Schwartz,

The Bill of Rights (New York 1971) Ⅰ, 249.

［89］ 见Ⅱ, 2.8.16 注 [30]。

［90］ Blackstone, *Commentaries on the Laws of England* Ⅲ, 379.

［91］ 这句话的准确出处不详, 从上下文看, 可能出自 DeLolme, *The Constitution of England*, 或许Ⅱ, ch. 21, 以及下文ⅩⅥ, 2.8.203 中的那条注释所对应的文本, 它可见于 DeLolme. 另见Ⅷ, 2.8.102 中的注释所对应的文本, The Federal Farmer 在那里提到 DeLolme, 并予以赞扬。——默里·德里

［92］ DeLolme, *The Constitution of England* Ⅰ, ch. 3.

［93］ 参见 McMaster and Stone 264, 390 (Wilson); Ford, *Pamphlets* (A Citizen of America), 121 (A Citizen of Philadelphia), 207 (Fabius), 247–248 (Aristides); Ford, *Essays* 238 (A Citizen of New Haven); Elliot Ⅱ, 46 (Ames); Elliot Ⅳ, 58 (Davies), Publius. 另见 *The Federalist* nos. 9, 15, 39. 另见 Centinel Ⅴ, 2.7.94.

［94］ Ⅰ, 2.8.1.

［95］ 参见 *The Federalist*, 特别是 nos. 23, 147–151; nos. 31, 193–196.

第 3 章

布鲁图斯

载于《纽约日报》(*New York Journal*)，1787 年 10 月至 1788　103
年 4 月。

编者按

布鲁图斯的文章是反联邦主义者最重要的著作之一。布鲁图斯以清晰、有力的语言，高屋建瓴地论述了统制（consolidation）[1]、小共和国、权利法案以及代议制[2]等主要的反联邦主义论题。联邦主义者以"普布里乌斯"之名，竭力主张赋予联邦政府无限的权力，以应对其责任之内无限的突发情况，对此，布鲁图斯提出了反联邦主义者中最好的反驳。他对于依据《宪法》及其宽泛的内涵而设立的司法机构，给予了广泛而精彩的讨论，其文笔在反联邦主义者中也是最好的。[3]在这些问题上以及总体上，布鲁图斯的文章都与《联邦论》中的那些观点针锋相对。

这些文章发表在《纽约日报》1787 年 10 月至 1788 年 4 月之间，《联邦论》前 77 篇文章也是在这段时间发表的。这些文章被广泛再版和征引。虽然具有重大的意义，品质也很好，但在 1971 年之前，这些文章从来没有被全文再版过。[4]

根据保罗·莱斯特·福特的说法，这些文章大多是罗伯特·耶茨写的。这种说法多少有点问题。福特本人最初认为这些文章的作者是托马斯·特雷德韦尔（Thomas Treadwell），但后来改变了主意。[5]福特提出耶茨是这些文章的作者，但是没有提供证据。莫顿·博顿才是对的，他指出，布鲁图斯的文章明显比西德尼（Sydney）的那些文章写得好，而后者也被说成是耶茨写的。[6]但是，如果如迪波①所称[7]，后者是由亚伯拉罕·耶茨所作，那么，这就为罗伯特就是布鲁图斯的说法腾出了空间。福特并没有给出他之所以得出那种判断的证据，当前的编辑也没有发掘出什么证据。[8]（对这个布鲁图斯不要与那个［弗吉尼亚］布鲁图斯［5.15］相混淆。）

下面是布鲁图斯的观点提要。

序言：谨慎决断的重要性（Ⅰ, 2.9.1-3）

一、基本问题：邦联制的政府是否对合众国最为有益？（Ⅰ, 2.9.1-21）

104　　1. 这份政府草案虽然不完全是统制的，但也几近于此（Ⅰ, 2.9.4-9）。

（1）它在它的领域是最高的（"必要和适当条款"）；但凡其权力所及之处，就是整体政府，而不是邦联（2.9.5）。

（2）权力表面上受限，但实际上延伸到每一项重大问题中（2.9.5-9）。

i. 征税权是完整的，包含或者伴随一切其他权力（2.9.5）。

ii. 司法权是广泛的，必将取缔各邦法庭（2.9.7）。

iii. "必要和适当条款"可能被解释为赋予国会对各邦的完全控制力（2.9.8-9）。

（回过来提问，2.9.10）

2. 合众国被压缩成一国，自由政府还能运转吗？不能。

（1）权威否定这一点（2.9.11）。

（2）历史否定这一点（2.9.12）。

---

① 当指林达·格兰特·迪波（Linda Grant DePauw, 1940 —　），美国历史学家。

（3）理性否定这一点（2.9.13-20）。

i. 专制政府、纯粹民主政体、自由（代议制）共和政体之间的区别，这里着重讨论了最后一种（2.9.13）。

ii. 在一个像合众国这样幅员辽阔、人口众多的国家里实行代议制，要想既表达人民的性情，又不至于太大而不利于商业，是不可能的（2.9.14-15）。

iii. 自由的共和国要求风俗、性情与利益相似；与合众国的多样性作对比（2.9.16）。

iv. 在自由的共和国里，法律的执行有赖于人民的信任；而这在一个如此辽阔的国家里是缺乏的（2.9.17-18）。

v. 立法机构不可能具备必要的知识与时间去满足不同地区的需求与不足（2.9.19）。

vi. 在这样一个辽阔的共和国里，政府官员不断攀升，很快就会控制人民，并滥用自己的权力（2.9.20）。

上述观点至少证明，在为这个国家构建政府时，有必要（1）限制和确定权力（V–XV）；（2）调节各部分（III, IV, XVII）；（3）防范滥用权威（II, 2.9.22-23）。

二、权利法案（II, 2.9.22-33）

1. 公民政府的起源——各种个人权利。其基础在于人民对基本国民权利的明确保留，他们的基本国民权利没有必要被放弃。

2. 权利法案对于联邦政府是必要的，如同对于各邦政府一样（2.9.26-33）。

（1）比如，刑事检察中的个人保护是必要的（2.9.27-28）。

（2）比如，就像《宪法》草案本身的某些条款所显示的，它是必要的（2.9.29-30；参见 IX, 2.9.103-104）。

（3）这是一项原初契约，与各邦《宪法》中一切与此相悖的

105

条款无关（2.9.31-32）。

（4）在审查不受限制的缔约权，而且这种条约构成本土最高法律的一部分时，一部权利法案就更加必要（2.9.33）。

三、政府的组织——代议制（III, IV, 2.9.34-54）（这两篇文章讨论代议制问题，特别是在众议院。这里的讨论是重要的，但多少有点混乱，尤其是第四篇文章。这里的讨论可以按下列主题分类。）

1. 奴隶代表权的不合理、不公正（III, 2.9.38-39）。

2. 参议院平等代表权的不合理、不公正（III, 2.9.40）。

3. 代议制徒有其名——其数量不足，不能代表人民，不能涵盖各个阶层的人民，不能抵制天然贵族治理的倾向，不能使人民了解代表（III, 2.9.41-42; IV, 2.9.45, 48-49）。

4. 在如此小的众议院里，不能保障抵制势力与腐败（III, 2.9.42-44; IV, 2.9.47）。

5. 虚弱的代议制不能获得人民的信任，而这对于自由政府中法律的执行是必要的；否则，只能靠军事力量来执行（IV, 2.9.48-50）。

6. "时间、地点和方式"条款的危险（IV, 2.9.51-53）。

7. 只说有好人治理国家是不够的——《宪法》是要调节坏人的行为（IV, 2.9.54）。

四、立法权力是广泛的、不确定的（V-X, 2.9.55-129）（布鲁图斯没有深究这个体制的组织，而是转而考察立法机构所赋予的权力，V, 2.9.55. 关于组织的讨论又见 XVI, 2.9.197 ff.）

1. 序言与"必要和适当条款"共同规定了审慎立法所需要的权力数量（V, 2.9.57）。

2. 税权（V, VI, VIII, 2.9.55-92）。

（1）被广泛解读的共同福利条款（V, 2.9.58; VI, 2.9.77–78）。

（2）征税权是不受限制的（V, 2.9.59–60; VI, 2.9.71–78）。

（3）征税权将使各邦权力形同虚设（V, 2.9.61–63; VI, 2.9.64–70, 75–76）。

（4）赋予总体政府的权力必须是不受限制的，因为联邦政府所面临的紧急情况是不受限制的；这种观点是没有道理的，因为：

　i. 国家安全并非唯一目标；各邦可以负责管理内部事务，实际上这才是政府的第一要务，而且这也需要经费（V, 2.9.63; VI, 2.9.79–81）。

　ii. 内部税与外部税应该被区分开（V, 2.9.59–63; VII, 2.9.92）。

　iii. 美利坚各个政府的目的是，或者应当是国内的和平与公正，而不是好大喜功（VII, 2.9.86–87）。

　iv. 退一步讲，即便额外的联邦权力是必需的，遥远的紧急情况是不可预见的，也不必要使权力不受限制，因为我们可以对需求作出理性的判断（VII, 2.9.88–90）。

3. 借款的权力广泛而不受限制（VIII, 2.9.93–95）。

4. 供养军队的权力（VIII, IX, X, 2.9.93–129）。

（1）这项权力是不确定的、不受限制的（VIII, 2.9.96–97）。

（2）常备军对于自由是危险的（VIII, 2.9.99–101; IX, 2.9.105, 110; X, 2.9.115–120）。

（3）需要明文禁止常备军；对于人民的性情以及各邦的抵制考虑不足（IX, 2.9.106–109; X, 2.9.129）。

（4）回应联邦主义者关于常备军的必要性以及限制常备军不可行的观点（IX, 2.9.111–114; X, 2.9.121–127）。

5. 司法权的性质与限度（XI–XV, 2.9.130–196）。（这个问题

106

在其他作品中很少讨论；司法机构的地位是完全独立的，通过它，新政府对人民产生实实在在的后果。X, 2.9.130）

（1）司法权的宪法解释（X–XII, 2.9.115–158）。（联邦司法机构如果不是破坏邦立法机构，就是破坏邦司法机构，这无须更多的说明。XI, 2.9.133）

i. 联邦法庭被赋予根据精神与文字解决一切关于宪法结构的问题（XI, 2.9.134–138）。

ii. 司法权力将破坏邦政府、偏向总体政府（XI, 2.9.139–144）。

a)《宪法》中的宽泛的条款支持这种结构。即便"必要和适当条款"不会导致额外的权力，也会认可广泛的机构设置（XI, 2.9.139–141）。

b) 法庭将倾向于宽泛解释（XI, 2.9.142）。

c) 不列颠有先例支持这一点（XI, 2.9.143–144）。

107　　iii. 司法权的实施将如何扩展联邦政府的立法与司法权威，并最终破坏各邦的这类权威（XII, 2.9.145–158；另见 XV, 2.9.194–196）。

（2）联邦司法机构认定的其他问题（XIII–XIV, 2.9.159–185）。

i. 在任何情况下根据适当的合众国法律树立的权威（XIII, 2.9.159）。

ii. 根据条约的法律与衡平判决一切案件，这种权力是令人费解的——什么是条约的衡平（XIII, 2.9.160）？

iii. 以合众国为一方的以及各邦之间的涉及使节的案件，司法权限是适当的；但是，如果最高法院拥有最初司法权限，司法权限就是不确定的（XIII, 2.9.160; XIV, 2.9.168）。

iv. 邦与另一邦公民之间的诉讼的司法权限不恰当（进一步讨论）（XIII, 2.9.161-167）。

v. 最高法院的上诉司法权是《宪法》中最主要的值得反对的目标（XIV, 2.9.169）。

a) 刑事案件的上诉规定是新奇的、有害的（XIV, 2.9.170-172）。

b) 上诉司法权一旦涵盖民事案件，将排除陪审团关于事实的最终判定，尽管其鼓吹者含糊地否认这一点；还将导致巨大的花费与拖延（XIV, 173-178, 184-185）。

c) 这些特别的权力最值得反对，因为它们是不必要的；各邦法庭提供了对个人权利的保护（XIV, 2.9.179-183）。

（3）根据这部《宪法》设立的最高法院将助长政府的其他一切权力，走向失控（XV, 2.9.186-197）。

i. 英格兰的法官如果品行得当则持续任职，但是被仔细设置了诸多限制（2.9.187-188）。

ii. 司法机构草案是不折不扣地独立的；而不列颠王室独立的理由在这里并不适用（2.9.189-190）。

a) 没有什么最高权力可以纠正错误或者控制决定（2.9.191）。

b) 没有消除或者减弱奴隶制的弊端（2.9.192）。

c) 法院的权力经常高于立法机构——它能够宣布立法缺位法案（2.9.193-196）。

（4）司法机构应该受某个对人民负责的最高机构的控制（XVI, 2.9.197）。

6. 参议院（XVI, 2.9.197-204）（非常粗略的讨论）。

（1）组织（2.9.198-202）。

i.　对于邦联体制来说，按邦选举是适当的（2.9.198-199）。

ii. 任期太长，还应该规定轮值与召回制度（2.9.200-201）。

108　　（2）权力（2.9.202-204）。参议院将拥有立法、行政、司法权力的奇怪混合，三者之间还互相冲突。

一、邦联制是否是合众国的最佳方案

第一封信，1787 年 10 月 10 日 [9]

致纽约邦的公民们：

2.9.1　　当公众被动员起来，要就一个不仅牵涉当今众多社会成员的利益，而且在很大程度上决定着尚未出生的一代又一代人的幸福与苦难的问题，进行调查并作出决定时，再冷静的人也会觉得，其结果与自己利害相关。

　　在这一形势下，我深信，只要是将人民的思想引向一个明智而周到的决定，个人的努力哪怕再微不足道，也终会为正直而公正的社会成员所接受。想到了这一点，我就鼓起勇气，大胆地提出自己的一些想法，谈谈我们的公共事务目前所面临的重大危机。

2.9.2　　或许，就政治层面而言，这个国家还从未遇到如此严峻的时刻。我已经感觉到，将这些邦联合起来的纽带是多么脆弱，我们

109　　当前的邦联在处理大家共同关心的问题时，有些时候是多么缺乏力量。为克服这类缺陷，人们提出了各种各样的应急方案，但无一奏效。最终，各邦代表聚到一起开会，制定了一部《宪法》，现在，它被提交到人民面前，人民要么批准它，要么否决它。人民是一切力量之源；只有人民才有权利根据自己的意愿制定或者不制定法律，或者决定政府的形式。最为重大的、需要你们或者普天之下所有人作出决定的问题，摆在了你们面前，你们将通过你们自己为此专门选举出来的那些人作出决定。如果你们面前的这

部《宪法》是英明的，是为保护宝贵的自由而被精心设计出来的，那么，如果你们接受它，你们就开启了不竭的泽被后世的幸福源泉，一代又一代人将从此站立起来，并赞颂你们的功德。这块辽阔的大陆将充满自由的人们，他们身上散发着人性的尊严；想到这幅繁荣景象，你们将满怀欣喜。在这片令人热爱的土地上，社会将快速达到完美的顶点，人的思想将在知识与美德上驰骋，黄金时代在某种程度上变成现实；想到这些，你们将深感欣慰。但是，另一方面，如果这种形式的政府是建立在一些毁灭自由的原则之上，也就是说，如果它是要建立一个专制政府，或者更糟糕，一个暴虐的寡头政体，而你们又接受了它，那么，这唯一幸存的自由避难所将被关闭，子孙后代将对你们充满厌恨的回忆。

问题十分重大，你们必须作出决定。你们会在高尚而合乎德性的情操的激励下，去审查这一问题，并作出明智的判定。实际上，有人坚持，这部《宪法》尽管很不完善，但我们必须接受它。有人说，即便它还存在一些缺陷，那些缺陷可以在实践中不断修正。但是，请记住，人民一旦失去权力，就很少、甚至永远不可能再找回它，除非诉诸武力。大量例子表明，人民曾经心甘情愿地助长统治者的权力，但统治者很少愿意削弱自己的权威。仅凭这一条，你们就应该警醒，对于如何处理政府的那些权力，你们应该慎之又慎。 2.9.3

在讲完了这番开场白之后，下面我提出自己关于这部《宪法》的思考。 2.9.4

在这个问题上，首先要解决的问题是，对于合众国来说，一个联邦制的政府究竟是不是最好的？[10]或者换句话说，13 个联合起来的邦是应该降格为一个大的共和国，受一个立法机构的治理，处于一个行政与司法机构的领导之下，还是应该继续作为 13 个联邦性的共和国，只在为实现某些特定的全国性目标时，才处于一个最高联邦首脑机构的引导和控制之下？

110　　　搞清楚这一点是重要的，因为，这次会议所提议建立的政府虽然还不是一个完全的、彻底的统制性政府，但已经很接近了，它一旦付诸实施，必然会走到那一步。

2.9.5　　　这个政府将在其立法权、行政权和司法权所触及的每一方面都拥有绝对的、不受控制的权力。因为根据第一条第八款："（国会有权）制定为执行以上各项权力和依据本宪法授予合众国政府或政府中任何机构或官员的其他一切权力所必要和适当的法律。"而根据第六条，"本宪法及依照本宪法所制定之合众国法律，以及根据合众国权力所缔结或将缔结的一切条约，均为全国的最高法律；即使与任何一州的宪法或法律相抵触，各州的法官仍应遵守。任何一州宪法或法律中任何与之相悖的内容，均为无效"。根据这些条款，总体政府中被授予的权力在被行使时，似乎不需要各邦政府在国会与人民之间居间协调，而各邦《宪法》与法律只要与这部《宪法》、依照这部《宪法》所制定的法律，或者以合众国的名义签订的条约相冲突或者将会冲突，都会被废止并被宣布无效。由此，就这个政府的管辖范围而言，它是全能的，而不是邦联的。它几乎是与纽约或者马萨诸塞的政府一样的全能的政府，在其权力所触及的范围内，拥有制定并执行一切法律、任命官员、组建法庭、宣布罪行、追加惩罚的绝对的、完全的权力，就像世界上的任何其他政府一样。权力范围如此之广，结盟之念荡然无存。诚然，这个政府在某些方面是受限制的，或者更准确地说，某些低度的权力仍然留给了各邦，但是，只要稍微留意总体政府中被授予的那些权力，任何正直的人都会相信，如果那些权力被付诸实施，那么各邦所保留的权力，除了少数仅仅是出于组织总体政府之需而存在的权力之外，都必将很快被废止。

总体立法部门的权力扩展到每一个意义不大的方面，其实那里并没有什么对人性有重要价值的东西，并没有什么对自由人有益的东西，那里有的只是权力。它有权制定能够影响合众国任何人的生命、自由以及财产的法律，而邦的《宪法》或者法律却没有办法预防或阻止它所被赋予的任何权力的完全、彻底的实施。在设立直接税、间接税、关税、消费税方面，它享有足够的立法权[11]——对这一权力没有任何限制，除非正如有人所言，直接税与关税所适用的那一条款是有条件的。但是，那一条款根本就不是对权力的限制，因为根据那一条款，那些税款可以被说成是用于支付债务，为合众国提供共同防御和公共福利，而立法部门有权根据自己的意愿发行债券，且它是判定什么是公共防务之需的唯一裁判，只有它能决定什么是为了公共福利。因此，这种设立和征收直接税、进口税和消费税的权力是不折不扣自行决定的，不仅设立直接税的权力不受限制，可以实现它所想要的任何数额，而且它可以以自己满意的方式完全地、绝对地提高这一数额。邦的立法机构或者邦政府中的任何权力部门在实施这类决定的过程中，所能做的很少，甚至还不如一邦当局对于另一邦当局所能做的。因此，在设立和征收直接税方面，邦联的观念荡然无存了，取而代之的是整体共和国的观念。

应该说，设立和征收直接税的权力是能被让渡的权力中最为重要的一项，它关乎几乎其他一切权力，至少从时间先后上看，其他一切权力都在其后，它是一个良治政府中提供保护、安全、防卫的重要手段，也是一个坏政府中压迫与暴政的重大驱动力。[12] 我这样说不会有错，只要我们看看这部《宪法》中关于募款的这一条款对现有的各个政府所设立的那些限制，就会明

111

白。不经国会同意，没有邦可以发行纸币，设立间接税或者针对进口或出口的关税，而随之而来的净收益都必须用于合众国的利益。由此，对于邦来说，维系政府、偿还债务的唯一手段就只剩下直接税了，但合众国同时也有权设立和征集直接税，并且是以它想要的任何方式。思考过这一问题的人一定都会相信，在任何国家里，可以通过直接税来募集的钱款应该是少量的；当联邦政府开始在各邦实施其税收权力时，各邦的立法机构将发现，自己不再可能募集到维系自身所需的钱款了。没有钱，它们举步维艰，它们必将萎缩，而且，正如此前所言，它们的力量将被总体政府榨干。

2.9.6　　这里还要说明，联邦立法机构中的任意组织和维持军队的权力、交战与媾合的权力，以及控制民兵的权力，都不仅会导致统制政府，而且会导致对自由的破坏。[13]然而，这里我无意于就此展开讨论，而关于这个政府的司法权的一些思考，再加上先前的一些讨论，就能够完全说明这一立场的正确性。

2.9.7　　合众国的司法权被授予最高法院，以及国会不断任命和建立的下级法院。[14]这些法院的权力是很广泛的，他们的裁决权包含一切民事案件——同一州公民之间的民事案件除外；它覆盖源于《宪法》的一切涉及法律及衡平的案件。我预言，在每一个州，将112　至少设立一个下级法院，并配备必要的行政职员。按常理，我们很容易看出，这些法院将贬低州法院的尊严，夺走人们对它们的尊重。由于其权威来自合众国，法官从合众国获得固定的薪俸，这些法院将完全独立于各州；根据人世间的一般规律我们很容易看出，它们将吞噬各州法院的一切权力。

2.9.8　　第一条第八款的条文将对一切关于邦际结盟的设想起到多么严重的破坏作用，将多么容易把各邦融为一个整体的统制政府，现在还说不清楚。这一条所赋予的权力是十分广泛的，而且总会有某个机构替它背书，它通过的任何法律都会被证明是公正的。为执行《宪法》为合众国的政府或部门及官员所赋予的一切权力而制定一切"必要和适当条款"的权力，是一种十分广泛而不确定的权力，我当然明白，它的实施必将置各邦立法机构于完全废止之境地。[15]设想一下，如果某邦的立法机构通过了一项法律，募集钱款以供养自己的政府、偿付本邦的债务，那么，国会会不会因为这项法律可能妨碍征集一项它们认为是为了合众国公共福利而设立的适当而必需的税收，而废止这项法律呢？一切法律，但凡依据该《宪法》而立，都是国土上的最高法律；因此，任何邦的法官都必须遵从，任何一邦《宪法》或法律中的任何内容与之抵触时，均不得违反本《宪法》。有了这样的法律，各邦一下子就被打垮了，必将失去维持运转的一切手段。

　　我这样说，并不是要暗示《宪法》将导致这类法律的出现；也不是想危言耸听：相比各邦立法机构，联邦立法机构更容易僭越《宪法》为其设定的边界，更容易丧失对人民的责任。我是想说，合众国的立法机构被赋予了巨大的、不受控制的权力：设立和征集直接税、间接税、关税和消费税的权力，规划贸易的权力，征集和供养军队的权力，组织、武装和训练民兵的权力，设立法庭的权力，以及其他的总体性权力。如果根据这一条款，它们被赋予了为执行这一切权力而制定一切"必要和适当条款"的权力，它们对这一权力的实施将致使各邦政府形同虚设，将这个国家纳入一个单一政府。稍有可能，它们一定会这么做的，因为一个不争的事实是：各邦所保有的权力即便再小，也会对合众国政府起到掣肘作用，合众国政府自然会除之而后快。再者，还有一条久经历史检验的真理：每个人、每个群体中的一分子，一旦被赋予

2.9.9

147

权力，总是倾向于扩大这种权力，以期凌驾于一切阻挠力量之上。

113　这是一种根植于人性之中的性情，它在联邦立法机构中同样会发挥作用，以削弱并最终破坏各邦的权威；有了这种优势，只要联邦政府成立，它就必将得逞。十分明显，这部《宪法》缺少什么，它在生效和实施过程中就会追求什么——它希望联盟各部分实现全面统制，处于一个全能的政府之下，这个政府拥有充分的立法、司法和行政权力，以满足其任何意图和目的。

2.9.10　　　现在，让我们回到我一开始所提到的那个问题，探究一下，将 13 个联合的邦变成一个大的共和国，是不是最佳方案？这里有一点是毋庸置疑的：人人都会赞同，不论我们拥立什么样的政府，那个政府必须是一个自由的政府；它的构建必须以确保美利坚公民的自由为目的；对于一个完全、公正、平等的代表机制，这样的政府必须予以承认。那么接下来的问题是，根据这类原则，这样组建起来的政府是否可行，对于被压缩为一个国家的合众国是否还起作用？

2.9.11　　　那些最伟大、最英明的先贤已经就政府的科学提出了自己的思想，留下了自己的著作，只要我们对其心怀敬仰，就会心悦诚服地认为，一个自由的共和国不可能在一个幅员如此辽阔、人口如此众多并且还在像这个合众国一样快速增长的国家里获得成功。在这个主题上，不乏众多杰出的权威人士，请容我这里只引述两位。一位是孟德斯鸠男爵，他在《论法的精神》（第 1 卷第 8 章第 16 节）中指出："共和国就其本性而言，应该幅员较小，否则它就难以存活。大的共和国里有人拥有巨大财富，结果较少节制；信托资金太大，不能交由他这个公民个人掌控；他有自己的利益。要不了多久，他就会想，通过压迫他的公民同胞，他就能幸福、伟大和显赫，他能够在自己国家的废墟上，成长为一个伟大人物。

在一个大的共和国里，公共福祉牺牲于千百种考量，它屈从例外，依赖偶然。在一个小的共和国里，公共的利益很容易被预见，能得到更好的理解，更近地处于每位公民可触之处；权力滥用的范围较小，当然，也较少受到制约。"另一位是贝卡里亚侯爵，他也持同样的观点。[16]

　　一个自由的共和国像合众国这样辽阔，历史没有提供这样的先例。希腊的那些共和国都很小，罗马的也是如此。诚然，随着时间的推移，它们都不断征服，扩张国家的领土，然而这种征服的结果是，它们的政府被改变了，不再是自由政府，而是沦为这个世界上曾存在过的最为暴政的政府。　　　　　　　　2.9.12

　　不仅这些伟大人物的观点以及人类的经验都与大共和国的观点相悖，而且，从事物的推理和本性中，也能找出一大堆理由，反对这一观点。在每一个政府中，主权者的意志就是法律。在专制政府中，最高权威被寄予一人之身，他的意志就是法律，即便在疆域辽阔的大国里，也能像在小国里一样畅行无阻。在一个纯粹的民主政体里，人民是主权者，他们要自己表达自己的意志；为此，他们就要走到一起来协商、决策。因此，在任何一个疆域辽阔的国家里，这类政府都不可能运转起来；这类政府只限于一座城市，或者其疆界要满足这样的条件：人民能够很便捷地聚合到一起，能够理解摆在面前的问题，展开辩论，表达自己的意见。　　　2.9.13

114

　　在自由的共和国，虽然一切法律都源于人民的认可，但是人民并非自己表达自己的认可，而是通过自己选出的代表来表达，那些代表被假定了解其选民的思想，并且在表达他们的思想时足够诚实。[17]　　　　　　　　　　　　　　　　　　　2.9.14

　　在每一个自由政府里，人民一定会认可那些约束自己的法律。这是自由政府与独断政府的真正差别。前者受全体人民意志的支配，这种意志被全体人民以自己同意的方式表达；后者受一个人，或少数人意志的支配。如果人民通过他们选择或者任命的一些人去表达他们对法律的认可，选择的方式和选出的人数必然满足这些条件：那些人懂得、乐于表达并最终有资格表达人民的性情，因为如果他们不知道或者不愿意说出人民的性情，人民就不会接受治理，主权就变成了在少数人手中。现在，在一个疆域辽阔的国家里，想让代表们掌握人民的性情、不偏不倚地表达人民的思想，同时又不希望这个国家如此庞大而难以驾驭，以至于对于一个民主政府在诸多方面产生不便，是不可能的。

2.9.15　　合众国的疆域是巨大的；它今天拥有将近 300 万人口，而且有能力容纳这个数字的 10 倍以上。对于一个如此巨大、人口将很快如此众多的国家来说，选举代表，让他们说出人民的性情，同时又不让人民变得如此众多，以至于不能就共和国的事务进行磋商，这可能吗？当然不可能。

2.9.16　　在共和国里，人民的行为、性情、利益应该是相似的。若非如此，意见的冲突将频繁不断，一方的代表将始终与另一方的代表斗争不休。[18]这将妨碍政府的运转，人们难以得出能促进公共利益的结论。如果我们把这种思考与合众国的形势联系起来，就
115　会明白，形势不允许我们组成同一个政府。合众国各地的气候各不相同，联盟各地的物产也很不一样，其结果，各地的利益也相差很大。它们的行为方式、风俗习惯乃至气候与物产，都不一样，它们的性情不可能一致。不少邦的法律和习俗在很多方面都不一样，在某些方面甚至截然相反。每个邦都坚持自己的利益和习俗，结果，一个由来自不同地区的代表构成的立法机构不仅过于庞大，难以审慎行事，达成共识，而且由于存在着各种迥异的、无法调和的原则，各部分必将始终争斗不休。

在一个近乎合众国这样大的共和国，法律的执行不可能　2.9.17
便捷。

在每一个政府里，长官要执行法律，必须得到支持，这种
支持要么来自为此目的、用公共开支来维持的军队，要么来自人
民——那些在遇到阻力时转向长官一方、听从他的命令的人民。

在专制政府以及欧洲的所有君主政体中，维持常备军就是为
了执行国君或长官的命令，一旦形势需要，即会为此所用；但是，
事实证明，它们是在破坏自由，与自由共和国的精神格格不入。
在英国，军队仰赖议会获取他们的年度资金，他们总是抱怨自己
受到压制，说那是违宪的。除非在某些特殊情况下，他们才被用
于执行法律，而在那时，他们处于文官的指挥之下。

一个自由的共和国从来不需要靠常备军来执行法律，它只能　2.9.18
靠公民的支持。但是，如果政府想要获得其公民的支持，在组建
时就必须得到人们的信任、尊重和爱戴。[19]那些人响应长官的号
召，心甘情愿地执行法律，要么是出于对政府的爱戴，要么是出
于恐惧。当随时可以用常备军惩罚冒犯者时，人人就只是在受后
者的驱使，只要长官一声令下，人人都会遵行。但是，事情不应
该是这样，政府应该从人民对政府和法律的信任和尊重中去寻找
支持。政府一旦获得民心，就一定有能力维护和执行其法律，不
再恐惧任何可能持反对立场的派别——不仅可以阻止他们反对法
律本身的执行，而且能够使他们的大多数人拥戴长官；但是，在
一个像合众国这样大的共和国里，人民不太可能这样信任那些治　116
理他们的人，这样的目标难以实现。在一个自由的共和国里，人
民对其治理者的信任来自对治理者的了解，来自治理者要为自己
的行为对人民负责，来自人民有权在治理者行为不当时罢免他们；
但是，在一个像这块大陆这么辽阔的共和国里，人民总体上对他

们的治理者不很熟悉——人民对治理者的施政方案知之甚少，想改变他们的施政方案也是极其困难的。佐治亚和新罕布什尔的人民不知道彼此的想法，因此在调整代议制方案时不可能行动一致。这么大的一个国家里，各地区不可能清楚自己派出的代表们的活动，也无从知道各项措施所依据的理由。其结果，他们不会对立法机构怀有信任，甚至会怀疑他们有野心，猜忌他们通过的每一项方案，也就不会支持他们通过的法律。[20]这样一来，政府就不可能有行动力，也找不到来自任何方面的支持，而只能建立一支武装力量，将法律绑到刺刀上执行——这样的政府，是一切政府中最令人恐惧的。

2.9.19　　在一个如合众国这么辽阔的共和国里，立法机构不可能照顾方方面面的利益和不同地区的需求。它不可能事无巨细地了解地方形势和不同辖区的需求；即便能够，它也不可能有足够的时间处理这么些纷繁多样、层出不穷的问题。

2.9.20　　在如此辽阔的共和国里，政府的那些高官很快就会凌驾于人民之上，利用手中职权扩大权势，欺压人民。在一个像合众国这么大的国家里，行政官员们所获得的信任必定是巨大的、包罗万象的。共和国全部陆军和海军的指挥，官员的任命，罪行赦免权、共和国国库的征收，以及国库开支权等众多权力，都必须归每一个邦所有，由每一个邦执行；而这些邦由一定数量的人掌权。而当这些权力就像在那些大的国家里一样，与巨大的荣誉和俸禄相连，成为有野心、有计谋的人的目标，致使人们趋之若鹜时，这类人就绝不会停止对这类权力的追逐。一旦他们得到这些权力，他们就会将它们用于满足自己的利益和野心；在一个超大的共和国里，呼吁他们检点自己的行为，或者阻止他们滥用权力，可能性微乎其微。[21]

很多理由都表明，一个自由的共和国不可能在一个由这些州构成的辽阔国家里长期存在。如果这部新《宪法》真的是要将 13 个邦合为一个国家，那么很明显，它不应该被接受。　2.9.21

这样的政府会在共和形式之下把整个联盟变成一个单一政府，我认为，单凭这一条，我们就有足够的理由反对它、拒绝它；退一步讲，即便这一条不算，仍然有其他的理由存在，它们都是真实存在的、根深蒂固的，一定会使每一位热爱人类自由和幸福的人都不会接受这样的政府。我提出这些反对意见时，我请求我的同胞们报以正直的、热切的关注——当我认真地思考这一问题时，这些反对意见在我心中油然而生，我真诚地相信，它们的理由是多么充足。我不会吹毛求疵——对于任何出自人类之手的作品，我们都不应该追求完美；只要我能从内心深处相信这部《宪法》的基本原则是没有问题的——一个自由而且平等的政府所必须坚持的基本原则，我自然会不再争吵。　117

布鲁图斯

二、政府的性质与目的

第二封信，1787 年 11 月 1 日

致纽约邦市民：

在上一篇文章中，我不揣冒昧，提出了我的立场：将 13 个邦纳入同一个政府之下只会证明是对你们的自由的破坏。为了防止一些人对此仍然心怀疑虑，下面我打算谈谈道理究竟在哪里。　2.9.22

应当承认，各种反对将各邦纳入一个统制政府之下的观点，还不足以推导出上述立场；但是，它们至少能证明这样一条结论：在为这样一个国家制定《宪法》时，必须十分审慎，以限制和界定其　2.9.23

权力，协调其各个部分，防范滥用权力。在这些问题上我们审慎到什么程度，后人自会讨论。当准备建造一座建筑，希望它经年不倒，就先要把基础打牢。这部提交给你们接受的《宪法》，不仅仅是为你们设计，而且是为尚未出生的一代代人设计的。社会契约的那些基本原则应当得到清楚、准确的陈述，权利应当得到最明确、充分的宣告——但是在这方面，《宪法》几乎完全沉默。

2.9.24 　　我们不妨从那部最庄严的宣言中找到美利坚人民的品格——他们认为，人生来是自由的，这是不证自明的真理。因此，没有任何人、任何阶层能够从自然法或者上帝的律法中获得权利对他人声称拥有或者实际施加权威。社会的源头不应该从一个人对另一个人施加权威的自然权利中寻找，而应该从那些联合在一起的人的共同认可中寻找。一开始，人们之间的双向需求决定了组成社会是适当之举，而一旦组成之后，保护和防卫之需导致了建立政府的必要性。在自然状态下，每一个个体都追逐自己的利益，在这种追逐过程中，一个司空见惯的现象是，一个人的物品或者快乐会因另一个人的窥视和图谋而丧失；因此，弱肉强食，简单轻信的人总是受手腕高明的人的支配。在这种形势下，每一个个体都是不安全的，因此，共同的利益要求建立政府，将全社会的力量集合到政府之中，以保护和防范构成政府的每个人。因此，共同的利益是文明政府的目标所在，而共同的认可是其建立的基础。为实现这一目标，必须让渡一部分自然自由，以便余下的部分得到保护；至于个人服从政府时必须交出多大比例的自然自由，这里暂不细究。那必须被放弃的部分，应该足以使那些被委以政府管理之职的人能够建立法制，以促进社会幸福，保障法律实施。但是，为实现这一目标，让个人放弃一切自然权利，是没有必要的。其中某些权利属于不能被让渡的，包括按良知行事的权利、

118

享受和保卫生命的权利。其他一些权利是组建政府、实现政府的目标时不必交出的，因此也不应当放弃。如果放弃它们，将有悖于政府的目标，也是对公共利益的嘲讽。[22]考虑到这些因素，在根据真正的政府原则组建政府时，就应该像我刚才讲到的那样，打好基础，即将那些核心的、不必交出的自然权利明确地留给人民。[23]那些当初使人们联合起来并组建政府的理由，同样也会促使人们注意到这一点。如果人们一开始就能自觉接受正义的支配，或许就不需要政府了。正是因为一部分人对另一部分人实施欺诈、压迫和暴力，人们才走到一起，同意确立某种法度，以管理全体人的行为，由此，全社会的权力被交到治理者的手中，迫使人们服从。但是，治理者也有着与他人一样的性情，他们也会将手中被赋予的权力用于个人目的，伤害和压制那些被治理的人，就像在自然状态下一些人伤害和压制另一些人一样。因此，对于他们的权威予以限制是恰当的，就像政府在组建之初应该阻止个人之间的伤害一样。[24]

这一原则符合事物的一般道理和属性，得到广泛的经验证明。我们发现，那些统治他人的人在任何时代都会想方设法地扩大他们的权力，削弱公众的自由。这使得在一切自由观念得以保存的国家里，人民都设立防范措施，以阻止那些治理他们的人的侵犯。那个曾被我们视为自身发源地的国家，就是这方面的杰出典范。长期以来，他们的《大宪章》以及《权利法案》是国民的骄傲与安全所在。我想，对于一位美利坚人，我只需告诉他，这条原则是我们各邦《宪法》中的根本原则，它不是仅体现于某一个邦的《宪法》，而是要么根植于某个邦的宣言或者权利法案之中，要么在某个邦的组织内部有着对权利的某种明确的保留。由此，当自由的呼声日益高涨之时，在人民要求为他们自己的政府

119; 2.9.25

订立《宪法》之际，将这类宣言纳入他们的政府框架，就成为他们的普遍意识。这一事关人民权利的重要保障，却没有体现在这部《宪法》中，岂非咄咄怪事。

2.9.26 　　有人提出反驳，说这类关于权利的宣言在各邦《宪法》中或许是必需的，但是在总体宪法中是不必要的，因为，"在前者，所有未被保留的权利都是被交出的权利，而在后者，情况恰恰相反，所有未被交出的权利都是被保留的权利"[25]。稍加注意就会发现，这种推理貌似有理，其实不堪一击。这部《宪法》赋予总体政府的权力、权利和权威，就它们所能企及的目标而言，与任何邦无异——它触及关乎人类幸福的一切：生命、自由、财产，将它们一并纳入它的控制之下。由此，出于同样的道理，在这种情况下，就像在各邦政府中一样，权力的实施必须被限制在恰当的范围之内。为讲清楚这一点，请允许我列举个别邦的《权利法案》的某些条款，将它们用于说明这一问题。[26]

2.9.27 　　为保障犯罪嫌疑人的生命安全，大部分邦的权利法案都宣告，在没有完全理解自己所受到的指控之前，没有人可以被要求就罪行回答问题，或者被迫指控自己有罪或提供证据。对方证人必须被带到他的面前，他必须通过本人或辩护人被完整倾听。保障生命和自由是核心，对事实的审查必须在事发地点就近进行。具体到各邦，这类条款都十分必要，难道到总体政府头上，不同样必要吗？新国会被授予的权力触及各种事关生命的问题，被赋
120 予惩罚种种当死之罪的权威，它们的执行并不受限制，除了"一切罪案，除弹劾案外，均应由陪审团审判；审判应在所控犯罪发生的州内进行"。据此，没有人可以确保在受控犯罪的县接受审判。为了审判一桩罪行——一桩被认为发生的罪行，他可能被从尼亚加拉带到纽约，从肯塔基带到里士满。在这部《宪法》里，

有哪一条保障一个人得到关于被控行为的完全、客观的描述？有哪一条保障他被允许提供自己愿意提供的一切证据？有哪一条保障他可以与对方证人面对面，可以让自己的辩护通过自己或者代理人被完全听见？

为保障自由，它宣布："不得索取过多的保释金，不得处以过 2.9.28
重的罚金，或施加残酷的、非常的惩罚。所有的许可证，但凡未经神圣宣誓或郑重保证，搜查可疑的地点，缉拿任何人、文件或者财产，都是过分的、压迫性的。"[27]

这些条文在总体政府中是必要的，就像在各邦政府中一样，因为在索取保释金，开处罚金，实施惩罚，签发搜查令，扣押人身、文件或财产等方面，总体政府在某些情形下与各邦政府一样，拥有完整的权力。

为确保公民的财产安全，所有的邦都宣布："在一切涉及财产 2.9.29
的法律辩论中，古代的陪审团模式是最能保障人民权利的模式之一，是神圣而不可侵犯的。"[28]

难道在这部国家契约里，不存在保护这种权利的必要，就像在各邦的契约里一样？可它却只字不提。各邦的《权利法案》都宣布，一支管理得当的民兵是对自由政府的恰当的、自然的护卫；常备军在和平时期是危险的，不得设立；民兵必须被严格置于文官权力之下，受文官权力控制。[29]

这部《宪法》里也需要规定同样的保障措施，甚至更多。总体政府将拥有征募和供养军队的唯一权力，而且在实施这一权力时不受任何限制。在这个新体制里，找不到任何这种限制。

我本当再举一些例子，列举其他应当保留的权利，比如，选 2.9.30
举应该是自由的，报刊自由应该被视为神圣的，但是，已经举的那些例子足以证明那一观点是没有根据的。此外，至于为什么这部《宪法》的设计者们忽略了一部权利法案，很显然，那些人给出的理由是不真实的。如果是，他们就不会特别保留某些权利，而完全忽略其他一切更重要的权利。我们发现，在第一条第九款，

121 他们宣布，根据人身保护令而享有的那些特权，除非在发生叛乱时，不得被废止；不得通过公民权利剥夺法案或追溯既往的法律；合众国不得颁授贵族爵位；等等。既然没有被交出的就是被保留的，那为什么要列出这些例外？[30]难道这部《宪法》在什么地方规定可以终止人身保护令，通过公民权利剥夺法案或追溯既往的法律，或者颁授贵族爵位？它当然没有这类明文表述。唯一可能的答案是，这些都暗含在被提供的一般性权力之中。照此，同样可以说，权利法案所要防范被滥用的一切权力，都包含或暗含于这部《宪法》所提供的一般性权力之中。

2.9.31 　　他们说，在总体宪法中，权利法案不如在各邦《宪法》中那么必要。但事实恰恰相反。这个体制如果有可能被美利坚的人民所接受，那它将是一部根本性的契约；作为最终版本，按道理，它应该排斥先前与其不相符的每一条协议。作为一部被全体人接受并批准的政府方案，同时期现有的其他一切方案都必须不与它冲突。这一点，在第六条中通过正面的、明确的条款得到表述："本宪法及依照本宪法所制定之合众国法律，以及根据合众国权力所缔结或将缔结的一切条约，均为全国的最高法律；即使与任何一州的宪法或法律相抵触，各州的法官仍应遵守。任何一州宪法或法律中任何与之相悖的内容，均为无效。""上述参议员和众议员、各州议会议员以及合众国政府和各州一切行政、司法官员均应神圣宣誓或郑重声明拥护本宪法；但不得以宗教信仰作为担任合众国任何官职或公职的必要资格。"

2.9.32 　　但凡各邦《宪法》与这部《宪法》，与依照这部《宪法》所制

定之合众国法律，或者与根据合众国权力所缔结或将缔结的一切条约不一致，就要被废止，完全失效。这一点，不仅必然地暗含在这部《宪法》之中，而且得到了明确的表述。那么，各邦《宪法》在保护其公民权利方面，还能起到什么作用？在申诉这些权利时，只会得到这样的回答：《合众国宪法》以及依照这部《宪法》所制定的法律，是最高法律，一切立法机构和司法官员，不论是总体政府的，还是州政府的，都应该宣誓奉行它们。各种《权利法案》所保留的，或者邦政府所确保的那些权利，都不能限制这部《宪法》所赋予的权力，妨碍任何依照这部《宪法》所制定的法律。这部《宪法》自立根基，自建框架，而不参考任何其他《宪法》。[31] 由此，对权利作出最精确的、最明确的宣告和保留，就成为至关重要的一点。

这一点尤为必要，因为我意识到，不仅这部《宪法》以及依照这部《宪法》所制定的法律，而且根据合众国权力所缔结或将缔结的一切条约，都是国土上的最高法律，高于一切邦的《宪法》。缔结条约的权力在总统手中，但须参考并拥有参议院 2/3 成员的建议和同意。但对这一权力的实施，我没有看到任何限制和约束。任何《宪法》中都会有的重要条款就这样被取消了，甚至不需要经过立法渠道。一个被赋予了如此广泛、无限的权威的政府，难道不应该有一部权利宣言来约束吗？当然应该。

2.9.33

122

道理如此明显，我不禁怀疑，那些试图劝告人民，这部《宪法》不同于各邦《宪法》，不需要保留那些权利的人，是不是在蓄意地将你们引向一个绝对的臣仆之境？

布鲁图斯

三、代议制徒有虚名

第三封信，1787 年 11 月 15 日

致纽约邦公民：

2.9.34　　这部《宪法》摆在你们面前，在考察它的时候，你们需要格外仔细，不能从一些不重要的条款或者虚幻的外表上，得出自己的意见。经过仔细考察，你们将发现，它的很多不太重要的部分，反倒组织得很好；从那些条款看，貌似存在一个自由的政府。但是，不能由此就认为应当接受它——正如人们经常发现的，金玉其外，败絮其中。

2.9.35　　然而，你们不要期待一个完美的政府，一个超过人性所能企及的完美政府；你们在脑中搜寻的，应当是一个自由政府的主体支柱，只要主体支柱都打牢了，能够支撑其上面的建筑，你们就应当满意。尽管建筑可能还缺少装饰，但只要你品位不错，你还可以不断添加。但是，如果基础不牢，没有主体支柱，或者主体支柱固定得不好，无论墙面装饰得多么漂亮，你都应当予以拒绝。

2.9.36　　有鉴于此，我念兹在兹的是，把你们的注意力转到这个体制的那些重大缺陷上。我已经努力证明，希望这么一块辽阔大陆在同一个政府之下实现统制，以服务其内部以及外部的各种需求——这显然是这部《宪法》的目的所在——但又不牺牲你们的自由，是不会成功的。这种想法不仅荒谬，而且极其危险。除此之外，我还证明，这个方案在根本原则上存在重大缺陷，那是每一个自由政府都不可或缺的，即，权利宣言。

2.9.37　　下面，我将近距离地考察这个体制，更精细地考察它的细节，以证明它没有为保障公共自由而对权力作出适当的安排。在这个政府架构中，第一个具有代表性的重要机关就是立法机构。

它由两个部门组成。第一个叫大会议（the general assembly，即众议院），由各邦人民根据比例从各自居民中选派产生，由 65 位成员组成；在立法机构中，大会议有权增加自己的成员数量，但不得超过每 3 万居民选派一位代表的比例。第二个部门叫参议院，由 26 位成员组成，每一个邦的立法机构选派两名。

前者在成员的任命方面，似乎还能看出正义；但是，透过相关条款的模糊之处，我们发现，即便在这个议院里，也真的找不到可称为代议制的东西。条款称："众议院人数和直接税税额均应按本联邦所辖各地的人口比例分配于各地，各地人口数目指自由人的全部加上所有其他人口的 3/5。自由人总数包括必须在一定年限内服役的人，但不包括未被征税的印第安人。"为掩人耳目，这里使用了多么奇怪又没有必要的赘语。如果用下面这样简洁的方式，那表达得将多么清晰：众议院人数依据按各邦居住的自由人和奴隶数量，按 5 个奴隶折合 3 个自由人的办法，从各邦按比例产生。 2.9.38

先贤孟德斯鸠尝言："在自然状态下，每一个人，只要被认作自由的行动者，都应当在他自己的政府之中被考虑到；因此，立法机构应该寓于全体人民或者他们的代表之中。"[32] 但是，从来没有人说过，那些不属于自由的行动者的人能够出于某种合乎理性的原则在政府里有所作为，无论是通过自身，还是通过他人。如果这些人不能参与到政府之中，那么大会议的成员数量为什么要基于他们的数量而增加？这是否是因为，在一些邦里，居民的相当大一部分财产就是自己那些受奴役地位的同胞？他们被排除在慈爱、信任之外，这与光荣革命后公开提倡的一切自由原则格格不入。如果这部分人是代议制的正当基数，那么这几个邦的马，那几个邦的牛，也都应当被代表，因为在一些邦，财产的相当一大部分是由这些动物 2.9.39

124　　构成，它们也能够控制自己的行为，就像那些可怜的不幸生灵一样——用上文引用的话，他们不妨被描述为"其他人口"。按照这一比例模式，联盟不同部分的代表数量将相差悬殊：在南方的一些邦，奴隶几乎与自由人数量相等，有了这些奴隶，这些邦将在立法机构中获得相应的代表数额，这将为这些邦赋予在政府中不合理的分量，因为从奴隶身上，政府并不能获得人力、保卫和防御，只会适得其反。那他们为什么还要被代表？更为糟糕的是，这些邦将被允许继续存在非人道的奴隶输入，一直到1808年。那些麻木不仁、不讲原则、粗野贪婪的恶棍使整车整船的不幸的人离开祖国、失去朋友、举目无亲；但是，每一辆这样的车船竟都能为这些邦带来回报——大会议里代表数额的增加。[33]

2.9.40　　　在这个统制政府方案里，参议院席位分配存在明显的矛盾之处。[34]按照公平、公正的原则，一个政府中的代表数额应该与被代表的人数成正比，或者说与被代表的人群的贡献成正比。由此，特拉华与马萨诸塞或者弗吉尼亚在参议院中拥有等量的代表数额，岂非很不合理、很不公正？后者人数是前者的10倍，对于总体政府的贡献不也是10倍吗？如果再考虑到，立法机构中的这个部门被赋予了很大的权力，大大超过了大会议所被赋予的权力，其目的不仅是为了总体，而且在很多情况下是为了各邦之间的治安，那么《宪法》中的这一条款看上去就愈加令人难以接受了。立法机构的这个部门，或者任意一个部门，如果说在其中还可以找到一丝微弱的民主之光的话，那就应该得到正确的组织和建设——但是，你仔细考察一下就会发现，这个部门的代表数额不正当，因此不具备良好的品质；它漏洞百出，我们找不到任何规定，确保它掌握在人民的手中。

2.9.41　　　有人已经证明，社会的幸福就是政府的目的；每一个自由的政府都是建立在契约基础之上；正是因为在实际操作中，全社会的成员不可能聚集到一起，或者即便聚集到一起，也不能明智地权衡、迅捷地决定，所以才发明了这样一种代议制的立法方式。[35]

代议制这一术语意味着，为此目的而被选出的个人或团体应当与指派他们的那些人相似——如果把美利坚人民的代表者看作是真实的一个人，那么他应该与人民相似。应该说，代议制一旦被构建起来，即便对这个国家完全陌生的人，也能够通过了解代表们的品性，而对这个国家的人民的品性有一个正确的认识。代表们是符号，人民就是符号背后的东西。只有在符合这个原则时，我们才说一物是另一物的代表，否则都是荒谬。在一个自由政府中，代议制的基础与理由是同一个意思——社会组成政府，促进全体成员的幸福，这始终是被委以权力的人心目中的伟大目标。那么不用多说，那些代替人民的人，应该懂得人民的性情和情感，受人民利益的支配；或者换句话说，他们站到人民的空间里，替代他们的位置，就应当与他们保持高度的相似性。很明显，一个大会议如果与国家里的人民真的相似，那人数应当足够大——一个人或者一些人都不能代表人民大众的情感、意见和品性。在这一点上，新《宪法》的缺陷是严重的——大会议所构成的议院被视为美利坚人民的代表，但其实它不是；按事物的本性看，它也不可能是，因为在合众国内不可能找到这样的 65 个人，他们了解这个辽阔国家的人民的性情，懂得他们的情感，洞悉他们的需求和利益。这块辽阔的大陆由很多不同阶层的人组成，每一个阶层要想找到正确的代表，都应当有机会为此目的选出他们中最有见识的人，结果就不可能只选出这么小的一群人。根据目前规定的比例，纽约邦将派出 6 人到大会议，这里我敢断言，在这个邦不可能找到这个数目的人，与组成这个邦的众多阶层的人具有吻合的相似性。

2.9.42

125

在这个大会议里，农民、商人、技工各色人等都应当根据他们各自的权重和人数被代表，而且代表们应当洞悉这个社会中各个等级的需求，了解他们的利益，设身处地地为他们着想，热切地促进他们的繁荣。我无法设想，本州哪 6 个人能在这些方面具备恰当的资格，担起这些重要责任；我只能推测找到这种人的可能性有多大，人民的选择落到这些人身上的最低可能性有几成？根据人事的一般进程，选出来的终将是一些"天然贵族"[36]。财富带来势力，家族关系网又进一步扩大这种势力，因为这个等级的人在社会中永远有大量的依附者；此外，他们互通款曲，热衷于结交，因此他们总会齐心协力，想方设法让自己的人获选。他们会集中自己在本邦任何地区的一切力量，确定一致的目标，再通过一致的行动，最大程度地操纵选举。商人中可能只有很少的人——那些最富有、最有雄心之辈，才能从自己团体中获得代表资格，因为商人们大多不显山不露水，他们很少能够在如此有限的代表数额中引起本邦选民的注意。这个国家的大批自耕农指望不上自己阶层中有任何人进入这个大会议——那个身份对他们来说太高了，不敢奢望；人民与代表之间的距离如此之大，以致于一位农夫无论多么受人尊重，也没有可能获选。可以预见，每一个部门的技工都会被排除在这个机构的席位之外——那个席位将会被认为，而且一定会被认为是高高在上的，非本邦在财富方面的一流人物所莫属。结果，在那个被称为民主的立法机构里，除了富人，没有人被代表。出身优越、生命等级最高的人——他们这么称谓自己——漠视中等阶层公民的情感，不熟悉他们的能力、愿望和困难，缺少同情心和同胞情谊。

立法机构的这个部门不只是欠缺的代议机构，而且作为如此小的一个团体，不能确保抵制贿赂和腐败——首先，它由 65 人组成，而且绝不会超过每 3 万居民一个名额的限度；33 人构成其法定多数，其中 17 人又构成多数，可以通过任何法律，这样，25人就握有处置各邦公民一切财产之大权。[①] 这是一个不折不扣的握在少数人之手，压迫、盘剥多数人的政府。你们可以确定无疑地得出结论：像很多性质类似的事物一样，这个政府将会受权势与腐败的操控；倘真如此，你们还接受它的话，那一天就为时不远了。因为即便今天，我们中仍然有人——其中不乏在公众中声誉颇佳、在起草《宪法》中发挥过重大作用的人——竟毫无顾忌地说，这是治理人民的唯一可行的模式；他们还认为，一批既光荣、又高薪的官员，将是这个政府收到的一份大礼 [37]。他们认为美利坚人民可以接受这样的自由程度！立法机构的成员还可以接受职务任命；果真如此的话，他们中的那 25 个人将稳居高位，那么，任何手段他们都会采用。

　　如果立法机构中的多数成员不是在多年以前就完全效命于行政长官——这些邦表面上看是由人民自己选出的人治理，但实际上很快就会陷入一个人或者少数人的绝对统治之下，那么，这个国家的治理者们定会由与那些青史留名的人完全不同的人组成。　　2.9.43

　　我在这个问题上思考愈久，就愈加坚定地相信，这个代议制徒有虚名——仅仅是滑稽的模仿，它没有任何抵制腐败和不当影响的保障。这个地球上，自由的人民在选出一些人为自己立法时，没有谁会将信任交付给如此少的一群人。不列颠的下议院由 538个成员组成，而大不列颠的居民数统计为 800 万——每 1.4 万多人一个名额，其比例是我们这个国家可以拥有的两倍之上；再者，　　2.9.44

---

① 以上 17 人构成众议院通过法案的法定多数。另外，每邦议会选举 2 人构成参议院，共 26 人；14 人构成其法定多数，其中 8 人又构成多数。因此 25 人构成整个立法机构通过法案的法定多数。

127　我们要求代表比例比大不列颠大，还因为，我们这个国家辽阔得多，各地在生产、利益、风尚、习惯等方面差异很大。据我所知，目前，联盟中好几个邦的立法机构中，民主性质的这一支立法机构都由将近 2000 人组成，但我们各邦《宪法》的制定者们都不曾认为这个数字对于保障自由来说是太大了的，当然，有些邦在这一点上犯错。2000 与 65 毕竟差距太大，判若云泥。还有很多反对意见，都是针对《宪法》这一部分，我留待后文阐述[38]。我将证明，这个代议制乏善可陈，甚至代表权这一留在人民手中的"权利的影子"，都没有保障。

布鲁图斯

四、平等、充分、公正的代议制

第四封信，1787 年 11 月 29 日

致纽约邦公民：

2.9.45　　如果人民不能掌握制定治理自己的法律的权力，那么不论这个权力是掌握在自己人手中，还是交由他人代为行使，那这个政府都不是自由政府。

　　经验告诉人们，在任何国家，代议制立法都是人民或审慎，或有益地行使这一权利的最正当的、也是唯一可行的模式。但是，在确立这种代议制时，至关重要的一点是，在成员构成上，它应当能够反映它将为其立法的那个社会的真正利益；在实际操作上，它应当以人民的利益与幸福为终极目标。每一个自由政府的目标都是公共的利益，一切次要利益都要为此让步。每一个专制政府的目标都是一个人、一些人的利益及其最大化，公共福祉以及其他利益都必须服从于它。[39]这两种政府截然不同，个中原因显

而易见。建立前一种政府，为的是将人民的思想与愿望集中于他们的治国者的思想与愿望之中；创立后一种政府，为的是将统治者的利益与被统治者的利益分离。自爱原则促使一个人实现全体的利益，由此促使他人也追求自己的利益。因此，起草一部好的《宪法》的伟大艺术，在于使得大权在握的人与赋予他们权威的人民具有同样的情感，追求同样的目标。要实现这一点，除了平等、充分、公正的代议制，别无他途；因此，这才是政治的要务之所在。一个政府无论摆出何种公正姿态，立下一千条令人赞许的条文，并极尽粉饰之能事，但如果它在充分、公正地代表人民这一根本原则上未达到要求，那么只能说它是一个炫丽的坟墓，因为，缺少这一原则，它不可能是自由政府，不论治理好坏，它只能是一个不符合人民的意志，只符合少数人意志的政府。

128

那么，用这一原则来检测这部新《宪法》，意义就十分明显。它将《宪法》带到全国人民的自由这一试金石面前——这个问题我在上一篇文章中已经提到，如果我在这篇文章中继续讨论，以证明立法机构中平等、充分的代议制的必要性，我希望你们能谅解。我在上一篇文章中证明，因为小邦与大邦向参议院派驻同等数量的成员，因为奴隶对政府既没有贡献也不能提供防卫，但扩大了成员的比例，所以这部《宪法》是不公平的。为证明这不是公正或者充足的代议制，我在那篇文章中还指出，如此小的代表数与人民不匹配，不能够把握他们的性情与倾向；被选中的代表通常是那些有钱有势的人，社会中层将被排挤出去；在如此小的代议制中，没有办法防止贿赂与腐败。

2.9.46

由如此少的人构成这一立法机构，将使其不仅面临因高官厚禄的利诱或者直接行贿而导致的腐败危险及不良影响，而且使其屈从于另一种权势的影响，只不过那些权势人物在操行方面没

2.9.47

有那么声名狼藉罢了。我们不能指望在一个国家里找到这样的立法机构，其成员中不会有人追求自己的个人目的，不会有人为了个人利益而牺牲公共利益。这样的人通常是有手腕的、有计谋的，他们常常具有非同寻常的才干与能力，他们通常行动一致，愿意分享对国家的侵吞；他们紧盯自己的目标，并坚持不懈地追逐它们。为了达到目的，他们装扮成各种样子，就像普鲁吐斯（Proteus）神，会变化各种形态，当他们发现对方不容易被贿赂或者馈赠的职位所腐蚀，他们就竭力用似是而非的道理去迷惑他们，制造热衷公共利益的假象，去打动他们毫不动摇的忠诚；他们会组成小团伙，开小会；他们会利用对手好说话的特点，死磨

129　硬缠，最后使对手被他们的游说打动。那些熟悉公共集会中讨价还价的手段的人，知道在一群心肠又好、理解力也不错的人面前，什么样的行为技巧和说话方式最能奏效。对于这种不正当的、危险的影响力，最好的抵御屏障就是一个强大的、人数多的代议制；在这样的议事机构里，个别人的观点要想占上风，几乎没有成功的希望。但是，在这个联邦大会里，17 个人就构成通过法律的必要人数。25 个人构成多数，这样的情况有可能很少发生。当考虑到高官厚禄是行政长官手中用于馈赠的礼物，考虑到大人物、野心家可以用他们的能言善辩，他们的彬彬有礼，他们的曲意逢迎，再加上他们那动人的爱国情操，对诚实、坦荡的人所施加的影响，考虑到这不同的影响加到一起，一个像新《宪法》所提议的由如此少的人组成的立法机构，若想长期抵制他们的力量，几乎没有希望。[40]

2.9.48　　　关于代议制的虚弱性，还有进一步的反对理由：它不拥有人民的信任。在一个自由政府中，法律的实施必须以人民的信任为基础，而这种信任又必须建立在他们对于法律制定者的好评价的

基础上。每一个政府，要么受到人民的支持，人民依赖它，时刻准备响应它的号召；要么受到军队的支持，而军队受政府指挥。后一种情况下，会破坏自由政府的一切理想，因为同样是武装力量，既可能被用于迫使人民服从良法，也可能被用于剥夺人民的宪政自由。对于全体联盟来说，是否有足够多的代表席位是一个重要问题，它关系到政府在内部税以及未来政府延伸的其他权力方面是否能够获得必需的信任。我十分清楚它没有，我在第一篇文章中就提过这一点，并作为反对走进完全统制[41]的理由之一。新体制的一个最重要的错误就是，它把联邦政府的权力扩大到联邦政府没有能力完成，而且如果不危及公共自由就无法实现的那些错误目标上。那些目标对于联邦政府也是没有必要的，因为联邦政府的目标在于维护联合，以及管理全国性的问题，对此，我将在后文用更多的篇幅讨论。[42]但是，毫无疑问，立法机构中的代议制在组织上没为公众的信任提供合理的基础。

要使人民安全地委身于他们的治理者，没必要仅仅由他们自己来选择治理者。但是，他们有必要了解治理者在处理公共问题方面的智慧与能力。他们应该对那些代表自己的人感到满意，知道他们是正派的，会忠心耿耿地追求共同体的利益，而且不会出于个人利益而置自己的责任于不顾，或者因受到不良影响而腐败；相信他们热衷于自己所代表的那些人的利益，恪尽职守。但是，当代表数量如此少时，合众国人民不可能对他们有足够的了解，因此在这些方面都不可能真正地称心如意。本邦人民几乎不认识那些将被选出来代表自己的人；他们很多人或许连自己的代表们的性格都不了解，更不用说那些将要组成联邦大会的成员了。他们对那些人连名字都没听说过，对那些人在公共利益方面的才能与热忱，都完全不知晓[43]；在那些代表中，没有哪个人与自己

2.9.49

130

足够接近，是自己的近邻或者过的是同样的日子，让自己能够放心地将自己的利益交到他们手中。在制定法律之后，人民的那些代表不会走到人民中间去，就像他们现在这样，向他们解释那些政策的起因，指出它们的作用，化解针对它们的反对意见，或者平息不理性的吵闹。代表数量如此少，在这个国家的明事理、受人尊重的自耕农中，只有很少的人才对他们有所了解；他们远离人民，高高在上，人民认为他们是野心家和狡诈的人。人民将不再视他们为自己的一部分，而认为他们是与自己不同的人，追求不同利益；其结果是，在人民的心中，将永远留下对他们的忌恨，人民会密切关注他们的行为，审视他们的手段，逃避、违反或者不情愿地遵守他们颁布的法律。人民既然将自己的重大问题委托给他们，很自然，这是人民对他们的行为的恰当反应。而如果受到信任的人是一位近邻，他的雇主了解他，知道他的才能足以处理他被委托的那些事情，他的诚实与忠诚是不容置疑的，他的友谊以及服务于雇主的热忱是没有问题的，那么，这位雇主就会把自己的事情交到他的手中，毫无保留地信任他，觉得自己是安全的；会认为这位代理人所做的一切事情都合乎情理，而且他所采取的方法也都是令人满意的。但是，如果这位受雇人是一个陌生人，雇主从来没见过他，对他的能力与忠诚度还没有充分的了解，这时候，如果雇主必须选择这个人，因为他没有办法找到一个更符合自己愿望的人，那么，他就会有警觉地信任他，对他的一切行动保持怀疑。

2.9.50   那么，如果这个政府不能获得人民的认可与支持，它就只能靠武力来运转，或者根本无法运转；不管哪一种情况，都会导致对自由的完全破坏。这次大会似乎意识到了这一点，因此制定条

131   款号召民兵去执行联盟的法律。如果这个体制构建起来后，能够

获得人民的尊重——那是每一个好的自由政府都会获得的，那么，制定这样的条款就不必要了——人民会支持文官长官的。[44] 在自由政府中，这样的权力是新奇的——自由政府依靠"武装力量"（*Posse Comitatus*）执行法律，也从来不会想到，人民在执行他们自己所制定的那些法律的过程中会拒绝为文官长官提供援助。现在，我要离开代议制不充分这一主题，兑现我先前的承诺，证明由于它的无能，人民在选举这个大会机构时，权利没有保障，而这个大会机构说到底，只不过是代议制的影子罢了。

　　根据第一条第四款，除推选参议员的地点外，国会在任何时候都有权根据法律制定或者变更关于选举参议员、众议员的时间、地点和方式的规定。根据这一条款，选举的权利在很大程度上从人民转到了他们的治理者手中。有人会想，在制定原初契约的一个根本性条款时，如果有什么是必要的话，那就是，有必要约束立法机构各部门，使其无权通过随意改变成员选举模式而实现自我蜕变。人民一旦享有公正选举的权益，他们就不会还有什么值得去斗争的。　　2.9.51

　　很明显，在这一条款下，联邦立法机构可以确定涉及选举的这类法规，以选出某个特定类型的人物。鉴于代议制的软弱，它还不至于会为富有的、出身良好的人带来一切荣誉，但是，这一条款所确立的权力一旦得到实施，将使这个问题面临完全失控的可能。拟议设立的国会可能使整个邦变成一个选区，实行直接投票，其首府（比如纽约市）将成为举行选举的地点，其结果，除了社会上地位最高的那些人，没有谁能够参加选举，而他们当然会选择他们自己等级的人，这就像使徒保罗所说的："人从来不会恨恶自己的身子，只会保养顾惜。"[45] 他们会宣布，谁得票最多，谁就可以被视为当选，其结果，分散在本邦内地各处的人会把票　　2.9.52

投给各种各样的候选人，而人口稠密地区的任何等级、任何职业的人会整合自己的利益，推出他们自己满意的人。由此，实际上，本邦的那些代表是由实际投票的人的1/10选举出来的。这类操作都是静悄悄地进行的，常常不为人注意，但会导致政府的完全改变；通过它们，自由的宪法被改变，人民会镣铐加身，等到察觉时，为时已晚。在邦立法机构，人民不仅在名义上而且被实质性地代表，如果规划选举的权力留给邦立法机构去施行，那么，这种权力就有保障；但如果它不在邦立法机构的手上，那也应该确保其根基牢固，使得联邦立法机构无权根据法律剥夺人民的这一权利。应当制定条款，标出本邦的不同选区，以便根据得票多数，选出任意一个在其所代表的选区具有永久财产与固定住所的人。

2.9.53 　　如果一部《宪法》将依法剥夺人民公平选举的权益的权力交到一群人手中，而美利坚人民竟屈从于这样的《宪法》，那么，他们就会几乎屈从于一切。这时候，与他们讲道理是没用的，他们只有等感觉到压迫时，才会去反省；到那时，他们不得不用自身强大的力量去摆脱他们的压迫者，其实，他们现在就有这种力量，他们哪怕稍微审慎一点，坚定一点，就能够保持这种力量。

2.9.54 　　我知道，有人说，针对这一条款而说的那些危险其实都只不过是想象，拟议中的总体立法机构会根据恰当的原则规划选举，会审慎地运用自己的权力，促进公共利益。对此，我要说，《宪法》对于引导好治国者的行为，与限制坏治国者的行为，是同样必要的。在任何形式的政府中，智慧与善良的人都会把权力用于促进公众的幸福。如果我们想当然地认为，在这个体制下，那些掌管政府的人会始终适当注意人民的权利与利益，那么，除了说应当赋予他们政府的权力，让他们根据自己的喜好任意地行使它们，就没必要再说什么了。不论是对于自己的性情，还是对于别人的性情，人们都不甚了解，总是容易上当受骗。虽然几乎所有国家的全部历史都见证、都证明，权力如果交到统治者手中由其任意使用，其结果就是人民的受压迫以及统治者的强大，但是，大多数人还是认为，如果权力被交到统治者手中，他们可能不会那样去使用它。当先知以利沙（Elisha）对哈薛（Hazael）说，"我知道你必苦害以色列人的孩子，用火焚烧他们的宝藏，用刀杀死他们的壮丁，摔死他们的婴孩，剖开他们的孕妇"，哈薛没意识到自己应当对这些残忍行径感到羞愧，竟对先知说："你这个奴仆算什么，不过是一条狗，焉能行这大事呢。"以利沙回答："耶和华指示我，你必作亚兰王。"[46]这证明，哈薛只想有机会为所欲为，不受限制，他的性情本就如此，只不过他自己不知道。

布鲁图斯

五、立法权的性质与限度

133

第五封信，1787 年 12 月 13 日

致纽约邦公民：

本篇的目的，本打算考察这个新体制的组织结构，特别是思考总统与参议院之间的危险而不成熟的联合，以及立法、行政与司法权力在参议院中的混合。　　2.9.55

但是，鉴于在被寄予不同权威的各个部门与这些部门所被赋予的权力之间，有着某种密切的联系，因此，在思考上述问题时，似乎首先要考察立法机构所被赋予的权力的性质与限度。

这种思考有助于我们更好地判断，这样的立法机构在组织上是不是为了提供适当的制约与限制，以保障我们的权利，防止对权力的滥用。手段服务目的，在组建一个政府时，应该清楚它的　　2.9.56

目标范围：如果政府的目标较少，而且在实施权威的过程中只会有带来较少的压迫的机会与可能性，比起政府的权力非常广泛，并且覆盖到方方面面的事务的情况，就没那么必要建立成员众多的代议制，以及对滥权的特别防范机制。[47]这个体制在何种意义上可以说是一个各邦的邦联，在何种意义上是统制？我们发现，要想对这个问题形成正确的意见，也有必要考察这些权力的限度。这个体制的很多鼓吹者以及大多数赞同者也都认为，最适合合众国的政府体制就是邦联。[48]组成一个邦联政府是很多独立的邦的愿望，它们加入一项契约，就是为了解决某些涉及它们共同利益的一般性问题，而把那些内部的、地方性的事务交给各自政府去管理。拟议中的体制是否属于此类，在严格考察它所被寄予的那些权力之前，还无法判断。

2.9.57　　这部《宪法》将不同邦的人民视为同一个整体；并且它自诩为一部原初契约，要取缔一切与自己不一致的协定。这一点，不仅是其属性使然，而且在其第六条中得到明确的表达。在序言中，明确表述了《宪法》的宗旨："为了建立一个完美的联邦，树立正义，确保国内安宁，提供共同防御，增进公共福利，并保证我们自身和子孙后代永享自由的幸福。"这些就是这个政府所要完成的目标，为此，它被赋予特定权力，包括有权"制定为执行以上各

134　　项权力和依据本宪法授予合众国政府或政府中任何机构或官员的其他一切权力所必要和适当的法律"。在分析一部法律时，一个常规做法就是，考虑立法机构在通过它时所带有的目的，然后通过对它的解读判断是否能够促进立法机构意图的实现。这样的做法同样适用于分析《宪法》。这部《宪法》在序言中以概括性的、明确的术语宣称，它的伟大目标就是提供共同防御，增进公共福利，并为立法机构赋予明确的制定为执行总体政府被赋予的一切权力

所必要和适当的法律的权力。由此可以自然地推论，立法机构将
拥有制定它们认为保障公共安全和增进共同福利所必要的一切法
律的权威。这里所使用的术语再明确不过，很明显，立法机构可
以单独判断什么样的法律是适当和必要的。有人会说，这样解释
《宪法》，就是在拷问《宪法》，使它说出没打算说的话。这歪曲
了我的意图，好吧，我可以不追问这种暗含的权力。有人说，我
们要记住的只是那些术语与句式明确表达的被赋予的权力，我只
想与这些人一起讨论一下；不难证明，在下面这段条文中，某些
被认为暗含的权威却得到了明确的表达。

　　在第一条第八款，《宪法》宣称"（国会有权）规定和征收直　　2.9.58
接税、间接税、进口税与消费税，以偿付国债，以及为合众国提
供共同防御和公共福利"。在序言中，《宪法》宣称其意图为提供
共同防御，增进公共福利，而到了这一条款，却用明确的字句表
达赋予国会"提供共同防御以及公共福利"的权力。在这一款的
最后一段，明确规定了制定为执行这一权力所必要和适当的一切
法律的权力。因此，很明显，这部《宪法》下的立法机构会通过
它们认为适当的任何法律。诚然，第九款限制了它们在某些问题
上的权力。但是，这些限制是很有限的，其中有些还是不恰当的，
有些是无关紧要的，还有些是令人费解的，我后面会证明。有人
指出，我为《宪法》这一部分条文所赋予的含义是不正确的，《宪
法》的意图在于授予立法机构为提供共同防御和公共福利而设立
与征收税款等的权力。[49] 对此，我要说，《宪法》的含义与意图
是从它的文字中得来的，我可以问问大众，我对它所做的解读是
不是最自然和最简易的。但是，即便那些反对我的观点说得通，　　135
我依然能够证明，《宪法》中的其他条款仍然为总体政府实质性地
赋予了这一权力。它赋予立法机构以权威，为提供共同防御和增

进公共福利而设置和征收直接税、间接税、进口税与消费税，通过为实施这一权力所必要和适当的一切法律。为揭示这一权威的限度，有必要考察：

一、这种设置和征收直接税、间接税、进口税与消费税的权力包括哪些？

二、这种通过实施这一权力所必要和适当的一切法律的权威指什么？

三、如果有的话，《宪法》为这一权力的实施设置的限制是什么？

2.9.59　　第一，要说明一般性术语的具体内容，需要在报纸上列出一大串直接税、间接税、进口税与消费税的名目，而不是一笔带过。实际上，这远非我个人的能力所及，也没有人能够做到，除非他具有一个能够洞悉一切可能税源的头脑，因为那些人想要的是一切可能捞到钱的途径，无论是通过直接税还是通过间接税。在这一条款下，可能会有人头税、土地税，可能对房屋与建筑、对窗户与火炉、对城堡、对一切个人财产征收。它将税收延伸至任何数额的一切物品，可能对船舶征收吨位税与手续税，对书写工具、报纸、日历、书籍征收间接税；它包含对一切酒类、酒类饮料如葡萄酒、果酒、啤酒等征收消费税，而且实际上对一切生活便利品与必需品，无论是国外还是国内出产或制造的，征收间接税或者消费税。简言之，一个政府从人民身上捞钱的办法，我们不可能都完全想到；我们只能想到这几个一般性术语中的这个或那个术语所包含的办法。因此我们可以说，这个条款将合众国之内每一项可能想到的税收来源都交到了总体立法机构的手中。不仅这些术语是包罗万象的，涉及数量庞大的对象，而且设置和征收税款的权力也是没有限制的。有了这种权力，大量法律会被通过，它们将影响公民的个人权利，导致他们的财产被扣罚或者没收，置他们的生命于危境。这种权力为任命一大群税务官和消费税官员打开了大门，导致共同体中那些诚实勤劳的人遭欺凌，他们的生计被侵吞，最后为掠夺国家、暴乱四起打开了大门。

第二，接下来我们考察，那种可以通过实施这一权力所必要和适当的一切法律的权威，究竟指的是什么。　　　　　　　2.9.60

或许，全面界定这一权力是不可能的。第一句话所赋予的权威只能在其完整条文中，落实到可能带来税收的一切具体情况中去理解；这些情况如此庞杂，数不尽数，没有哪个活着的人能够数得过来。世界上最伟大的天才曾经经年累月地投身于这类研究，　　136
人类一度认为这个问题已经解决，后来却震惊于现代人所实现的精妙改进，特别是英国在这个问题上的进步。如果这一权力的那些对象不能穷尽列举，那怎么可能理解那个能够通过实施它所必要和适合的一切法律的权力？它的确是无穷尽的。很难想出一个不包含在这一权力中的情况。众所周知，税收问题是政府科学中最难、最普遍的问题。它要求政治家的最伟大的才能，以及立法机构的大量的、准确的规定。一个国家的税收问题会引发一切问题。拥有钱袋的人，也会拥有武力，而一旦他们拥有了这两样东西，就拥有了一切；结果，立法机构有了可支配的生财之道，又有权制定为发掘国家一切资源而制定一切必要和适当法律的权力，实际上就有了一切权力。[50]

如果我再接着细究，会很容易证明，这种权力一旦运行起　　2.9.61
来，会完全破坏各邦的一切权力。[51]但是，这对于那些只为自己着想的人来说，没有必要；而对于那些固执偏信的人来说，也是无用的，在压迫的铁拳征服他们之前，没有什么能够唤醒他们。

我只想指出，这个权力一旦被赋予联邦立法机构，将直接导　　2.9.62

致各邦立法机构的权力形同虚设。[52]政治学上最荒谬的错误莫过于，在谈论政府中的权力问题时，不提税赋问题。[53]谈论一个动物，不提血液，或者谈论一个动物的生存，不提食物，都是荒谬的。既然总体政府控制着一切可能的收益来源，以及通过一切它们认为对于提升自身地位或者自己搜刮钱财有必要的法律的权威，那么，就没有哪一项收益来源还会留在邦的手中。如果哪个邦想通过法律募集钱款，总体政府就会采取措施进行压制或打击，因为它的法律是这块土地上的最高法律。只有那些没有思考能力的人，才相信一个政府即便没有权威征募钱款，为他们的大会议的守护者支付酬劳，仍然可以存在，由此相信新《宪法》实施后邦政府能够存在下去。[54]

2.9.63　　这个新体制的绝大多数鼓吹者都赞同，最适合合众国的政府是一个邦联的政府，各邦应当保留一部分主权，它们不仅应该保持自己独特形式的立法机构，而且应该保持处理内部事务的权力。各邦的权力保留到什么程度，是一个问题；但我们不必在这个问题上花费太多时间，因为就这部《宪法》而言，一个没有权力募集钱款的政府是徒有虚名的政府。很清楚，各邦立法机构必定都要依赖总体立法机构，以获取维持自己政府的能力。合众国的立法机构将有权利耗尽每个邦的每一种收益来源，废除妨碍自己发挥这一权利的各邦法律；因此，除非我们可以想象，各邦政府即便没有钱维持自己的官员，也能够存在，否则我们必然得出的结论就是，它们的存在时间，不会长于总体立法机构愿意让它们存在的时间。实际上，认为一个政府即便手中没有维持自身运转的手段，也能够作为一个独立的政府而存在，真是荒谬之至。

　　因此，如果诚如其起草者以及鼓吹者所言，这部《宪法》注意到了要确保各邦的某些政府权力的实施，那么，它就应当将某些收益来源留在它们的手中。它就应该标出总体政府募集钱款的界限，设定它们不能逾越的边界，为各邦保留募集维持自身运转所需物资、偿付自身债务的手段。对此，有人反对说，总体政府应该拥有与联盟目标相称的权力；它们要提供共同防御，偿付合众国债务，维持驻外使节以及联盟的文职系统，为此，它们应当拥有募集足以完成此目的的钱款的权威。就此，我认为，各邦政府也签有债务契约，它们也需要钱维持自己的文职官员，如果它们将每一种可能募集钱款的权力交给总体政府，那么它们又如何能做得到？毕竟总体立法机构对邦立法机构的控制如此之严苛，以致于一旦认为适当，就禁止它们募集任何钱款。[55]

还有人反对说，在总体政府与各邦政府之间在这方面权力上划出界限是很困难甚至不可能的。他们说，前者必须有权募集钱款以实现联盟的各种目标，如果这种权力被限定在某些特定对象上，那么收益就会短缺，不足以应对急需，因此它必须有自我决断的权力。两种政府在这个问题上的权力是很容易准确地划清界限的。关于外部税与内部税的区分，在这个国家并不新奇，它很平常，也很容易理解。前者包括对一切进口物征收关税，这类税适合由总体政府设置，有很多理由可以证明，不必要觉得这会带来什么危险。它们可以在少数地点、从少数人的手中，确定地、快捷地征缴。但是，征集这种税收几乎不需要雇用多少官员，设置这些税也不存在压迫的危险，因为如果它们高于贸易所能承担的程度，那么商人们会停止进口或走私那些货物。因此，从常理上讲，我们有把握不会受到这类税收可能带来的负担及难以忍受的压迫。[56]但是，对于直接税，情况就完全不同了。直接税包括人头税、土地税，以及对书写工具，对我们吃的、喝的、穿的一切东西的课税，它们涉及每一种财产，触及每个人的房屋和钱袋。

这些税收通常是压迫性的，可能是在搜刮民脂民膏，使普通老百姓的生活因此不堪重负。对于这类税收所带来的压迫，人民可能拥有的最大的、唯一的抵御力量在他们的代表身上。如果代表们数量足够多，以至于能够了解那些选派他们的人的处境与能力，对人民怀有适当的关怀，那么他们就是可靠的。

总体立法机构正如我前一篇文章所证明的，不具备这样的资格，因此，就这一点而言，不应当行使直接税的权力。如果设置进口税的权力还不够用，那么总体政府还有其他一些特别的募集收益的渠道，而且在他们的权力得到准确的界定和限定的地方，还可以建议设立很多渠道。赋予他们设立和征缴出口税，而不是超过某种税率的权威，要好过交出国家所拥有的每一种资源，完全废除邦政府，结果产生数不清的法律与条例、罚款与处罚、法庭、法官、收税员、税务官，人们在数这些名目的时候，就像在数天上的星星。

我将在下一篇文章继续讨论这一问题，通过列举一些特殊税种，证明这种权力一旦实施，会破坏所有的政治权威，将导致对人民的压迫，而这部《宪法》对此非但没有任何限制，以缓和这种权力的弊端，反而恰恰恰反。

布鲁图斯

六、各邦应当拥有税收权力

第六封信，1787 年 12 月 27 日

2.9.64　　一个重要的问题是，在构建合众国的总体政府时，是不是要使其吞并各邦政府？还是恰恰相反，前者不应当局限于某些明确界定的全国性目标，而后者应该保留涉及本邦内部治安问题的一

切权力？

　　在前面的几篇文章中，我提出了各种分析，以证明一个单　　2.9.65
一的自由政府不可能在这整个大陆运行，因此，我们必定要么放
弃我们的自由，屈服于一个独断政府，要么按邦联方案起草《宪
法》。我还可以继续证明这一点，但似乎没有必要了，因为新《宪　　139
法》的主要提倡者都赞同这一立场。既然如此，我们之间的分歧
就是，这个体制的构建是否会直接导致各邦政府形同虚设，或者
说，它一旦运行起来，势所必然地会导致这一点。如果答案是肯
定的，那么这个体制如果不经过足以避免这种结局的修正，就不
应该被接受。如果相反能够证明，各邦政府管理其内部治安的权
利能够得到保障，那么我们就应该仅限于追问政府的组织以及它
所包含的预防权力的误用或滥用的措施及条款，而不要说其他
的。[57] 要想搞清楚这个问题，一个先决条件是，我们要全面考察
这部《宪法》打算赋予治国者的那些权力的性质及限度。

　　我在上一篇文章中，已经请大家注意这个主题，我已经无可　　2.9.66
辩驳地证明，第一条第八款赋予立法机构的那些权力除了国会的
意志，不受任何限制。我已经证明，即便这段话的句式结构已经
达到新《宪法》鼓吹者最满意的程度，它仍然会产生设立和征缴
直接税、关税、间接税及消费税的权力，以及制定他们认为实施
这一权力所适当和必要的一切法律的权力。我已证明，这一权力
将完全破坏邦政府的一切权力。为明确这一点，不妨回溯一下政
府在某些特殊问题上的运行。

　　总体政府被赋予设立和征集直接税、间接税、消费税的权威；　　2.9.67
各邦政府也有权力设立直接税、间接税以及消费税，但未经国会
同意，它们不能对出口和进口课税。这样，这两个政府的司法权
限重复了，二者都能设立这种税收。但是，总体政府在这一权力

之外还有别的权力，即制定实施这一权力所必要和适当的一切法律的权威。设想一下，两个政府都设立直接税、间接税和消费税，而这为人民带来了如此之重的负担，他们不堪此负，或者实在太重了，他们一并拒绝，在这种情况下，总体立法机构是不是必然就会停止邦的课税？当然是的，因为，如果人民不能或者不愿意缴纳这两种税，他们就必须被免除上缴给邦的税款，否则总体政府的税款就无法征缴上来。因此，结论必然是，若没有国会的同意，各邦政府就没有能力征缴哪怕一个先令的税款。我想，没有人会说，各邦即便没有能力征缴足够的钱款，以支付运行它们的政府的人，也仍然能够继续处理它们的公民之间的司法事务。

140; 2.9.68　　如果真是这样，如果各邦只有得到总体政府的许可才能够征集钱款，那么接下来，各邦政府的存在就取决于总体政府的意志了。

国会的这一权力之所以能够有效地运行，正是由于政府拥有实施国会颁布的一切法律的完整的、高于各邦的司法与行政权威。因此，在这个问题上，任何邦的立法机构、法庭或者行政长官要想干涉，都是无效的，因为他们低于总体政府，曾宣誓支持它，并且依据《宪法》必须服从它的任何决定。[58]

2.9.69　　总体立法机构将有权设立它们愿意选择的任何税种，规定它们愿意设立的针对违背它们的税收法律的行为的任何处罚，以及任命它们认为征缴税款所需的任何数量的官员。它们将有权将税收承包出去，为总承包人及其附属人员赋以任何在自己看来适当的方式征集税收的绝对权力。这些人被赋予权力组建法庭，任何涉及税收法律、涉及被雇用征集税收的一切官员的行为的案件，这样的法庭都有权审理，而且这些法庭的官员会执行他们的判决。因此，只要国会愿意搞垮邦政府，就没有办法避免邦政府的崩溃，除非人民起来反抗，用有力的手段抵制并阻止那些依据《宪法》制定的法律的执行。[59] 有人说，总体政府会因为对这一点的恐惧而适当收敛，但是，要不了几年，它就能获得税收，就有军队调遣，而这些将使它完全不用担心这种事情的发生。

那个设立和征缴间接税和消费税的权力一旦运行，会破坏邦政府、压迫人民到什么程度，不可能说得清楚。但是，考察一下这类税收在欧洲各国所覆盖的各种对象，以及它们在这方面通过的数不清的法律，将有助于我们得出公正的看法。如果允许，我在将来或许会讨论这个问题。[60]　2.9.70

在上一篇文章中，我提出，设置和征缴间接税和消费税的权力将赋予国会设立针对每一种生活必需品和便利品的间接税和消费税的权威。由于政府在设立间接税或者消费税时，主要目的就是筹钱，那么很明显，他们将专注于那些最普及、消费量最大的物品，因为，除非他们征收间接税的物品数量巨大，否则收益不可能很高。因此，我们可以推断，被课以这类税收的物品通常是实实在在的生活必需品，即便不是，也是那些从消费和习惯角度被认为如此的物品。下面我选取我国的几种产品加以分析，它们或许可以归为此类。　2.9.71

果酒最有可能成为消费税的对象，因为它在这个国家里产量巨大，用途广泛，被大量消费，但它并不能说是真正的生活必需品。这件物品的消费税会为合众国带来数额巨大的款项。那种设立和征缴果酒消费税的权力，以及通过一切落实这一税收所适当和必要的法律的权力，会如何运作？为了征缴果酒消费税，就有必要在每个县安排一个人，让他独自拥有建造和维持果酒作坊的权力，他有义务确保消费税的上缴；或许，如果做不到这样，就有必要颁布作坊许可证；或者，雇用一大批官员，调查果酒的生　141; 2.9.72

产，对其课以间接税。

2.9.73　　搬运工、麦芽啤酒及所有的麦芽酒，都有可能成为这类消费税的对象。为了征缴这类消费税，就有必要对这类物品的制造进行规划，并查明其数量，不然的话，就不能确保这类消费税的收入。每一座酿酒厂都需取得许可证，还要任命官员，对其生产进行督察，确保其在出售之前缴付间接税或者消费税。还有很多其他物品都属此列，都可能成为这类税收的目标，但是我就此打住，不想一一列举了。那些鼓吹这个体制的人可能会说，围绕这个问题提出的这些说法，不过是在用对想象中的危险的恐惧，去点燃人民的情绪。他们会说，没必要担忧总体立法机构会这样运用它们的权力。对此，我只能说，这类税收存在于大不列颠，还是众矢之的。几年前，那个国家开始对苹果酒和梨酒征收消费税，它所导致的巨大动荡，每个读过这段历史的人都记忆犹新。

2.9.74　　这种权力一旦不受限制地实施，将触及城市和乡村的每一个角落。它会"伺候"衣帽间里的女士们，使她们为每一项家庭生计操心。它会尾随她们进入床笫、剧院和聚会。它会伴随她们参观游览，与她们一起坐在马车里，甚至在教堂里也不放过她们。它会进入每一位绅士的家里，盯着他们的天花板，看着他们在厨房做饭，还尾随仆人进入客厅，把持饭桌，记下他们吃的、喝的一切。它会进入他们的卧室，盯着他们入睡。它会在职业人士的办公室或者书房里揪住他。它会在商人的账房或者商店里注意他。它会跟着技师进入他的店铺或者作坊，还会潜入他的家庭、他的床。勤劳的农夫辛勤劳作时，它会始终陪着，无论在房子里，在田间地头，它都跟在一起，观察他双手动来动去，冲淡他眉间的一丝甜蜜。它会挤进最昏暗的屋舍，到最后，它会悬在合众国每个人的头上。对所有这些各色人等，也不管什么场合，它只要出现在身边，对他们说的只有一句话，那就是：给钱！给钱！

这种权力，它无所不在，关乎任何情况下的共同体的每个 2.9.75
人，控制着他们拥有的每一种财产，而且除了执行者的标准外，
没有被设置任何限制，这样的权力，我只能说，从其最本质的属
性上看，必定会吞噬邦政府的一切权力。

关于这个问题，我还要加上一条，那就是，两个人或者两群 2.9.76
人对于同一个对象拥有不受限制的权力，是讲不通的。这有悖于
"一仆不能二主"这句名言[61]。一个权力必然会压倒另一个权力，
或者互相抵消，最终没有哪一方能达到目的。这就好比，两个机
械力从对立方向作用于同一个物体，结果就是，如果两个力相等，
物体就保持静止状态，如果一个力大于另一个力，那么较强的力
就占优势，将克服较弱的力的抵抗。

但是，这个体制的鼓吹者们说："认为国会将随意征税的观点 2.9.77
是错误的，相关提议是完全没有根据的。《宪法》序言开宗明义地
指出了联合的目的，这实际上就认定了任何为树立正义、提供共
同防御所不必需的权力都是危险的。此外，在每一句涉及征税权
力的条文中，都特别指出了钱款的用途，比如：偿还债务、提供
公共防御和共同福利。"①[62]我想请说这番话的人定义一下，在提
供公共防御和共同福利的条款下，包含着什么样的思想？这些条
文的内涵是确定的吗？它们能被每个人同样地理解，用于同样的
情形吗？没人敢说它们能。那么，什么算公共福利，完全是主观
意见，只有国会才是唯一的决定者。提供公共福利是一种抽象的
说法，正如在很多政治或道德问题上，人们都可以作出不同的解

---

① 出自一份对《联邦宪法》主要原则的考察，刊印于费城，第34页。——默
里·德里

释。不同派别的做法可能针锋相对，但双方都声称自己关心公共福利，并且都信誓旦旦，但其实都可能心怀叵测。那些鼓吹这部新《宪法》的人宣称，他们为其中对公共福利的关心所打动，那些反对的人也宣称，他们为这样的原则所打动，我毫不怀疑双方的真诚，然而，更为确凿无疑的是，接受这部《宪法》，与不接受这部《宪法》，不可能都有益于推动公共福利。

143

2.9.78　　　"提供共同防御和公共福利"，这种泛泛的表述能够限制国会的权力？真是无稽之谈。这就好比说，它会受到限制，因为《宪法》说，他们有权任意开征税款。有人说，如果被赋予这种权威，立法机构不会做不正义的事情，也不会耍阴谋诡计，只会做那些被认为有利于促进公共幸福与美好的事情。因为，每个人，无论是统治者还是其他人，都受制于牢不可破的上帝与理性的法则，愿意追求正确的事物。毫无疑问，每一群人的治理者都应当提供共同防御和公共福利，因此，世界上的每一个政府，即便最专制的政府，其权力的实施都是有限定的。但是，这种推论无论多么合理，很遗憾它在实践中都很难行得通。政府总会说他们的政策都是为了促进公共利益而设计和实施的，但是，由于在他们与人民之间没有法官，因此，统治者本人必定是、且始终是自己的法官。

2.9.79　　　这个体制还有另外一种拥护者，他们承认在这个体制下国会在税收方面的权力将不受限制，但坚持认为理应如此。

　　　有人说："招募军队、建造并装备舰队，以及为此提供支持的权力都应当不受限制地存在，因为国家危急度与类型，以及必须采取的相应措施的力度与类型，都是不可预见和定义的。"

　　　还有人说："在正直、不带偏见的人看来，这是不证自明的道理；论述或推论会使它晦涩难懂，而不能使它更明白。这条道理有简单而普遍的公理基础：手段应该与目的相称；指望谁实现目的，就应该赋予他们相应的手段。"①[63]

这位作者的意思是，对于会议所推出的这部方案，反对者们在反对政府所被赋予的这一权力的程度时，显得不够公正，因为他貌似令人信服地指出，权力对于它们所要达到的目标来说，应该是不受限制的，这一点即便不是不证自明的，至少也由上述推理所证实了。但是，面对这位作者的这种较有道理的说法，我不禁想，稍作考察，就会发现他的推论貌似有理，其实不然。这位绅士说，手段应当与目的相称，姑且承认这种说法是对的，那么接下来，为了从中得出正确的结论，最好搞清楚，合众国政府的目的到底是什么。难道目的仅仅是维护总体政府，提供共同体的公共防御和共同福利？当然不是，因为除此之外，还要维持各邦政府，还要拨款给它们管理内部事务。应当承认，"我们国家的形势是，需要一个复合的而不是单一的、邦联的而不是独一的政府"，每个政府的目标都应当被明确，每一个政府都应当拥有执行自己所拥有的权力的充分权威。[64]政府的性质如果是复合的，那么它所采取的手段也是如此。因此，邦政府必然应当拥有必要的手段，以实现它们所被期望的目标，就像总体政府一样。不论总体政府还是各邦政府都不应当被赋予为促进政府的目标而实施的全部权力。权力应当在它们之间分割，某些目标靠这一种权力实现，某些目标靠另一种权力实现，这些目标加在一起，就是好政府的全部目标。既然如此，我们可以得出结论：每一个政府都应当配备手段，以实现它们所被设定的目标。

将这个推理用于税收问题，总体政府的责任就在于：偿还合

2.9.80

144

2.9.81

---

① 出自 *The Federalist*, No.23.——默里·德里

众国债务、维持总体政府，以及为联盟提供防御。为实现这些目标，它应当配备手段。但是，难道这就意味着，它有权支配合众国的一切税收？当然不是。因为如果如此，接下来的问题就是，要想实现其他目标，比如国民的幸福所必需的目标，以及它被要求实现的那些目标，就没有手段了。各邦的债务也要偿还，它们的立法机构以及行政机构也要维持，各邦的司法机构也需要款项。总体政府没有权力实现这些目标，如果有也是不恰当的。那么很明显，各邦就应当有权支配税收，以实现它们不得不面对的那些目标。有人说，"危及国家安全的情况是不确定的"[65]，并由此推论，各邦的一切税收来源都应该交予总体政府，这种说法没有道理，因为国会的权力在于解决一般性问题，并不在于规划地方以及内部事务，这些问题也同样需要解决。一个共同体的和平及幸福与内部事务的正确处理以及民众之间的司法管理息息相关，就好比与有充足的经费保障抵御外敌入侵一样息息相关，实际上更甚。

145;2.9.82　综上所述，我认为，最为清楚不过的道理就是：各邦政府应该拥有不受控制的征收足以应对政府急需的税款的权力，但是在我看来，这部《宪法》没有为这个权力留有余地。

布鲁图斯

七、危急形势的评估与应对手段

第七封信，1788 年 1 月 3 日

2.9.83　在前面两篇文章中，我们推理出的结论是，在邦联政府中，权力是在总体政府与各邦政府之间分割的，邦联之所以能够存在，关键一点就是，国家的收益——没有它，任何政府都不能存

在——也在二者之间分割，其分配额度，就人类的智慧所能想到的分割与配额而言，能满足各自的急需。

我已经证明，这部《宪法》没有规定这种分割，而是将每一种收益源头都归于国会的控制之下；由此，接下来的问题就是，如果这个体制是要建立一个复合的而不是单一的、邦联的而不是全面的政府，那么它自身就埋下了真正的解体的种子。有两种情况有可能会出现：要么，《宪法》成为"一纸文书"（nudum pactum），它为治国者树立的一切权威都被推倒，就像当前的邦联这样；要么，各邦的权威被搁置，它们将沦为没有任何政府权力的空架子。不管哪种情况，我认为，这个新政府一旦被接受，会很快如此。

据我所知，有人说，税收如果这样分割，不可能不危及公共安全，"除非（一位作者说）能够证明，那些将影响公共安全的情况被限定在某些特定的限度之内；如果驳不倒我这个观点，就只能承认，为提供共同体的防御与保护而对权威不设立任何限制，将是势在必行"[1]。

当我们考虑，共同体的保护与防御不应该完全交予总体政府之手，而且这位作者自己也曾经说过不应该如此，那么这位作者的这种说法就不攻自破了。这个体制要求总体政府为共同体提供保护与防御，不被外部力量侵害，在公海上防御海盗与重罪，并防止内部叛乱。总体政府还被赋予权威支持司法部门处理某些特定的总体问题，以及某些在我看来不属此列的问题。但是，为公民提供保护与防御，使其不受个人暴力的侵害，不受彼此犯下或者试图犯下的过错的伤害，应该是邦政府的事情；也就是说，保

2.9.84

2.9.85

2.9.86

146

[1] *The Federalist* No. 23.——默里·德里

189

护他们不受谋杀犯、强盗、盗贼、骗子等不法之徒的伤害，应该属于相应的邦政府的职责。在这个问题上，合理的推论是，总体政府保护共同体不受外部攻击，它们应当有这方面的足够权威，只要不与我们的内部保护与防卫相冲突。邦政府的责任在于处理本邦公民之间的司法纠纷，管理内部事务，因此它们应当保留为此所需的足够权力。维护内部和平与良好秩序，维持法治与正义，应当是每个政府的第一要务。人民的幸福仰赖于此，甚于仰赖国家通过卓越的军事成就而取得的光荣与尊严，我相信，真正能够青史留名的，几乎都不是那些追求这类功绩的民族，或者被外部入侵者征服的民族。如果我们国家所有等级的人都对法律报以该有的尊重与服从，如果公共以及个人的正义精神、节俭与勤劳的精神都影响着人民，我们就不必担忧他们会对国家发起什么反叛或者侵害。[66] 实际上，我不希望那些事情发生——唯有防御战争，才是我能想到的唯一正义的战争。[67] 我说这些话不是要证明，政府不应当被赋予保卫国家不受外部敌人进攻的权威，而是要证明，这不是它们应该关注的最重要的目标，更不是唯一的目标。[68]

2.9.87　　欧洲各国政府的组建，基本理念几乎全都是与武力、战争有关，那些是它们的最大荣耀所在。它们搞错了政府的目的——政府是为保全而不是剥夺人民的生命而设立的。我们应当为世界树立新的榜样，我们伟大的人民设计自己的政府制度时，最看重的是对美德的追求以及我们之间的幸福。让欧洲的君主们彼此炫耀，以减员削丁、屠杀数以千计的无辜公民、彼此攻讦为荣吧，或者以处罚对妻子、情妇、宠妾的攻击为荣吧，我对他们的这种荣耀毫无嫉妒，我祈祷上苍：我们的国家永远没有这种野心。[69] 沙皇彼得大帝依靠自己的武力获得巨大的荣耀，但是相比他使粗俗野

蛮的民众文明化，在他们中间传播知识，以及开创和培育生活的
艺术而获得的荣耀，前面那些荣耀都不值一提。通过前者，他使
很多国家荒无人烟，让土地染遍人类的鲜血；通过后者，他改变　147
了人民的残暴品性，为他们指引通向人类幸福的路途。那么，政
府最重要的目标，是正确引导内部国计民生，这是各邦政府的职
责范围，很显然，而且实际上应该承认，这些应当处于它们的控
制之下。因此，当邦政府一方面被赋予了与社会、与和平安宁息
息相关的权力，另一方面却被剥夺了自我维持的手段，岂非荒谬
之至！

　　国会在税收方面的权力应当不受限制，"因为影响公共安全的　2.9.88
因素不受某些特定的限制"，这种说法用到合众国政府身上，真是
新奇。人们只是在接受当前的邦联成立之后，才看到和感觉到它
的软弱所导致的那些不便。人们很快会发现，征缴钱款的权力如
果在实施过程中既没有权威也没有手段，那么就既不能指望它能
提供公共防御，也不能指望它能偿还国家债务，或者能够维持政
府运转。因此，早在 1781 年 2 月，国会就建议各邦授权自己对
一切进口货物按价征收 5% 的进口税，用于偿付已经签订的债务，
以及为支持战争将要签订的债务，直到这类债务最后全部被偿清。
合众国必须被授予不受限制的征缴直接税、间接税、消费税的权
力，因为当时面临着最为严重的危机与困难。这个提议的背后有
一个似乎有理的观念。那就是，如果联盟被授予某些确定的资金，
其性质是明确的，而且是富足的、容易征集的，那么，这笔资金
就能够让联盟履行自己的责任，并且提供防御，而 5% 的进口税
就是为此而设立的。

　　1783 年春季，人们又旧话重提，经过对于这一问题的长时间　2.9.89
考虑，很多方案被提出来，最后形成了 1783 年春季的那个税收体

制草案，但这个方案并未提出有必要赋予合众国在税收问题上不受限制的权威。这个草案后来被追加了各种修正意见，某些意见记录在国会的日志中，但是，没有哪条修正意见提议赋予总体政府自行决定征集钱款的权力。相反，所有的意见都限定了特定的征税对象，而且确立了不能逾越的额度。在战争临近尾声时，基于对全国债务的评估，这个提案获得通过。据推算，150万美元加上进口税，足以偿付每年的债务利息并逐步偿清本金。事实证明，他们的估算高了，当时国内债务已经有所变动，低于所测算的金额，而且这个时期，国内债务的大量本金已经通过出售西部土地偿还了。此后，直到前不久，国会以及某些人始终坚称，如果这笔收益就像他们提议的那样，摊派给各邦上缴，就足以应对联盟的各种急需。实际上，今天仍然有人在说，我们国家的一切财富都应该处于我们寄希望于提供防御、抵御外敌的那个机构的控制之下。至于各邦的债务，以及它们的政府的运转费用，就靠运气和机遇吧。如果联盟没有机会获得它能够征集的全部钱款，那么就将一部分摊派给各邦，只不过那应该是出于自愿。这样的说法，联盟的各邦本不该听到，特别是当我们面临大兵压境的危情，需要动员起来的时候。赞同这份《宪法》方案的每一位演讲人或作者，都认可并一再强调那场制定了它的会议的能力与品性，作为劝导人们接受这部《宪法》的有力理由。但是，那些在战争的危难关头领导着我们各地政府的爱国者，难道不应该受到同样的尊敬？这些人中竟然没有人意识到事情的真相，还假装能够清晰地证明，征集税收的权力应当交给总体政府而且不受限制，这一切是如何发生的呢？是不是这些人思维迟钝，不具备理性能力，以至于不能够开展推论？[70] 真相是，不存在这种必要。既限制总体政府在税收方面的权力，又使它保留提供共同防御的合理手段，

148

这在实践上是行得通的，而且也不像有人说的那么困难。

　　应该承认，人类的智慧无法预见可能危及国家安全的各种情 2.9.90
形，同样应该承认，一个国家即便最大程度地发挥自己的力量，
也可能无法与它所遭到的进攻力量相匹敌，它更无法以其常规的
精力与力量，对抗非同寻常、意料之外的进攻；但是，对于什么
样的力量才足以保护自己，抵御自己可能不得不面对的敌人，每
个国家仍然能够作出理性的判断。面对通常的进攻，每个国家必
须依靠其居民的士气与非凡的努力，而这些非凡的投入总是十分
有赖于人民从其政府的明智而审慎的治理中获得的幸福感与良好
秩序。[71]各邦有能力对此作出正确的评估，就像世界上任何国家
一样。我们的近邻中没有强大国家，如果我们陷入战争，要么是
与原居土著人，要么是与欧洲国家。前者如果与整个大陆为敌，
根本不是对手，如果说他们有可能令我们畏惧，那更多的是在于 149
他们对我们边疆的劫掠，而不在于他们可能对我们的国家造成什
么压力。诚然，某些欧洲国家在我们周围有属地，但是，这些属
地没有欧洲军队做靠山，我们根本不用畏惧，如果那些国家中有
哪个敢攻击我们，必须先耗巨资将军队跨越大西洋运送过来，而
我们将御敌于国门之外，且民生充足。对于任何可能遭到的攻击，
我们对防卫之需是很容易评估的。

　　有人可能要问我，总体政府能够从哪里获得充足的收益来 2.9.91
源，以满足联盟的需求？对此有各种解答，就我而言，我这里不
想长篇累牍地展开我的观点。如果课税对象有明确的界定，而且
在实际操作中能够使负担几乎平等地落到联盟各部分，我就满
意了。

　　有一种税源的控制权被一致认为应当归总体政府唯一拥有，这 2.9.92
就是针对一切从外国进口的货物的关税。它来源充足，而且征缴容

易，确定。它还是一笔不断增长的资金，因为随着我们国家生产的发展，商业将增长，这些与我们对外国物品的消费的增长一起，又会促进我们的人口增长。[72]有人说，进口税不会带来足够的、能满足总体政府需求的资金，或许是的。那就再加点别的，但同样也要界定清晰，而且有确定的可操作性。早在1783年4月的税收体制在国会里被争论不休时，某些国会成员就已经提出设立这类特殊的课税对象。当时有人提议，应该授权合众国对已勘测土地开征九十分之□□[73]的税收，对每座房子开征1美元的房产税。对此我不再赘述，因为我赞同开征这类税收。但我认为，这类税收很难征缴上来，操作起来也会不方便。事实证明，总体政府在税收方面的权威应该是明确的、受限制的，这一观点也是某些曾经坚称总体政府应该在税收方面有不受限制的权威的人的观点。我的观点是，总体政府有权征缴税收的对象应该具有以下属性：该税项有简单的法律可依，税官较少，确定而且可查，几乎不需要邦内务警察介入。对进口货物开征的关税有此属性，而且在我看来，对出口开征的间接税也是如此，因此，我自然想到，后者可能是为总体政府提供的最好的税收来源。我知道在新《宪法》下，国会或者邦立法机构都没有权力这样征缴税收。但我未看到此项限制的理由。在我看来很明显，对出口货物征税，与打算对任何物品征税几乎是一样的，而且它一定比直接税更容易征缴，成本更低。但是，我并不赞同开征此税，其中理由有很多，有些可能是我还没想到的。但是，对于某些可操作的税种，我还是赞同的，但必须在总体政府与各邦之间作出限制和区分，不然的话，要么国会在实施这一权力的过程中会剥夺邦立法机构赖以存在的手段，要么各邦将通过抵制总体政府的宪政权威而使其形同虚设。

布鲁图斯

八、借贷与维持常备军的权力

第八封信，1788 年 1 月 10 日

　　关于这部《宪法》为总体政府赋予的权力，我们要考虑的下一个问题是它"以合众国的信用借钱和召集及供养军队"的权力。我将这两个权力相提并论，并将它们与设立并征缴直接税、间接税、关税、消费税的权力联系起来，因为它们的数额以及这些权力的实施将导致的危险只有互相参照，才能得到充分理解。 2.9.93

　　借钱的权力是广泛而不受限制的，前文频繁提及的那个条款又赋予了通过为执行这项权力而适当且必要的任何法律的权威。通过这一权威，国会可以以联盟的任何或者全部收益为抵押去借款，这样一来，它们有可能向国外借债，而且数额巨大，仅利息就等于本国的年度收益。由此，它们为国家带来如此繁重的债务，举国之力也难以偿还。我想不出还有什么样的灾祸降临到这个国家头上，比一笔超过偿还能力的债务更严重的。如果我说的是对的，那么赋予总体政府不受局限、没有限制地自行决定借钱的权力，就是不明智、不慎重的。 2.9.94

　　出于国家的安全与利益要求必须借钱，这样的情况完全有可能发生，当出现这种必要性时，总体政府实施权力就是恰当的。但是，若非最紧急的情况，这种权力绝不应该实施，而且只要可以避免，我们就不应该举外债。 2.9.95

　　因此，《宪法》应该严格限制这项权力的实施，使得政府行使它变得非常困难。当前，邦联要求这一权力的行使必须征得 9 个邦的同意，并且符合邦联的其他很多重要权力。那么在这部《宪法》中，要求获得 2/3 的成员同意才能借钱，将是明智的条款——在十分必要的时候，他们必然会同意的，但其他情况下绝不可以。 151

2.9.96　　招募军队的权力是无限的、不受限制的，这项权力将授权招
募武力，无论是战时还是和平时期。那条授权国会通过一切行使
这一权力所适当和必要的法律的条款，将授权他们将人们置于军
队的压制之下，难道这不是一个值得思考的问题吗？如果总体政
府认定召集一支军队是为了公共利益，而且这支军队不能依靠民
众的自愿征召起来，那么似乎很明显，为达此目的，让民兵填补
这一缺陷，就是适当和必要的。

2.9.97　　这些权力加在一起，其结果是，总体政府有控制联盟一切财
富及一切武力的无限权威。这份方案的鼓吹者如果能够证明，当
各邦政府只有根据国会的意志，否则不能调用国家的任何财产或
者任何武力时，还会留有什么样的自由或者独立，那真会让世人
大开眼界。如果说，当我把自己的财产全部交给他人，成为他的
佃户，还要签订契约终身为他服务时，我依然是自由的、独立的，
这样的说法在我看来真是荒谬之至。人们有理由反对这一体制规
定的和平时期维持常备军的权力，因为那是危险的、缺乏远见的。
那些写鼓吹文章的人，有的讽刺反对意见，似乎它们来自对手的
荒诞头脑[74]，有的不遗余力地证明，将那个权力授予这部《宪法》
之下的治理者是适当的。[75]下面，我愿意首先指出你们或许能够
在这个问题上得出公正的意见，以证明这一权力应当受到限制，
然后我再反驳那些被用来为这一权力正名的观点。

2.9.98　　人民绝不应该授权其统治者做任何会带来伤害的事情，我认
为这是政治活动中的一条基本道理。

同样似乎很清楚，如果一种权力一旦被赋予和实施就会给共
同体带来恶果，很少带来好的结果，而且经验证明，在实施过程
中常常带来巨大伤害，常常导致政府的彻底瓦解，那么我说，这
种权力如果被完全赋予，就应该尽可能受到限制，以阻止其实施

过程中带来的不良后果。

那么，让我们看看，和平时期的常备军是否对我们的国家有　　2.9.99
益或者是否在某些特殊情况下是必需的；看看它们是不是真的像　　152
通常所证明的，是国家的祸端、自由的破坏者？

我不会占用你们太多的时间，去证明一个所有国家里热爱自
由的人们都会普遍同意的观点。下面这段话引于普尔特尼 ① 先生
在大不列颠下议院就削减军队的提案所做的发言，他切中要害，
比我说得要好得多，因此我不揣冒昧大段摘录。[76] 他说：

> 我始终并将继续反对任何形式的常备军，对我而言，无
> 论它叫作国会军，还是别的名号，终究是一件恐怖之物。不
> 管叫什么，常备军就是常备军。它们是人的集团，有别于人
> 民团体。它们靠特殊的法纪和盲目服从管理，对长官的完全
> 服从是它们的唯一原则。先生，在我们的邻国，国民一直遭
> 受奴役，而奴役他们的工具正是常备军，因为常备军，他们
> 每个人都失去自由。在任何国家，只要维持大量常备军，人
> 民的自由实际上就不可能得到保障。难道我们要向这些邻邦
> 学习？不，先生，相反，我们应当从它们的不幸中汲取教
> 训，避免重蹈覆辙。

> 　不要告诉我，我们的军队受绅士们的指挥，我们不应该　　2.9.100
> 怀疑他们会用它奴役我们的国家。或许如此，我对目前军队中
> 的很多绅士都评价不错。我相信他们不会那么做，但是他们的
> 寿命是不确定的，我们也不知道他们能指挥军队多久，他们有

---

① 普尔特尼，此处当指英格兰的巴思伯爵威廉·普尔特尼（William Pulteney, earl of
Bath, 1684—1764）。

可能很快就全部退役，由适当的权力工具填补进来。此外，先生，我们都知道人是有激情的，我们都知道过于信任一些人，赋予他们太多的权力有多么危险，即便那是些最好的人。相比恺撒的大军，还有哪支军队更勇猛？还有哪支军队更忠诚地效忠于自己的国家？指挥那支军队的，总体上是罗马最好的公民，是他们国家里最富有、最有头面的人物，然而，那支军队奴役他们的国家。士兵对自己国家的情感，下级军官的荣誉感与正派，都是靠不住的。根据军事法律，司法部门如此凌厉，处罚如此严酷，不论是指挥官还是士兵，都不敢违背上级指挥官的命令，不能有自己的倾向。如果一位军官受命要把自己的父亲拖出房子，他必须照办。他不敢不从，稍微嘀咕一句就会被立即处死。如果一位官员被送进审判法庭，身边是一群刺刀出鞘的火枪手，而我们也被命令应该怎么做、怎么投票，那么，我就知道这间议事厅的职责是什么了，知道我们的职责是让这位官员被绞死在大厅的门上。但是，先生，我怀疑，我十分怀疑，这种情况会不会在议事厅，或者英格兰将会有的任何下议院里出现。

153

2.9.101　　先生，我不是在无中生有地说话。我说的正是英国军队对英国下议院所干的事情，而这支军队正是下议院所招募的，由他们供养，受他们所任命的将军们指挥。因此，我们不要凭空想象，认为一支由议会招募并维持的军队始终会对他们唯命是从。如果一支军队规模庞大，拥有威慑议会的力量，那么，只要议会没有做什么有悖于自己所拥戴的将军的事情时，军队就是顺服的，但是我担心，一旦情况不是这样，议会就会解散军队，而军队也会解散议会。

这位杰出人物的这番推论如果是对的，那么就可以说，维持常备军就是对共同体的自由与幸福的最大危害。若真如此，那么总体政府就不应该有权这样做，因为没有哪个政府可以被赋予权力，去做那些倾向于破坏公共自由的事情。

布鲁图斯

九、招募常备军的权力分歧

第九封信，1788 年 1 月 17 日

组建公民政府就是为了保护人民的权利，促进人民的幸福。　2.9.102
为此，必须赋予治国者权力。但是我们不能由此推论，这些权力应该是无限的。这些权力为全人类所有，不应当由政府控制，因为这种控制对于实现政府机构的目标来说是不必要的。有些事情是治国者绝对被禁止做的，因为如果他们做了，给人民带来的就是伤害，而不是益处。同理，如果权力的实施总体上或者在大多数情况下会伤害共同体，那么立法机构在实施这一权力时就应该受到限制，以尽可能预防危险的到来。这些原则似乎是常识的明显例证，每一个美利坚人在心中都笃信不疑，它们是近期革命的伟大原则，指导着我们所有邦的《宪法》的缔造者。我们发现，所有的邦《宪法》，都要么包含正式的《权利法案》，为立法机构的权力设置限制；要么出于同样的目的，对宪制机构进行限制。实际上，某些新政治学博士竟反对这类限制在民选政府中，特别　154
是在总体政府中的必要性和适当性。[77]

但是很明显，这个新体制的创建者们持有相反的意见，因为　2.9.103
他们禁止总体政府实施某些权力，但又限制他们实施其他的一些权力。

下面我举两个例子，有助于说明我的意思，并证明上述观点的正确性。

在第九款 ①，规定"不得通过公民权利剥夺法案"。这一条文剥夺了立法机构宣布某个具体的人依据法律犯有刑事罪的权力。立法机构被剥夺实施这一权力是正确的，因为它的实施很少能使共同体受益，通常只会带来伤害。

2.9.104　　在同一款还规定，"根据人身保护令享有的特权，除非在发生叛乱或遭遇入侵，公共治安需要停止此项特权时，不得中止"。这一条文将立法机构剥夺公民人身保护权益的权力限定于某些特殊情况，比如发生叛乱或遭遇入侵；这是有道理的，因为除此之外没有哪种情况下，这一权力的运行是为了共同利益。

让我们把这些论述用于和平时期的常备军问题。如果它们通常被证明会破坏人民的幸福和自由，那么立法机构就不应该有权维持它们，即便有权，这一权力也应该受到限制，以确保人民不会因它的实施而面临危险。

2.9.105　　常备军会危及人民的自由，这一点我在上一篇文章证明过了。如果必要的话，这一点的正确性还可以用世界上几乎一切国家的历史证明。每一个时代、每一个享有自由的国家的杰出爱国者，都可以亲身证明这一观点。因此我认为，耗费精力长篇大论去向美利坚人民证明一个他们长期以来普遍奉为真理的观点，是无益的。

2.9.106　　这个新体制的某些鼓吹者反对这一观点，就像他们反对那些已经为最好的作者所证明的关于自由政府的观点时一样。另外一些鼓吹者虽然不会公开否认和平时期的常备军是危险的，但也会

---

① 指《宪法》第一条第九款。

与这些人一样，坚持认为总体政府被授予这一权力是适当的。[78]
下面，我就考察一下他们为支持自己的观点所做的那些论述。

一位支持这一体制的作者认为这一反对观点是滑稽的。[79]他 2.9.107
指出，如果说那是适当的，就好比说要防止设立土耳其禁卫军、
反对将《古兰经》作为信仰一样。

从这一点，从这位作者表达他的观点、回应对自己观点的反
对意见时所带有的教条方式，可以得出结论，他是迂腐的学究， 155
就像习惯于向小学生表达自己的说教，总是认为自己所说的话都
是不可置疑的。

但是，为什么要说那是滑稽的呢？这位作者说，因为它是不必 2.9.108
要的。"因为，美利坚人的原则、习惯以及能力都与常备军格格不
入，几乎没有必要用正面的《宪法》条文规定去防止它，就好比不
必要禁止伊斯兰教信仰一样。"应该承认，和平时期的常备军是一
种恶。那么我要问，为什么要授权这个政府作恶？如果这个国家的
人民的原则与习惯都与和平时期的常备军格格不入，如果常备军不
是为了公共利益，而是会危害公共自由与幸福，那么为什么政府要
被授予这一武力？没有理由证明，治国者应该被授权做那些有悖于
人民的原则与习惯，一旦做了就会危及公共安全的事情，而这个世
界上每一条理由都可以证明，他们应该被禁止实施这一权力。这位
作者还认为，不必要担心这一权力的实施会带来危险，因为如果维
持常备军，那是人民自己在维持，因此，反对它是荒谬的，就像一
个人"在家里通过一项法律，规定未经他的同意，任何军队都不可
以驻扎进来"。这个推理认为，总体政府是由美利坚人民自己运行，
但是这样说是没有根据的、荒谬的。人民与其统治者之间显然是有
区分的，即便当后者是前者的代表的时候也是如此。二者的身份不
同，而且不可否认但可能经常被否认的是，二者的性情不同，追求

的利益不同。我想我已经证明，在这个政府的构建中，没有理由指望人民的利益与其统治者的利益是一样的。

2.9.109　　此外，如果美利坚人民的习惯与性情能够作为抵御统治者侵蚀的唯一保障，那么，各种《宪法》就不必要规定那些限制了。除了宣布谁被授权实施政府的权力——而且对此我们并不会十分谨慎——就没有什么是必要的了，因为人民的习惯与原则能够抵抗对权力的滥用。我认为这就是这位作者的立场，而且这个新体制的很多鼓吹者似乎也都是这种立场。这类观点与美利坚人民的原则与习惯格格不入，也与每一位在政府科学方面颇具声誉的作者的观点相左，与理性原则及常识相悖。[80]

2.9.110　　认为根据新《宪法》建立常备军没有危险的观点，是站不住脚的。

　　一个众所周知的事实是，如果这个体制被接受，那些有自己
156 的人参与制定这一体制的人，那些有可能在这个体制下的政府机构中分一杯羹的人，很多都公然支持常备军。他们津津乐道着："如果没有政府用军队震慑人们去服从，就没有人会遵守命令。拥有军事建制对于维护政府的尊严是必要的。"[81]我们面对印第安人或者周围欧洲人占领地对我们边境的威胁，因此不会缺少设立常备军的理由。此外，如果还说，军队可以为很多家庭的年轻人提供体面的给养和满意的职业，他们很懒散，不能从事那些要求细心与勤劳的职业，他们太穷，不干活就无法生存，那我们就几乎没有理由怀疑，只要这个政府能够找到钱支付给他们——或许很快就能找到，我们就应该拥有庞大的常备军。[82]

2.9.111　　一位以新《宪法》鼓吹者自诩的作者不遗余力地证明，赋予总体政府这项权力是适当和必要的。

　　他一开始就质疑那些提出反对意见的人的坦诚与正派，并且

暗示，他们蓄意误导人民，煽动他们的情绪，而不是用符合他们理解力的观点去说服他们。[83]

指责别人有毛病的人，应该小心自己是不是没有毛病。这位作者声称自己是正派的，在这个问题上追求正确的推理，但事实究竟如何，当他的观点被摆到公正的公众面前，他们自有判断。

他首先试图证明，这种反对意见是无用的、言不由衷的，因 2.9.112 为和平时期维持常备军的权力是当前政府体制下联盟中每个邦的立法机构所赋予的——有两个邦除外。今天看来，这完全不准确，因为根据当前的《邦联条例》，"除合众国议会核定为守卫该州防务所必要的要塞部队数量外，任何州均不得于和平时期拥有任何军队"。[84] 那么，告诉公众除了你们自己的立法机构同意，总体政府没有别的权力，是不是正派的、真诚的？如果是这样，那么你们的立法机构是不是没有权力招募和维持任何军队？

他接下来告诉我们，这部《宪法》在这方面所授予的权力与当前的邦联体制下国会所拥有的权力是类似的。这种说法，与前面的那些说法一样，也没什么道理。

我不打算考察国会有没有被授予和平时期维持常备军的权 2.9.113 力，和平以来，这一直是国会里热烈讨论的主题，在联盟中某个令人尊敬的邦里，人们完全相信它没有这样的权力，他们公开指 157 示他们的代表，如果国会企图实施这一权力，他们就在国会日志里写入郑重的反对意见。

但是，即便承认国会有这种权力，当前的国会与拟议的政府在实施这种权力时所受到的限制有着令人震惊的差异，这可以为这种权力所证明，且不如说证明了赋予拟议中的政府这种权力是不适当的。

这位作者承认，当前的邦联下，国会的权力最多也不过是建· 2.9.114

议权。如果它决定招募军队，只能通过各邦立法机构来实现。这首先就是一项最有力的限制，可以抵制招募军队的命令。但如果它想违背人民的意见与愿望，票决招募军队，各邦立法机构就不会招募军队。此外，当前国会的运行，取决于各邦立法机构的意志与愿望，非经13个邦中9个邦的同意，不能招募军队。比较这部《宪法》提议为立法机构赋予的这个方面的权力，与当前的国会在这方面所被赋予的权力，每个人只要稍有识别能力，没有因偏见而完全丧失理解力，都会看到，二者完全是不同的类型。在当前的邦联体制下，必须有13个邦中9个邦的代表同意招募军队，否则不能征兵。而在《宪法》草案下，3个邦的代表与参议员的半数代表，加上总统的同意，就可以招募任何数量的军队。从这一点讲，当前的国会是受到限制的，它只能适当地实施这一权力，它知道，自己的权威必须靠各邦立法机构才能生效，如果目标明显有悖于公共利益，各邦立法机构不会同意征兵。但《宪法》草案授权立法机构将自己的决定付诸实施，无须它与人民之间的任何机构的干预。在当前的体制下，国会对各邦立法机构负责，由其决定换届，每年都要重选，而《宪法》草案并不要求立法机构对各邦立法机构负责，或由其决定换届，它的一个部门6年选一次，另一个部门2年选一次，它在服务时间到期之前，是不能被撤换的，哪怕行为不端。相比之下，公众能够判断，这位作者声称自己坦荡，但其实究竟如何。同时，为了让他以及这个体制的鼓吹者们相信，我也是坦荡的，我保证，只要招募常备军的权力能够受到当前邦联体制下的同样限制，我可以放弃我在这个问题上的反对意见，而且我相信，我可以负责任地告诉自己，以及所有持这类反对意见的人，他们会因更少的常备军而受益。

布鲁图斯

十、常备军的弊端

第十封信，1788 年 1 月 24 日

致纽约邦人民：

人民的自由面临庞大常备军的威胁，这不仅因为治国者会将 2.9.115
它用于篡夺那些他们认为适合实施的权力，而且因为存在很大的
风险：军队由政府根据政府领袖的意愿招募和组建，但结果可能
颠覆政府。

以史为鉴，我们知道，这类事情时有发生。[85] 它们历历在 2.9.116
目，值得每一个热爱自由的人警醒。它们来自世界上迄今存在过
的两个最强大的国家的历史，这两个国家以其享有的自由以及宪
政的优越而闻名于世——我指的是罗马与不列颠。

首先，由于尤利乌斯·恺撒领导的军队，共和国的自由被破 2.9.117
坏，宪政被颠覆，而恺撒是受那个共和国的宪政权威任命而指挥
军队的。他将这个国家从一个深得人心，至今仍为世界各地纪念
的自由共和国，变成最绝对的专制主义的国家。常备军导致了这
种转变，常备军长期支持这种转变，那一时期被载入史册的，充
满了可怕的残暴、流血和屠杀；那些最凶残、野蛮、反自然的恶，
是对人性的处罚与羞辱。

在不列颠，军队捍卫人民的自由，使其不受暴虐国王的戕
害，远离专制；但同样是这支军队，助长他们的大将军克伦威尔
剥夺人民珍视和拥有的自由。

或许有人会说，这些例子不适合我们。那些想这样劝你们的 2.9.118
人，要么是在蓄意欺骗你，要么自己从没考虑过这个问题。

我坚信，世界上没有哪个国家的军队，比我们这支军队更加
爱国，它在最近这场战争中如此有力地服务于自己的国家。

2.9.119
159
　　如果指挥这支军队的将军的品性是像尤利乌斯·恺撒或者克伦威尔那样，那么，这个国家的一切自由完全有可能与战争一起终结，即便能够维持，为此付出的鲜血与财富将超过那场与大不列颠的冲突。一位不具名的作者在战争临近尾声时致信军队的将领们，建议他们在正义来临之前不要离开自己的武装，这封信的后果是众所周知的。[86]它让他们感到震惊。它写起来仿佛恺撒遗风，如果总指挥以及各级军官赞同他的提议，最终的方案只会是拒绝解散。这个决定会带来什么样的结果，只有天知道。那支军队斗志昂扬，纪律严明，供给充足。它可能从这个国家汲取巨大的力量。那些厌恶我们政府的共和体制的人（他们很多是我们中的上层人士），将会依靠它的援助。我们将完全有可能看到，一部《宪法》和一些法律在军队的前列、在刺刀的尖端被强加给我们，我们为之艰苦奋斗的自由立刻被夺走。是否有某位曾对促成当前的体制产生过重大影响的人提过这个提议，或者赞同它，一度是个秘密，但现在被解开了。实际上，对于这个国家来说，幸运的是，在军队的最前列，是一位爱国的将军，而我们的很多重要官员也没有因军人作风而丧失公民品格，结果那个计划破产了。但是，我们是否可以指望事情永远如此呢？我们是否比其他年代、其他国家的人民更优秀，以至于来自权力与功绩的诱惑虽然曾经使得他们放弃自身责任，但对我们国家里的人完全没有影响？这一想法真是狂妄自大。我们沉迷于这种自欺欺人之中，近来很多现象都使一些轻信的人相信，对于繁华、力量及伟业的热情，在我们很多卓越之辈的心中燃烧，就像天底下其他国家以前一样。即便有同样好的运气，如果我们依赖运气，我们将很可能彻底失望，所有当时反对这个提议的人，会接受这个提议。

2.9.120
　　从这些方面看，对和平时期常备军之恶[87]的恐惧，不单是来自担心统治者可能将它用于实现自己的野心；令人担心的同样的甚至更大的危险在于，统治者会颠覆政府的宪政权力，用这种力量控制他们满意的任何政府形式。

鼓吹这种力量的人，在指出拟议中的政府的这个权利时坚称，立法机构有权自行处理和平时期的军事建制问题，对这一权力设置限制是不恰当的，因为他们说，在边境驻扎卫戍部队，以防印第安人的骚扰，以及准备反击西班牙或者不列颠可能发起的蚕食或入侵，都是有必要的。[88]　2.9.121　160

作者在阐述这个观点时，絮絮叨叨，它无非是在说：　2.9.122

为防止印第安人或者西班牙人、不列颠人的突然袭击，设立一些要塞，并驻扎一小股部队，可能是必要的，因此，应当授予总体政府不受限制的、自行行使的在和平时期招募和维持常备军的权力。

我敢说，我看不出从这个前提能推导出这样的结论。逻辑学家们说，从个别前提推导出一般结论的不是好的推理，虽然我算不上逻辑学家，但在我看来，这个观点很像这类推理。

当大不列颠议会里的爱国者们用这种有力的辩论以及全部的雄辩口才驳斥和平时期维持常备军的主张时，很明显，他们从来不认为，边境上的小要塞，或者针对有侵略危险的强邻的小要塞，或者照管公共军火的卫兵，都要被禁止。　2.9.123

这种权力的鼓吹者还指出，这种权力是必要的，因为在可能的情况下，形势要求招募军队，以备在正式宣战之前击退敌人的进攻——现代战争已经不宣而战了。[89]如果《宪法》禁止在战争真正开始之前招募常备军，将会剥夺政府为国家提供防卫的能力，敌人会侵入国境。如果限制不扩展到紧急情况下招募军队，而只是针对维持军队，那么这类问题就应该交由立法机构自行处理，　2.9.124

他们就可以以存在外敌入侵的危险为由，自行决定长期维持军队，那么可以推断，立法机构应该有权不受限制地招募和维持常备军。但是，从这些前提可以推导出来的结论只能是，对立法机构的限制，不应该使它失去在这类紧急情况下招募军队的权力。不过，这并不意味着，应该授予政府自行行使的在和平时期招募和维持常备军的权力。如果说，不赋予总体政府一般性的、无限的权威去不受限制和无条件地招募和维持军队，实际上就不可能赋予总体政府权力去招募军队，以镇守边境、照管军火或者当看到有人打算武力入侵时予以打击，那么，这种推理或许能讲得通，但是这还没有得到证明，也不会得到证明。

2.9.125

161

应该承认，禁止总体政府维持常备军，但同时授予他们在紧急情况下招募军队的权威，对于抵御危机是不够的。对危机的自行判断会给予规避此条款以空间。

还应该承认，如果没有真正开战，就绝对禁止招募军队，也是不合适的，因为招募和维持一小支军队，驻守重要的边境据点，看护军火库，都是有必要的；有时候，外敌入侵的危险很明显，这时候我们招募军队，以备抵御他们的进攻，就非常正当了。但是，为此目的在这种情况下招募军队，并不等于可以在和平时期维持常备军。

2.9.126

赋予政府足够的权威，使其既能应对这些局势，同时也能对常备军的弊端作出合理的、充分的防备，是非常可行的。

和平时期的常备军对自由是有害的，并且常常成为颠覆政府的最好宪法的工具，因此，立法机构不应该招募或者维持常备军或者不管什么样的军队，除非满足很多条件，比如需要看护合众国的火药库，驻防边境上绝对必须设立的要塞，以保护居民，促进与印第安人的贸易。假如在和平时期没有军队可以在没有获得立法机构两院 2/3 成员的同意的情况下被招募，而合众国又受到外部力量进攻或入侵的威胁，这时，立法机构就应该被授权招募军队，以备打退进攻。

类似于这样的条款就能够为立法机构提供足够的权限，在任何真的必要的情况下招募军队，同时也能够对常备军这种危险的专制主义发动机提供足够的防备。　　　　　　　　　　2.9.127

那位提出我所注意到的观点的作者，又摆出一大堆道理，试图证明招募和维持军队的权力应当由总体立法机构自行实施，其中有些道理很奇怪，他还以马萨诸塞和宾夕法尼亚的军队招募为例，证明和平时期维持常备军的必要性。[90] 每一个正派人士稍作思考都会明白，这两个例子都完全不能证明他的道理——马萨诸塞的军队招募只进行了 6 个月，在军队必须解散时就停止了，这支军队谈不上是常备军。而且，那个共和国当时处在和平时期吗？从那时至今，那里都处在最严重的骚乱中，它的立法机构曾正式宣布，境内存在惨无人道的叛乱。宾夕法尼亚的形势同样如此，很多武装人员向邦当局开战，公开声称他们的意图就是要放弃对它的拥护。在这些例子中，邦只是在很短的战争或叛乱时期　　162招募军队，用这样的例子说明和平时期维持常备军的正当性，其用意何在，公众自有判断。

还有一种说法：将这个权力交到总体政府的手中，不会有　2.9.128什么危险，因为各立法机构会牵制总体政府，阻止他们滥用这一权力。[91]

如果是这样的话，那么其中包含什么样的权力，需要更加细致的考察。当前，我只能说，很难想象各邦政府如何以宪政手段制约总体立法机构。后者的权力延伸到方方面面，能够完全控制前者。各邦立法机构不可能依靠法律、决心或者权利去预防或阻止总体政府颁布或者实施这部《宪法》授权它颁布或实施的法律。邦立法机构要想牵制总体立法机构，只能靠鼓动人民抵制依据《宪法》制定的法律。在这一点上，每个人或者每一群人，都可以牵制任何政府，具体视他们对人民群体的影响力而定。但是，这类牵制虽然有时可能纠正政府的滥权，但常常也会破坏一切政府。[92]

2.9.129　　还有一种说法：不必担心这一权力的实施，因为它被寓于人民的代表的手中，如果他们滥用它，人民有权撤除他们，选举别的人来维护自己的利益。[93]任何一群人授权其统治者做那些一旦做了就会造成伤害的事情，都是不明智的，这话我前面已经说过了，这里不必重复。我在前面几篇文章中还指出，拟议中的政府的代议制只是一个影子，没有实体。[94]我十分自信我在这一点上是有道理的，我相信，到底应该接受还是拒绝它，经过对其优缺点的公正的讨论，而且不将那些不相干的情况作为接受它的理由，那么单凭这一点，联盟中 20 个有思想的人就会有 19 个人拒绝它，除非它的权力被限制在比它想要的目标小得多的范围内。

布鲁图斯

十一、宪法解释权的后果

第十一封信，1788 年 1 月 31 日

2.9.130　　这部《宪法》打算设定的合众国司法权力的性质与限度，需要我们特别注意。

163　　关于这一问题，正反双方都有很多讨论与著述，但是我没有看到一个作者关于司法权力的讨论有一定的精确度。很明显，如果不深入考察司法权力及其运行模式，就不可能对这个政府将来

的运行模式，以及它所导致的当前各邦在内部治安与司法权力分配模式方面的改变，形成完整的认识。这个政府是一个完整的体制，这不仅体现在法律的制定上，而且体现在法律的实施上。根据这个体制设立的法庭，不仅遵循《宪法》以及为贯彻《宪法》而制定的法律，而且其所有的判决都是由奉行它们的官员去执行。因此，这个政府体制的现实效果如何，人民将通过司法权力这一渠道，有真切的感受。[95] 而且，仔细考察这个司法权力的性质与限度是非常重要的，因为那些被授予这种权力的人，其所处的地位在自由国家是史无前例的。他们被允许完全独立，不仅其职位而且其薪俸，都不仅独立于人民，而且独立于立法机构。他们可能犯下的任何错误都得不到更高一级的权力的纠正——如果存在这种权力的话，他们也不会因为作出如此多的错误判决而被剥夺职务。

约束他们的唯一条款是，被认定犯有叛国罪、贿赂罪、重罪或操行不当。　　2.9.131

如此确定该方案的这一部分，将授权法庭不仅可以执行那些明确表述的权力，而且可以在权力缺乏明确表述或者表述模糊时，自行决定补充所缺少的权力。

为了在这个问题上得出正确的意见，下面我将：

首先，考察司法权力的性质与限度。

其次，考察一下，无论由谁行使这些权力，法庭在构成上是否有合理基础，让人相信那些人行使权力是为了公共的利益。

关于司法权力的性质与限度，我很遗憾，我缺乏足够的能力　　2.9.132
给出配得上这一主题的全面而细致的解释。要做到这一点，一个人必须具备比我自称具备的更多的法律知识。该体制的这个部分用到很多晦涩的单词和技术术语，其含义即便饱学的法律人士也会有不同理解。

2.9.133　　赞同该体制的人知道如何利用这些术语。很多情况下，当有人针对司法方面被赋予的权力提出反对意见时，他们就对这些技术术语作出对自己有利的解释。

　　　　虽然我不足以对这个政府部门所被授予的权力给出完美的解

164 释，但是我想尝试探索它的某些主要特征，进而从中推论，那些权力的运行将导致各邦司法权、至少各邦立法权威的完全颠覆。

2.9.134　　在第三条第二款，它规定："（司法权适用于）一切基于本宪法、合众国法律以及根据合众国权力所缔结的及将缔结的条约而产生的普通法的及衡平法的案件……"

　　　　这一权力适用的第一个对象是，根据这一《宪法》而产生的一切普通法的及衡平法的案件。

　　　　这句条文将形成什么样的权限范围，很难说清楚。乍看起来，有人会认为，它的意思无非是，总体政府之下的法庭不仅可以行使普通法法庭的权力，而且可以行使衡平法法庭的权力，就像各邦里通常行使的这类权力一样。但它的意义不在于此，因为下面一句条文授权法庭审理合众国法律之下形成的一切普通法与衡平法的案件，这句话在我看来，是将各邦法庭所拥有的权力转给总体司法机构。

　　　　由《宪法》而形成的案件必须与那些由法律而形成的案件区分开来，否则这两句话就指的是同一件事情。

2.9.135　　在考察由《宪法》形成的案件的涵义时，必须包括并且需要对《宪法》下不同部门的权力的性质及限度的解释。

　　　　因此，这句条文授权司法机构去解决一切因关乎《宪法》的案件而起的问题，无论是普通法案件还是衡平法案件。[96]

2.9.136　　首先，它们被授权决定一切关于《宪法》的普通法涵义的问题。这一条款使得法庭有权为《宪法》赋予合法的解释，或者根据起草法律时所设定的规则去解释《宪法》。这些规则提供了一定的解释范围。根据这种解释模式，法庭在为《宪法》赋予意义时，应该最符合《宪法》所采用的那些字句被共同地、一般地接受的意义，应该考虑它们的一般的、普遍的使用情况，而不是语法的恰当与否。当字句含糊时，应该放到上下文解释。应该注意句式的用意，所有的用词都应该放到句子中理解。所有的字词都不应该被理解为没有意义或者意义含糊。

其次，司法环节不仅决定了《宪法》在普通法意义上衍生出来的问题，而且决定了它在衡平法意义上衍生出来的问题。　2.9.137

因此，它们有权根据对《宪法》精神的推理，而不是局限于从字面上去解释《宪法》。[97]

"从这种'根据法律的理性解释法律'的方法（布莱克斯通语）中，形成了我们所谓的衡平"，格劳秀斯将此定义为"对法律中由于其普遍性而有所欠缺的部分的纠正，因为，既然法律不可　165
能预见或者表达一切案件，那么，当法律的裁定不适用某些特别案件时，就有必要在某处赋予一种权力，由其定义那些如果立法者当初预见到了也会如此表示的案情。用格劳秀斯的话说，这些案情就是'法律没有准确地定义而委任善良的人裁量'（*lex non exacte definit, sed arbitrio boni viri permittit*）的案情。"

这位博学的作者还指出："因此从本质上讲，衡平法源于每个　2.9.138
具体案件；不打破它的这一属性，使其变成实在法，衡平法就不可能有确定的尺度与稳定的原则。"[98]

根据这些论述，可以理解这一条款下法庭的权威与业务。

法庭可以对自己要时刻面对的《宪法》的每一句条文作出自己的理解。法庭在判定中不应该局限于任何固定的或者现有的规则，但要根据自己所面对的一切案情，去决定《宪法》的推理与精神。最高法院不论形成何种意见，都具备法律效力，因为《宪法》没有赋予任何人纠正其错误或者控制其判决的权力。该法院不再有上诉。我想，立法机构本身也不能置该院的判定于不顾，因为它们是由《宪法》赋予权威才做最后的决定，最后必定是立法机构受《宪法》控制，而不是《宪法》受立法机构控制。因此，关于宪法解释的判定一旦被宣布，立法机构就不再有权置之不理，也不能从总统即陆海军总司令手中夺走行政权，并要求另外某人执行。道理很简单，司法及行政的权威来自同一个源头，而立法机构来自自身，因此，任何情况下，《宪法》不会使一个机构对另一个机构负责，或者受其控制，它们是相互独立的。

2.9.139 司法权力的运行必定会导致某种结果，只不过这个过程是悄悄的、不知不觉的，我的意思是，很明显，《宪法》的趋势就是，各邦的立法、行政及司法权力将被完全颠覆。最高法院就每一项针对总体政府的性质及限度的质疑所作的每一项判定，都将带来对邦司法权限的限制。前者的权力得到多少扩大，后者的权力就会受到多少限制。

2.9.140 各种考察都证明，美利坚的司法权将向总体政府强烈倾斜，其对《宪法》的解释也将朝着有利于扩大其司法范围的方向发展。

2.9.141 首先，《宪法》本身倾向于接受这种解释。这个体制中的大
166 多数条款都涉及各项意义重大的权力，它们包含很多一般性的、不确定的术语，这些术语要么是语义含糊的，要么需要用很长的定义去展现它们的含义。对于任何政府来说都最为重要的那两项权力——募集钱款的权力及招募并维持军队的权力，被认为并被证明是不受限制的，原因不在于别的，就在于立法机构的自行裁量权。[99] 那句条文授权通过一切为实施权力而适当和必要的法

律，已被证明使立法机构能够任意做任何事情，只要自己判断是好的。[100] 我知道，有人说这句条文不为立法机构授予任何权力[101]，我认为这合乎事实，但即便合乎事实，那它也意味着《宪法》不会严格根据字面意义去解释，更多的权力是暗含的而不是明确表达的。这句条文如果被理解为关于所授权力的限度的解释，而不是赋予一项新的权力，那么它就可以被理解为是在宣布，在解释任何赋权条款时，应该考虑条文的精神、用意及目的，以及词语的被共同接受的语义。

如果我们考虑它所宣称的伟大目标——这从它的序言可以看得出来[102]，"为了建立一个更完善的联邦，树立正义，确保国内安宁，提出共同防御，增进公共福利，并保证我们自身和子孙后代永享自由的幸福"，这部《宪法》为衡平的解释提供了空间。既然这里表达了这个体制的目标，那么最好在各部分都表达促进这类目标实现的意思。这本身就会提醒人们去阅读序言，也会促使法庭为很多条款赋予诸如最有效地促进《宪法》所声明的目标的意义。这种解释《宪法》的方式在实践中如何操作，以后将会讨论。

其次，不仅《宪法》认可法庭倾向于采用的这种解释模式， 2.9.142
而且法庭也乐于利用这种解释范围。每一个被授予职位的人都会紧抓权力不放，那是他们的乐趣所在，因此，将他们的职位连同一切权利与特权完好无损地传递给继任者，就是一种当务之急。同样，他们总想扩大自己的权力，增加自己的权利，这一点本身就会强烈影响到法庭，使得法庭在任何困难的形势下解读《宪法》的意义时，总会扩大自身权威的范围。总体立法机构的权力以及司法权力的每一次延伸，都会增加法庭的权力，而法官的尊严与重要性也会随着他们所施展的权力的扩大而提升。我还要说，极有可能，随着他们要处理的事务的数量及重要性的增长，他们的 167

薪俸也会增加。从这些方面考虑，法官会希望扩展法庭的权力，尽可能按照有利于薪俸的方式解释《宪法》。他们这么做的可能性，看起来很大。

2.9.143　　最后，由于有先例可循，他们就能够为自己正名。众所周知，英国的法庭已经依据自身的权威大大扩展了自己的司法范围，远远超过本土法律最初为其设定的范围。

财务法庭（court of exchequer）是这方面的典型例子。它本来的意图主要是抹平国王的债务，拓展王室的收入。它拥有普通法司法权限，但只是为了便利国王的会计师们。根据布莱克斯通，我们知道，这个法庭的诉讼程序的基础是一种被称为"减诉"（quo minus）的令状，其中原告要求，自己是国王的农夫或者债务人，但由于被告对自己造成了所控的伤害，因此自己无力偿还国王。[103]拉特兰郡的法规明确规定，对这些案子的援引只能限于这类涉及国王或者其财务大臣的案情中。根据《大宪章实施条例》，涉及财务的普通法上诉不得有悖于《大宪章》的规定。但现在，假定某人为国王的债务人只是一种形式、一种文字表述而已，法庭向一切国民开放。

2.9.144　　当法庭有先例可循[104]，先前已有法庭将自己的司法权限扩展到立法机构的法案之外时，它们难道不会扩展自己的权力，特别是当《宪法》中没有明文规定禁止的时候，以及它们被授权不受任何限制地解释《宪法》含义的时候？

司法方面的这种权力使他们能够将政府塑造成几乎任何自己所喜欢的样子。导致这种结果的方式，我们后文讨论。

布鲁图斯

十二、宪法解释权的实施（上）

第十二封信，1788 年 2 月 7 日

在上一篇文章中，我考察了第八条第二款中的第一句条文，证明它会授权合众国司法部门不仅根据其文字，而且根据其精神与意图去解释《宪法》的权力；一旦拥有这种权力，那么它对《宪法》的解释将有一种强烈的倾向性，那就是尽可能扩大总体政府的权力，弱化并最终毁灭各邦的那种权力。 　2.9.145

　168

下面，我要证明，为实现这些目标，这种权力是如何运作的。为明确其影响的限度，我将考虑：

第一，它将如何设法扩展立法权威。

第二，它将以何种方式扩大法庭的司法权限。

第三，它将如何削弱和破坏合众国的立法以及司法权威。

首先，让我们考察，司法权力如何导致立法权威的扩展。 　2.9.146

或许，司法权力不能依据直接和积极的法令去左右立法，因为很难设想，在法律讨论的过程中，一个问题会被提交给它，它可以作出决定，宣布立法部门还有某种权力没有实施，而根据法官的判决结果，立法部门必须实施它。但是，很容易发现，在判决时，它会确立某些原则，那些原则一旦为立法部门所接受，将无止尽地扩大它的权力范围。

要知道，最高法院有权在最后上诉中决定在法律讨论过程中出现的一切有关《宪法》的意义与结构的问题。它的这项权力来源于《宪法》，独立于立法机构。后者不得剥夺前者的这一权利，双方或者其中任何一方都不得在参议院的建议下剥夺总统的缔结条约、任命使节的权力。 　2.9.147

在决定这些问题时，法庭必须而且定会形成某些原则，它在 　2.9.148

作出自己的决定时，将依据这些原则进行推理。这些原则不论内容如何，一旦经过讨论后确立，就会被立法部门采纳，成为它解释自身权力的准则。由此明显看出，如果立法部门通过法律时，法庭判定依据《宪法》它没有权力这样做，那么法庭就会对那些法律置之不理，因为毋庸否认，《宪法》是最高级或者说最优先的法律。[105] 法庭被赋予最高的、不受控制的权力，去决定所面对的一切案件中《宪法》的意义，因此它们不会执行它们判定有悖于《宪法》的法律，除非我们能够设想，它们能使高级法律让位于低级法律。因此，立法机构不得无视法庭判定其应当受到的限

169 制。几乎没有必要怀疑，在很多情况下，它接受那些限制，而且也判定那样做是适当的。因为一方面，它不会轻易通过明知法庭不会执行的法律，另一方面，我们相信，它在通过这类自己知道会生效，而自己判断是适当的法律时，也不会有什么顾忌。

2.9.149 考虑到这些，司法部门关于《宪法》问题的判定，似乎会变成指导立法机构在解释自身权力时的规则。

法庭会接受的是一些什么样的原则，我们不可能说清楚；但是，就我在上一篇文章中说明的它们根据那一条文所拥有的那些权力而言，不难看出，它们可以而且很可能会是十分松散的原则。

我们已经知道，它被授权对《宪法》根据其精神与推理，而不限于根据文字进行解释。

2.9.150 要发现《宪法》的精神，首要的是找出它所怀有的主要目标与意图。这在序言中有明确表述："我们合众国人民，为了建立一个更完善的联邦，树立正义，确保国内安宁，提供共同防御，增进公共福利，并保证我们自身和子孙后代永享自由的幸福，特制定美利坚合众国宪法。"如果从这些字句去了解政府的目标，很明显，政府的任何目标都包含于其中。维护国内和平、正当管理司

218

法以及提供公共防御，似乎涵括了政府的一切目标，即便不是这样，那也一定包含在"增进公共福利"这几个字里。如果再考虑一下，这部《宪法》一旦被批准，就不是一部各邦以它们联合的力量所加入的契约，而是一部合众国人民作为一个巨大政治体的协议，那么无疑，《宪法》的伟大目标从那段宣布其目标的序言上看，就是要组建一个覆盖任何目标的政府，那些目标是任何政府组建时所怀有的目标，包括国内的和国外的。因此，法庭会将这一点作为解释《宪法》的一项原则，会把《宪法》解释为其每一部分为其每个部门赋予了决定每件事情的权力，其中有些事情不仅会影响联盟的一般性及全国性问题，而且还涉及私人诉讼，规划不同地区的内部或地方性事务。

这样的解释规则不仅与序言的一般精神一致，而且符合对序　2.9.151
言的不同语句的细致考量。

它宣称怀有的第一个目标是"为了建立一个更完善的联邦"。　170
这里应该知道，它不是指各邦或者团体组织的联合；如果是的话，各邦政府的存在就应该得到保障。它是合众国的人民作为一个整体的联合，如果他们接受这部《宪法》的话。现在，要使这种联合更加完善，就必须废除一切次级政府，为总体政府赋予能够娴熟应对每项目标的立法、行政及司法权力。因此，法庭在解释《宪法》时，会倾向于完善联邦，或者从各邦政府手中夺走制定或执行法律的每项权力，并以此作为解释《宪法》的准则。第二个目标是"树立正义"。这不仅指使正义标准制度化或者制定作为权利尺度或规则的法律，而且指为这一规则的运用创造条件或者根据这一规则管理司法。凭借这一规则，法庭在作出判决时会利用一切可能将政府权力扩展到任何方面，不然的话，它们在做那些看上去符合《宪法》意图、需要它们去做的事情，比如为保障法律的执行、保障人与人之间广泛的司法正义而通过法律时，就会受到限制。它宣称的另一项目标是"确保国内安宁"。这意味着要有反对个人对和平的一切破坏、反对一切公共骚乱或者大规模暴动的条款；要想完全实现这句话的目标，政府必须行使通过关于这些问题的法律的权力，以及任命有权执行这些法律的长官的权力。法庭在陈述中会采纳这些考虑。下面我还会讨论序言部分的其他条文，通过对这些条文的分别考量，就像把它们放在一起考虑一样，我们看出，如果这个体制的精神可以通过它在序言中所宣称的目标及意图去解读，那么，它的精神就是要颠覆和废除各邦政府的一切权力，包揽任何政府都会扩展的每一项目标。

2.9.152　　既然《宪法》在序言中宣布了这些意图，那么它在各部分都会带有这种观念。任何人只要认真检阅一下第八款——这里赋予了大多数权力，都会发现，那些权力要么明确、要么含蓄地扩展到立法权力可以发挥的几乎一切方面。如果将这种解释模式用于《宪法》的这一部分，那么在它面前什么都站不住脚了。

　　这当然会对于该条的第一句话造成一种我敢说是最自然、最合乎语法的解释，那就是，授权国会做任何它判定会保障公共福利的事情，而这无异于在一切问题上的广泛的、不受限制的立法权力。

　　（待续）

171　　　　　　　　**十三、宪法解释权的实施（下）**

第十二封信（续），1788 年 2 月 14 日

（续上星期三的文章）

2.9.153　　这种解释《宪法》的方式，将会为该款第 12 句（第 18 句？）赋予某种意义，某种十分重要的意义，即授权国会制定一切为行

使上述权力而适当与必要的法律。一位赞同这一体制的著述颇丰的作者不辞辛苦地向公众证明，这句条文没什么特别意义，因为它所表达的权力在《宪法》的其他部分都包含了。[106] 或许如此吧，但是，这无疑仍然会诱导法庭去发现《宪法》的精神与理性，而它当被用于其他任何一个涉及赋权的语句时，将有力地推动从那些语句中提取这种精神。

我可以举出《宪法》中很多这样的句子，它们如果按同理解读，都会倾向于将政府的权力扩展到每个方面，使得各邦立法机构形同虚设；但是，那样会使我的论述过于冗长，在我看来，这方面的话已经说了很多，它们足以证明，法庭在行使这一权力时，有足够的理由判定，依据《宪法》以及各邦立法机构据称具有的权利，立法部门在规划各邦的地方事务时是不受限制的。 2.9.154

接下来，我探讨这一权力以什么方式扩大法庭的司法权限。 2.9.155

这里我发现，司法权力明确延伸到所有的民事案件，除了同一个邦的公民之间的诉讼，但其中同一个邦的公民之间对其他邦让与的土地所有权的诉讼又属于联邦司法权。因此，不需要再根据这部《宪法》为法庭赋予一切民事案件的完整司法权限，而只需覆盖同一邦公民之间的上述例外之外的讼诉。

我觉得要说清楚这一点并不难。这样在审理过程中只需指出，提起诉讼的一方是某邦的公民，而诉讼所针对的一方是不同邦的公民，那么无疑，法庭就应该接受这一案件，但这样一来，由谁来管束这些公民？[107] 实际上，我可以开诚布公地承认，法庭应当依据《宪法》所赋予的权力接受这类案件。因为《宪法》的伟大目标之一就是"树立正义"。这就意味着，在现有的各邦政府下是做不到这一点的，而生活在不同邦的个人当然与生活在同一邦的个人一样，也有理由享有正义。而且，《宪法》明确宣布， 2.9.156

172

"每州公民应享受其他各州公民所有之一切特权及豁免权"。因此，当某邦公民在案情中提出自己是另一邦的公民时，并不存在作假，因为那个有权享受一国里的一切特权及豁免权的人，就是这个国家的公民。没错，根据这部《宪法》，一个邦的公民就是任何邦的公民。

2.9.157　但是，假如一方辩称自己是另一邦的公民，但其实是在案件中作假，众所周知，法庭拥有高度权威，但有可能依据这些假象作出判定。在上一篇文章中，我指出，财务法庭就是根据这种虚构审理一切案子。在英国，国王法庭也是这样扩展它的司法权限的。最初，这个法庭只受理被控以武力（*vi et armis*）造成侵害或其他伤害的民事抗辩。布莱克斯通说[108]，在法庭分工（*aula regia*）的问题上，法庭同样最初只受理各种民事行为的抗辩（除了一些今天很少采取的现实行动），即便被告是法庭的一位官员，或者由于扰乱法庭等原因处于该法庭的执法官或者狱卒的监管之下。随着时间的推移，这个法庭开始受理关于任何个人行为的抗辩；既然被告已经因为被控侵害而被逮捕，"即便他没做过那种侵害，也处在法庭执法官的监控之下，那么，原告就可以自由地控告他犯有任何其他伤害，既然假定被告处于执法官的监控之下，那么他就不能自由地辩护"。无须这般虚构，合众国法庭受理的上诉就可以扩展到同一邦公民之间的案件上。在这个问题上，我无须多言了。下面我只想简单讨论一下，这个权力将如何弱化并毁灭各邦的立法以及司法权威。

2.9.158　很明显，这些法庭将有权决定任何摆在它们面前的案件中各邦法律的有效性。《宪法》赋予总体政府宽泛的司法权限，这些法庭将判定各邦制定的一切法律在这类案件中"自始无效"（*void ab initio*）。《宪法》赋予了它们重叠的司法权限，合众国的法律将压倒各邦法律，因为它们是最高法律。因此在这类案件中，各邦立法机构的法律必然会受到压制、限制，或者在被解读时充分展现联盟的法律在该案由上的效用。从以上论述中很容易发现，总体政府通过法官对《宪法》作出的自由解释，获得的权力与司法权限越大，各邦政府所失去的权利就越多，最后它们变得琐碎而无足轻重，不值得拥有了。如果这个体制不会很快带来这样的结果，那些当权者会谨慎地规避它们，那么就算我错了。在后面的文章中，我会讨论关于司法权的其他反对意见。

173

布鲁图斯

十四、以一邦为一方的诉讼的弊端

第十三封信，1788 年 2 月 21 日

前两篇文章考察了司法权力在宪法解释方面的性质与影响，下面我打算考察它涉及的其他问题——后面一部分将这一权力的权威扩展到合众国法律之下的一切法律与衡平案件。这一权力就我而言是适当的。我相信，宣布什么是本土法律，是任何政府中司法权力的适当范围。[109]它解释和维护最高权力或立法部门可能通过的法律，但不可以宣布什么是立法部门的权力。我觉得，对普通法之下衡平案件的解析，必须能够为最高法院带来针对所接案件不仅适用于法律的，而且适用于衡平的司法权限，换句话说，为它不仅提供我们的普通法庭今天正在实施的权力，而且提供我们的大法官法庭今天所实施的权力。如果我这样理解没有错的话，那么我除了反对由于立法权力不适当的延伸所带来的那些权力之外，对这项权力本身并无异议。因为我相信，司法权力与立法权力会是对等的。换句话说，最高法院应该有权威决定联盟的法律

2.9.159

之下出现的各种质疑。

2.9.160 　　下一段话授权以法律及衡平判定一切涉及条约的案件，这在我看来是令人费解的。我很明白判定一件涉及条约的案件是什么意思。既然条约将成为本土法律，那么每一位享有条约所保障的权利或权益的人，都可以借助普通法庭找回这些权利或权益。但是我不明白，一部条约所导致的衡平是什么意思。我推测，每一项可以根据条约主张的权利，都应该在条约中有条款或者语句所依，那些条款或者语句用浅显的词语规定了这种权力；至少，我认为，在解释条约时规则应该是明确的，不需要援引衡平的解释。如果依据这种权力，法庭可以根据它自己所认为的条约的精神去解释条约，那么，这种精神就是一种可以为法庭赋予它只要认为合适就可以无限延伸的权力，而这种权力就是危险的、不适当的。至于涉及大使、特使、领事的案件，有关海军及海事管辖权的案

174 件，以合众国为一方的诉讼，以及两州之间的诉讼，应该由联盟的法庭审理，因为除了总体政府，没有谁能够或者应该通过关于这些案由的法律。但是我认为，那句将司法权力延伸到一州与另一州公民之间的诉讼的条文，本身就是不恰当的，而且一旦生效，会被证明是最有害、最具破坏性的。

2.9.161 　　它之所以是不恰当的，是因为它要求一州降格与个人对簿公堂。[110]这是对一个政府的羞辱和贬低，没有哪个邦的最高权威以前经历过。

　　各邦此前并不被这样对待。个人与邦加入的所有契约都是以对邦的信任和邦的信誉为基础的，个人从来没想过要以某种方式强制政府完成其职责。

2.9.162 　　这项权力一旦实施，将会带来严重后果，这一点可以从它的运行中明显看出来。《宪法》并没有规定某种由个人针对邦发起的

诉讼模式，或者某种执行法庭判决的手段，《宪法》只是赋予立法机构完全的、制定为实现目标所适当而必要的一切法律的权力。立法机构当然应该为这些目标制定法规，不然的话，司法权力就无法发挥作用了。司法权力要传唤各方到庭，但如果没有规定可依，那么它还能实现什么目标呢？或者，如果它作出判决后，没有权威执行判决，那么传唤各方到庭又有什么作用？因此，我们必然得出结论，立法机构应该制定能够生效的法律。那样，当一邦的个人针对他所不属于的另一邦提出自己的要求时，就有了法律手段。联盟中的每个邦差不多都对个人负有债务。为了偿还这些债务，它们发行票据，持票人凭票兑换。任何时候，他邦公民若拥有一张这样的票据，他就可以向总体政府的最高法庭发起诉求，我看不出有什么道理阻止他索债。很容易发现，当出现这样的情况，一邦的票据将很快从该邦公民手中流到其他邦公民手中。

当其他邦公民持有票据时，他们会为此提起针对该邦的诉讼，这样一来，就会出现针对该邦的、要求其偿还全部债务的判决和执行。可以确定，该邦即便尽到最大努力，很多年也无法偿清自己欠下的债务，就算治理得再好，要想全部偿还，也需要 20 到 30 年。而这个新体制将拉长该邦在能力范围内偿清债务的时间，因为该邦的全部资金，除了那些源自内部税的部分外，都转给了总体政府。

2.9.163

175

各邦的处境将十分糟糕。有了这个体制，它们将把所有征集钱财的渠道让与总体政府，同时还会因为要偿还为发起革命而欠下的债务对簿公堂。

2.9.164

个别邦的债务数额巨大，接近合众国的内债。这些债都落在它们肩上，总体政府的司法权力会敦促它们偿还债务，但总体政府却掌握了对本来作为各邦财源的、最富收益的资金的专断性调配权力，以及对与各邦权威休戚相关的其他每一种收益的调配权力。

2.9.165　　有人或许会说，认为司法权力会这样来运行只是一种想象，因为立法机构不会通过导致这些后果的法律；即便他们有意于此，他们也无法找到针对一个邦执行的办法，因为官员到哪里找可以征收的财源呢？

　　对此，我要说，如果这是一种不会或者不可能被实施的权力，那么将它赋予立法部门就是无益和不明智的。提供一种不能谨慎地，或者不可能实施的权力，是出于什么目的？如果一个政府实施一种权力是不恰当的，那么它们被赋予这种权力也是不恰当的。而且，授权一个政府做它不能够做到的事情，本身就是不明智的。

2.9.166　　至于说立法机构无法找到针对一个邦执行的办法，我认为这种说法是讲不通的。我认为，第一条第八款中的最后一段话赋予了国会明确的、通过它们判断为执行司法部门所被授予的权力所适当与必要的任何法律的权力。立法机构必定会实施这一权力，不然的话司法部门的法庭将不能够发挥它们所被赋予的权威。因为，法庭该如何开庭，如何将各方带到法庭上，如何审理案情，或者如何使法庭的判决得到执行，《宪法》并没给出具体规定。除非这些问题都有法可依，否则在法庭所受理的那些案件中，它们该如何处理？在这些以一邦为一方的案件中，法庭与那些以个人为一方的案件一样，都拥有制定规则的权威。唯一的困难是，当以一邦为一方时，谁是诉讼对象？如何执行？关于第一点，倒也容易，可以传唤邦的行政或者立法部门到庭，至于传唤单中所开出的证据，法庭可以召开一个关于案情的听证会去讨论。该邦的任何财产都可被执行，无论是不动产还是个人财产。国库可由总

体政府的官员掌管，而土地作为邦的财产，却因为针对自己的判
决而被没收或者出售。邦的财产是否能够用于执行针对自己的判 176
决，是值得考虑的问题。这本是针对某些公司的情况。

　　如果这个条款规定的司法权力延伸到上述案件中，一旦实施 2.9.167
将带来极大的混乱，并一步步地将各邦置于自己的权力之下。但
如果说它不会延伸到这些案件中，那我真不知道它的意义到底是
什么。因为，如果一邦公民拥有一张立法机构郑重颁布的书契，
而立法机构也承认对持有人的债务并承诺偿还，结果这位公民在
最高法院却得不到偿付，那么我想不出在什么情况下他会得到偿
付。在我看来，既想对一邦作出判决，又找不出执行的手段，是
荒谬的。

布鲁图斯

十五、上诉审理权（上）

第十四封信，1788 年 2 月 28 日

　　第三条第二款的第二段有这样一段话："涉及大使、其他使节 2.9.168
和领事以及以州为当事人的一切案件，其初审权属于最高法院。
其他案件，无论是在法律方面还是事实方面，最高法院均享有上
诉审理权，但须遵照国会所规定的例外与规则。"

　　虽然总体政府的法庭应当有权审理一切涉及大使、使节和领
事的案件，但是我很怀疑，赋予最高法院所有这类案件的初审权
是否合适。

　　大使以及其他使节要求享有，而且根据各国法律享有某些不 2.9.169
仅涉及自身而且包括其随从的特权和例外。即便是大使的最低下
的随从也不受各国法律追讨债务的约束。如果一件诉讼是一位公

民根据一些随机的或者不充分的信息，针对这类人员发起的，那么这位公民就要到最高法院去对簿公堂。所有在案子发起或执行过程中被牵扯进去的官员也都如此。这样一来，一邦公民就被迫以巨大的花费和不便到最高法院去，就那项指责自己随意向一位大使的最低下的随从发起索讨公正债务的诉讼，为自己辩护。

已经有人正确指出，这段条文为最高法院授予的这种上诉司法权，是《宪法》中最应该反对的地方——有了这种权力，司法权力所触及的每一个案件，除了最高法院拥有初审权的少数案件外，其上诉都将从下级法院转移到最高法院。

177

2.9.170　根据这一款，上诉将由最高法院包揽，不论是刑事还是民事案件。我知道，这一点已经有人提出过，但是我觉得，如果将这段话与前面的那段话联系在一起看，问题会更加清楚。在前面，司法权力所触及的一切案件，不论民事还是刑事的，都被列举出来了。并不存在这类案件之外的什么刑事案件，是合众国的司法权力所能延伸的，它们都在这一款中有具体规定。这一款意图规定司法权力可以触及任何类型的一切案件。它所宣布的所有这些案件，最高法院都有上诉审理权，除了那些涉及大使、使节、领事，以及以州为一方的案件。如果这一款将司法权力延伸到刑事案件，那么它就有了这类案件的上诉权。如果这一款没有将司法权力延伸到刑事问题，那么我要问，从这个体制的哪一部分能看出它有这些案件的审理权？

2.9.171　我认为，准许刑事案件的上诉权，是个新的、不寻常的问题。它有悖于我们的法律观念，将危及公民的生命与自由。按照我们现有的法律，一个被控刑事犯罪的人有权接受本县陪审团的公正无私的审理，而且此裁定为终审判决。如果他已被宣判，那么没有任何其他法庭可以以同一罪名传唤他。但是根据这一体制，一个人即便已经受到公正审判，已经被令人尊敬的本县陪审团宣判，政府中负责检查的官员仍然可以向最高法院提起上诉。这个案件将再来一次听证。这样一来，那些没让总体政府中的人满意的人，会受到难以忍受的压迫。他们可能受到长期的、严重的监禁，还有可能被处以沉重的、无力支付的罚款，被要求有责任让证人到庭，提供为自己辩护的手段，而且做这些时都远离他们的居住地。

我很难相信，如果合众国的公民给自己时间思考，还有谁会赞同将这种上诉司法权延伸到刑事案件中。　2.9.172

当我们考虑到民事案件上诉司法权的性质以及运作过程后，这种权力是否不会有害于公民的权利，不会破坏美利坚人视为神圣的那些特权，是否不会使得司法机构变成难以忍受的沉重、烦琐和推诿，就十分明白了。

与那些受到无可辩驳的反对的条文一样，该条文也注定会　2.9.173
得到宪法赞同者及反对者的不同解释。我承认，我不知道这个体制的赞同者会赋予它什么样的意义，因为我还没机会看到哪份出　178
版物中提到并讨论过它。然而可以确定，他们并不接受那些反对《宪法》的人所提出的解释，否则的话，反对者在断言《宪法》取消了陪审团制度时就不会如此频繁地指责支持者缺少坦承；而从低级法院转向高级法院的上诉权一直在民事法庭里得到实践，是可以理解的。在这些法庭，法官就法律与事实作出裁定。原被告可以就全部案情从低级法庭向高级法庭提起上诉，高级审判庭将再次审查全部事实及法律，由于很少有新的事实被提供，因此案件在上诉法庭中经常与在低级法庭中几乎没有不同。

如果照上述理解，最高法院的上诉权限这个术语的意思就很　2.9.174
好理解了。它的意思就是，在一切所列举的民事案件中，最高法院有权重新检查其在事实以及事实所适用的法律方面的全部案情，而不受陪审团的干涉；而在我看来这就是这个体制的这一部分以明确的语句所表达的意思——"对上述的所有其他案件，无论是在法律方面还是事实方面，最高法院均享有上诉审理权"。谁是最高法院？它没有法官吗？他们将有同样的关于事实的审理权，就像关于法律一样。因此，他们同样有权决定事实，就像有权决定适用法律一样，而最高法院上诉案中的陪审团就没有发挥作用的空间了。

2.9.175　　如果我们不这样去理解上诉司法权，我们将完全不知道它的意义该作何理解。关于全部案情的上诉，没有哪件案子可以被挡在我们的普通法法庭之外，但现在普通法却不适用于某些司法范围。它们要想从一个低级法庭走到高级审判庭，唯一的办法就是在听证会面前动用人身保护令，或者在已经在低级法庭判决后，动用调卷令或再审令，但是它们在得到受理时，绝不可以就事实进行再审，事实始终被认为已经在低级法庭判明了。[111]

（待续）

十六、上诉审理权（下）

第十四封信（续），1788 年 3 月 6 日

（续前文）

2.9.176　　仍然有人会说，这句条文并不会取消上诉案件中的陪审团制度；既然《宪法》中有段话授权立法部门制定法庭在执行这一
179　　权力时的规则与限制，那么立法部门会依据这段话，保护陪审团制度。

　　但那段话的真正意思无外乎是，国会可以宣布某些案件不属于

上诉司法权的范围，而且可以规定法庭受理这些案件的模式、它们取证以证明事实的手段，以及法庭审理的方式。我认为，当一个案件被交到法庭面前，国会并不能取消法庭判定事实的权利，就像它剥夺法庭决定适用法律的权利那样，因为法庭拥有关于事实与法律的同样的司法权力。假如国会依据这一条款为上诉案设立陪审团，我也看不出这样做[112]与这一条款有什么冲突。从一个法庭与陪审团向另一个法庭与陪审团发起上诉案，这在本邦法律中是闻所未闻的，在联盟的其他大多数邦也是如此。这类做法在东部邦比较盛行，在那里诉讼案归低级法庭审理，上诉案的全部案情从它们移到高级法庭。其结果大家都知道，很少有案件是在低级法庭判定的，但凡重大案件，没有哪件不会上诉到最高法院，而低级法庭的司法就只剩下名义上的了。这在马萨诸塞成为人民的沉重负担，在过去一年里发生的那场反叛，其主要原因正是如此。在这个邦，但凡有思想、不偏激的人士都会认为，低级法庭几乎无用，实现不了什么目标，只不过为本来就债台高筑的可怜的债务人增加花费。

　　上诉权力在合众国最高司法部门的运行，绝对会比这种权力　　2.9.177
在一个邦里的运行带来更大的危害。

　　它给涉案各方造成的花费与麻烦是无止境的、难以承受的。没有人能说最高法院应该在什么地方开庭，人们一般推测那应该在总体政府所在地。这样一来，涉案各方就必须长途跋涉数百英里，带着他们的证人与律师，进行控告或者辩护。一个中等资产的人无法维持这样的官司的花费，因此，这类官司一旦落到这个法庭，贫穷或中等阶层的公民就只得向有钱有势的人退让。有人说，为防止出现这种压迫，可以在联盟各地设立最高法院，对此我想说，那样只会使得压迫更加难以忍受，而且绝不可能为贫穷与中等阶层的人带来更多伸张正义的机会。最高法院绝不可能为了让人们便利、负担得起从合众国各地带着证人出庭打官司，而移动到联盟这么多的不同地方。为了避免传唤证人远途来到最高法庭作证所产生的花费与不便，可以采取权宜之计，让证人提供经宣誓的书面证词；但这样做其实也于事无补。证人应该当面对质，以查明真相，各方应该享有同等的交互查对证据的机会，这在司法安排中具有重要意义。制作书面证词需要巨大花费，此外，证人在表达某些不能诉诸书面的证词时，常常会词不达意，或者一旦说出来意思就变了。那些熟悉法庭开支的人十分清楚，当所有的证据都是书面时，开支就大大超出了普通法法庭中当所有的证据都是口头时的开支。

2.9.178 法庭开支通常会随着法庭等级的提高而增加。我们的普通法法庭抗辩中的收费要远低于最高法院，而且这些收费要远低于大法官法庭中的收费。实际上很多案件中，后一种法庭的开支十分高昂，程序十分拖沓，起诉人最后几乎想要放弃自己的诉求了。我们有理由认为，最高总体法院的开支超过我们的任一法庭，总体法院的官员们比各邦法院官员位高权重，最有才干的律师们仰其鼻息，与他们打交道的麻烦与开支也大得多。考虑到这些，可以看出，在最高法院打官司的开支如此巨大，在那里打官司完全超乎贫穷的、中等的公民的能力之外。

2.9.179 由此可见，这种司法权力之下的司法部门是拖拉的，对于那些在任何政府中都最需要法律保护的贫穷的、中等的人来说，哪怕是很小的冤屈，纠正起来也要付出高昂的代价，至于我们的前辈和我们自己吹嘘的陪审团制度，在这个部门荡然无存了。

这个法庭上的这些独特权力尤其令人质疑，因为它们对于保障正义天平的正当、无私来说，丝毫没有存在的必要。

各邦法庭并未受到过能力不足、不够正派，或者并不想为每一位涉案人主持正义之类的指责。据我所知，所有的邦的法庭都能够根据本土法律审慎、无私地主持正义。诚然，某些邦发行了纸币，债务人有权用它按规定折扣冲抵债务，它们还制定了货币法，迫使债权人在接受判决时以财产而不是货币主张自己的诉求，在几个邦，法律不利于债权人，财产得不到保障。　　2.9.180　　181

但是，这些弊端并非源于各邦司法部门的缺陷，各邦法庭实际上十分注重这些法律，那么总体政府的法庭也必须重视总体立法部门所制定的与《宪法》没有冲突的法律。但是，从司法部门迄今为止对这类法律所做的那种不适当的解释看，它们始终强烈地偏向一方。我们的立法机构颁布的所有法案，虽然不乏有人指责带有这种偏向，但其实始终受到法官们最严格的解释，它们再怎么延伸，也是在法律文字的严格范围之内。因此，我不会说本邦法庭罔顾法律；我要说，它们严格限制自己的运行，尽可能减少冤案。同样的问题也出现在罗得岛，但是由于它顽固坚持自己的纸币政策，最后导致怨声载道。那里的法官们出于这种坚持，歪曲条例的文字作出判决：从条例的字面进行解释不符合法律以及《宪法》的根本精神。[113]　　2.9.181

因此，从这些法庭的做法中，找不到什么借口，去证明这些法庭赋予了最高总体法庭这些权力，因为它们的判决本身就足以令人信任，它们始终操行正派；人们抱怨这部《宪法》在财产安全方面的缺陷，或许这种抱怨是恰当的，但没有必要为了防止这种缺陷，就为法庭赋予这些权力。因为《宪法》规定："（各州）不得发行信用券；不得将金银币以外的任何物品作为偿还债务的法定货币。"它还宣布，各州不得颁布损害契约义务的法律。很遗憾，某些邦颁布法律，纵容债务人欺诈债权人，但《宪法》中的　　2.9.182

这些规定能够确保财产不受这类侵害。因为"本宪法是国土上的最高法律；即使与任何一州的宪法或法律相抵触，各州的法官仍应遵守"。

2.9.183　　因此，各邦法庭一直受到信任，能够判决一切个人与个人之间的案件，不论其来自同一邦还是不同的邦，以及外国人与本国公民之间的案件。实际上，在我看来，《合众国宪法》或法律之下的一切案件，除了那些邦与邦之间的案件，比如涉及大使或其他公使的案件，或者涉及不同的邦让与的土地所有权的案件，都应

182　　该首先由邦法庭审理。如果参考英格兰以及本邦的法庭实践，在涉及联盟的法律，甚或一切以外国人为一方的案件中，纠错令状被允许从邦法庭递到联盟的最高法庭，那么，邦法庭将会受必要的控制。

2.9.184　　这个办法有利于保护司法工作的良好传统，将正义带到每家每户，并保护陪审团的宝贵权利。接下来，在条件具备时，我们就会恢复英格兰的那种法庭实践，这是他们的政府中我几乎唯一希望恢复的东西。

　　但是，既然正如这个体制目前所规定的，国会认为可以设立很多下级法庭，并授权它们发起并先行审理属于该款条文规定的案件，那么就无法确保陪审团属于这些法庭，这里的审判很快就会像马萨诸塞的下级法庭里那样流于形式，因为任何上诉的全部案情都归最高法庭审理。这个法庭有权从普通法与衡平法的角度判定法律与事实，而且这个法庭凌驾于政府的其他任何权力之上，不受任何控制，牢固而不可撤销，虽有可能受到弹劾，但我后文会证明，这种弹劾与不可撤销根本是一回事。

2.9.185　　有人说，为了避免司法权力所受到的那些质疑，国会在制定最高法院被授权审理上诉案所应遵守的规则与例外时，会作出规

定，以避免《宪法》本款条文可能导致的弊端。对此我想说，面对对权力的质疑，这样的应对实际上等于承认这个权力不受限制本身就是不恰当的，既然如此，为什么不首先限制它？

要考察政府中的任何权力，正确的方法就是考察它一旦付诸实施后的运行情况。如果根据考察，发现这个权力实施后会造成偏袒，那就不应当设立这种权力。政府所被授予的某项权力受到质疑时，单单说它不会被实施，实际上无异于承认它不应当得到实施，因此不应当被授予。

布鲁图斯

十七、质疑总体最高法院的宪法解释权

第十五封信，1788 年 3 月 20 日

（续前文）[114]

前文我指出，这部《宪法》下的最高法院将凌驾于政府的一切权力之上，不受任何控制。本文将继续就此展开讨论，以证明它将导致的危险。我怀疑，这个世界是否在某个时期见证过一个法庭被赋予这么巨大的权力，同时又被置于如此无须负责的境地。可以确定，在英国以及在好几个邦，我们一直被教导，法庭的设立是最审慎的，它们的根基非同寻常。 2.9.186 183

诚然，英国的法官们只要行为正当就可一直任职，但是，他们的判决会受到上议院的纠正，他们的权力不像我们这里所谓联盟最高法庭的权力这样，可以无限延伸。我相信，他们在任何情况下都不可能有权以议会的法案有悖于《宪法》为由，置议会的法案于不顾。他们认为自己必须根据国土上的现存法律作出判决，他们绝不会图谋通过判定那些法律有悖于《宪法》而对其施加控 2.9.187

制，遑论他们会被授权对《宪法》进行衡平解释。

2.9.188 　　英国的法官受立法部门的控制，因为他们必须依据后者通过的法律判案。但是，我们的《宪法》规定，法官们控制立法部门，因为最高法院被授予权力，对什么是国会的权力界限作出最终[115]判定，法官们可以对《宪法》作出解释，没有什么权力在他们之上，可以废弃[116]他们的判定。这部《宪法》的创立者们似乎在学习不列颠的宪法，赋予法官们独立的地位，保证他们只要行为得当就可继续任职，但他们没有学会英国宪法中由审判委员会纠正法官错误的制度，也没有注意到，在这部《宪法》下司法部门拥有凌驾于立法部门之上的权力，而且这种权力实际上超过了此前天底下任何自由政府为司法部门所赋予的权力。

2.9.189 　　我并不反对法官行为得当即可持续任职。我觉得，如果这能使他们负起适当的责任，就不失为一个正当的规定。但是我要说，我们的这个体制虽然在这一点上学习英国政府，但是在法官司法权限的几乎其他一切原则方面，却与其背道而驰。在不列颠宪法中，法官独立无非是指法官们行为得当即可持续任职，并且拥有稳定的薪水，但在我们这里，他们在这一观念下为法官赋予了最完全意义上的独立。在我们这里，没有什么权威部门可以罢免他们，他们也不受立法机构的法律的约束。简言之，他们独立于人民、立法机构乃至天底下任何权力之外。被置于这种制度下的人，通常很快就会发现，自己可以独行天下。在我开始解释这番论断的道理之前，请允许我先声明一点：虽然在我看来法官行为得当

184 即可持续任职，但是我又认为，很明显，英国的这种法官制度背后的那些理由，并不适合我们这个国家。

2.9.190 　　不列颠的法官之所以应当在行为得当期间持续任职，据称最大的理由便是，就他们所处的环境而言，他们可以不受王室的影

响，他们所做的决定也不会是为了增加王室的特权与权力。当法官的任职取决于国王的意志与喜好，而且他们职位及薪俸都仰其鼻息时，他们就无法摆脱那些不正当的影响。如果王室希望达成自己满意的结果，而且法庭的援助是必不可少的，那么让国王高兴就成为法官们的指南了。法官们要想作出有悖于国王意志的判决，就要有点殉道精神。他们无论是职位还是生计，都绝对依赖他。国王终身任职，并将王位作为遗产传给子嗣，因此最愿意扩大王室官员的特权，其意愿要比那些在规定期限任职，甚至比终身任职的人都要强烈得多。英国人热爱自由，在这方面取得了伟大的进步。他们争取到了任命法官的权力，使得法官行为得当即可任职，这样他们便从王室得到了一种特许权，有了它，王室要想扩大其特权的界限，侵蚀人们的自由，就失去了最有力的一个动力。但是，这些道理并不适合我们这个国家，我们没有世袭君主，那些任命法官的人并不终身任职，也不能让子女世袭。因此，那些支持法官行为得当即可任职这一原则的观点，在美利坚的状态和形势下，说服力就大打折扣了。更没有什么理由能够证明，我们的政府属性要求法庭可以无须理由地更加独立，以至于不受控制。

我说过，如果从我们这个体制最严格的字句上理解，法官们　2.9.191
是独立的。为此我还将证明，在他们之上，没有什么权力可以控制他们的决定，或者改正他们的错误。任何人都无权因为他们的过错或者能力欠缺而罢免他们，或者降低他们的薪水，在很多情况下，他们的权力是高于立法机构的。

第一，在他们之上，没有什么权力可以改正他们的错误或者控制他们的决定，这个法院的裁决是最终的和不可逆的，因为在它之上没有任何上诉法院，无论是由于误判还是关于案情。在这方面，它不同于英国的法院，因为那里的上议院是最高法院，可以从最高普通法法院就误判向其上诉。

2.9.192　　第二，他们不能因判决错误或缺乏能力而被罢免或遭受减薪。

185　　《宪法》明确规定，他们应该在规定时间内获得服务报酬，其数额在继续任职期间不得减少。《宪法》中唯一一条规定将法官免职的条款是："合众国总统、副总统及其他所有文官，因叛国、贿赂或其他重罪和轻罪而遭弹劾并被判定有罪时，应予以免职。"根据这段话，包括法官在内的文官只能因犯罪而被撤职。叛国和贿赂被单列，其余的被列入重罪和轻罪的一般条款。误判或者缺乏履行职责的能力都不被认为是包含在这些名词、重罪以及轻罪中的。一个人可能会错误地判决一个案件，或者明显无法履行法官的职责，但却没有任何腐败或不诚实的证据。要想支持指控，就有必要用事实证明法官因邪恶和腐败的动机犯下错误。

2.9.193　　第三，这个法院的权力在许多情况下高于立法机构。我在前一篇文章中指出，这个法院将被授权不仅根据这些词的自然和明显的意思，而且还根据《宪法》的精神和意图决定《宪法》的含义。[117] 在行使这种权力时，他们不是隶属于立法机构，而是高于立法机构。因为只要《宪法》中明文规定了某项权力，这个政府的所有部门就能立即从作为权力来源的人民那里获得这项权力。立法机构只能行使《宪法》规定的权力，不能僭越司法机构所被附加的权利，理由很简单，那个赋予立法机构权力的权威，同时也为司法机构赋予了权力——两种权力同源，因此同样有效，司法机构独立于立法机构，同样，立法机构也独立于司法机构。最高法院享有独立于立法机构的、对《宪法》及其各个部分进行解释的权力，而且这个体制中没有任何其他部门有权纠正或废除它的解释。因此，如果立法机构通过任何与法官对《宪法》所表达的意见不一致的法律，法官将宣布其无效；由此可见，法官在这方面的权力高于立法机构的权力。[118] 在英国，法官要接受上议院对其错误判决的搁置；而且，当他们对国家的法律或宪法所做的解释与议会的意见相左时，议会虽然不能搁置法院的判决，但有权通过一部新的法律，以解释先前的法律，并通过这种方式防止法官的这类决定被接受。但这种搁置权在这里不属于立法机构。法官是至高无上的，没有哪部法律，即便是解释《宪法》的，对他们有约束力。

　　从以上对这一体制打算设立的司法权力的论述中，这一体制的目的一览无遗。

186

　　在考察这部《宪法》的过程中，我确信并努力证明，它就是要为了各种内部的、地方性的，以及外部的、全国性的目标，完全废除邦政府，并将各邦融合为一个整体政府。反对这一体制的人普遍同意这一点，而赞同它的人则一致地公开否认这一点。实际上，在他们中有人承认它有这种倾向，而且毫不讳言这就是他们所希望的。我敢说，如果不加修正地通过[119]该方案，也不采取一些预防措施，以确保它在通过后立即得到修订，那么那些利用自己的才干和能力成功地影响公众思想、使他们采纳该方案的绅士，将同样会利用机会说服人民废除各州政府，把它们说成是无用的负担。

2.9.194

　　也许没有什么比司法部门的这种宪政安排更能促进废除州政府了。它们能够逐渐地、在不知不觉中扩大总体政府的范围，并使人民接受自己。对《宪法》含义的决定通常是由他们中的个别人作出的，一般公众并不知情；一项裁决将成为后一项裁决的先例，后一项裁决又成为再后一项裁决的先例。这些案件当时只会

2.9.195

影响个别人，结果，一系列决定在人民知道之前就可能已经作出了。与此同时，那些希望革新的人的所有言论与才干都将被转换为符合他们的观点。人民会被告知，本邦官员和立法机构都是负担，花费巨大，不能带来任何实实在在的好处，因为他们通过的所有法律，总体立法机构同样可以制定。如果那些有志于这项革新的人能够拉拢那些受他们影响的人，以及那些愿意服从几乎任何政府革新的人——他们相信那将减轻他们的税收负担，那么很容易看出，赞成废除州政府的那派人的力量将绝不是微不足道的。在这种情况下，总体立法机构会通过一项又一项法律，以扩大总体司法管辖范围，压缩邦司法管辖范围；而总体司法部门会利用《宪法》所赋予的宪法解释权，用一整套司法决定去审查各邦的司法程序。即便各邦提出抗议，决定法律效力的宪法模式是由最高法院决定的，人民、邦立法机构和总体立法机构都不能撤销或推翻它的判定。

187

2.9.196　如果将对《宪法》的解释工作留给立法机构去做，立法机构的解释可能也是有隐患的。如果立法机构超越了自己的权力，或试图从宪法精神而不是从文字表达上为自己寻求权力，那么作为其权力来源的人民就可以罢免他们，人民总是对的。但事实上，我看不出，对于统治者的这种侵犯，人民可以采取什么补救措施。《宪法》是人民与其统治者的契约；如果统治者破坏契约，人民就有权而且也应该罢免他们，以伸张正义。为了使人民能够更便利地做到这一点，虽然那些由人民定期挑选出来的人在最后时刻应该有权决定契约的意义，但如果他们的决定有悖于人民的理解，那么人民可以在统治者即将当选的时候，发出抗诉，他们有权力纠正这一错误。但是，如果这种权力掌握在独立于人民及其代表之外的人手中，而这些人依据《宪法》不对后者的意见负责，那么后者除了扬起手臂、抢起手掌，就没有办法制服他们了。

布鲁图斯

十八、质疑参议院的组成

第十六封信，1788 年 4 月 10 日

当一个人或一群人被赋予巨大而非同寻常的权力，而那些权　2.9.197
力的行使可能对人民造成迫害时，就必须找到有力的制约机制，
以防止这种权力的滥用。

也许最为有力的约束力莫过于对某个上级权力的责任。因
此，共和政府的真正策略是，在组建政府时，应该使政府中的所
有人员对自己在任职期间的行为向相关上级负责。这一责任最终
应指向人民。要使一个政府的各个部分得到良好的管理，就必须
把政府的不同部门分开，尽可能多地交由不同的人管理。立法权
应该在一个机构中，行政权应该在另一个机构中，司法权又应该
在另外一个不同的机构中，但每个机构都应该对自己的行为负
责。[120] 或许很难将这几个部门绝对分割开来，因为如果不在一定　188
程度上把立法和司法混在一起，就很难（但也不是绝无可能）追
究一些政府官员的责任。在一个自由的共和国，立法机构由人民
定期选出[121]，服从人民是其责任所在。当他们任期届满时，那些
不赞成他们的做法的人，就有机会取而代之。但司法机构的选举
是不适当的，因为他们的业务要求他们必须具备一定程度的法律
知识，而这种知识只有通过正规教育才能获得，此外，他们应该
在一定程度上处于一种独立状态，以便他们能够在决策中保持坚
定和稳定。[122] 因此，正如人民不选举法官，法官也可以不直接服
从人民。为此，必须为这些法官以及并非由人民直接选择产生的

所有其他官员设计一些变通模式，比如，使一个法院服从另一个法院，并为他们明确划定所有官员的行为范围；但是根据这个政府方案，我们最终找到的是某种最高的法院，除了人民自己，没有任何力量可以控制这种法院。这种至高无上的控制权力应该出于人民的选择，否则你建立的就是一个独立的、无所顾忌的权威，这是有违自由政府原则的。我是同意那些原则的，我认为，最高司法机构的任何不当行为都应该由一群职位取决于人民的人实施问责。国家里所有其他无须对更高级官员负责的高官也应如此。这个模式似乎被新体制的制定者们在一定程度上考虑到了，结果设立了一个弹劾法院。这一法院在多大程度上有资格履行自己被赋予的信任，将是未来文章的考察任务。本文就是为此做准备，先发表一些关于《宪法》以及关于被授予弹劾案审理权的参议院的权力的意见。

2.9.198 　　下列讨论涉及参议院的宪政构成。

　　第一，参议员由各州的立法机构选举，而不是由人民选举，每个州的代表人数相等。

　　第二，他们的任期为 6 年，但第一批当选成员中 1/3 将在 2 年期满时离任，1/3 将在 4 年期满时离任，1/3 将在 6 年期满时离任，此后依次轮任，但每个成员的任期仍为 6 年。

　　第三，如果因辞职或其他原因出现空缺，在任何州的立法机构休会期间，其行政部门有权作出临时任命，直至其立法机构下次开会为止。

189 　　第四，年龄未满 30 岁，为合众国公民未满 9 年，以及当选时非其选出州的居民者，不得为参议院议员。

2.9.199 　　参议院议员在各州之间的分配不是根据人数，也不是根据各州的重要性，而是平等的。这对于统制的政府方案来说是不平等、不适当的；但对于邦联制度来说是适当的——就此而言，我赞成这种分配。[123] 这一点确实是一个邦联制政府的《宪法》的重要特征。它是那次大会中赞成保留邦政府的那一部分人经过激烈斗争而取得的。令人遗憾的是，他们未能把其他原则也写进这份方案之中，未能保护各自的政府，未能充分准确地标明它们与总体政府之间的界限。

在我看来，参议院的任期太长了，我认为，缺少关于轮选的条款会产生危险的后果。　　2.9.200

很难确定参议院选举的确切时间。这是一个认识问题，我们对这个问题所形成的看法必须遵守某些原则。参议院所要履行的某些职责显然表明，他们的任期超过大会的时期是适当的。此外，由于他们被认为是代表了国家的上流社会，因此他们似乎应该更稳定，任期应该比代表民主的那个部门更长。签订条约和其他一些应该由参议院处理的事务，需要他们富有经验，因此，他们应该留任一段时间以积累这种经验。但同样重要的是，他们不应任期太长，以致可能忘记那只塑造了自己的手，或对那些人的利益麻木不仁。长期执政的人很容易感到自己是独立的，然后会形成并追求独立于那些任命自己的人之外的利益。参议院的情况更有可能如此，因为他们大部分时间都不在自己所代表的州，只与那群对中产阶级少有情感的人交往。要记住，那将出现一个"联邦之城"（federal city），其中的居民是世上最强大的。出于这些考虑，我倾向于将他们的任期缩短至 4 年。如果一个人连续 6 年这么长的时间离开故土，他就有脱离选民的可能。

而且，在我看来，参议院实行轮换制作用很大。参议员一旦　　2.9.201
代表一个邦入选，很可能会像现在的体制这样终身任职。它即便不能带来私利，仍然是一个令人骄傲的职位。占据它的人希望继续留

190 任，因此会利用他们和他们的朋友的所有影响以求持续任职。他们的朋友很多，势力也很大，会让他们大权在握以获取巨大的好处；此外，一旦不能连任，将被认为是丢人的。因此，如果参议员没有被重新送回岗位，那么这就很微妙了，很可能是因为参议员人品有问题。每一个熟悉公共事务的机构都知道，把一个长期从事一项公职的人免职是多么困难。除非他有严重不当的行为，否则很少出现这样的情况。能力欠缺的人有时候也可能得到这个职位。为了防止出现这种不合理的情况，我认为明智的做法是，规定一名参议员在《宪法》规定的任期内任职一定年限后就不再有资格任职——也许3年就够了。这种安排的更大好处在于，它能为更多的人提供为国家服务的机会，并使那些曾经服务过的人回到自己的邦之后有机会更好地了解选民的状况和政治倾向。在我看来，各邦立法机构应该保留目前在邦联之下拥有的召回其代表的权利。一个人授权别人为他做一件事，如果对方不按自己的意愿行事，他应该保留换掉他的权力，这是一个浅显的道理。各邦立法机构在邦联体制下的这种权力并没有构成对政府的伤害，我也看不到在新制度下行使这种权力有任何危险。它的运行可能对公众有利。

2.9.202 　　关于参议院的组织，我只简单地讲到这里。它被赋予的那些权力还需要更详细的考察。

　　这个机构将拥有一种奇怪的立法、行政和司法权力的混合，我认为在某些情况下，这些权力将相互冲突。

　　一、它是立法的一个分支，就此而言，它在所有情况下都享有与众议院平等的权力，我认为，赋予众议院提出增加收入法案的权利的条款只是名义上的，因为参议院[124]有权对其提出修正或在修正的基础上认可。

　　二、在任命大使和公使以及任命所有其他官员方面，它是行政的一个分支；与总统联手缔结条约属于政府的立法还是行政部门的职能，或者不属于这两个部门的职能，并没有严格规定。

三、它又是司法的一部分，因为它可以组建弹劾法庭。

政府的立法、行政和司法部门应各有不同，这是一条由来已久的准则。我知道有人说，这不可能。这条准则可能是有问题的，或者至少只适合政府的某些主要功能。我承认，不可能做到完全的各自不同。在一个适当平衡的政府中，也许绝对有必要赋予行政部门合格的立法权，而立法部门或其中的一个部门最后也可能拥有司法权。在某些特殊情况下，还可能建议立法机构或其一个分支机构与行政部门联合起来，执行具有重大的全国性意义的行动。不过，这终究是一条很好的准则，应该在可行的情况下尽量将这些权力分开。我很难想象有哪位倡导这一体制的人敢说，有必要将所有这些权力都集中在参议院。 2.9.203

191

参议院拥有立法权是正当的，这是设立它时所考虑的主要目的。立法权应该分设在两个部门，这方面经常有人提出很好的论述，这里我无须赘述——这方面的观点我想已经十分有力了。但我认为同样明显的是，立法机构中的一个部门不应被赋予任命官员的权力。参议院的这一权力是非常不恰当的，原因有很多——这些将在未来的文章中具体说明。[125] 2.9.204

布鲁图斯

尾注

［1］ Centinel 在其第 3 封信（III, 2.7.77）中指出，他本打算讨论统制的危险，但 Brutus 的一流文章表明，自己的讨论显得多余。

［2］ Cato 对自己关于代议制的简要讨论（V, 2.6.38）很满意，但他请读者参阅 Brutus 的讨论，它们在自己触及这一主题时就已先行出现。

［3］ Edward S. Corwin 认识到这些关于司法机构问题的文章的重要性，在其 *Court over Constitution*（Princeton, N.J., 1938）中收录了 XI，XII，XV 等文章。

［4］ William Jeffrey, Jr., "The Letters of Brutus – A Neglected Element in the Ratification Campaign of 1787—1788, " *University of Cincinnati Law Review* 40, no. 4(1971)：643–777.

［5］ Ford, *Pamphlets* 117, 424; Harding, *The Contest over Ratification of the Federal Constitution in Massachesetts* 17 n. 3; Ford, *Essays* 295.

［6］ 参见下文 Sydney 6.9. Mordon Borden, *The Antifederalist Papers* (East Lansing, Mich., 1965) 42.

［7］ DePauw, *The Eleventh Pillar* 131.

［8］ Brutus 曾经否认充分讨论司法问题需要法律知识（下文 XI, 2.9.132），这似乎可以反驳 Yates 这位律师和法官的作者身份。但是，实际展现的那些法律知识是大量的，这反过来又证明了 Yates 的作者身份。William Jeffrey, Jr. 主张作者是 Melancton Smith，但是相关背景使其并没有说服力。参见 *University of Cincinnati Law Review* 40, no. 4(1971)：644–646.

［9］ 对于这篇文章，Pelatiah Webster 1787 年在费城出版了一部小册子，予以了回应，见 "The Weakness of Brutus Exposed," Ford, *Pamphlets* 117–131.

［10］ 参见 Federal Farmer Ⅰ, 2.8.9, Brutus 对其提出的很多问题做了回应。Jeffrey 也做了多种具体的类似回应。*University of Cincinnati Law Review* 40, no. 4(1971): 643 ff., passim, nn. 5, 10, 32, 35, 45, 60, 64.

［11］ 征税权问题在第 Ⅴ– Ⅷ, 2.9.55–101 文章中有更多讨论。

［12］ 见 Ⅴ, 2.9.60–61；参考 Federal Farmer Ⅳ, 2.8.51.

［13］ 关于这些权力的讨论，见 Ⅷ– Ⅹ, 2.9.9–129.

［14］ 关于司法权的讨论，见 Ⅵ– ⅩⅤ, 2.4.130–196.

［15］ 关于"必要和适当条款"含义的经典讨论，见 *The Federalist*, no.33；另见 Ford, *Pamphlets* 233-234(Aristides), 356-357(Iredell); McMaster and Stone 329-330(Wilson). 其他反联邦主义者关于这一条款的讨论，见 Centinel Ⅴ, 2.7.97; Federal Farmer Ⅳ, 2.8.49; Old Whig Ⅱ, 3.3.12; Countryman from Dutchess County 6.6.25 n.12.

［16］　Beccaria, *An Essay on Crimes and Punishments* ch. 26, "Of the Spirit of Family in States," 关于这部著作的版本，见上文 Federal Farmer Ⅵ, 2.8.97 注 [79]。

［17］　关于代议制问题的更多讨论，见Ⅲ与Ⅴ, 2.9.34–54.

［18］　当然，应该比较这一观点与 Publius 的观点，见 *The Federalist*, no.10. 另见 Federal Farmer Ⅷ, 2.8.108; Cato Ⅲ, 2.6.13 n.8.

［19］　参见 Federal Farmer Ⅲ, 2.8.24 注 [37]。Brutus Ⅳ, 2.9.47.

［20］　见Ⅳ, 2.9.48–50.

［21］　参见 Franklin 在费城宪法大会上关于行政权的讨论，Farrand Ⅰ, 81–85(2 June). Brutus 没有花篇幅讨论行政权。The Federal Farmer 的讨论见上文 XⅣ, 2.8.177–182. 另见 "The Weakness of Brutus Exposed," Ford, *Pamphlets* 130; Federal Farmer XⅣ, 2.8.179 n. 107.

［22］　参见 The Federal Farmer 的权利提案，Ⅵ, 2.8.80–86.

［23］　见Ⅸ, 2.9.102.

［24］　Brutus 的这一观点让人想起 Publius 的更著名、更具标志性的论述："如果人都是天使，就不需要任何政府了。如果是天使统治人，就不需要对政府有任何外来的或者内在的控制了。在组织一个人治理人的政府时，最大的困难在于：你必须首先让政府有能力控制被统治者；其次，又要使其自身受到控制。"（ *The Federalist* no. 51, 349 ）在这一问题上，Publius 给出的解决办法与 Brutus 不同；要想理解反联邦主义者，既要了解其不同之处，又要把握二者之间的深刻一致性。见Ⅳ, 2.9.45–46; XⅥ, 2.9.197.

［25］　James Wilson, "Address to the Citizens of Philadelphia," McMaster and Stone, 143. 虽然 James Wilson 的观点并非 William Jeffrey 所言 "愚蠢的片面"（ *University of Cincinnati Law Review* 40, no. 4[1971]: 681n ），但一些反联邦主义者花了很大的努力予以驳斥。更完整的评价是，James Wilson 的观念有一定道理，但不能证明权利法案是不必要的。

［26］　这些《权利法案》可见于 Thorpe, *Federal and State Constitutions*.

［27］　引自马里兰邦《1776 年宪法》中的《权利宣言》第 22—23 条。弗吉尼亚、马萨诸塞、新罕布什尔、北卡罗来纳以及宾夕法尼亚等邦都有类似宣言。

［28］　引自《北卡罗来纳邦宪法》,《权利宣言》第 14 条。马里兰、马萨诸塞、新罕布什尔、弗吉尼亚以及宾夕法尼亚等邦也都有这样的条款。

［29］　弗吉尼亚、宾夕法尼亚、马里兰、北卡罗来纳、纽约、马萨诸塞、新罕布什尔等邦的《宪法》都有关于民兵的条款。马萨诸塞、马里兰和新罕布什尔等邦都禁止 "不经立法机构同意" 维持常备军。北卡罗来纳、宾夕法尼亚、弗吉尼亚等邦建议 "在和平时期" 免除常备军。见 *The Federalist* no. 24, 153, note; no.26, 167–168. Brutus 在常备军问题上对 Publius 的批评，见Ⅸ, 2.9.111–114.

［30］　Edmund Randolph 是为数不多的试图回答这一质疑的联邦主义者（见 Elliot Ⅲ,

464–466），而 McKean and Yeates 在宾夕法尼亚宪法批准会议上作出了类似的，但轻微的尝试（McMaster and Stone 278–279, 296）。其他反联邦主义者关于这一问题的讨论，见 Federal Farmer Ⅸ, 2.8.51–52; ⅩⅥ, 2.8.196–197; Agrippa ⅩⅣ, 4.6.66; Henry 5.16.24, 36; Cincinnatus Ⅰ, 6.1.4–5; Old Whig Ⅱ, 3.3.7 ff.

［31］ 参见 Old Whig Ⅲ, 3.3.15; Agrippa Ⅵ, 4.6.22 ff; One of the Common People 4.8.1 ff. 联邦主义者关于新政府将会受到各邦现有的《权利法案》的限制这一观点的不同力度的讨论，见 Ford, *Pamphlets* 48 (A Citizen of America), 148 (An American Citizen); Ford, Essays 398 (Williamson); McMaster and Stone 112–113 (A Citizen of Pennsylvania); New Hampshire *Freeman's Oracle* 18 January 1788 (Alfredus); *The Country Journal and the Poughkeepsie Advertiser* 15 April 1788 (A Friend to Good Government); *Massachusetts Centinel* 28 November 1787 (One of the Middle Interest). Roger Sherman 在宾夕法尼亚大会上说：“邦《权利宣言》没有被这部宪法废除，仍然有效，这就足够了。”Farrand II, 588 (12 September).

［32］ *The Spirit of Law* XI, ch. 6. Brutus 这里对 Montesquieu 关于代议制的评论做了删节。

［33］ 原稿此处未分段。

［34］ 参见ⅩⅥ, 2.9.199, Brutus 给出了不同观点。参议院席位在各邦平均分配的问题，是反联邦主义者最模棱两可的问题之一。与 Brutus 一样，The Federal Farmer 似乎改变过想法，参见上文Ⅲ, 2.8.28; Ⅺ, 2.8.143. 另见 Martin 2.4.35; Centinel Ⅰ, 2.7.23; Impartial Examer 5.14.34; Symmes 4.5.2.

［35］ 见上文，Ⅱ, 2.9.23–24. 其他反联邦主义者的讨论，可见 The Federal Farmer Ⅱ, 2.8.15 注 [29]。

［36］ 参见 *The Federalist*, no.35–36. 其他反联邦主义者关于天然贵族的讨论，见 The Federal Farmer Ⅶ, 2.8.97 注 [82]。

［37］ Brutus 可能指的是 Hamilton、Gouverneur Morris 以及 Nathaniel Gorham, Rufus King. 见 Farrand Ⅰ, 282–311, 381–382, 375–376, 392–393, 513–514; Ⅱ, 490–491. 但宪法大会上没有人准确表达 Brutus 所表述的观点，而反联邦主义者、可能是 A [Maryland] Farmer 那些文章的真实作者的 John Francis Mercer 与此非常接近。见 Farrand Ⅱ, 284–285; [Maryland] Farmer Ⅱ, 5.1.29. 参见 The Federal Farmer Ⅲ, 2.8.37.

［38］ 见Ⅳ, 2.9.45–54.

［39］ 注意，Brutus 这里似乎没有注意到多数暴政的可能性；但是，另见 V, 2.9.56, 参见 Federal Farmer V, 2.8.60; Agrippa X Ⅵ, 4.6.73; [Maryland] Farmer I, 5.1.15 及 n. 11; Henry 5.16.14. 在联邦主义者方面，除了 *The Federalist* no. 10，另见 Ford, *Pamphlets* 200–201(Fabius), 354(Marcus); *Virginia Inpendent Chronicle* 6 February 1788 (The State Soldier).

［40］ 原稿此处未分段。

［41］　原文略有不同，但无碍原意。

［42］　见下文 V–X, 2.9.55–129. 很多反联邦主义者对此悲观失望，见 Fedaral Farmer III, 2.8.34; Mason 5.17.1; Smith 6.12.9, 38–40.

［43］　原文略有不同，但无碍原意。

［44］　参见 *The Federalist* nos. 27–28.

［45］　《以弗所书》5：29。

［46］　《列王纪下》8：13。

［47］　试比较 Publius 在这一问题上的不同推论，*The Federalist* nos. 23, 150–151; no. 31, 197. 参考 VI, 2.9.66.

［48］　参见上文 Federal Farmer XVII, 2.8.204 注 [93]。

［49］　参见 Ford, *Pamphlets* 50–51 (A Citizen of America), McMaster and Stone 274–275 (McKean 回应 Smile，同上，268–269). 参见 *The Federalist*. 另见 Brutus VI, 2.9.77–78.

［50］　"由于总管国防、保障公共安全、防止来自国内国外的暴力的责任涉及人员伤亡和各种危险，而伤亡和危险的程度事先无法设定，因此，制定授权条款时，应该明确：除了关于国家的危急和共同体的资源，不应设立其他限制。" *The Federalist* no. 31, 195–196, nos. 30–36.

［51］　除了接下来即将展开的讨论，Brutus 关于这一问题的讨论另见于 VI, 2.9.64–82.

［52］　Publius 对于这一观点的回应，见 *The Federalist* nos. 32 and 34.

［53］　"说金钱是政治体生死攸关之物，并非夸大其词；金钱能够维持政治体的生命与运动，使其能够完成大多数基本职能。" *The Federalist* no. 30, 188.

［54］　"这种推论有时让人觉得是在提议全国政府夺权，有时又让人觉得只是从政府按《宪法》行使职权这一点推演出来的。如果说它有合理之处，那正是后一点……一切基于夺权危险而提出的观点，针对的都应该是政府的组成或结构，而不应该是其权力的性质或者限度。" *The Federalist* no. 31, 197.

［55］　Publius 指出，不管是全国政府还是邦政府，都既无法律上的也无合宪的权力宣告对方的征税无效。"在实践上，几乎没有理由担心这会带来不便，因为在短时期内，各州的需求自然减少到'非常狭小的范围内'，过了这段时间，合众国完全有可能发现，可以完全放弃某些州想要索求的那些目标了。" *The Federalist* no. 34, 210. 参见上文 Federal Farmer III, 2.8.39 注 [47]。

［56］　有关讨论见 *The Federalist* no. 35, 216–218.

［57］　见注 [47]。

［58］　这里没有哪个邦干涉。

［59］　见注 [92]。

［60］　Brutus 并没有讨论这一问题。

［61］　《马太福音》6：24;《路加福音》16：13。

［62］　Ford, *Pamphlets* 50 (Noah Webster). 引文与原文略有不同，参见上文 V, 2.9.58.

［63］　P. 147. 引文与原文略有不同。

［64］　Publius 并不承认这一点。他说："如果我们国家的形势要求建立一个复合政府而非简单政府、一个邦联政府而非单一政府，那么，关键问题也要调整，需要对目标加以明确区别，使之能够实施，完成它们被赋予的任务。" *The Federalist* no. 23. 其他联邦主义者也有此论。参见 McMaster and Stone 99 (P. Webster); Ford, *Pamphlets* 121–122, 128 (A Citizen of Philadelphia), 252 (Aristides); Ford, *Essays* 238ff. (*A Citizen of New Haven*); Elliot, 301 (Pendleton). 关于联邦与州权力的界限的极端重要性，见 Monroe 5.21.17 n.8.

［65］　*The Federalist* no. 23, 147.

［66］　在这个问题上 George Mason 在宪法大会上提出过有力辩论，见 Farrand I, 112–113 (4 June)；另见 Old Whig VIII, 3.3.53–54; Philadelphiensis VI, 3.9.37–38; [Maryland] Farmer V, 5.1.82; Henry 5.16.2.

［67］　Publius 说这项政策是"一次新奇、荒谬的政治实验……是捆住政府的手，不允许以国家为理由发动进攻性的战争"。*The Federalist* no. 34, 211. 参见 (New Hampshire) Farmer 4.17.4.

［68］　参见 Roger Sherma 与 James Madison 关于总体政府的目标的讨论，Farrand I, 133–136 (6 June).

［69］　参见 *The Federalist* no.6 中关于国家之间敌对原因的讨论。

［70］　见上文 Federal Farmer VI, 2.8.74 注 [72]。

［71］　关于邦政府与联邦政府的治理的优点的比较，见 *The Federalist* no. 27, 172–175. 参见注 [95]。

［72］　参见 *The Federalist* no.41, 276–277. Publius 指出，进口消费品的增长不会与人口和经济同步增长。参见 Centinel II, 2.7.52 n.30.

［73］　Brutus 在此处留下空白。

［74］　见 *The Federalist* no. 24; Ford, *Pamphlets* 51–52 (A Citizen of America), 234–235 (Aristides). 反联邦主义者关于常备军的危险的一些更为有趣的讨论，除了 Brutus 之外还有：Federal Republican 3.6.21; DeWitt 4.3.9, 14, 28–29; [New Hampshire] Farmer 4.17.4; [Maryland] Farmer II, 5.1.33, 45–49; Impartial Examiner 5.14.8.

［75］　James Wilson, "Address to Citizen of Philadelphia," McMaster and Stone 145–156; *The Federalist* no. 24, 155–157. 另见 Ford, *Pamphlets* 234–236 (Aristides), 363–366 (Marcus); Ford, *Essays* 156–157 (A Landholder); McMaster and Stone 101, 107 (Pelatiah Webster), 170 (A Federalist), 373 (McKean). 准确地说，其他联邦主义者否认"常备军"受到供养。见 An American Citizen [Tench Coxe], in Ford, *Pamphlets* 150–151.

［76］　*Cobbett's Partiamentary History of England* (London 1811), VIII (1722—1733),

904–910.

[77]　见 *The Federalist* no. 84; Mason 2.2.1 n.1; Federal Farmer IV, 2.8.50 nn. 38–40.

[78]　见上文 nn. 66, 67.

[79]　A Citizen of America（Noah Webster），"An Examination…," Ford, *Pamphlets* 51–52. 试比较 An American Citizen（Tench Coxe）在这一点上更巧妙的论点，Ford, *Pamphlets* 150–151.

[80]　见 Federal Farmer X, 2.8.127 n.80.

[81]　我没听说联邦主义者说过这类话。James Wilson 的确指出维持常备军的权力对于确保国家的 "尊严与安全" 是必要的。McMaster and Stone 145–146. Publius 始终承认，军事力量有可能枪口转向内部，"煽动与叛乱是政体难以避免的不幸，正如肿瘤与皮疹对人体是难以避免的一样，始终要依靠简单的法律力量去治理（我们被告知这是共和政府唯一可行的原理），这样的观点只有在那些政治学博士的空想中，才有一席之地。他们的见识鄙视经验教训的启示"。*The Federalist* no. 28, 176. 另见注 [74]。联邦法律可能要靠军事力量维护，这是反联邦主义者的主要担忧，比如：Cato III, 2.6.17; Federal II, 2.8.23; Pennsylvania Convention Minority 3.11.50; Columbian Patriot 4.28.4.

[82]　参见 Federal Farmer III, 2.8.39.

[83]　参见 *The Federalist* no 24, 154–155.

[84]　出自第六条。Publius 的说法是："各邦《宪法》中只有两个邦的《宪法》包含禁止和平时期常备军的内容，其他 11 个邦要么对此缄口不言，要么用明确的术语规定立法机构有权授权它们存在。" *The Federalist* no 24, 153–154. Publius 在下一篇文章（no. 25, 159–160）中提到《邦联条例》中禁止各邦未经国会同意在和平时期维持军事力量的条文。

[85]　VIII, 2.9.100–101.

[86]　参见 John Marshall, *The Life of George Washington* (Philadelphia 1804—1807; 2nd ed. 1839) IV, 74ff.

[87]　原稿中 "恶" 为复数。

[88]　*The Federalist* no. 24, 155–157.

[89]　*The Federalist* no. 25, 161；见 Marcus [James Iredell], Ford, *Pamphlets* 364–365.

[90]　*The Federalist* no. 25, 162–163.

[91]　*The Federalist* no. 25, 168–169.

[92]　参见 VI, 2.9.69; Federal Farmer X, 2.8.128 n. 82; Henry, 5.16.2, 14; Smith 6.12.31. Publius 同意，且实际上坚持认为，各邦对于总体立法机构没有宪政制约，参见 *The Federalist* nos. 15, 16, 特别是 p.103. 参见 Tocqueville, *Democracy in America* I, ch. 8. 关于革命的手段，见 *The Federalist* no. 26, 168–169; no. 28, 178–179; no. 46, 321–322; no. 60, 404.

［93］ *The Federalist* no. 26, 169.

［94］ 参见上文，I, III, IV, 2.9.1–21, 34–54.

［95］ Publius 在两个月前指出，联邦政府"必须将其作用传给公民个人。它一定不需要中间的立法机构，但是必须有权使用正常的管辖权力去执行自己的决议。国家权威的尊严必须通过司法机构来表达。联邦政府与各邦政府一样，自己必须能直接表达每个人的希望与恐惧，并吸引对人心最有影响的情感来支持自己。简言之，它必须具有邦政府所有的一切手段，并有权采用邦政府所行使的一切方法，以执行委托给它的权力"。*The Federalist* no. 16, 102–103. Jeffrey 认为，这个观点与 Publius 第二天的论述（no. 17, 106）——个人之间正义以及其他地方性问题不适合成为总体司法机构的关注范围——有所不同。Jeffrey 认为，"整个表演一定让见多识广的纽约人感到真心的欢乐，但引起了联邦主义者的极大愤怒，他们有充分的理由为他的诡辩和欺骗感到羞愧"，*University of Cincinnati Law Review* 40, no. 4 (1971): 739 n. 47. 粗心的读者可能会有一些这样的反应，但希望不会有很多人在如此微弱的证据基础上得出如此苛刻的结论。从表面上看，Publius 的两个说法并不矛盾，不过，它们的协调一致确实引发了更多的问题。此外，这些说法是 Publius 的一个更大、更微妙的论点的一部分——他希望在人民的心中，联邦政府最终取代州政府。细心的读者还可以比较 *The Federalist* no. 16, 102–103; no. 17, 106–107; no. 27, 171–174. 参见前文 Cato III, 2.6.20 n. 14; Federal Farmer XVIII, 2.8.13 n.128. 参见 John Smilie 关于宾夕法尼亚宪法批准大会的精彩分析，McMaster and Stone 270–271. 另见 Smith 6.12.31.

［96］ 见注［109］。

［97］ 参见 Publius 关于"衡平"司法的简要解释，*The Federalist* no. 80, 539–540.

［98］ Blackstone, *Commentaries on the Laws of England* I, 61–62.

［99］ 同上，I, V–X, 2.9.1–21, 55–129.

［100］ 见 I, 2.9.1–21; V, 55–63; XII, 2.9.153 ff.

［101］ 见 *The Federalist no. 33*，及上注［15］。

［102］ 与原稿略有不同，但无损原意。

［103］ *Commentaries on the Laws of England* III, 45.

［104］ 与原稿略有不同，但无损原意。

［105］ 参见 *The Federalist* no. 78, 524–526. 很多反联邦主义者以及联邦主义者都明确认可对立法机构通过的法案的司法审查权，不过最有思想的观点来自 Brutus 及 Publius. 参见 Martin 2.4.89; Centinel XVI, 2.7.168; Ford, *Pamphlets* 234 (Aristides); McMaster and Stone 304–305 (Wilson). 关于 Brutus 与 Publius 的比较，见 Ann Stuart Diamond, "The Anti-Federalists Brutus," *Political Science Review*, Fall 1976.

［106］ 无疑，可以参见 *The Federalist*，特别是 no. 33, 204–206, no. 44, 302–305. 这两篇文章当时都已发表。

［107］ 参见 Federal Farmer 的意见：虚构的在联邦某城市的居所与活动可能被用作提请联邦司法受理的理由，XVIII, 2.8.224.

［108］ *Commentaries on the Laws of England* III, 42.

［109］ 当然，这一点也是 Publius 之所以得出不同结论的缘由，参见 *The Federalist no*. 78, 525：“解释法律的权力，是法院的适当而又特有的领域。其实，《宪法》就是，而且必须是，法官眼中的根本大法。因此，确定《宪法》的含义，与确定立法机构通过的任何法案的含义，都属于法官的权利。倘若二者之间不巧发生不可调和的分歧，自然应该以责任及效用较高者为优先，换句话说，《宪法》高于一般法律，人民的意向高于其代理人的意向。”*The Federalist* no. 78.

［110］ 参见案件 *Chisholm v. Georgia*, 2 Dall. 419(1793)，该案引起舆论哗然，最后导致《第十一条修正案》。

［111］ 关于这一问题，参见 A Democratic Federalist 的讨论，见下文 3.5.6，其中的参考文献集中于注 [14]。

［112］ 与原文略有不同，但无损原意。

［113］ *Trevett v. Weeden* (1786)；见 Frank G. Bates, *Rhode Island and the Formation of the Union* (New York 1898) 131–138; William W. Crosskey, *Politics and the Constitution* II, 965–968.

［114］ 实际上，这是一篇相对独立的文章。

［115］ 与原文略有不同，但无损原意。

［116］ 与原文略有不同，但无损原意。

［117］ 参见 XI, 2.9.130–144.

［118］ Publius 否认宣布立法机构的法案无效的权力意味着“司法权高于立法权。它仅仅意味着人民的权力在二者之上，意味着一旦立法机构通过立法表达的意志有悖于《宪法》所代表的人民的意志，那么，法官应受后者而非前者的约束，应根据根本法进行裁决，而不应根据非根本法进行裁决”。*The Federalist*, no. 78, 525.

［119］ 与原文略有不同。

［120］ 虽然 Brutus 提倡职能分割机制，但在他的文章中，找不到像 Publius 在 *The Federalist*, no. 51 中关于分权的那种讨论。他也没有论及他如此重点强调的责任原则与制衡政府原则之间的关系。参见前文 Centinel I 2.7.7 注 [11]; II, 2.7.50 n.29.

［121］ 与原文略有不同，但无损原意。

［122］ 参见 *The Federalist*, no. 78.

［123］ 参见前文 III, 2.9.40.

［124］ 与原文略有不同，但无损原意。

［125］ 此后没有进一步的文章发表。

第 4 章

宾夕法尼亚

引言

宾夕法尼亚是第一个就《宪法》采取行动的邦。当初，围绕着该邦的《1776 年宪法》出现了严重的派别分歧。该邦取得了一位历史学家所称的"民主的第一次胜利"，以及另一位历史学家所称的"一个美利坚的邦所尝试过的最民主的政府形式"。[1]这个政府是奉法治国的手段之一，属于专有政体（proprietary regime）中的一种传统形式：一个多人的、弱权的行政部门，加上一个听从于立法机构的司法部门。这种宪政的捍卫者——"宪政主义者"，也就是后来的反联邦主义者，视其为保护宾夕法尼亚普通民众，特别是农业民众不受富人、受过更好教育的人，以及在商业和财产上具有紧密联系的人的伤害的工具。与之相对的"共和派"则认为它具有原则性的缺陷，因为它缺少确保稳定与平衡的条款，而且在实践中是不自由、不民主的。[2]此外，对于这部《宪法》的内容，还有人反对根据《宪法》和相应立法，要求公民做严格的宣誓；北美银行也是反对目标，它的宾夕法尼亚邦特许状被由宪政主义者控制的立法机构无端取缔，这导致了共和派 1786 年在立法机构中的胜利。政治力量在这两派之间此消彼长，民众对这一派或者那一派往往过于倾斜或者敌视，共和派越来越渴望一个更有活力的联邦政府，而宪政主义者则保持坚定的地方性。塞缪尔·班尼斯特·哈丁①这样描述宾夕法尼亚在宪法批准辩论前夕的形势：

> 在这个邦里，有两个派别，十多年来，相互仇视、激烈

---

① 塞缪尔·班尼斯特·哈丁（Samuel Bannister Harding, 1866—1927），美国历史学家。

斗争。一方是有产者、受过教育的人，以及心志高远、持联邦立场的人，他们一度得势，人数较多，8 位被派往联邦大会的代表中，有 6 位都属此列，而剩余 2 位——富兰克林和英格索尔 [a]——即便不算中立，最多也只是温和的宪政主义者。在另外一方，领导者往往被认为是一些出生低微、没受过什么教育、没有什么财产、心胸狭隘的人。无怪乎，前者热衷的事业遭到后者强烈的谴责，二者之间的斗争充满了前所未有的恶意和憎恨。[3]

200　　旋即，受共和派控制的立法机构决定于 10 月 20 日召开一次大会议。虽然他们没有为宾夕法尼亚带来第一个批准新《宪法》这一荣誉——特拉华于 12 月 7 日全票批准新《宪法》，但是宾夕法尼亚大会议于 12 月 12 日以 46：23 的决定性票数接受了新《宪法》。然而，宾夕法尼亚的反联邦主义者并不甘心，继续发表文章，攻击新《宪法》，为其他邦的宪法辩论提供了很多参考。

201　　　　　　　　　　　　编者按

　　宾夕法尼亚邦宪法批准大会上的少数派尝试找到可靠的官方刊物，用它的版面传播自己的观点（这种做法在充斥着党派纷扰的宾夕法尼亚并非少见），但是没有成功，于是他们将自己的《异议及理由》发表在《宾夕法尼亚邮传及每日广告》（*Pennsylvania Packet and Daily Advertiser*）上。这篇演讲在联邦主义者与反联邦主义者中间都被广泛重印和评论。[4] 作者可能是塞缪尔·布莱

---

① 贾雷德·英格索尔（Jared Ingersoll, 1749—1822），美国早期政治家。

恩（Samuel Bryan），虽然他不是这次大会的成员。[5]

这篇文章由三部分组成：

（1）描述宾夕法尼亚批准大会的背景，指出哪些事件导致了这次大会（3.11.1–2）；

（2）一些修正提议，其中很多可见于后来的《权利法案》（3.11.12–15）；

（3）反对意见的三个基本理由：

（a）疆域太大，除非是各共和国的邦联，否则在治理中无法贯彻自由原则（3.11.16–17）；

（b）在这部《宪法》下，政府不再是一个邦联，而是在打破各邦基础上建立的统制政府（3.11.18–30）；

（c）这部《宪法》是有缺陷的（3.11.30–56），它不能提供：

（i）一份权利法案，（ii）充足的代表席位，（iii）传统上普通法的保护，（iv）适当的分权，（v）对过度的、专制的税收的抵制，（vi）给宾夕法尼亚邦充足的代表席位。

出于这种种原因，政府将不再得到人民的信任，将不得不依赖常备军与被置于严格管控之下的民兵，这将导致对个人自由的压制，以及巨大的开支。

异议及其理由："宾夕法尼亚邦大会少数派"告本邦选民书

202

直到那场光荣的斗争走到终点，合众国的人民组成了独立的国家，当前的邦联才显现出弊端。这个邦联由美利坚的爱国俊杰所缔造。它曾引领我们成功地度过战争，而人民的美德和爱国情操以及促进共同事业的意愿，曾弥补了国会权力的不足。

3.11.1

3.11.2　　　　早在 1781 年 2 月 1 日，在和平到来之前，国会就作出了征收 5% 的关税的决定。这一决定因一个邦的拒绝而没有实施；在当时，要不是因为某些条款过重，联盟中的每个邦可能都会同意这一方案。1783 年，这一决定被重提，并增加了一条要求追加 25 年的额外基金的条款。现在，和平已经到来，合众国发现自身陷于因战争而导致的沉重的内外债务之中。当时估算，1783 年征收的金额与这些债务的利息大体相等；但此后的估算则更为准确。后来发现，当时好几百万美元的国内债务没有被计算进去，而且通过出售西部土地，国内债务得到了大大缓解。在 1783 年提出的那套财政体制生效之前，各邦一直响应号召，每年上缴自己的份额。

3.11.3　　　　正是在那个时候，第一次出现对缺少有效联邦政府的抱怨，国会被赋予的那些权力也被发现不足以实现联合所本应带来的益处。大部分邦都同意让出关税，但是很多邦拒绝缴纳额外基金。一些邦对自己应该上缴的年金置若罔闻，另一些邦虽然通过了相关立法，对此予以认可，但行动迟缓，而国会发现自己应对乏力，邦联政府难以为继。人们发现，国民的品格为外部言论所左右。

203　国会能够签订商业条约，但却无法使其深入人心。那时我们遭受外国的制约，外国势力阻挠我们的商业，我们却无力反击，今天大家都认为，扩大国会的权力对于这个联盟是有益之举，使其能够获得最有力的手段以规划商业，并在整个合众国范围内对进口货物设置和征收关税。出于这样的认识，弗吉尼亚首先发出召开大会的倡议，随后国会呼吁各邦指派代表参会，"旨在修改和增订当前的邦联条款，使其足以应对联盟之危机"。12 个邦的立法机构仓促响应[1]，根本来不及就这一问题向各自的选民征求意见。虽

---

[1] 罗得岛除外。

然各邦选民并未赋予其立法机构这一行动的权威，但是那些立法机构或许认为，形势赋予了这一行动的正当性，而且它们当时并未僭越，而是严守"修改和增订当前的邦联条款"这一限度。宾夕法尼亚通过了委任代表的法案，但明确限定代表们在这一事项上的权力。虽然有可能该邦议事大会的某些成员当时已在心中谋划，要废除当前的邦联以及宾夕法尼亚的《宪法》，但是这一计划尚不成熟，没敢向公众透露。

这个共和国 ① 的立法机构中的大多数人当时都受到费城这座城市的居民的影响。他们认为自己委派参会的代表们不应该享受补助，这一决定阻止了远居本城之外的人当选。少数派试图选派那些了解形势、熟悉人民的情感并与他们利益相通的人参会，但是没有成功。他们发现，邦议会多数派领袖们更愿意选派自己和自己的一些幕僚。少数派试图阻止这一趋势，他们同意把票投给某些领袖成员，他们深知那些人颇具影响力，无论如何都会当选，他们希望这样一来，费城某些受人尊敬的公民就可以一并当选，他们对这些人的立场和人品信任有加。可是，他们大失所望：只有一个这样的人当选 ②，他只是在随后的协商分会上，才增补的第 8 位代表。[6]

3.11.4

大陆大会 ③ 在费城如期举行。如会代表中不乏杰出之辈，但在其他一些人身上，野心和狡诈明显胜于爱国之情，还有一些人甚至反对合众国的独立。在宾夕法尼亚的代表中，有 6 位代表立

3.11.5

---

① 宾夕法尼亚的官方全称是"宾夕法尼亚共和国"（the Commonwealth of Pennsylvania），沿用至今。

② 此人为贾雷德·英格索尔，参见本章引言。

③ 原作者称这次会议为"大陆大会"（the Continental convention），即 1787 年费城会议。

场一致，决意与本共和国的《宪法》为敌。大会历时 4 个月之久。

204　大门紧闭，代表们神情凝重，严守机密。[①]有人提出反对，认为会议远远超出了自己的权限，失望地退出了会议，而另一些人坚定地集体拒绝在草案上签字，很多人虽然签了字，但对这个体制并不完全赞同，认为它只是当时所能达成的最佳方案而已。这份方案耗时弥久，作为一件仓促与和解之作，最终获得全体通过。

3.11.6　　当镀金的锁链在秘密会议中铸就，更加卑劣的专制工具就趁势被派上用场；他们用子虚乌有的险境危言耸听，继而断言人们期盼中的这套方案能够带来更大的益处，就连人世间最美好的政府也莫过如此，以此激发民众的希望。

3.11.7　　出于同样的目的，在这份拟议的方案从那个令人生疑的子宫里娩出不久，他们就发出一份份倡议书，要求人民签字，表达他们对新体制的认可，并提请立法机构发起、召开大会。他们千方百计地恐吓反对这份方案的人，公共报刊也充满最为暴力的言辞，威胁那些胆敢独立思考的人。他们信誓旦旦：赶紧加入支持者的行列吧，否则一旦拟议的政府成为现实，那么等待你们的将是严厉的惩罚。在这样的形势下，这座城市以及附近的大批居民还没来得及阅读和审查一下这份方案，就在号召召开大会的倡议书上签了字。今天，他们当中的很多人对这份方案有了更加清楚的认识，有时间细察它的各项主旨，开始坚定地拒绝它。但那些倡议书已经被快速地送到了立法机构。

3.11.8　　情况就是这样，去年 9 月 28 日，本邦议院的某位成员——此人也是联邦大会的成员[②]——向大会议提议，在 10 天内选出代

---

① 会议日志至今处于密封状态。——默里·德里（此为编者当时情景，现今已解密。——译者按）
② 乔治·克莱默（George Clymer，1739—1813）。

表，召开本邦大会，审查并采纳这份拟议的《合众国宪法》，尽管这时议院还没有从邦联国会收到这份文件。这一企图遭到少数人的反对，反对者全力辩驳，阻止这一鲁莽的提案。阻止无果后，他们选择了唯一的办法，退出议院，以阻止这一提案在选民们了解真相之前被付诸实施。之前有人口口声声扬言的暴力行为现在被付诸行动。第二天，为达到目的，一群暴徒被聚合起来，暴徒们控制了一些议员，将他们强行带进议院，并扣留在那里，由此"凑成"立法机构的合法人数，逼他们就范。这件事我们毋须赘言，前前后后，宾夕法尼亚的人民都很知情。[7] 我们只需重温每位立法机构成员在就座之前所做的神圣誓言或庄严保证："绝不从事或者认可任何导致减少或削弱本邦《宪法》中所宣告的自己的权利和权益的行为或事物。"还有，他们所宣誓保证支持的《宪法》，非经宪法审查委员会提出新的文本，不得变更，该委员会具有独立提议变更或修订的权力，即便如此，新的文本必须公示至少 6 个月，以供人民思考。[8] 这套为合众国拟定的政府体制如果被采纳，将会变更，可能还会废止宾夕法尼亚的《宪法》，因此，本邦立法机构绝对无权提议召开一次以此为目的的大会，这个规定绝不应被视为对这个共和国的人民的束缚。议院靠暴力组成，它的一些成员也被暴力滞留其中，仅此一举，就足以打破他们本来服膺的任何规定；而且，即便立法机构合法组成，这一议题也绝对超出了他们的权力。[9]

205

　　纳税人正是在这样的形势下，选出了宾夕法尼亚大会的成员。而提议召开这个大会的立法机构，其职能受到直接的暴力侵犯，由部分被强加了特殊目的、被迫参会的成员拼凑而成；这次大会的目的，是讨论合众国的一次大会所拟定的一部《宪法》，而合众国的这次大会并没有被赋予树立新的政府框架的任务，而且

3.11.9

其权力被明确限定在修改和补正当前的邦联条例之内。因此，大陆大会的成员在拟订这份方案时，是作为个人，而不是作为宾夕法尼亚的委任代表而行动。[①] 发起本邦大会的会议也是作为个人、而不是作为宾夕法尼亚立法机构在行动；他们或者根据他们的提议而召开的大会没有权力采取任何可能改变或者废止宾夕法尼亚《宪法》的行为或产生类似事物（但这两种情况都有可能因新《宪法》而出现）；他们对我们的意见的任何处理，对人民都绝没有约束力。

3.11.10　　大会成员的选举时间被安排得太早了，相关信息还远远不够，我们中有些人到大会结束时还蒙在鼓里。我们有理由认为，大量的宾夕法尼亚人民都还没来得及细察拟议的这份《宪法》。我们认为，任何可能改变本共和国内政或《宪法》的事情，除非人民中的多数人能够预见它会带来好的前景，希望这样的改变发生，否则都不应该发生。但是，通过考察当前本邦大会成员所得的票数，我们发现，宾夕法尼亚有投票资格的 7 万自由人中，只有大约 1.3 万人参与了投票，虽然说 2/3 的参会成员就有资格批准《宪法》草案，但是这 2/3 的人仅仅由 6800 个自由人选举产生。

3.11.11　　在费城这座城市以及某些东部县，在商业中占据引领地位的政治集团，他们所同意推选的，只会是那些郑重承诺完全接受新体制，不对其作出任何评判的人。在很多县，人们并不出席会议，因为他们没机会评判这份方案。其他人没有意识到自己受那帮人

---

① 大陆大会直接违背了《邦联条例》的第十三条，因为前者宣称："经过 9 个州的宪法会议批准，即足以使本宪法在批准本宪法的各州成立。"这简直是在戏耍各邦的信任！曾几何时，它信誓旦旦：今天的邦联应当永远受到各邦的保护而免于侵犯，由此结成的这个联盟也应当是永久的，除非各方都同意要改变它。——默里·德里

的差遣，那帮人聚集在费城的议事厅里，自封宾夕法尼亚邦立法机构之名；还有些人被一群决意推行这套方案的人用暴力阻止，不能参加投票。在选举大会成员的当晚，在费城市里，专制工具被运用得如此肆无忌惮，好几位本文签名人（当时恰好因生意滞留该市）受到了谩骂、无礼等不公正的待遇，其实他们只是静静地待在自己的住处，没有干涉所谓的选举，甚至没有任何相关举动；他们自己觉得，究其原因，无非是自己被认为敌视《宪法》草案，不愿意轻易交出那些神圣的、属于自己掌控的权利。

会议刚一开始，很快就呈现出一边倒的立场，这不仅表现在关于这份《宪法》草案的思考之中，而且表现在整个进程的每个阶段。会议通过仓促投票，决定禁止我们就草案的具体条款提问，只能选择要么完全接受，要么完全拒绝。诚然，会议中多数人允许我们就具体条款展开辩论，但是不让我们提出修正意见。他们决意不给我们任何时机，陈述反对任何条款的理由，即便到最后阶段，也不留机会让我们陈述反对整个方案的理由。我们在这样的形势下，开始考察这份政府体制方案，我们发现，要想不交出我们那些宝贵的权利，就根本无法接受它。我们向会议提出了我们的反对意见，反对这份方案中在我们看来将会对你们构成伤害的部分，我们的行为尽可能得体；最后，我们向会议提呈以下立场，以此结束辩论。 3.11.12

1.按良知行事的权利不可侵犯。不论是合众国的立法、行政还是司法部门都没有权力改变、废除或者侵害各邦的《宪法》中任何为信仰自由提供保护的部分。 3.11.131
207

2.在涉及财产权的纠纷中，以及在人与人的诉讼中，联邦各类法庭必须保留陪审团制度，就像此前在各邦的法庭里一样。[10]

3.在一切当死之罪或刑事案的指控中，在联邦各类法庭中，就像在各邦的法庭中一样，当事人应当有权知道所受指控的事由和性质，有权通过本人或辩护人被完整倾听；有权与指控方或证人当面对质；有权调取对自己有利的证据，并要求尽快组建公正的本地区的陪审团进行审理，没有陪审团的一致同意，他不能被认为有罪，也不能被要求提供对自己不利的证据；不根据本土的法律或经过同侪的判定，没有人可以被剥夺属于自己的自由。

4. 不得处以过高的保释金，不得附加过高的罚金，也不得施加酷刑或非常规的处罚。

5. 任何搜捕证，没有证据支持、缺少关于官员或传令人受命或被要求搜查可疑地点、缉拿任何个人或多人、羁押他或他们的财产的具体描述的，都是极严重的、压迫性的，不应得到联邦政府或者其他政府的行政长官的准许。

6. 人民享有言论自由、写作和出版自己思想感情的自由，因此，报刊自由不应受到合众国任何法律的限制。[11]

7. 人民有权利出于防卫自身、本邦或者合众国之目的，或者出于决斗之目的，携带枪械；不应该通过任何法律剥夺人民或者其中任何人的枪械，除非他们实施犯罪，或者造成真实的个人伤害公共的危险；由于和平时期的常备军会危及自由，因此不应该维持，而军事力量应当严格隶属于文官，并且受文官节制。

8. 各邦的居民应当可以自由地在适宜的时节、在他们拥有的土地上、在合众国其他一切未被圈占的土地上捕鸟和打猎，同样，可以在一切可航行水域，以及其他一切非私有水域捕鱼，而不应该受到合众国立法机构通过的任何法律的约束。[12]

9. 不得通过法律约束各邦颁布征税法律（不含对进出口货物征收进口税和间接税），国会不得在对进出口货物征收进口税和间接税之外再行课税，不得对信件邮票课税。

10. 众议院的席位数应当适时增长；选举应该保持自由；各邦有权规划参议员和众议员的选举，而不受国会任何部门的直接或间接干预；众议员选举必须每年进行。 208

11. 组织、装备和操练民兵的权力属于各邦（民兵操练规程可由国会制定），非经本邦同意，国会无权号令或调遣任何民兵出征于本邦之外，或出征时间超出本邦同意之限。各邦的主权、自由和独立，以及这部《宪法》没有明确赋予合众国召集的国会享有的一切权力、司法权和权利，都应被保留。

12. 立法、行政和司法权力应相互分离，为此应当任命宪法委员会，向总统提供咨询和协助，总统应对该委员会提供的咨询作出回应，同时参议员们可免于全勤出席，法官们应当完全独立。

13. 任何直接违背合众国在召开国会通过的现行法律的条约，在这类法律失效或者变得与这类条约适宜之前，都是无效的；任何与《合众国宪法》或者各邦《宪法》不一致的条约，都是无效的。

14. 合众国的司法权力应当限于涉及大使、其他公使或领事的案件，涉及海军或海事管辖权的案件，涉及以合众国为一方的诉讼，涉及两个或多个邦之间的诉讼、一邦与其他邦公民之间的诉讼、公民之间诉求不同邦名下的土地的诉讼、一邦或其公民与外国之间的诉讼，以及《宪法》中明确列举的刑事案件。合众国召集的国会无权颁行法律变更各邦关于已故个人的动产的继承和分配、土地或财物的归属，以及契约管理的法律。

宣读完这些主张之后，我们宣布，只要修改这份草案，使其吸纳这些主张，并且延迟会议，以便宾夕法尼亚的人民有足够的时间思考这一主题并作出自己的决定，我们就愿意同意这份方案。但是，这些意见全遭到否决，会议进入最后票决，这时我们在对你们的职责的感召下，对这份草案投下了反对票，并且拒绝签字 3.11.14

批准之。

3.11.15　在讨论过程中，我们还遭到侮辱，甚至人身攻击。我们出席会议，却没有受到那些坐在会议席位上的人的正当待遇。然而，

209　我们深感欣慰的是，你们认为把那些权利托付给我们去捍卫是正确的，而在我们为之斗争的过程中，有一种誓要成为自由人的精神，激励着我们行动；我们期望你们懂得支配着我们行为的那些原则；而当我们在会议上找不到任何间隙陈述我们的反对理由时，我们把它交给你们去考量，你们才是我们应该负责的人。现在你们会不会认为，你们曾经为之不懈奋斗的宝贵权利，有可能被献祭于专制主义的神龛；你们曾经成功遏止一个寡头集团的各种企图，现在你们愿不愿意秉承这种精神去为这些宝贵的权利而斗争，你们愿不愿意让奴役的镣铐桎梏你们，以及你们尚未出生的子孙；这些，都留给你们自己决定吧。

我们的反对理由，可概括为以下三条：

3.11.16　第一，我们反对，因为根据先贤关于政府的论断，并得到经验的一致证明，一个辽阔的疆域不可能按照自由原则治理，而应该由一个由共和国组成的邦联治理，其中各共和国拥有内部治理的一切权力，同时联合管理共同的，以及对外的事务。

3.11.17　如果这一原则的真理性受到任何怀疑，它就会在詹姆斯·威尔逊先生的退让下被推翻了，毕竟他是在这一问题上的多数派之一，也是后来全体会议的委员之一。为公正起见，我们找出他的原话，原话如下[13]："国家的规模所要求的新的宪政还为联邦会议的会务带来困难。先贤有著作云，疆域小的国家适合民主政体；中等国家适合君主政体；而对于疆域辽阔的国家，专制的政府模式最为适宜。那么，考虑到合众国的广阔的、几乎无边无际的管辖范围，人们首先想到的是，要想控制、联系和保护它，专制之

手是必要的；这样一来，最难办的事出现了。因为我们知道，虽然我们的选民非常乐于服从一个自由政府的法制约束，但是他们憎恨任何将他们置于专制权力的桎梏之下的企图。"接下来，在演讲的另一部分，他继续讲道："难道解散邦政府、建立一个'统制的帝国'（consolidated empire），在本质上适合其治下的人民吗？不认为如此，我已经证明，如此辽阔的疆域非'至高无上的专制权力'（supremacy of despotic power）不能被治理、联系和维持。罗马最能干的皇帝殚精竭虑，尚不能将帝国拢到一起，何况美利坚的规模远超乎其之上。"[14]

第二，我们反对，因为这部《宪法》授予国会的权力必定会削弱和篡夺各邦的立法、行政和司法权力，并在它们的废墟上建立起一个统制的政府，从事物的本性判断，这个政府将是一个铁腕专制政府，因为一旦缺少至高无上的专制控制，就无法在一个政府之下联系和治理这些联合的邦国。　　3.11.18

　　210

这一立场正确与否至关重要，要想证据牢靠、清晰明确，必须得到充分的考察。这部《宪法》授予国会的那些权力必将导致出现一个统制政府，要阐明这一点，可将这一质疑进一步细分为如下问题：美利坚的人民是否能充分享有自由的福祉？美利坚的人民会不会后悔曾以如此多的鲜血和财富为代价，经历痛苦和艰难的斗争，反抗外国暴君，坚决地维护自己不可让与的权利，而今天却愿意交出作为自由人的每项权利，屈从于一个将使整个美利坚陷入专制主义锁链的绝对政府的管辖？他们会不会还正义凛然地藐视为他们锻造的这些镣铐，以迈向自由人的步伐来彰显自己的自由？　　3.11.19

至于新政府本应该是，但现在不再是一个各邦的联盟，而是一个在毁灭各邦政府的基础上建立起来的统制政府这一点，我们　　3.11.20

现在可以证明。

新《宪法》规定的国会权力在"钱袋"与"武力"方面是全面的、不受限制的，它们完全独立于并超越于各邦政府之上，各邦政府在这些重大问题上的干预能力被完全破坏。通过征税权力，国会可以征调人民的全部或任意部分财产。它们可以夺取商业关税；它们可以夺取土地税、人头税、消费税、文契税，以及对一切它们认为合适的物品开征的税款，凡此种种，不论是外部的，还是内部的。根据第一条第八款："国会拥有下列权力：规定和征收直接税、间接税、进口税与消费税，以偿付国债，以及为合众国提供共同防御和公共福利。"

3.11.21　由于没有任何条款提到哪些税收是留给邦政府的，因此国会独掌收入的一切来源，并由此间接地摧毁了邦政府，因为没有资金，后者不可能存在。国会开征的直接税、间接税和消费税如此之高，实际上对同样的物品进一步征税已不可行；但是，情况是不是这样呢？如果邦政府擅自对国会课税的物品再开征直接税、间接税或者消费税，国会可能会依据第一条第八款的下列条文，废除各邦开征这些税款的法律，声称它们干扰了直接税、间接税和消费税的正常征收："制定为执行以上各项权力和依据本宪法授予合众国政府或政府中任何机构或官员的其他一切权力所必要和适当的法律。"[15]

国会还可能粉饰这一行为，说各邦立法机构现在设立税收都应该服务于"公共福利"这一目的，至于什么是"公共福利"，则由它说了算。

3.11.22　合众国法律的至高无上性则是由第六条得以确立："本宪法及依照本宪法所制定之合众国法律，以及根据合众国权力所缔结或将缔结的一切条约，均为全国的最高法律；即使与任何一州的宪法或法律相抵触，各州的法官仍应遵守。任何一州宪法或法律中任何与之相悖的内容，均为无效。"据称，"依照本宪法所制定……"这句话是对国会权威的限制[16]，但是，考虑到在其他的条款中，国会被授予足够的治理权力，并且那些权力的实施可能虽然对《宪法》甚至连形式上的冒犯都不会，却对邦政府造成绝对的破坏，那么这些所谓的限制与《宪法》中的其他限制一样，对于我们来说都是形同虚设，是骗人的把戏，把它写进来只是在遮蔽这个政府的真正本质。在我们看来，"依照本宪法所制定……"这句话的语义与国会的"意愿"和"乐意"并无二致，实际上这才是他们的权力所受到的唯一限制。

　　我们懂得，两个主权同等存在在政治学上是荒谬的。[17]因此，由于在总体政府与邦政府之间没有划清界限，而且它们的管辖范围也没有界定，那么如果让两个同时存在，势必有悖于常理，一个必将战胜另一个，取得对它的完全支配。但是，这场斗争不会延续太久，因为邦政府已经被剥夺了任何防卫能力，只能屈服于"全国的最高法律"，受其任意支配。　　3.11.23

　　邦立法机构的存在，对于组织国会是必要的，在任命合众国的参议员和总统时，它必须被召集起来，但是另一方面，邦政府又遭到了破坏，这是自相矛盾的。[18]诚然，邦立法机构或许还能延续几年，但只作为任命委员会而存在，其他的功能都被剥夺了。宪法制定者们有先见之明，预见到人民很快就会厌恶玩弄这套无权又无用的政府的把戏，他们已经立下条款（第一条第四款），安抚人民的不满："举行参议员和众议员选举的时间、地点和方式，由各州州议会自行规定，但除选举参议员的地点一项外，国会可随时以法律制定或改变此类规定。"　　3.11.24

　　既然国会控制了任命合众国总统、参议员和众议员的时间，　　3.11.25

212　他们就可以找出各种各样的借口，比如：外敌进犯，人民爱好拉帮结派，或者一时能找到的其他似是而非的借口，通过一次又一次地推迟选举和任命他们的时间，延长他们的任职期限，直至终身；一旦取得了在政府中的终身职位，他们就会通过控制任命模式，由自己填补各种职位空缺；而且，参议员的情况可以例外——根据《宪法》，他们不受任命地点必须在具体各邦这一限制，这样，他们可以先委任自己邦的某人去填补参议院由于亡故导致的空缺，直到他们逮住机会自己充任。如此，这一条款的唯一限制力也被规避了。凭借上述条款，当人民的精神渐渐被摧毁，当总体政府得到巩固，当一支庞大的常备军可以将一切反抗化为徒劳，国会就完成了向专制体制的转变，摆脱对人民的任何依赖，议员们就得以由自己或者自己的孩子延续在政府中的任职。

3.11.26　　先贤孟德斯鸠在《论法的精神》（第 1 卷第 12 页[①]）中尝言："在民主政体下，若非经过人民的选举——尊重个人意愿的选举，就不存在主权者；现在，主权者的意志就是主权者自身，因此，这些法律，这些确立选举权的法律，就是这种政府的根基。"实际上，在一个共和国里，以何种方式、由谁来规划哪些方面的选举权，是十分重要的问题，就如同在君主国，要知道谁是君王、君王治国时会效仿什么规矩一样。[19]选举合众国众议员、参议员和总统的时间、方式和地点不必受国会控制，但需作出明确规定。

3.11.27　　新《宪法》无异于一份统制方案，它没有保留 1778 年《邦联条例》第二条确立的各邦政府的权利和权益；条例原文如下："各邦均保留其主权、自由与独立，凡未经本条款明示授给合众国之各项权力、司法权和权利，均由各州保留之。"前文所引的新

---

① 现行版本中为第二章第二节。

《宪法》条款为国会赋予的立法权力，本质上是无限的，实际运行中是广泛的、无边际的，以至于仅此一条，就足以使各邦政府形同虚设，将它们吞没在大帝国的巨大涡流中。

　　授予国会的司法权也是多样而广泛的，以致于有人可以玩弄法律手段，将它们延伸到任何案件，由此吞并各邦的司法权力。一想到总体司法部门可能对各邦的民事实体产生影响，我们就能立即断言，无须立法机构的援手，仅此权力，就会导致单一政府之下对各邦的统制。 　　3.11.28

213

　　在宾夕法尼亚，这部《宪法》为国会特别审理委员会授予的衡平法庭权力，将起到极大的推波助澜作用——这些权力迄今为止在宾夕法尼亚并不存在，除非与陪审团融合。有钱人打官司，巴不得出现没完没了的悬疑、困惑和拖延，而这些可以从大法官法庭那里，通过最高法院的关于法律与事实的上诉权得到满足；这样一来，穷人被投进法律辩论的无底洞之中，最后只好在绝望中放弃自己的诉求。 　　3.11.29

　　简言之，统制的趋势充斥整部《宪法》。它一开始就宣告正有此意。其主体结构与此一致，其结尾段落对此再次确认。序言开篇即言"我们合众国人民"，这种文体只适合于即将加入同一个社会体制的个人之间的契约，而不适合邦与邦联合的契约。[20]其统制的其他特征，我们前面已经提到了。至此，我们充分证明了自己的立场：这部《宪法》为国会赋予的权力将导致单一政府之下对各邦的统制，甚至宪法鼓吹者也承认，这不可能不以牺牲自由为代价。 　　3.11.30

　　第三，我们反对，因为如果按照统制的政府方案治理一个像合众国这么辽阔的疆域是可行的，并且合乎自由和人民幸福的原则——这部《宪法》的设计并不以此为目标，那么就事论事地看，这部《宪法》本身必然会导致专制，而且不是通过一般的渐变， 　　3.11.31

而是通过剧变，它所伴随的只会是革命，武力之下的革命。为阐明这一判断的正确性，粗略考察一下这部《宪法》的原则与形式就足够了。

3.11.32 　　审读《宪法》，我们首先想到的是，它缺少一份权利法案，明确并从根本上保障人的那些不可让渡的个人权利——如果不能完整、自由和牢固地享有那些权利，就不可能有自由，而且对于一个好政府来说，掌控那些权利并不是必要的。按良知行事的权利，经由人身保护法清晰而明确地确立的个人自由，刑事或民事案件中由近邻或本县人士组成陪审团等原则，为保障受控方安全而采用的普通法程序，报刊自由这一暴君的掣肘与一切自由和权益的堡垒，以及此前各邦《宪法》在这些方面的种种规定，都被这部《宪法》完全取消了。

214; 3.11.33 　　在一个自由国家，在组建立法机构时，应该确保其对选民有充分的了解，并且享有他们的信赖。为满足这些基本要求，代表的设立应该是公正的、平等的，并且数量充足的。代表们应该与人民具有同样的利益、情感、意见和观念，就如同将人民全部召集起来所能达成的一样；应该人数充足，以阻止贿赂和不当影响；应该通过经常的、公正的选举，对人民负责，以防止忽视或者牺牲其选民的观念和利益，图谋私利。

3.11.34 　　下面，我们就按照这几条原则，考量一下这部《宪法》下的立法机构。我们会发现，它在一个公正、安全的代表机制所要求的基本品质方面，存在着缺陷。众议院由 65 名代表组成，每 5 万名居民选派一名，每 2 年选举一次。33 人构成议事的法定人数；其中 17 人构成多数，决定该院的决断。参议院作为立法机构的另一支构成部门，由 26 名成员组成，每邦 2 名，由各邦立法机构每 6 年委任一次。14 名参议员构成法定人数，其中 8 名构成多数，决定该院的决断；但在受理弹劾案、签订条约、开除成员时，必须有参议院的 2/3 成员出席。

总统将有权控制法案的颁布，如果他反对某项法案，他可以使 2/3 的众议员和参议员的一致同意成为必要条件。

由此看来，整个合众国的自由、幸福、利益以及一切重大关切，都有赖于这 25 或 26 人的正直、德行、智慧和知识。这是多么不充分、不安全的代议制！说它不充分，因为在一个如此巨大的疆域里，各地气候、出产、习惯、利益和意见各种各样，三四百万人民的感受与观念千差万别，不可能集中于如此小的一群人身上；此外，即便从人数的比例上看，它也不能公正、平等地代表人民，因为最小的邦从最少的人数中选出两支立法机构的成员，但在参议院享有与最大的邦同样的权重；而且，从受国会控制的选举和委派模式看，从事情的常理看，只有那些身居显位的人才能当选。社会上的其他等级，如农夫、商贩、技工，在立法机构中本应该有有效数量的最有见识的自己的人，结果却完全不被代表。[21] 　3.11.35

说这种代议制是不安全的，是因为如此巨大的权力和民众信任一旦发挥作用，极易出现腐败和不当影响，要么是通过行政官员手中的大礼——数量众多的高官厚禄，要么是通过大人物和野心家们的高明手段和能言善辩，要么是通过直接的贿赂。再者，说这种代议制是不充分的、不安全的，还是因为它过长的任期和它的推选模式——通过这些，国会不仅可以控制人民的选择，而且可以想方设法剥夺人民的这一基本权利，最后变成自己选自己。　3.11.36

215

应该将众议员的数量提高到每 3 万个居民选派一位。但是，这一点如没有参议院的同意又行不通，因为从其在立法、行政和司法部门中的影响及其任期的长久性上看，参议院将是这个政府　3.11.37

中最有效力的机构，如果增加众议员的数量，它的权重和优势将会被削减；一想到这些，就有人劝我们，这个想法是不可能实现的。相反，众议员的数量可能继续保持在 65 人，尽管这个国家的人口将会膨胀到今天的 3 倍，除非发生革命性变化。[22]

3.11.38 　　我们已经提到，司法权力可能导致将各邦合并到一个统制政府之下，现在接着考察，如果这样的政府得以运行，这种司法权力还会影响到人们的自由和福祉。在这份《宪法》草案之下，司法权基于众所周知的民法诸原则而设立，依此原则，法官同时判定法律和事实，受理上诉权被从低级审判机构转移到高级审判机构，并且覆盖一切质询；这样一来，事实和法律会被重新检验，甚至会有新的事实被带到上诉法庭，用一位杰出的民法学者的话来说："在上诉法庭，案情与初审判决时大相径庭。"[23]

3.11.39 　　这就是在这部《宪法》下所采用的诉讼模式，它明显带有以下特征：

　　1. 陪审团制度是普通法的重要特征，但这部《宪法》只在刑事案件中予以保障。

　　2. 公然维护与普通法原则及陪审团制度极为不符的涉及法律与事实的上诉。涉及法律和事实的上诉，唯一可行的模式是采用民法的原则与实践，不然的话，合众国将沦为野蛮之地，为反驳陪审团的裁定，不惜对陪审团大叫大骂，致使其威望扫地，糟糕而无益。

　　3. 那些被新建起来的法庭将判定涉及法律和衡平的一切案件，众所周知，这本是民法的特征。这些法庭不仅受理涉及合众国的法律、条约以及大使的案件，而且受理一切涉及海军和海事管辖权的案件，而这些都专属民法的范围，这在世界上任何基督徒国家里都是如此。

216

　　由公正无私的法官来判案，这一权利是无价之宝，对于珍爱　　3.11.40
自由的人来说是多么宝贵；不必详述这方面的损失，上述这些就
是将被采用的这一诉讼模式将会带来的巨大代价和不便，事实将
证明，这是这个国家的人民难以忍受的。民事案件的诉讼旷日持
久，其结果是，为数不多的中等资产的人能够付得起这笔开销，
但穷人只好向有钱人屈服，在英格兰的大法官法庭，在苏格兰和
法国的法庭，都是如此。钱袋的深浅常常打败真理和正义。譬如，
我们从博学的布莱克斯通法官那知道，区区一桩涉案价值仅三基
尼（guinea）的公牛财产权案，在苏格兰按照民事诉讼程序，要
先经过多次的低层初审和判决，然后到达高级民事法院、大不列
颠本区最高法院，再通过上诉到达上议院，在这里，涉及法律与
事实的质询才最终得到判定。他还说，在王座法庭上或者在威斯
敏斯特的民事诉讼中，这类案件还没审理到第十个环节，或者其
诉讼费还没缴付到第十二笔，涉案人的激情就消耗殆尽了。而且
在英格兰的王座法庭和民事诉讼法庭里，诉讼费用绝对比我们这
个国家的人民所经历的高得多。一想到会失去陪审团这一高贵的
权益，我们就心怀愤懑；这位博学的著述者还提到，在瑞典，由
于失去了这一权益，平民的自由遭到贵族院寡头们的压制，陪审
团机制与人民的自由一并消失。[24]同时，我们深感遗憾，民事法
庭的冗繁程序，特别是上诉诉讼，会使这个国家的人民蒙受难以
容忍的拖延、巨大的开销和无尽的烦恼——在上诉法庭，一个人
被从这个辽阔国家的遥远边疆带到国家的最高法庭的审判席上去
争辩，面对的或许还是一个既有钱又有势的对手。这套制度的结
果，将使寡头势力在正义的法庭上得到绝对的护卫，因为普通人
不可能与之争辩或斗争。

　　宣告诬告者比如说应被罚以一定数额的罚金，导致刑事案件　　3.11.41

中的陪审团也遭到排挤，避开了普通法要求的公诉指控和陪审团审理。一艘船通过内部消息偷税漏税（这应该归为民事案件），这类普通的诉讼在民法中可以交由一个没有陪审团干预的法庭去审理。此外，在具有刑事性质的案件中，本应发挥陪审团的作用，现在由于传唤被告远离家乡前来回答提问，而且没有条文规定审判可由乡邻或本县人士组成的陪审团审理，陪审团的作用反而变得无足轻重了。这样一来，一位匹兹堡的居民，被控在俄亥俄河岸犯罪，却被要求到特拉华来为自己辩护；反过来也是这样。最后，我们还发现，国会的法庭法官不是独立的，因为他们要博得总统和参议院的满意，只有这样才不会被阻止充任其他职位；还因为他们所获得的酬劳有一部分来自立法部门，而且数额可变。

3.11.42　　　这部《宪法》的下一个问题是，政府权力被不当而且危险地混合，即同一个实体同时掌握立法、行政和司法权力。参议院是立法部门的一支，它有裁决弹劾案的司法权力，由于行政要员全都由总统任命并得到参议院的同意，他们的职位可以说部分是从参议院获得的，因此在这类案件中，参议院在一定程度上集法官与当事人的角色于一身。这可能导致参议员徇私枉法，有意包庇重大案犯逍遥法外。不止于此，参议院还有多样的、巨大的行政权力，即只要与大总统达成一致，他们可以与外国签订条约，可以控制和废除各邦的《宪法》与法律。实际上，这样一来，今后就不再有各邦政府的权力、特权和自由，也不再有人民的权力、特权和自由；一切都由参议院的这一权力而定。因为，他们达成的任何协议都是"全国的最高法律，任何一州宪法或法律中任何与之相悖的内容，均为无效"。

3.11.43　　　这一重大权力可由总统和10位参议员行使（这是该部门法定人数14人的2/3）。对于外国的王公大臣来说，这真是一种诱惑，他们会通过贿赂将"这类特许权"收入囊中，而且似乎除此之外别无他法。每当条约有悖于本国的现成法律时，就会引入立法机构的介入，最后促成条约生效，这是一切自由国家的不二法宝。大不列颠的议会就曾这样干过，其结果就是后来在那个王国与法国之间的商业协议。参议院审理弹劾案，其实就是在审理参议院的成员滥用权力！而且审理官员的任命必须经过参议院的同意。

将如此多样的、广泛的、重要的权力集于一群人，这种做法与一切自由格格不入；先贤孟德斯鸠告诉我们："当立法与行政权力合并到同一个人手中，或者同一个行政长官集团手中，就不可能有自由，因为这会导致人心惶惶，人们唯恐这位君王或者这个'参议院'会颁布专制法律，并以专制手段实施。""再者，如果判案的权力不与立法和行政权力分离，也不会有自由。一旦它与立法权力联合，属民的生命和自由就有可能被任意处置，因为那时法官同时也是立法者。而一旦他与行政权力联合，法官就会为压迫者的一切暴力行径背书。如果由同一个人、同一个贵族团体或者人民团体去实施这三种权力，即制定法律的权力、执行公共决定的权力和裁定个人的罪行或分歧的权力，就意味着一切的结束。"[25] 　　3.11.44　218

总统与参议院危险地连在一起，而他与那一团体中的支配集团意见一致，对于他在政府中的地位和重要性十分重要，这些都会破坏行政部门的独立和纯洁。由于享有赦免权，而无须某个咨议机构的同意，他可以包庇一切受其参议院同伙煽动的、严重悖逆人民自由的企图，使相关人员免受惩罚。行政权力不应该这样危险地、不恰当地与立法和司法权力混在一起；相反，最高行政权力在被置于总统之手时，应该设立一个小的、独立的咨议机构，该机构成员对每一次职务任命或法案通过负个人责任，其意见均　　3.11.45

被记录在案，没有该机构法定有效人数中的多数同意，总统不能开展行动。

3.11.46 前面我们讨论过内部税问题，认为它会导致对各邦政府的破坏，产生一个单一政府。下面，我们接着考察它对人民带来的个人影响。征缴直接税的权力针对的是每个个人，因为在这种政府下，国会被赋予对任何人征收任何数额的摊派费或人头税的权力。不论这种税收带有多么强的压迫性，在实际操作中多么不平等，但毕竟数额确定，征缴简单，人们无法像规避进口税或者消费税那样规避它，只得缴纳，因为一个人为了保住自己的头颅，什么都舍得交出来。这种税收合乎专制的本性，是这种政府的首选。在本邦最近这次大会上，某些人早就开始致力于引入这种人头税。

3.11.47 征缴直接税的权力对每个个人的影响，还表现在国会可以规定对土地、牲畜、交易、职位等等课税，而且数额不限。内部税的每一个目标都在此列，虽然带有很强的压迫性，但是对于人民来说，无非是两种选择：要么缴税，要么自己的财产被夺走。一切反抗都无济于事。常备军和精干民兵会帮着强行征缴。

3.11.48 各邦政府无法控制对这一权力的适度运用，它们的干涉作用被破坏了。迄今为止，它们的不满没有得到些许缓释或者补偿。甚至没有一部权利法案，人民可以依据它在法庭上就自己的过失展开辩护。这样一来，在那些最为独断的法律中，哪怕最糟糕的条款也符合《宪法》的原则与形式，而对各种治理措施的最强有力的制约——这本是人民的责任所在——却在这个政府里荡然无存，到最后，对这些独断的法律，人民只得遵从。参议员和众议员任期之长，国会对议员选举之控制，都将使议员们罔顾人民的性情与不满；行政机构更在乎的是政府而不是老百姓，自然不会考虑如何使老百姓免于压迫和暴政。在原先的邦联框架下，本邦政府的立法机构成员从人民中产生，他们的利益和幸福与选民紧密相关，他们不可能从压迫性的法律和税收中得到任何好处：因为他们要与其公民同胞休戚与共；因为他们结束短暂的任期之后，毕竟要回归平民，与老百姓承担同样的负担；他们再怎么发挥自己的影响力，再怎么腐败，一种必要的轮选机制也使他们不可能在立法机构中永久任职。

以本邦之大，竟然在对这个庞大国家里每个人的自由、财产等切身利益拥有绝对处置权的国会里，只有 10 个议席。这 10 个人将成为我们的唯一守护者，将取代宾夕法尼亚的立法机构，但即便如此，他们将不再是人民的选择，不再受人民的控制。通过那样的模式，选举和委任的只会是一群高高在上的傲慢之徒，他们不能体恤民情，只会漠视，甚至鄙视人民；他们都是哈耳皮埃神 ① 的化身，贪婪地吞噬每一条性命，在人们的悲惨处境中寻欢作乐。虽然极不可能，我们仍然设想，我们委派到国会的那些代表会心系其选民的福祉，维护他们的利益。但是即便如此，这又能起什么作用，他们又能如何缓解自己的选民所受的压迫？要想真起作用，其他 12 个邦在国会里的代表必须志同道合，必须也能摒弃对权力的奢好，放弃那些本不应该追逐的野心。如果人民在立法机构中找不到经公正、确定和经常选举出来的负责任的代表，那么他们除了组织自己的立法机构之外，别无他法。可悲的是，人民中有多少人，其切身利益不是任由统治者的意志和喜好而定？我们的士兵将变成禁卫军，我们的政府官员将变成帕夏 ②，简言之，专制制度将得到确立。

3.11.49

---

① 哈耳皮埃神，Harpy，古典神话中的鸟身人面女妖，残忍而贪婪。
② 作者这里的"禁卫军"（Janissary）、"帕夏"（Bashaw）都是沿用土耳其苏丹国家的称谓。

3.11.50　　从以上的考察可以看出，这部《宪法》下的国会不会拥有人民的信任，而这是一个良治政府的关键所在。除非法律能够得到人民大众的信任和尊重，人民愿意拥护法律，否则的话，即便有文职长官的呼吁，这些法律也一定要靠庞大的常备军的协助才能

220　执行，而这与自由的观念格格不入。这种强制力，本可以被用来迫使人民服从好的法治，现在可能要被用于剥夺人民的合宪自由了。这部《宪法》的制定者们想必知道这一严重问题，意识到了绝不可以依赖人民，从人民中寻找支持，相反政府必须靠强力运行。出于这一目的，他们制定了设立永久常备军和将民兵置于政府的严格控制之下的条款。

3.11.51　　常备军掌握在政府手中，独立于人民之外，必将成为压制公众自由的致命工具。它会被用于强征最恶劣的税收，执行最专断的政策。一个热衷于军权的野心家会步步逼近权力的宝座，摄取绝对的权力。国会还对民兵拥有绝对不该有的指挥权，这可能成为一切自由的扼杀者，不论那是公共自由还是个人自由，也不论其属性是人身的、民事的还是宗教的。

3.11.52　　首先，国会如果有权组织和统制民兵，那么每个人的人身自由——大致从 16 岁到 60 岁——就会遭到这一权力的破坏。身为民兵，他们可能被处以任何数额的罚款，像军队那样被征召；他们可能遭到最不体面的、最令人感到羞辱的体罚，甚至被军事法庭判处死刑。年轻人将成为首选目标；一支精选的、由这些年轻人组成的民兵，将最符合政府的意图。

3.11.53　　其次，按良知行事的权利将遭到侵害，因为即便一些人对服兵役顾忌重重，也不可能免于被征召。[26] 这种人在本邦不在少数。眼前这场战争带来的伤痛，以及很多这类有良知的公民明显表现出的厌恶之情，让我们感同身受。每一个出生入死的人，在

看到那么多人临危退缩时，一定会义愤填膺。愤怒和暴力冲动已难以抑制。在这些时候，按良知行事的权利就特别神圣，而相应的侵害就更为明显。在这些危机时刻，本邦《宪法》的制定者们曾最直接、最坚决地宣告和规定了按良知行事的权利，但是现在，一旦不再必要，那些最宝贵的人权就没了保障。

再次，国会对民兵所拥有的绝对指挥权会破坏公共自由，因为在一个独断政府的领导下，它们会不情愿地充当专制的工具。宾夕法尼亚的民兵可能开进新英格兰或者弗吉尼亚，镇压那里因难以忍受的压迫而发起的反抗和暴乱，而且在常备军的支援下，他们一定能够挫败它们的自由与独立。在这一过程中，他们的宽大胸怀渐渐萎缩，憎恨与复仇之情在增长，最后这些情绪成为现成的效忠专制、奴役他人的工具，并且日益弥漫。这样，民兵就沦为给奄奄一息的自由致命一击的帮凶，沦为给同胞和彼此铸造锁链的工具。这种权力的行使不仅不违背《宪法》，而且可以与之完全一致；它就是为这个目的而专门设计，无疑也会为这个目的而被执行。 3.11.54 221

由于这个政府不享有人民的信任，而是靠武力来运转，那么它将是一个耗资巨大、负担沉重的政府。常备军规模庞大，为维持军需，不断扩充每个部门的官员队伍就成为这个政府的一计良策。法官、收税官、直接税征收员、消费税征税员，一大群税务官员蜂拥在各地，像从前的蝗虫一样吞噬着人们辛勤劳动的果实，他们所到之处无不陷入贫穷和荒芜。 3.11.55

我们还没有注意那些较轻微的问题，也没有说起数不胜数的缺陷，我们的反对意见还仅限于那些巨大的、核心的弊病。我们已经证明，支撑这部《宪法》的那些主要原则都与人民的自由和幸福格格不入，这部《宪法》一旦付诸实施，就会毁灭各邦政府， 3.11.56

导致一个统制的政府，由此一步步地、很快地走向高高在上的专制统治。在上述考察中，我们没有将视野局限于本邦的利益与福祉，没有将本邦优先于其他邦之上。我们综览各地形势，我们是在广泛的公共利益范围内考察这一主题。我们的主张关乎当前、未来，关乎自由与全人类。

宾夕法尼亚邦大会少数派

纳撒尼尔·布雷丁（Nathaniel Breading）

约翰·斯迈里（John Smilie）

理查德·贝尔德（Richard Baird）

亚当·奥斯（Adam Orth）

约翰·A. 汉娜（John A. Hanna）

约翰·怀特希尔（John Whitehill）

约翰·哈里斯（John Harris）

罗伯特·怀特希尔（Robert Whitehill）

约翰·雷诺兹（John Reynolds）

乔纳森·霍吉（Jonathan Hoge）

尼古拉斯·卢茨（Nicholas Lutz）

约翰·路德维希（John Ludwig）

亚伯拉罕·林肯（Abraham Lincoln）[1]

约翰·毕肖普（John Bishop）

约瑟夫·海斯特（Joseph Heister）

约瑟夫·鲍威尔（Joseph Powel）

詹姆斯·马丁（James Martin）

---

[1] 亚伯拉罕·林肯（1736—1806），此处指美国建国时期政治活动家。

威廉·芬德利（William Findley）

约翰·贝尔德（John Baird）

詹姆斯·埃德加（James Edgar）

威廉·托德（William Todd）[①]

费城，1787 年 12 月 12 日

---

① 原文此后附有最终投赞成票或否决票的人的名单（46：23），中译本从略。

尾注

［1］ Douglass, *Rebels and Democrats* 214. Samuel Bannister Harding, "Party Struggles over the First Pennsylvania Constitution," *Annual Report of the American Historical Association for the Year 1894* (Washington, D.C., 1895) 376. See also Harry Marlin Tinkcom, *The Republicans and Federalists in Pennsylvania 1790—1801* (Harrisburg, 1950) 1; and David Hawke, *In the Midst of a Revolution* (Philadelphia, 1961). 关于宾夕法尼亚的一般背景情况，除上述著作外，还可见 *The Counter Revolution in Pennsylvania, 1776—1790*; Paul Leicester Ford, "The Adoption of the Pennsylvania Constitution of 1776," *Political Science Quarterly* September 1895; Jensen, *New Nation;* Charles H. Lincoln. *The Revolutionary Movement in Pennsylvania, 1760—1776* (Philadelphia 1901); McDonald, *We the People*; McDonald, *E Pluribus Unum*; Allan Nevins, *The American States during and after the Revolution, 1775—1789* (New York 1924); J. Paul Selsam, *The Pennsylvania Constitution of 1776* (Philadelphia 1935).

［2］ McDonald 指出，在宾夕法尼亚宪法批准大会上，James Wilson 坚持民主原则，而 Smilie 和 Findley 以共和为原则。这一说法可能言过其实，但是也有合理之处，它确认了在宾夕法尼亚《宪法》和《合众国宪法》上围绕"民主"程度展开争论时所使用的共同话语，并使其复杂化。参见 *We the People*, 165.

［3］ *Harding, Annual Report of the American Historical Association 1894*, 391.

［4］ Centinel 抱怨说，不友好的邮政系统妨碍了这份演讲的传播，参见 Centinel XVIII, 2.7.182 n. 96. 又见 A Freeman 致 the Minority of the Pennsylvania Convention 的文章，刊于 the *Pennsylvania Gazette* 23 January, 30 January, and 6 February 1788. 化名者 [Pennsylvania] Farmer 对此做了回应，他的文章见下文 3.14. Noah Webster 用笔名 America 写了一篇有力也有趣的文章予以回应，刊于 *New York Daily Advertiser* 31 December 1787，该文重印于他的文集 *Collection of Essays*（Boston, 1790）. McMaster and Stone 刊印了部分回应文章（自第 483 页始），其中包括 Francis Hopkinson 的联邦主义寓言《新屋顶》（"The New Roof", pp. 510–516），该文原刊于 *Pennsylvania Packet* 29 December 1787.

［5］ Samuel Bryan 在 1801 年 2 月 27 日、1807 年 7 月 24 日致 Jefferson 的信中，以及 1790 年 12 月 18 日致 Albert Gallatin 的信中，声称自己就是作者。参见 Files of Ratification of Constitution Project, National Archives, Centinel 2.7 编者按，注 [4]。在 the Pennsylvania Convention Minority 的信件与 Centinel 的信件之间，有几处重要的相似，可进一步证明这一推断；当然，在当时情况下，也有可能是一个作者模仿了另一

个作者。参见如下 Centinel 以及 the Pennsylvania Convention Minority 各自的文章：V, 2.7.95; 3.11.22. Ⅲ, 2.7.73; 3.11.26. I, 2.7.9; 3.11.48. IV, 2.7.93; 3.11.56. IX, 2.7.129; 3.11.4–5. Ⅲ, 2.7.70; 3.11.8.

［6］ 第八位是 Benjamin Franklin，他在第一轮选举中并未当选，因为不能确定他的服务意愿。参见某些多数派对少数派的回应，McMaster and Stone 79–83.

［7］ 参见 McMaster and Stone 65–71；the Pennsylvania House Minority, above 3.2.3.

［8］ Constitution of Pennsylvania, 1776, sec. 47; Thorpe, *Federal and State Constitutions* V, 3091–3092. 见 "Minutes of the Council of Censors, 1783—1784," *Pennsylvania Archives* 3rd series, X (1896), 785 ff.

［9］ Publius 称，《宪法》草案的敌人们质疑 "共和政府的根本原则，这将导致人民一旦发现既定的宪政不符合自己的幸福诉求……就有权利篡改或废除它"。(*The Federalist* no. 78, 527) 这种说法大概就是针对这句话而言。但应该注意到，the Minority of Pennsylvania Convention 并没有提出 Publius 指称的这种观点，这里是 Publius 自己无中生有。

［10］ Publius 在 *The Federalist* no. 83, 563–568 对此提议提出了批评。

［11］ 见 America（实名 Noah Webster）的富有洞见的讨论，他论述了在定义出版自由和确保出版自由方面的困难，见 *The New York Daily Advertiser* 31 December 1787, reprinted In Webster's *Collection of Essays* (1790).

［12］ America 告诉人们，在自由美洲，每个人都是他自己土地的主人，因此这种立法是多么多余，而且与欧洲的 "封建暴政" 如出一辙。

［13］ 参见 McMaster and Stone 220；这是 James Wilson 在宾夕法尼亚宪法批准会议上的演讲，时间是 1787 年 11 月 4 日。

［14］ McMaster and Stone 225. Centinel V, 2.7.94 引用了完全相同的这段话。

［15］ 参见 *The Federalist* 中关于税收的论述，特别是其中第 32、33 章。双重税收的问题当时得到了广泛的讨论。见 McMaster and Stone 260 (Whitehill), 268–269 (Smilie). 其他的引用见 Federal Farmer III 2.8.39 注 [47].

［16］ 出自 James Wilson 在宾夕法尼亚会议上的发言，见 McMaster and Stone 308；另见 Ford, *Essays* 45–46 (Cassius), and *The Federalist* no. 33, 207. 在反联邦主义者这一边，见 Centinel V, 2.7.97，以及 Federal Farmer IV. 2.8.49；后者批评条约签订权中缺少这句话，这似乎又暗示它的确对国会的权力有限制作用。

［17］ 参见下文以及 Centinel V, 2.7.99.

［18］ 这种论断常被提及，但这里无疑出自 James Wilson 于 10 月 6 日在宾夕法尼亚会议上发表的颇具影响力的演讲，见 McMaster and Stone 147, 264；其他引用见 Centinel II, 2.7.36 n.16. 类似的论断见 Republican Federalist, 4.13.23, 26. 反联邦主义者更深刻的反对意见不是国会将剥夺邦在选举中的作用，而是说那种参与不充分，不能

维持邦作为联邦共和国的真正一分子，参见 Federal Farmer X, 2.8.132 n.84.

［19］ *The Spirit of Laws* II, ch. 2. Centinel 在 III, 2.7.73 对 Montesquieu 的这一论断也做了同样的精简和引用。

［20］ A Freeman 回应道："会议提到它应该是人民的法案；的确，既然人民被明确称为'合众国'的人民，他们作为'我们的联盟的成员'的公民，完全是配得上的，但这种观念在表述上被严格限定了。'美利坚'这个我们在说自己是同一个民族时一直采用的术语，也被小心翼翼地忽略了。言外之意很明显：我们是一个联盟。"参见 *Pennsylvania Gazette* 23 January 1788. 另见 Henry 对序言这句话的批驳，5.16.1，以及北卡罗来纳宪法批准大会上的讨论，Elliot IV, 15–16，以及 McMaster and Stone 256–257 (Whitehill)。

［21］ 参见 *The Federalist* nos. 35–36；另见 Federal Farmer II, 2.8.15 注 [29]。

［22］ 参见 Publius 的灵巧又意味深长的反驳：利益的平衡应该是这样——众议员数量得到增加，*The Federalist* no. 58, 392–395. 其他联邦主义者关于这一问题的讨论，参见 Federal Farmer X, 2.8.137 n.88.

［23］ 这句引文出处不详，参见前文 Democratic Federalist 3.5.6 n.6.

［24］ *Commentaries* III, 380–381. 我没有在其中发现关于苏格兰诉讼程序的讨论。

［25］ Montesquieu, *The Spirit of Laws* XI. ch. 6.

［26］ 参见 Centinel III, 2.7.76 n.39.

第 5 章

马萨诸塞

引言

随着冬季来临，辩论也步步深入。到 1788 年 1 月，有 5 个邦批准了《宪法》：特拉华、宾夕法尼亚、新泽西、佐治亚和康涅狄格，过程都比较轻松，有 4 个邦几乎是全票通过。[1]但是，在这些邦中，只有宾夕法尼亚是大邦，在这个邦，反对者并不甘心失败。马萨诸塞的大会于 1 月 14 日召开，如果达成否决意见，将增加其他邦宪法反对者的力量，同时也会振奋宾夕法尼亚那些坚定的反联邦主义者的士气。

马萨诸塞邦在出现围绕宪法批准问题的斗争之前，就有过十多年的派性斗争，它导致内乱，最后演变为著名的谢斯叛乱。[2]叛乱集中于马萨诸塞西部地区，那里战乱刚刚结束，经济萧条尤为严重，硬通货奇缺，法院和律师成为大众憎恨的对象。宪法反对者主要集中在这个邦的西部，但是很明显群龙无首。几位东部的反联邦主义者写的文章和发行的小册子，在全国被广泛阅读，他们被选派参加宪法批准大会。在大会上，反联邦主义者虽然在人数上占优，但没有一位有口才与联邦主义者展开论战。[3]在民主的马萨诸塞，反联邦主义者代表看穿了有产者和良好教育阶层的滥权与诡计，充满担忧。

宪法批准大会召开时，根据各自统计，反对批准《宪法》的人占据多数，然而当一个月的辩论接近尾声时，相当多的代表发生了思想转变，联邦主义者人数略占优势。联邦主义者行动谨慎，他们成功地要求对《宪法》进行逐条释读，（理由很明显）担心过早表决会对自己不利。在这一过程中，他们得到塞缪尔·亚当斯的援助，后者虽然总体上被认为不喜欢新《宪法》，但极力支持那些主张对《宪法》进行全面解读的人，他在大会上发言较少，但

有一次他支持逐条释读。约翰·汉考克是马萨诸塞总督，也是大
会主席，他也提供了关键性的支持。汉考克很出名，但盲从，极
226 易受流行观念左右，他的确身体有恙，但病情其实可控，在辩论
开始聚焦，两派分野开始清晰时，他没能坚守岗位。汉考克再次
出现后，又起草了一些宪法修正条款，塞缪尔·亚当斯在上面签
字了。这两个人都没有明确说明修正是批准宪法的必要条件还只
是建议，或许是蓄意如此吧。随着辩论持续，批准的倾向开始增
长，联邦主义者支持建议性修正，而汉考克和亚当斯都没有敦促
有条件地批准。不管动机如何（这是值得关注的问题），汉考克和
亚当斯的行为对于确保马萨诸塞在关键时期批准《宪法》，同时提
出建议性修正，具有十分重要的意义。这正是其他邦在推动批准
过程中的妥协，它在维持《宪法》完整的同时，缓和了反联邦主
义者的反对态度。

1788 年 2 月 6 日，马萨诸塞大会以 187 票对 168 票的微弱多
数采纳了《宪法》，同时达成一些建议性修正条款。几位曾经投票
反对《宪法》的反联邦主义者开始表示接受多数派的决定。[4] 与
宾夕法尼亚不同，在马萨诸塞，《宪法》一旦被接受，反对派基本
上就偃旗息鼓了。

227 # 编者按

那些署名阿格里帕（Agrippa①）的信件似乎出自詹姆斯·温
斯罗普（James Winthrop）之手。[5] 詹姆斯是哈佛大学数学教授
约翰·温斯罗普之子，毕业于该校后，于 1770 年成为哈佛的图

---

① 阿格里帕（Agrippa，公元前 63—前 12 年），原指古罗马将军、政治家，曾于公元
前 31 年率军击败安东尼的军队。

书馆员。1787 年，他成为遗嘱登记官，1791 年又成为普通法上诉法庭法官。在做哈佛图书馆员期间，他参加独立战争，任坎布里奇邮政局长，作为志愿者打击谢斯叛乱。温斯罗普两次被拒绝继承其父亲的数学教授教席，据说是因为"有人攻击他行为桀骜不驯、反复无常……"[6] 他的文学志向主要在于研究和释读《圣经》教义。

阿格里帕的信引起了热烈的争论，但是重印不多，这或许是因为它们过于关注马萨诸塞的利益。然而，正因为这体现了阿格里帕思想的自利原则的基础（Ⅰ-ⅩⅥ, 4.6.26-29），所以更值得读者注意。这些信件可分为两部分，第一部分（Ⅰ-Ⅺ, 4.6.1-47）写给马萨诸塞的人民，第二部分（Ⅻ-ⅩⅥ, 4.6.48-79）写给马萨诸塞的大会。① 这解释了阿格里帕论战中的观点重复和变动。在两部分中，都既有高度理论性的论辩，也有对《宪法》草案的具体批评，以及对策建议；而形式与关注点的不同，部分是由于信件写作时的不同形势与所针对的不同对象。

虽然在这些信件中阿格里帕经常随意漫谈，但每一封都有自己的用意和要点，而且事实上在那些延伸性或者次要的话题中，常常包含某些最有趣、最有成就的洞察。总体上，它们关注自由、商业与地方组织之间的关系。《宪法》草案的主要危险在于，首先，合众国的异质性必然导致对邦的破坏。其次，过度规划导致商业的窒息。

第一部分信件主要关注小共和国问题（Ⅳ, 4.6.14-17），以及作为联盟纽带的商业（Ⅷ, 4.6.30-33）。在这里，阿格里帕以一种特别公开的方式，指出了反联邦主义者普遍关注的在市民美德的

228

① 本书未收录，主要考虑到原编者在后文提到的"观点重复和变动"。

培养与作为市民社会纽带的商业之间的张力。第二部分信件包含了关于人权法案的广泛而有意义的讨论。提纲如下：

第一部分　致人民

一、引言与框架：自由对于产业是必要的；鼓励商业精神应该是远大目标。（Ⅰ, 4.6.1–6）

二、当前体制的好处：各邦在内部治理方面的效力。（Ⅱ, Ⅲ, 4.6.7–13）

三、《宪法》草案暗含的统制的弊端。（Ⅳ–Ⅶ, 4.6.14–29）

1. 一个疆域辽阔的帝国由于异质性，不可能按照共和原则治理，只能结成一个邦联性的共和国。然而新的体制是统制性质的。（Ⅳ, 4.6.14–17）

2. 新体制是统制性的证据。（Ⅴ–Ⅵ, 4.6.18–25）

3. 这种统制体制对马萨诸塞的害处。（Ⅶ, 4.6.26–29）

四、联盟的纽带应该是商业。（Ⅷ–Ⅸ, 4.6.30–37）

1. 我们现在是一个联邦共和国，有一个适度的政治权威，它对于商业交往在和平氛围下进行是必要的。（Ⅷ, 4.6.30–33）

2. 对现行《邦联条例》的弊病的批评：

（1）关于税收。（Ⅷ, 4.6.30–33）

（2）关于规划对外交往。（Ⅸ, 4.6.34–37）

五、小结，以及关于修正《邦联条例》的建议。（Ⅹ, 4.6.38–44）

六、篇外：对联邦主义者的攻击。（Ⅺ, 4.6.45–47）

第二部分　致马萨诸塞大会

第二部分信件包含一封致联邦共和国民众的长信，回溯了第一部分信件中的很多立场（有时做了更有趣的阐述），还对权利法案进行了新的论述，对修正《宪法》提出了一系列建议。

一、联邦共和制是最能满足目前内外之需的政府形式。

这是我们目前拥有的体制，可以通过温和的调整而改进，《宪法》草案是对它的破坏。(Ⅶ, 4.6.48-59)

二、权利法案与《宪法》。(Ⅷ- ⅩⅤ, 4.6.60-71)

三、宪法修正案建议。(ⅩⅥ, 4.6.72-79)

一、代议制与商业

229

1787 年 11 月 23 日

致人民：

新政府方案中的很多不便与困难已经有多位作者在谈及这一主题时提及。格里先生 ① 向公众提出了自己的反对意见，尤为勇气可嘉。[7] 宾夕法尼亚大会议的离会代表也出版了自己的反对意见。[8] 很多作者用各种化名提出了自己很有分量的反对理由。在众多反对意见中，突出的有：反对不受限制的征税权利；反对设立常备军；人民的代表数额不足；有的权利可能破坏邦的《宪法》，破坏为捍卫自由而建立起来的各种保障；有的权利可能导致在没有陪审团的情况下、不在涉案任何一方的所在地、不对涉案价值设置任何限制，去审理个人之间的案件。对于这些反对意见，目前还没有任何答复。他们攻击反对者，这恰恰说明他们承认了这些反对意见的正确性。他们那样做只不过表明，他们企图将一种一般性意见强加给人民。

4.6.1

有人说，可以通过反对人民的一切经商习惯、打破我们习以为常的那些法律，去促进人民的幸福，在我看来，这真是一种错误。如果在此之上，再加上对贸易活动的限制、对贸易自由的抑

4.6.2

---

① 艾尔布里奇·格里（Elbridge Gerry, 1744—1814），美国早期政治家，曾作为马萨诸塞邦代表参加费城会议，美国第五位副总统（詹姆斯·麦迪逊总统任期内）。

制、改变贸易进程、转移市场，而这一切都美其名曰为了联邦而规划贸易，那么对于这份政府方案，我们真找不出为什么要同意的理由了。

4.6.3　　现在各方都承认，那些涉及民事案件的法律目前执行得很好。针对格里先生那封合乎情理的书信，一位执着的联邦主义者坦承，法庭照现在这样安排并没有导致什么不便，但如果新方案实施，反而可能带来巨大的困难。[9]面对这样的坦言，任何有理性的人都会疑虑，要不要用一部可能带来多种不便乃至危险的方案，去代替一部根据经验判断更方便的方案？如果现在没有人反对，新方案将要付出的代价是令人恐怖的。而且那些代价是多方面的。让我们先看看代议制。

4.6.4　　将来，每3万人派出一位代表。波士顿差不多一位，除此之外，该邦没有哪个县能有一位代表。代表们每2年推选一次。从这个时间间距看，考虑到代表们的住处与选民相隔2000到5000英里之远，很难想象他们会对人民的福祉保有巨大的热忱。他们还有军队做后盾，遇到民众闹事，他们可以轻易处置。若是人民呐喊抗议，代表们还可以动用手中的权利，改变选举时间，甚至延期一年。无疑，现在摆在人民面前的问题是，他们将得到的是一个有限政府还是绝对政府？

4.6.5　　自由是勤劳的必要条件，这是得到人类从古至今经验证明的一个事实。我们发现在绝对政府里，不论气候如何，人民总体上都懒散，懦弱，骚动不安，极其邪恶。另一方面，在自由国家里，你会看到活跃、勤劳、艺术、勇气、慷慨等富有朝气的优点。作何选择，还需要疑虑吗？但凡踌躇之辈，必是低贱之流。

4.6.6　　对自由政府的一个貌似有理的反对理由，是希腊与罗马共和国的杂乱无章。但是，要注意到，在古代希腊、罗马人心目中，

230

战争是与自由人最相称的职业。农业、艺术等绝大多数内政事务
都主要交给奴隶完成。但是，迦太基作为古代伟大的商业共和国，
虽然其政府形式与罗马相类，实力也旗鼓相当，但是比罗马维持
了更长时间的自由，在其漫长的统治时期从未因人煽动而陷入骚
乱。[10] 这个证据有力地说明，希腊和罗马共和国的缺陷并非源于
他们的政府形式，商业精神才是联盟中联合公民的伟大纽带。[11]
这种精神使他们各有所劳，各取所需，能够捍卫他们的财产权利，
形成互惠的依赖关系，给整个体制带来和谐与活力。因此，鼓励
这种精神应该是我们的伟大目标。放眼当今世界，我们会发现，
大多数商业都出现在那些最自由的国家里，相反，政府越是严酷，
人们越不勤劳。

阿格里帕

二、骚乱的平复

231

1787 年 11 月 27 日

致马萨诸塞人民：

　　在 23 日的文章中，通过考察其他国家的形势以及人类的普
遍经验，我发现，自由国家最有利于促进商业发展和保护财产权。
而这又能带来国内和平。因为，每个人都能通过经商、务农或者
从事手工制造，找到自己的谋生之道，这样就不会经常与邻里争
吵，或者与这个保护自己、自己所属的政府作对。[12] 这方面的例
子，在我们这个国家的历史上数不胜数。早在马萨诸塞殖民地建
成不久，或者在它变成共和国之后不久，在上个世纪前叶，在欣
厄姆（Hingham）和威茅斯（Weymouth）曾发生过骚乱。执政
者旋即亲率自己的卫队前往，抓住了几个肇事者，把他们投入监

4.6.7

狱。这件事后来被指责为冒犯了那些人的权利，次年执政者落选了，但是再过一年他又重新当选，并且此后连续当选了好几年。一直到 1686 年殖民地的许可状被废止①之前，政府似乎都没有受到干扰，这样的局面维持了大约半个世纪。[13]

4.6.8　　康涅狄格从一开始也是按照这类原则治理，政府在此之前也是这样行使着自己的权力。

去年一年，我们充分见证了这类政府的力量。[14] 在康涅狄格，叛乱被遏止在密谋之中。在佛蒙特，谋反者武装集合，但治安官指挥民兵将其镇压下去。在新罕布什尔，有人袭击立法机构，但是骚乱在几小时之内就被平息，并且不再发生。在马萨诸塞，危机在蔓延，形势越来越严重。一个又一个法庭被关停，甚至首府都受到震动。然而，当最高执政官一声令下，一支由几千名积极、坚定的人组成的武装力量在那个严寒的冬天占领了危机地区，一切问题迎刃而解。自那时起，我们愈加团结，人民安居乐业，整个国家一派欣欣向荣的景象。农业发展，手工业成倍增长，贸易规模快速扩大。自由在一个不断发展的国家里显示出各种优势。随着财富的快速增长，法庭在共和国各地被建立起来，并且不需要专人护卫，它们审理各种案件，包括民事和刑事案件，而各地232 长官在行使自己权力的过程中也不会受到干扰。实际上，在那些案件中，哪里的政府越受重视，哪里就有更多的宽宥，但是在民事案件中以及在有违道德的案件中，法律的执行是不折不扣的。通过法庭的判决，个人在骚乱中受到的损失得到补偿，判决生效。这就是我们当前的局势，这种自由为我们带来这些实实在在的幸

① 1686 年，英国国王詹姆斯二世宣布废除马萨诸塞等殖民地原有的许可状，重新派总督治理整个新英格兰地区。

福；可有人要我们放弃它。

有人企图剥夺我们这个美好的体制，用僵化的体制代替它，　4.6.9
为此不惜以犯罪的方式激起我们的恐惧，一方面极尽危言耸听之
能事，另一方面又大力中伤。[15] 我不想谈论个人品行的好坏，那
样只会造成伤害。但是可以肯定的是，我的同胞们难免要去思考
和判断，在这种大是大非的问题上谁是最值得信任的人。他们会
不会信任那些从一出生就只知道绝对权力，从没想过还有其他政
府模式的人，会不会信任那些在这个重大问题上要阴谋诡计，企
图剥夺他们的宪政自由的人。他们选择的一定会是这样一些人：
他们一直在为创建一个有限政府、保证每个人享有人与人之间一
切合乎正义的自由而奋斗，而他们的努力由于得到神的欢喜，一
直被冠以最辉煌的成功之冕。有了这般眷顾，我们当然应该以最
严密的呵护去保卫我们现有的《宪法》。人民有权利作出判断，他
们也一定会明智地向他们为准备召开的大会而委任的代表们发出
明确的指令，不要同意任何可能对上苍为他们赋予的这个美好的
政府体制构成任何程度的伤害的提议。

阿格里帕

三、债务与商业

1787 年 11 月 30 日

致人民：

在前两篇文章中，我用清楚的事实证明，一个自由的政　4.6.10
府——我指的是一个让权力经常回归人民的政府——大体上是最
稳定、最有效的政府，而且当人身以及财产权受到侵害时，这样
的政府能够找到最及时、最有效的纠正办法。的确，我们以前颁

布过法币条例。但是，哪一个政府没有一部保护债务人的法律？很难找到一部法律比我们的法律对债权人更不友好了。对这个问题我不做评判。相反我相信，一个普遍的事实是，偏袒共同体中某一部分成员的法案在根本上都是错误的。我现在要做的就是告诉大家，在这个最受诟病的问题上，我们其实并不比其他人错得更严重。或许，当谴责的声音增加到一定时候，就会有人去调查，到那时这个问题就有了答案。大家不妨去看看自己的邻居，是不是除了极个别人之外，他们都还心平气和，还能接受这个政府；看看就他们所见到的而言，这个国家是不是呈现出越来越多的勤劳、进步和祥和的景象；看看他们的债券有没有大幅增值；看看他们的剩余产品是不是有了更稳定的出路；看看市场均价是不是大致与战前的某个丰年一样高。这些形势无不表明，目前存在着普遍的繁荣。某些公民的确受到很大挫折。我这里想到两类人。第一类人是公民中的公共债权人，他们应当得到、也会得到补偿。让我们来考察一下这类人的处境和前景。战争带来的物资短缺，以及战后出现的暂时的价格下降，都必然导致公共债务的偿还不够及时。但是公共债务已经大幅减少，而这还不是通过折旧之类的肮脏的、欺骗性的手法，而是反映在账面的总量上。购买我们的东部和西部土地的申请源源不断。我们花大力气清理拖欠税款，结果本邦债券利息证券的面值大幅提高。这是信用得到恢复的明确迹象。国会今年出售大片自己手中的土地，以偿还大部分债务。宾夕法尼亚已经偿清了大陆券中自己应该承担的部分。纽约最近也还清了自己的本邦债务，并且已经划出一大片新的土地，用于应对大陆之需。其他邦都偿还了大量数额的债务。从这些方面看，公共部门满足债权人需求的能力和倾向每天都在增强。去年冬天它们在偿还个人债务方面与偿还公共债务方面作出了同样大的努力。因此在当前的体制下，公共债权人的前景越来越明朗。如果新的体制就这么不加修订地生效——这实际上几乎不可能，那么支出的不断增长将使所有大陆券和本邦券持有人的希望一并化为泡影。至于公共部门拖延偿还债务，欧洲那些最稳固的国家是我们的先例。

　　我所指的另一类公民是造船商。人人都认为他们的生意是没 4.6.11
有前途的，但是，正如没有人会反对为整个大陆制定一部商业规划，人人都会同意，商业的恢复不应该打破人民所珍视的任何古老法律和习俗。为国会赋予不受限制的规划贸易的权利到底会不会对这类人造成进一步的伤害，是一个十分严肃的问题。很明显，发展我们自己的贸易合乎本邦的利益。但是在一个庞大的帝国， 234
正如所有的邦合并到一起后一定会出现的那样，政府总是希望增长首府的贸易，削弱边远地区的贸易。果真如此的话，我们属于边远地区，我们将体会到随之而来的各种贫困。不仅如此，它们出于对我们敬业精神的嫉妒，一定会想方设法给我们设置障碍。到那时，我们一定变得贫穷，甚至有可能揭竿而起。不管哪种结局都是可怕的。

　　目前，本邦是联盟中最受人尊重的邦之一，也是最有影响力 4.6.12
的邦之一。如果只有我们一个邦拒不接受不加修正的新体制，那它无疑就会被修正。但是情况还不至于这么糟。纽约邦似乎连大会也不愿意召开。如果他们无视新《宪法》，我们再用武力助他们一臂之力，他们会不会点燃内战之火？弗吉尼亚已经将会议延迟到 5 月召开，并且如果新《宪法》不修正，他们似乎不打算接受它。宾夕法尼亚一直不打算接受它。所有的邦都认为，自己目前所接受的、能够保护自己权利的这个政府可能会被推翻，它们在这一点上是一致的。所有支持新体制的人都极力证明，各邦的权利以及公民的权利将一如既往地安全。而反对者们认为，自己只能接受一个既能保护这些权利、又负担最轻的体制。

4.6.13　　双方发现，在这些权利是神圣不可侵犯的这一点上，他们的观点是一致的。这样一来，并不是每个人都会在心里认为，把新《宪法》交给一个为此目的而召开的新的全民大会或代表大会讨论，指令我们的代表将新体制限于联盟的一般目标，要好于就这样强行通过它，全然不顾这块大陆的每个邦都有那么多人反对它。就像已经有人指出的，事情还没紧迫到那一步。欧洲陷于纷争，而我们是安宁的。目前是最好不过的深思熟虑的时机。新《宪法》的支持者们绝不是担心会发生反叛，他们担心的是当前的政府会挫败他们的图谋。

阿格里帕

四、庞大疆域的治理

1787 年 12 月 3 日

致人民：

4.6.14　　以上考察了我们的政府的主要优点——我们生活在这样的政府中是多么幸运；经验还告诉我们，在我们所知的人类迄今为止所发明的各种政府中，它最能确保我们的人身和财产权利，而人民目前的处境也证明，当今是史无前例的美好状态。我们发现，战争带来的创伤大多被平复，当初欠下的公共债务大幅减少，所剩无几。国会的土地十分充足，可用于抵消它的大部分债务，目前销路良好，人口增殖很快。本邦西部的土地价格适中，每英亩18便士，按我们的货币换算，总价值接近 50 万镑。它们应当尽快出售。最近已经有人申请以此价格购买一大片土地，以后还将有人申请购买本邦东部的土地。我们的财富源源不断。

我们发现，经过近两个世纪的实践，各邦政府如今充满活力。为搞好内部治理，它们励精图治，防微杜渐。这个新体制做不到这些，是无用的累赘。　　4.6.15

现在，我们考察一下新体制在实践上是否合乎人民的幸福和自由。在这个问题上，先贤已经指出，庞大的帝国不可能按照共和原则治理，它的政府若非由一些小邦组成的联邦，每一个邦都拥有完整的内部治理权力，一定会退化成专制政府。[16] 正是秉承这条原则，我们的自由才始终得到保护。我们找不到例子，证明一个疆域辽阔的自由政府能够按照别的方案建立。统制的帝国从远处看上去的确辉煌而令人陶醉，但是近观之下总是充满悲苦。原因很明显。在大的政体里，同样的立法原则并不广泛适用。温暖气候下的居民比寒冷国度里的居民更加豪放，却不如他们勤劳。因此，严刑峻法在一种环境下是必要的，但在另一种环境下却束缚了人们的精神。[17] 我们最后发现，那些庞大的帝国总是专制的。他们想消除地方治理中人民遭受的不便，但是他们的计策无一奏效。这些法律不是由遭逢不便的人民制定的，与人民的处境格格不入。正是在这样的暴政下，西班牙各大省衰败了；如果我们现在屈服，让整个帝国由一个立法机构治理，我们将遭到的是同样的不幸和衰退。要促进人民的幸福，就必须有地方性法律，而且那些法律必须由时刻关注人民需求的人民代表制定。如果只顾一个方面，都只会带来祸害。　　4.6.16

一部法典既适合佐治亚，又适合马萨诸塞，这是不可能的。因此，它们应该有各自的法律。然而我知道，在拟议的方案里，没有一项立法权未被交出。每一种涉及财产的问题都由某个大陆法庭裁决，所有的刑事案件也是如此。这样，大陆立法机构有权　　4.6.17　　236

制定一切法规，它的审判法庭将根据这些法规处理和判定案件。没有权利留给人民。国会的法律在任何情况下都是国土上的最高法律，并且高于各邦的《宪法》。国会能够确立它所满意的任何审判模式，任何援引邦《宪法》而提出的抗诉都将无效。因此，这个新的体制是将各邦整合到一起的统制体制，它没有考虑到各组成部分之间的巨大差异。将一个大约 1000 英里长、800 英里宽，拥有 600 万白人居民的尚未整合好的共和国纳入同一种道德、习俗和法律，这种想法本身就是荒谬的，有悖于全人类的历史经验。不列颠曾经企图这样做，当时我们义愤填膺；当某位理论家鼓吹我们将在议会中有代表席位时[18]，我们一致宣布，一个立法机构不能代表如此众多而不同的立法和税收利益。这曾是我们在革命中的首要原则，是我们最核心的信念。因此，对于这个新体制中一切涉及各邦内部治理的部分，我们都应该坚决拒斥。

阿格里帕

五、总体司法机构与邦司法机构的司法权限

1787 年 12 月 11 日

致人民：

4.6.18　　以上探究表明，就内部治理和社会安宁而言，我们各自的小政府不仅在理论上是合适的，而且在实践上已经取得了可观的成就。我们还发现，拟议的体制的一个直接倾向就是将这个帝国统制到一起，就像制作暴君的宝座那样，而且用同一套标准约束一切。虽然这个看法已经在大陆的不同地方出现，它揭示了这份草案的最重要的特征，但是其中的道理还需要得到更多人的理解。因此我这里斗胆再做专论。

　　不同邦的公民之间的任何案件都将由大陆法庭审理。这个法　　4.6.19
庭并非必须依据案发地点的地方法律进行审理，因为这类案件的　　237
审理应该像在邦的法庭里一样。因此，支配这类新法庭的法则，
必定由法庭自己或者由其"雇主"国会制定。如果是前者，立法
部门与司法部门就混到一起了；如果是由国会制定，那么尽管这
些部门是分立的，但是在所有那类案件中，立法权仍然与邦脱离。
由此，国会有权制定审理一切涉及不同邦的公民之间财产纠纷案
件的规则。新《宪法》的第六条规定，大陆法律是国土上的最高
法律，即使与任何一邦的《宪法》或法律相抵触，各邦的法官仍
应遵守。所有的邦的官员都要宣誓拥护《宪法》。这些条款令人费
解，我们只能认为，它们是在要求各邦法官及其他官员即便在本
邦自己的部门之内也要执行大陆的法律。除了同一个邦公民之间
的纠纷，其他一切纠纷都直接交由大陆法庭处理。邦法官除了判
决本邦公民之间的纠纷外，不再有权威；而这些法官受国会制定
的法律的约束，那么接下来很明显，同一个邦公民之间的一切纠
纷都将按照一般性的、而不是本地的法律审理。

　　大陆法庭还被赋予审理邦与其公民之间的纠纷的权威。[19]这　　4.6.20
两方之间的财产纠纷案件是很少见的。如果这类案件以前比现在
多，那么正确的做法不是向某个更高的权威起诉邦，而是通过上
诉的方式，向本邦的最高权威申诉。这是所有邦的惯常做法，任
何变更都将破坏邦对于其辖民的权威。邦可能受到起诉的唯一情
况就是针对邦的票券。有偿使用个人财产可能导致无尽的烦扰，
其中的点点滴滴都要让每一个人清楚。

　　我们还可以从另外一个角度去理解这个关于邦与个人之间的　　4.6.21
纠纷的条款——更有可能的是，这一条款的有效期是永久的，而
且范围不断延伸。这一条款规定了全部的刑事指控方面的法律。

在这类案件中，邦是原告，受控个人是被告。这样一来，在案件的审理中，邦的大检察官将出现在大陆法庭上。如果将邦视为案情一方，案件就必须在另外的邦审理，这样一来就出现运送证人证据的费用问题。个人在一群陌生人中接受审判，没有亲友，没有支援，自己平时是好人还是坏人都不为人知；结果，案件缺少关键的背景，无法判定被控行为是蓄意的还是偶然的。所有的这些不便，本可以通过现有的重要限制而消除——案件审理必须有本地陪审团，并且案件必须在案发地的县里审理。有了这个错乱的条款——我找不到更好的词语来形容它，一个人要证明自己的清白，非倾家荡产不可。这就是拟议的这份方案所带来的体制。说它是一个治理体制，在我看来是用错了词，除非现有的关于民事和刑事案件的处理机制都被保留。我不是说，所有的这些改变在一年内就会发生；我是说，如果这个方案被接受，这些改变要不了几年就会出现。到那时，我们就会整日处于主权分裂的恐慌之中，不知道该听国会的还是听本邦的。我们会发现，同时满足这两个主子是不可能的。在这样的邦里，频繁纷争是正常现象。有人会利用群众骚乱，而当新体制得到武力支持，变得异常严苛时，那本来受人尊敬的邦的政体就被废止了。新《宪法》中有条款规定，国会可以在任何时候维持常备军，我对此深怀忧惧；很明显，没有军队，这部《宪法》就不可能久存。他们深谙此道，所以才聪明地维持一支常备军。我们当前的政府并不懂得这些。

阿格里帕

六、本邦的贸易规划

1787 年 12 月 14 日

致人民：

　　为防止有人对我上一篇文章中陈述的观点产生误解，为证明　　4.6.22
《宪法》草案实际上是要将各邦统制为一个统一的庞大共和国，这
里我希望读者注意，在讨论的过程中，新方案被视为一个整体。
《宪法》并不依赖其他书籍进行解释，《宪法》也没援引任何其他
书籍的内容，对《宪法》所做的辩护参考的都是各邦《宪法》或
者普通法的准则，就此而言，那些辩护并不有助于其目的。只有
将《宪法》的不同部分放在一起比较，才能理解整体的意义。

　　比如，我们发现，将有一个立法大会负责组建法庭审理不同　　4.6.23
邦公民之间的民事案件。任命这类法庭的权利必然包含着限定其
权力、决定其判决应该遵循的规则的权利；没有后者，仅规定前
一部分权利是没有意义的。不要告诉我们，普通法的准则要求契　　239
约的判定应当依据契约签署地的现存法律，因为普通法还有准则
要求立法机构有权变更普通法。这一权力构成立法权的核心。在
此，对权利进行宣告就具有不可估量的价值。这种宣告包含政府
永远不能冒犯，否则就会影响它们与公民之间的协定的那些原
则。[20] 这种宣告应当进入新《宪法》，以保护各邦的立法权，有
了这种立法权，各邦对其公民的权威才有可靠的保障。没有这种
明确的宣告，各邦在接受这部《宪法》时就形同虚设——其体制
只有在国会满意时才有保障。

　　统制的想法还更深地渗透到规划贸易的权利之中。[21] 虽然这　　4.6.24
种权力在受到适当限制的情况下，对于国会这一部门来说可能是
恰当的，但是在这种体制下，它走得太远，超过了必需的程度。

本邦是大陆商业化程度最高的邦，其他邦无一能及。我们有广阔的海岸线、寒冷的气候、小的产业、平等的权利，还有很多由此带来的便利条件，这些都使我们在这个方面处于联盟的首位。因此，如果某个与我们的幸福休戚相关的问题被严肃地摆在我们面前，我们一定不能轻易放过。新《宪法》不仅不允许往来各邦的船只缴纳税款，甚至禁止它们登记和结清税款。这种规定的唯一用处就是，确保各邦完全无法处理自己的资源。在海关大楼里办理登记和通关手续，当然不费力气，而且费用不高，不值得在意。

4.6.25　　不受限制的规划贸易的权利包括颁发专卖许可证的权利。这在以往的任何国家里都被视为一种重要的特权。我们很难找到一个欧洲国家没有受到这种权力的不良影响。荷兰对这项特权的运用比其他任何国家都彻底，但是它受到的不利影响却比较轻，其中的原因是它的疆域较小，并且从自己在东、西印度的殖民地获取了高额的收益。就此而言，整个国家可以说是一个贸易公司，拥有专卖特权。相比本土，那些殖民地要大得多，结果，这个国家能从这种体制中获得巨大收益。此外，我们还别忘了它作为一个自由政府所激发的敬业精神。但是在不列颠诸岛，所有的这些条件没能阻止垄断带来的伤害。个人致富了，但国家却受到损害。某些具有重要价值的贸易项目被授予一些在伦敦进行交易的公司，这座城市或许是全世界最大的贸易中心。但是，爱尔兰因为它的影响变得贫穷了。布里斯托尔是英格兰第二大城市，但人口情况却与此地位不相称。这些问题，都可以从贸易公司身上找原因。如果说这些问题在一些小国都让人感到如此严重，那么在我们这里就要严重10倍。我们幅员辽阔，在迈向一个广阔帝国的过程中，我们就会感受到这种恶果，而且无法限制政府的势力，不能指望政府给我们提供补偿。那么，就应该有一个限制性条款，阻止国会颁发这类特许，因为那些特许贸易会挫败外向型港口的贸易，还会通过抬高价格，破坏能够刺激产业发展的竞争，伤害全国的商业。

阿格里帕

七、各邦在关税与债务上的不平等

1787 年 12 月 18 日

致人民：

　　毫无疑问，这块大陆的贸易一旦自由，同胞们的活力就会被　　4.6.26
激发，收益得到保障。今年到目前为止的各项评估，不论出自哪
个方面，都说明贸易收支总体上对我们是有利的。我们商人们的
信誉在国外已经建立起来。这充分证明，一旦不受拘束，各种生
意自己会找到有利的门路。我们应当对干扰和限制保持高度警惕。
每天都有新的迹象表明，在当前的困难压力下，人民并不能一开
始就找到恰当的解决办法。去年，由于迫切希望破除干扰，很多
正直之士同意了一份法币条例方案，而其他一些不太好形容的人
冲击了公正的法庭。所有这些做法都加重了他们本想消除的后
果。[22] 经验已经证明，与其通过改变当前的机制减少危害，不如
尽一切努力去完善法律，加深公民之间的相互信任，这样才能广
开财源，促进债务清偿。这些手段不会使一个人的致富以另一个
人为代价，而是让所有的人都受益。各邦都是如此。宾夕法尼亚
只有一个港口，辖域辽阔，从地理位置上讲，不如马萨诸塞有贸
易优势，马萨诸塞虽然受到法规限制，但有辽阔的海岸线。而且，
本邦有很大比例的人口从事与海洋相关的行业。如此大的利益，　　241
我们应当特别注意保护。不要告诉我们，要超越地方利益。只有

保护地方利益，才能保护整体利益。没有人在进入社会时，一开始就想着要满足他人的利益，他进入社会是为了自己的利益。所有有着这种观念的人，都一定会促进整体的利益。谁要再说这些做法都属于地方私利，我们就不必理会，它是在要求一个人比别人做得更多，是在颠覆一个自由政府的根基。如果让总体政府坐落在马萨诸塞，并且让马萨诸塞人拥有不受限制的规划贸易的权利，那宾夕法尼亚人一定会感到震惊。同样，也没有更好的理由让我们把这些好处交给他们。这些牺牲，无论我们用什么词语来自欺欺人，都是愚昧在作祟，也谈不上是慷慨之举。[23]

4.6.27 　　现在，我要请大家稍微集中注意力，看看公共信用的状况，我们会发现，它与我们的贸易状况一样，都是被误解了的。在今年年初，整个大陆债务大约为 1200 万镑（以我们的货币计）。大约 1/4 是外债。其中法国占大头，一直在追讨利息。最近我们又向荷兰借款 12 万镑，利息为 5%，用于偿付法国欠款。乍一看，这似乎很不合算，而且被用于损害人民的邪恶目的。但是一年下来，国会已经同意出售俄亥俄与密西西比的那么多土地，所获款项接近全部外债；而且，国会以 5% 的利息借款 12 万镑并不是毫无用处，而是节省了 300 万的内部债务 6% 的利息，每年达 18 万镑。从这里明显看出，这一大笔像西部疆域一样庞大的资金，足以用于清偿外债。土地购买者可以随意选取合众国发行的任何票券，比如购买"公债凭证"以支付购买土地的款项。那样，那些票券还可以作价抵偿我们的外国债权人的收益。这里我并不在暗示，我们的债权人除此之外没有别的选项了，我只是想证明，我们在其他国家的信用没有此前传闻的那么糟，而且我们的财源与债务压力是相称的。

4.6.28 　　政府的好坏取决于其在帝国各部分之间，以及在一切公民之间就人类事务所达到的平等施政的程度。有些不平等实属难免。
一个人要伸张正义，可能要比另一个人多走好几英里路。但是只
要能走到，穷人就应当享有与富人同样程度的正义。有些不平等　242
容易弥补。但是，法律本身不应该有不平等，政府在一个地方也
应当与在另一个地方具有同样的权威。一个明确无误的事实是，
在那些支持新《宪法》的言论中，最有蛊惑性的都指向新《宪法》
对不同邦的不同好处。在康涅狄格人们被告知，凭借关税和消费
税，收入会大幅提升，因此他们不必担心，只需将征集干税（dry
tax）①的权力托付给国会就可以了。相比康涅狄格，纽约和马萨诸
塞都是更商业化的邦。康涅狄格自然希望由这两个邦去支付大笔
的大陆花费。这一观点本身带有欺骗性。只要贸易不被过度课税，
消费者就会缴税。但是如果被过度课税，贸易就萧条了，而贸易
的凋敝将导致农民失去市场。关税除了免除农民为政府收钱的烦
扰外，实际上并不会给农民带来什么好处。农民从改变税收模式
中既不会得到钱也不会失去钱。政府倒是发现提高收入更容易了，
原因就在于，在货币流通最自由的地方，税款可以通过这种方式
征缴上来。但是如果这么说不是为了骗人，那么它应当得出反对
新《宪法》的结论，因为它将证明新《宪法》在实施中是不平等
的；而如果这种税收模式能够带来积蓄，那么积蓄应该用于偿付
我们自己的债务，而不是用于支付本应由康涅狄格承担的那部分
大陆负担。我不可能写文章反驳旨在推动这一体制获得通过的所
有谬论。那些涉及公共债务以及关税收益的问题是最重要的，我
已经花大力气做了解释。在某些情况下，关税的确能搞到钱，但
那是以直接牺牲港口的利益为代价的；而且这是在货物进口时缴

---

① 指一种虚拟的、没有固定征税对象的税种。

税，出口时又不退税的时候。不管通过这个渠道能够捞到什么好处，这种好处都不会转移到其他邦，至少在我们自己的债务还没有偿清之前是如此。

4.6.29　　政策不平等的另外一个例子是，它在不同邦具有不同程度的权威，由此创造不同的利益。新罕布什尔的土地一开始由本邦，后来又由别的邦许诺给某些个人，现在审理产权的全部权威被授予大陆法庭，那么对于各自的公民而言，那个邦失去了一部分权威，而别的邦保留了一部分权威。我现在讲完了我的两部分观点，我已经证明各邦政府对于内部治理的有效性，以及新体制的弊端，至少是某些重大缺陷。我讲的比我一开始设想的长得多，或许我该就此打住了。然而，问题的严重性又不允许我放弃。

阿格里帕

243　八、联邦与各邦的债务与关税

1787 年 12 月 25 日

致人民：

4.6.30　　大量无可争辩的事实证明，在一个非常辽阔的帝国里，权力不是联盟的重要法宝。如果权力超越了在人与人之间维持正义的必要限度，那么它就会使人性堕落，使人们失去人身与财产的安全保障。公民自由在于这种安全感，政治自由是每位公民在政府之下应得的份额，是对公民自由最有力的保障。同样，我们写的所有文章都同意，在那些被称为专制的、可以说占据了世界上最大部分的帝国里，政府是最不稳定的，财产是最没保障的。在那些国家里，伤害是由君权所致，如果我们的哪位执政者被赋予如此君权，那我们将充满恐惧，会认为这个政府一定会倒台。

　　从这一推论出发，很多人会得出一个有失公允的结论：我们 4.6.31
必须相互独立，各自结成不同的联盟。如果除了权力，没有什么
法则可讲，那么这或许是对的。幸运的是，这样的法则是有的，
那就是商业。[24] 所有的邦都有本地优势，而且有着在很大程度上
各自独立的利益。这就要求互相满足对方的需求。比如说，卡罗
来纳的主要居民是种植业者，而马萨诸塞更多的人则从事商业和
制造业。国会有权裁决它们的分歧。因此，它们之间有可能形成
友好的交往。产出、需求和利益的多样性带来商业，而商业能带
来友好，特别是在有着共同、平等和适中的权威的地方。

　　这一原则同样适合西部的新定居者。他们需求旺盛，这些需 4.6.32
求都要指望老定居者；而他们的收成也很好，这又为他们提供了
支付能力。这样，我们就形成了一种联盟纽带，它适合帝国的各
个部分，而且如果帝国覆盖全美洲，它将继续有效。

　　从严格意义上讲，我们现在是一个联邦共和国。每一个部分 4.6.33
在自己的辖境内都拥有对自己公民的主权。那些关于国会权力不
足的抱怨主要在于两点：国会无权通过税收提高收入；国会不能
对我们与外国人之间的交往作出完整的规划。这些抱怨都有一定
道理，但是并不能证明目前的争吵是对的。诚然，国会在负债， 244
而我们应该承担。其中很大一部分已经偿还了。剩下的应该由我
们来承担的部分，每年大约 6 万到 7 万镑。因此，如果国会将相
当于这一数额的关税权握在手中，公正地讲，我们就可以说已经
尽到了我们应当担当的债务义务，而我们余下的资产，不管来自
关税、消费税还是干税，都应该用于减轻我们自己的债务。这笔
钱充其量大约 130 万镑，利息合 7 万到 8 万镑。的确，这是一大
笔财产，不能一笔勾销；更可取的做法是，它应该被作为大陆债
偿还。但是如果新体制被采纳，整个关税加上不受限制的消费税

和干税，都将归国会所有。剩下的将不足以偿付本邦债务，本邦将依然难逃欠他们债的指责。那么，这就是应当受到限制的问题。无疑，我们能够每年偿清我们本邦债务的利息，以及我们应承担的大陆债部分的利息。但是如果我们交出了关税，根据这部新《宪法》，我们还要支付我们所有余下的债务，就好像一点都没偿付过一样。关税将不被视为本邦偿付的金额，而是作为大陆偿付的金额。实际上，联邦主义者告诉我们，邦的债务将与大陆的债务混到一起，都从同一笔资金中偿付。在这一点上，就像在所有其他问题上一样，他们巧舌如簧，极力鼓吹他们的统制方案。我们读到的书籍中，没有一个字是支持这种方案的，我们没有理由认为它是对的。他们轻易地担保，也会轻易地忘记担保。人总是愿意忘记虚假的东西。没有人指望将镇的债务与邦的债务混到一起，同样，没有理由指望将邦与大陆的债务扯到一起。

阿格里帕

九、邦联的贸易与归化

1787 年 12 月 28 日

致人民：

4.6.34　　接下来，我们讨论上述第二点，也是最后一点对于当前邦联的不满，即规划我们与外国人的交往的权力并不专属于国会。这种权力不仅涉及战争与和平，而且涉及贸易与归化。这最后一条绝不应当给予他们，因为虽然大多数邦都出于某种原因愿意接受

245　外国人作为公民，但是其他邦由于处境不同，同样有足够的理由保持其血统的纯净。宾夕法尼亚选择接受任何愿意来的人。这个邦在道德、教育、资源方面是否与东部各邦一致，就让那些无知

之辈去评判吧，反正罗得岛这个小邦是例外。经过一个世纪的发展，宾夕法尼亚已经获得了今天的疆域与人口，但付出了宗教与道德的代价。由于与域外混杂人口保持距离，东部各邦一个半世纪以来已经取得了伟大的成就，同时也保存了自己的宗教与道德。[25] 他们还保持了那种刚毅的品格，这使得他们不仅在战争时期勇敢，而且在和平时期勤劳。

余下的和谈与贸易的权力在某些限定条件下，或许可以安全地交予国会。在我看来，为维护各邦的平等权利——这是各邦政府为其公民确保的目标，有三条限制是非常必要的。第一，不经邦立法机构的同意，国会无权通过缔约或者其他手段划出任何邦的一部分。第二，国会不得通过缔约或者其他法律赋予一地区高于另一地区的法律优势。第三，国会不应当设立任何专卖。或许，有人还会提出别的规则或限定。我提出的这些限制，一条可见于旧的邦联条款，一条可见于新的《宪法》草案，而另外一条似乎同样重要。　4.6.35

关于这一主题，以及关于修改旧《宪法》使其符合国家目标方面的困难，在说完、写完了这些之后，我再提出两点看法，似乎就不需要再做什么了。其一，赋予国会征集有限收入的权利，其二，赋予国会有限的调控对外交往的权利。补上这两点，我们就能维护各邦保护公民权利的能力，而且整个帝国将有能力扩展疆域、接受新成员又不更改其现有的《宪法》。同时，国会随着管辖范围的扩大以及官员的增多，将在国内更加受人尊敬，在国外更有影响力。在这种情况下，如果哪个邦想冒犯联盟的权利，那么其他邦就会联合起来捍卫那些权利，而且国会有力量指导全国上下捍卫这一目标。当然，随着帝国的扩展，国会对于公民的权力相应地会变小；为了维护这种平衡，每个邦应该竭尽所能地弥　4.6.36

补人口短缺。国会将有能力通过我们提出的这种体制规划对外贸易，使得我们自己国家的产业和制造商在直接税方面具有充足的优势。因此，我们各邦之间在主要的双边利益上应该形成友好的交流。对外国船只征收适度的直接税将为我们自己的人民带来好处，同时避免一切坏处都来自一纸限令，结果造成没有足够的船只运输南方各邦的产品。

4.6.37　目前，我们的国家从北到南大约1000英里，从密西西比到大洋大约800英里。我们拥有至少600万白人居民，每年还在以25万人口的规模增长。新增人口大部分都在新土地垦殖，而老定居者也有很多在加入各种各样的制造业。本邦仅今年一年向工业迈进的非凡努力中，创造的产值就有可能超过50万镑。新的垦殖如果全都集中在这个国家的同一片区域，那么每年都会形成一个大邦，一到时机成熟，一群新的国民就会出现。这么一个庞大的国家不仅有能力产出一切欧洲产品，而且实际上到目前为止已经开采出了更多的原料。限制我们在欧洲的贸易，将迫使我们充分利用这些原材料，而高价的劳动力又能起到鼓励我们改进机械的作用。这样一来，我们每天都在原材料方面、在帝国里快速地走向独立。如果我们接受新的政府体制，那么在经历了13年艰苦努力、付出巨大代价、本该走上欣欣向荣之路的时候，我们却通过一次鲁莽的票决，将这些成果丧失殆尽。虽然国会对国外贸易征收关税可以鼓励制造业，但是消费税和干税将破坏关税带来的一切收益，同时削弱我们的资本。因此我们必须谨慎，只能出让有限的收入，以及有限的管理国外事务的权力。一旦交出内部立法与税收的权利，我们不仅得不到其他邦的尊重，反而会被他们耻笑，子孙后代也会悲叹我们的愚蠢。

阿格里帕

十、对《邦联条例》的修订

1788 年 1 月 1 日

致人民

朋友们、兄弟们：

　　对于每一个有幸能够思考的人来说，将自己在事关公共大 4.6.38
计的任何问题上的研究结果公之于众，是义不容辞的责任。面对
广大读者，我想我无须为我不厌其烦地在他们面前谈论最近提出 247
的那套政府方案而一再致歉了。人们在一种探求真理所必需的自
由氛围中，以最大程度的自由讨论这个问题。这个问题涉及范围
如此之广，意义如此之大，因此考察应该是长期的，而要处理的
话题是多种多样的。关于不同政府形式下人的生存状况，我们曾
勉强说过一些粗略，但不失正确的话，以支持我们观点中的某些
部分。现在，请允许我再考察一下我们的推论所基于的一些主要
命题。

　　古代那个最具商业性的共和国[①]，在 700 余年间从来没有受到 4.6.39
叛乱的困扰，结果却在一场暴力抗争后向外敌屈服，这个例子以
及我们国家的一个半世纪的经历都表明，共和制在构成要素上远
比其他任何政府形式更持久。大量证据证明，一个统制的政府不
适合幅员辽阔的国家；它憎恶人身与财产的权利——这两种权利
始终紧密相连；由于与帝国边缘地区的利益相悖，这样的政府只
能靠武力维持；而对于一个自由的国家而言，商业才应该是一个
联盟的真正纽带。通过比较这份草案的不同部分，我们还证明了
这个政府的统制特性是如此强烈。

[①] 作者在此指迦太基，参见前文 4.6.6 及其注释。

4.6.40　　　第三条第二款规定，国会有权授予法庭审理任何种类的民事案件，甚至针对某特定邦的民事案件的权威；第一条第八款限定了国会的立法权，但最后一句指出，国会有权"制定为执行以上各项权力和依据本宪法授予合众国政府或政府中任何机构或官员的其他一切权力"的法律；第六条规定，各邦法官应当遵守国会的法律。因此，这是要将各邦融入一个完整的统制政体中，不论其具有什么样的多样性。我们还证明了这个体制在不同邦之间的效力是不平等的。出于这些理由，就算没有更好的方案代替，这个体制也不应该被接受。拒绝采纳这个体制，我们依然如故，我们依然能够贸易发展、财源广进、垦殖扩展、产业增长，而且公债会得到公正的偿付、逐步减轻。这些都是上帝的恩宠，不能因为仓促采纳一个新的体制而错失。从当前的体制中，我们的收益如此巨大，这说明，只赋予国会有限的规划贸易的权力，只拨付

248　　给他们我们对外贸易的那部分关税——这相当于他们每年缺额中我们所应承担的部分，我们的收益就还会增长。如果利息能如数收取上来，我们几年之内出售土地的所得就能偿付大部分债务，而本邦的其他财源会偿付我们自己的债务。当前评估大陆税收的模式是根据各邦的地产来制定的。根据这种规定，马萨诸塞承担1%。如果我们采纳新的体制，我们将交出整个关税和消费税，其数额可能相当于全部大陆间接税的1/3，而且将承受余下债务的大约1/6。这样一来，我们虽然持有大量的大陆债权，但是被剥夺了债权收益；我们将失去满足邦的正当要求的能力。按照我这几篇文章所提到的对收入和商业规划的限制，我们享有总体上对我们有利的平衡，大邦的地位得到保护，不论是大陆还是邦的公共债务的债权人的利益都得到满足，而且不给人民增加负担。为了更简要地阐述我的意见，我提出一份提案，希望能在即将在本

镇召开的会议上通过：

　　马萨诸塞共和国兹决定，鉴于最近在费城召开的联邦大　　4.6.41
会提议的政府形式伤害到本共和国的利益，我们凭着对邦民
的忠诚，不得不反对它，我们反对拟议的政体及其各组成部
分。为了尽可能促进这些邦的联合，为了使联邦事务尽可能
少地受到阻碍，我们从本共和国的立场出发，同意在当前的
《邦联条例》中加入如下补充条款：

　　第十四条，合众国有权规划这些邦与外部疆域之间的交　　4.6.40
往，但须受以下限制：

　　第一，未经邦立法机构同意，任何条约、法令和法律都
不得排除任何邦的整体或部分。

　　第二，合众国不得以协定等形式为一邦的港口赋予相对
于另一邦的港口的优势。

　　第三，也不得创立任何专卖机构或独断性公司。

　　第四，也不得将公民的特权扩展至任何外国人。

　　为便于这些权力以及前面几条规定的权力的运作，合众
国应该有权组建审判法庭，不论是最高法庭还是下级法庭，
并赋予其权力审理公海上的抢劫和谋杀罪，以及一切以外国
或者事实上居住于国外（不排除不列颠）的外国国民为一方
的民事案件。他们还有权审理一切有关使节的案件。所有这
些审理都必须有陪审团参加，而且应该在港口城镇举行。国
会对贸易的所有课税都应限于进口的外国产品或外国制造　　249
品、在我们的港口从事贸易的外国船只，而且国会的一切限
令都只针对这类物品。一切关税及征用所得都应该为邦所
用，在邦内累积，除了那些被邦指定偿付他们为大陆分摊的

资金的部分之外。

　　除了本条以及前文条款的明确规定之外，不再有任何权力归国会行使。

　　为此，我们授权我们在国会的委员，如果其他邦也从自己的角度，能在我主纪年1790年1月的第一天或在此之前同意这一提议，即可签署、批准以这种格式和文字表述的条款，本邦无须为此事由另作安排。

　　所有的收入款项都归立法机构掌管。我们建议这个共和国的大议会尽早将从对外商贸中获得的资金设定为基金，其数额与我们当前应为大陆承担的部分相等，将这笔收入交由国会掌管，并使其有权在必要的时期内，比如在靠出售西部土地以偿付主要债务时，募集它。

4.6.43　　通过这样一份关于授予国会权力的明确宣言，我们满足了全部的联邦需要，同时也保障了自己的权利。旧的《邦联条例》的缺陷是明确的，修正它比修改新的政府方案更容易。不管新方案是以什么样的原则提出的，在真理面前我只能说，它包藏着阴险的目的，只会带来毁灭性的前途。立法部门表面上由不同部门组成，但成员实际上都是从同样的公民阶层中选出来的。只要我们还处在不列颠式选举的阴谋与腐败之中，制衡机制就不能发挥作用。我们应该采纳上述解决方案并且持之以恒，相比当前模式，没有什么模式在选派国会成员方面更合适；相比我们各自独立的政府，再也提不出更有效的制衡；也没有什么体制比当前的更经济。那样，我们就能避免多头司法的不便，避免宾夕法尼亚方案中昂贵而无益的建制，我们就能维护我们的《宪法》与自由，提供诸如此类的有用机制。你们不应该再迟疑，要么选择自由，要么选择奴役。现在，目标已经明确。采纳那次会议提出的方案，你们得到的将是外邦的耻笑、内政的困难，以及子孙的诅咒。修正当前的邦联，为国会授予有限的权力，你们得到的是异域的羡慕、邦内的幸福，以及子子孙孙的福祉与繁荣。明智些吧，通过保全你们的自由，去证明上帝的这一恩宠并没有白费。欺骗大会议不是轻易能做到的。那个判定模式本身就是可疑的，有悖于本共和国古老而既定的目标。如果采纳我提出的这个模式，我们相信，那个令人尊敬的会议成员将不再看重他们手中强大的权力，而更关心选民的思想与利益。他们将记住，在采纳它的过程中，一个小错误都将是致命的，还好在整个反驳过程中并没有出现什么不良后果，即便在我们提出的这些不无偏颇的反驳中，也没什么后果。 250

　　现在，关于这一重大问题，我一点一点地讲完了自己的理由，我陈述了相关的事实与推论，交由你们自己评判。我的利益不在于个人，否则我就是另外一套做法了。虽然我知道，一个忠于自己的邦的人在各种重大问题上都一定会提出这样的思考，目的是促进公共利益。但是我并不认为，直面那些在这个问题上持不同意见的人的愤怒是我的责任所在。由于这个原因，也只因为这个原因，我选择不签署实名。当前，关于这些文章的作者的所有报告都是推测性的。如果我提出的方案是依靠如此脆弱的个人支持，我将感到羞愧，但我的方案有人类经验作为坚实基础。我不敢说我的长篇大论给人带来的警醒，胜于以下经文："巴不得你在这日子知道关系你平安的事，无奈这事现在是隐藏的，叫你的眼看不出来。"[26] 4.6.44

阿格里帕

十一、与欧洲的关系

1788 年 1 月 8 日

致人民：

4.6.45　　我最后这篇文章将提供一个框架，概述一种完全适合联盟各种有益目标的体制。联盟的目标在于通过外贸以及出售公共土地获取足够的收入，以应一切公共之急，同时鼓励我们的内部产业与制造业。它在将大陆利益置于总体部门的管辖之下的同时，又能够保障每个邦有自己的独特权利。对于目前的体制，我所能发现的唯一不足，或者说它在联邦主义者眼中的重大问题，就是它不允许国会介入各邦的内部事务，不能使我们的全国委员会有效应对外国势力。这篇文章的第一部分想证明，我们不能接受费城会议报告中提到的官员的无限扩充。至于第二部分，我想说，既然议会成员始终可能被召回，那么很明显，对于任何其他国家来

251　　说，花高价收买他们的选票是意义不大的。但是如果赋予这些成员任期 6 年，哪怕是 2 年的权利，而且手中握有新体制所设定的如此广泛的权力，那么他们的交情也是值得购买的。只是因为这一点，费城体制才使得外国人对我们尊重有加。而在其他一切问题上，他们对我们没有尊重，我们与他们打交道的方式就好像是降格了似的。他们的信条是，人人都是有价的。联邦主义者一再催促我们要学习其他国家，并将唯利是图的罪名强加给反对他们方案的人，如果我们要判断他们这么做时心里是怎么想的，那么可以公正地讲，他们自己才想要损公肥私。不管是不是如此，只要我们看看这些人，我们就能发现他们中的几个领袖人物已经对外国情意绵绵了。那些感情究竟是源自他们所受的王室政府的教育，还是源自其在政治生涯中的不幸错误，还是源自外国人的诱

322

使，或者其他什么，我无从判断。真正的情况是，这份方案的几位主要鼓吹者从来没有证明自己能设计出一种能博得自由人喜爱的慷慨的政治方案。权力与上流社会才是他们的目标，国家资金成为追逐它们的必要手段。

欧洲的一些主要势力已经与我们缔结协约，而其他国家还没　4.6.46
有与我们缔结协约，也并非像一些托词所说的那样，是因为我们国会权力的不足。荷兰有多个主权实体，它们对这类缔约问题都有决策权，但这个国家在这方面并不存在难题。大不列颠对我们的战争胜利心怀敌意，这使得其权势部门限制我们与其国民打交道。或许对于穷苦百姓来说，希望或者说唯一的安慰在于，他们的运气在这块大陆会有所好转，这对他们的行动有一定的影响。他们所受到的一切限制恰恰说明，我们通过投身于一些有价值的制造业而确保自身独立，是正确的选择。他们的殖民地由于缺少与我们这些邦的交流而渐显颓势。新斯科舍的新殖民点不幸衰败了，而西印度群岛也处于供给不足的境地，还失去了我们的市场。这影响到我们的收入，但是不论那些人在谈到我们的贸易时多么不屑一顾，600 万人民的市场供给应该是值得地球上任何一个国家关注的目标。在不列颠这样的国家里，利益将战胜他们的敌意。不管骄傲之心多么受挫，毕竟他们会追逐财富。对于一个负债达 2 亿 9000 万英镑[①] 的国家来说，收入的增长是主要目标，足以化解睚眦；无疑，尽可能地确保与我们的贸易，是他们的利益所在。

联邦主义者为维护他们的方案而给出的那些最具迷惑性的理　4.6.47
由，就是从这些话题中得出的，就好像是替外国人说话一样。我们　252
掂量过他们，找到了他们的薄弱之处。他们自己对自己在费城提出

---

① 英镑，这里原文为 sterling，属英国旧币单位。

的那些理由都没有信心，这一点通过他们诉诸邦大会的做法可见一斑。威尔逊与麦克基恩这两位先生的苏格兰名字①在论辩中被反复中伤。[27] 为了弥补他们自身能力的不足，过道里站满了乌合之众，他们不时叫喊、鼓掌，这些寡头勇士恬不知耻，攻击正派人士，完全忘了谦逊是本民族的美德。他们的手段虽不至于犯罪，但极其卑鄙，为了照顾大多数，我们中很少有人提及他们。但是，那些出卖选票的人绝不会洗清罪孽，毕竟背叛是无耻的。

阿格里帕

---

① 詹姆斯·威尔逊（James Wilson, 1742—1798），生于苏格兰；托马斯·麦克基恩（Thomas McKean, 1734—1817），美国早期政治家，父母生于苏格兰。

尾注

［1］ 见 John A. Munroe, *Federalist Delaware, 1775—1815* (New Brunswick, N. J., 1954); Richard P. McCormick, *Experiment in Independence*: *New Jersey in the Critical Period, 1781—1789* (New Brunswick, N. J., 1950); William W. Abbot, "The Structure of Politics in Georgia, 1782—1789," *William and Mary Quarterly* January 1957; Kenneth Coleman, *The American Revolution in Georgia, 1763—1789* (Athens, Ga., 1958); Bernard C. Steiner, "Connecticut's Ratification of the Federal Constitution," *Proceedings of the American Antiquarian Society* n. s. 25 (1915): 70–127.

［2］ 关于马萨诸塞的形势，参见 Richard B. Morris, "Insurrection in Massachusetts," in *American in Crisis*, ed. Daniel Aaron (New York, 1952); George R. Minot, *The History of the Insurrection of Massachusetts* (Boston, 1810); Samuel Eliot Morison, "Struggle over the Adoption of the Constitution of Massachusetts, 1780," Massachusetts Historical Society, *Proceedings* 50 (1917):353–411; Anson Ely Morse, *The Federalist Party in Massachusetts to the Year 1800* (Princeton, 1909); David H. Fischer, "The Myth of the Essex Junto," *William and Mary Quarterly* April 1964.

［3］ Centinel 感叹，在马萨诸塞，"自由的事业是如此无力，说得头头是道，但胜利如此渺茫"。见 Centinel XV, 2.7.166. 更常见于 Samuel Bannister Harding, *The Contest over the Ratification of the Federal Constitution in the State of Massachusetts* (New York, 1896).

［4］ 新罕布什尔的大会于 2 月 13 日召开。反对派在人数与力量上与马萨诸塞接近，联邦主义者担心失败，将会议拖延到 6 月中旬。Joseph B. Walker, *Birth of the Federal Constitution* (Boston, 1888).

［5］ "据说，Winthrop 以 Agrippa 为名写作。这些文章没有证明他的这一身份。" 见 C. Gore 致 King, 23 December 1787, *King, Life and Correspondence* I, 265; Ford, *Essays* 40, 51–52; Charles Warren, "Elbridge Gerry, James Warren, Mercy Warren, and the Ratification of the Federal Constitution in Massachusetts," Massachusetts Historical Society, *Proceedings* 64 (1930—1932):147, n.6; Harding, *Contest over Ratification* 21, n.1. Ford 重印的这些信件（*Essays* 53–122）有一些编号和日期上的错误，还有一处删略，这里都予以标注。正如 Ford 指出（第 51 页），虽然 Agrippa 的信件得到很多回复，但是没有谁认真对待他的观点。参见 *Massachusetts Gazette* 30 November 1787 (Cassius, reprinted in Ford, *Essays* 22-23); 21 December 1787 ("Charles James Fox"); 28 December 1787,4 January 1788("Kempis O' Flanagan"); 25 January 1788(Janius).

［6］ Clifford K. Shipton, "James Winthrop," *Dictionary of American Biography* XX, 407. 作为 Winthrop 性情古怪的证据，Shipton 指出，在美利坚艺术与科学学会纪念会上，他发表了关于某些数学问题的"荒谬答案"，"让其他成员深感羞辱"。

［7］ 见上文 2.1.

［8］ 见上文 3.2.

［9］ 见 A Landholder (Oliver Ellsworth), *Connecticut Courant* 3 December 1787, Ford, *Essay* 159.

［10］ 见 XⅢ, 4.6.49–50. 关于希腊与罗马的例子的意义，见 *The Federalist*, no. 8, 47; no. 9, 50–51；关于罗马与迦太基，见 no. 6, 32.

［11］ *The Federalist*, no. 9, 51. 关于商业作为联盟的纽带，见 Agrippa XⅢ, 4.6.31 注 [24]。

［12］ 关于这种观点，更深入的阐述见 Charles Pinckney 于 1787 年 6 月 25 日在费城会议上的发言；关于《联邦主义者文集》的主要作者的回答，见 Madison 在第二天对 Pinckney 的回应，Farrand Ⅰ, 397–404, 421–423. 有人会说，Agrippa 后面的例证支持这样一种倾向：一个共和政府应该足够有力，以镇压反叛。

［13］ 见 Thomas Hutchinson, *History of the Colony and Province of Massachusetts Bay* (Cambridge. Mass., 1936) 1, 123 ff.

［14］ 这里指的是以谢斯反叛为顶峰的各种骚乱。关于美利坚在 18 世纪 80 年代的形势，见 The Federal Farmer Ⅰ, 2.8.1 注 [22]; Centinel Ⅳ, 2.7.91 n.43; Plebeian 6.11.5 n.6.

［15］ 对这个以及下面观点的反应，见 Cassius (James Sullivan) 的文章，*Massachusetts Gazette* 30 November 1787; Ford, *Essays* 22–23.

［16］ 其他反联邦主义者对于这一问题的观点，见 Cato Ⅲ, 2.6.12–16 n.8. 联邦主义者对于辽阔共和国的辩护，可另见 *The Federalist* (nos. 9, 10, 14, 51). Ford *Pamohlets* 203–206(Fabius), 129–130(Citizen of Philadelphia), 248(Aristides); Ford, *Essays* 215–216(Fabius), 129–130(Citizen of Philadelphia), 248(Aristides); Ford, *Essays* 215–216(A Countryman); McMaster and Stone 193(Plain Truth); ibid, 336, 386, 395(Wilson); Elliot II, 352–353(Hamilton); Elliot III, 85, 125, 199(Randolph); ibid, 107–108(Corbin), 232(Marshall); Elliot IV, 22(Davis); ibid, 262, 326–327(Pinckney); *Poughkeepsie Country Journal* 12 December 1787(Cato).

［17］ 关于异质性，特别是南方与北方的差异，见 IX, 4.6.34–35; XII, 4.6.48; Cato III, 2.6.18 n.13.

［18］ 参见 Resolution of Stamp Act Congress, 19 October 1765; Massachusetts Circular Letter, 11 February 1768; Declaration and Resolves of First Continental Congress, 14 October 1774. Nos. 38, 45 and 56 in Henry Steele Commager, *Documents of American History* (New York 1968).

［19］ Agrippa 列举大量证据证明《宪法》存在的统制倾向，其基础就在于这一所谓

的权威，实际上，它在《宪法》里并没有被明确提出。很明显，Agrippa 指的是广泛的统制性的联邦司法机构，并认为这一点在《宪法》第六条"有明确下文"；但是，他的态度是极其含糊的，见 XIII, 4.6.52，关于这一观点的略有不同的表述，可参见 Centinel II, 2.7.42.

〔20〕　权利法案是一种规范，据此统治者被约束在契约条款之下，人民的抵抗也可被证明具有合法性，参见 XIII, 4.6.51, 71. 类似的反联邦主义者观点，见 Old Whig IV, 3.3.21–30; Philadelphiensis IV, 3.9.21–22; DeWitt, 4.3.8; [Maryland] Farmer I, 5.1.15–16; Impartial Examiner 5.14.5, 10.

〔21〕　关于规划商业的权力，见 XIII, 4.6.53.

〔22〕　原文略有不同，但无损原意。

〔23〕　参见 Monroe 5.21.12. 另见 Agrippa XII, 4.6.58 n.31.

〔24〕　关于商业是友谊与和平的制造者，见 *The Federalist* no.6，另参 no.11, 72："商业及政治利益的统一，只能源于政府的统一。"又参见 Candidus 4.9.13–15.

〔25〕　1774 年 John Adams 在费城参加第一届大陆会议时表示："费城的贸易、财富与规划不像波士顿。这里的人民的道德要好得多，他们的举止更有礼貌、更亲和，他们是更纯粹的英国人。这里的语言更好，这里的人长得更英俊，这里更富有生气，这里的法律更英明，这里的信仰更高尚，这里的教育更好，这里的一切都胜过它们，除了市场以及宽厚的公共资金。"*Diary and Autobiography of John Adams,* ed. L. H. Butterfield (Cambridge 1961), 9 October 1774, II, 150. 见 Agrippa XII, 4.6.48.

〔26〕《路加福音》19：42。

〔27〕　见 McMaster and Stone 364–365.

第 6 章
马里兰

引言

到 1788 年春，6 个邦已经批准了《宪法》，运动的中心转移到南方，那里只有佐治亚通过了《宪法》。《宪法》在南方遇到的最大问题在于，在弗吉尼亚的帕特里克·亨利的领导下，有可能出现一致行动。马里兰和南卡罗来纳打算在弗吉尼亚之前召开大会，而这两个邦的反联邦主义者的策略是，如果不能保证否决《宪法》，那么尽量拖延，并邀请弗吉尼亚以其强大的反联邦主义者阵容，担当起对《宪法》实行否决或进行重大修改的领导责任。

马里兰在美利坚各邦中最具精英统治色彩，由一群通过利益、背景和婚姻联系在一起的种植园主和商人按照《宪法》治理，对政治参与特别是在参议院或行政部门中任职，设有相当高的财产资格限制。然而，尽管政治参与率相对较低，却出现一个由塞缪尔·蔡斯 ① 领导的活跃的反对群体，以及围绕纸币而展开的激烈斗争。[1]当立法部门于 1787 年接受拟议中的新《宪法》时，联邦主义者同意将宪法批准大会推迟到 1788 年召开，并取消了参会代表的正式财产资格限制。参议院还接受一项提议，"召开大会，由人民进行全面和自由的调查和决断"，以代替参议院的声音，"作出自己的认可和批准"。[2]联邦主义者立足自身力量，希望事情有进展，作出了让步。在推选出来的大会成员中，联邦主义者占压倒性优势。不知什么原因，在大会一开始的几天里，反联邦主义者的领导人们并没有出现。到蔡斯、路德·马丁和威廉·帕卡 ② 在大会开始三天后

---

① 塞缪尔·蔡斯（Samuel Chase, 1741—1811），生于马里兰，美国早期政治家，《独立宣言》签署人之一。

② 威廉·帕卡（William Paca, 1740—1799），美国早期政治家，《独立宣言》签署人之一，曾任马里兰总督。

到会时，《宪法》已经经过了二读，相关质疑已经提交给众议院。蔡斯发表了长篇演讲，反对批准《宪法》。联邦主义者知道自己人数占优，而且规则对自己有利，只静静地听，不做任何反驳。帕卡提议对《宪法》进行修正，但没有被采纳，大会随后进行票决，在4月26日，《宪法》以63对11票获得通过。[3]联邦主义者拒绝接受建议性修正条款，委员会试图协调，数日无果，最后，修正条款被以47对26票否决。马里兰是继马萨诸塞之后唯一一个没有提出建议性修正而批准《宪法》的邦。

256

编者按

257

反联邦主义者的文章中，有些非常尖锐、非常深刻，其中就包括"一位（马里兰）农夫"①所写的那些文章，它们于1788年2月、3月和4月发表在《马里兰公报》上，现第一次予以重印。在权利法案、政治党派，特别是代议制、单一还是复合政府等问题上，这位马里兰作者的观点对于反联邦主义者思想的研究者来说是不可或缺的。

虽然还没有找到直接的证据，但"一位（马里兰）农夫"可能就是约翰·弗朗西斯·默塞（John Francis Mercer）这位宪法大会上的未签名者、活跃的马里兰反联邦主义者。[4]默塞生于弗吉尼亚，早年在威廉玛丽学院接受教育，师从托马斯·杰斐逊研习法律。在独立战争期间，他积极参与军事活动，并代表弗吉尼亚出席大陆会议。他1785年结婚，此后移居马里兰，在这里被推选参加1787年的联邦大会，但他没有等到会议结束就提前离

---

① 化名者"一位农夫"（A Farmer），又作"一位马里兰农夫"（A Maryland Farmer），
　不同于前文"联邦农夫"（Federal Farmer）。

会。他在马里兰邦反对宪法运动中扮演着重要角色。后来在新政府组建过程中，默塞与共和派联手，积极投身政治活动。他曾任马里兰众议院议员，短暂出任联邦参议院议员，还担任过马里兰总督。[5]但是，关于作者身份的这种推断一直有争议，因为它几乎完全依据一位农夫的观点与那些据说是默塞的观点之间的相似性。不过，相似性是很明显的，而且与其他反联邦主义者很不相同。默塞思想的主要资料是麦迪逊对其 8 月 14 日大会发言的记录。此外，我们还能找到一封他于 1804 年写给杰斐逊的信（这封信很有用），以及一篇"致纽约和弗吉尼亚会议代表的信"。[6]

在围绕应该组成一个单一政府，还是一个混合型或者说复合型政府而展开的争论中，默塞与一位农夫都有自己的核心观点。像很多反联邦主义者一样，他们都十分关注代议制，但是他们关于代议制的分析是非常相似的，而与人们更经常讨论的诸如马里兰的塞缪尔·蔡斯、弗吉尼亚的理查德·亨利·李的分析差别甚大，前者认为，代议制是一种倾向于精英控制、有可能演变成专制的制度，除非有永久的、稳定的社会等级对其施加制约。[7]默塞与一位农夫都推崇英国的混合政府，视其为典范，并且都坚持在任何稳定的复合型政府中都应该有一个强有力的行政机构。[8]他们在保全各邦权力的问题上较少有特别之处，但是在这里，默塞与一位农夫专门讨论了联邦体制作为一种权力平衡的体制的问题[9]，他们还注意到党派问题[10]。

下面列出一些主要的相似之处，读者可以自己去判断编者的看法是否准确，看看默塞是否就是这些有趣又重要的文章的作者。

一位农夫拿起笔，回应一位化名"亚里斯泰迪斯"（Aristides）的联邦主义者，此人实名亚历山大·康蒂·汉森（Alexander Contee Hanson），是马里兰的立法官员和法官。[11]首先，他回应

258

了"亚里斯泰迪斯"对其所谓"反联邦主义者、最主要的"观点（缺少权利法案）的攻击。一位农夫这里使用的是常规套路，他颠倒了联邦主义者的基本观点，他指出，在一个君主国里，个人占据多数，而在一个大众政府里，对个人的危害来自大众多数的利益或者愤激情绪，因此，一个政府越自由越民主，个人权利就需要得到越清晰的表达。在这篇文章最后，一位农夫质疑，对于合众国，一个全国性政府是否比一个联盟或者一个邦联更适合。

在第二篇文章中，一位农夫没有讨论原定的统制问题，而是讨论代议制问题。这是反联邦主义者讨论的最主要的四五个问题之一。在这篇文章里以及在其他地方，作者的思想中都有一种矛盾之处：到底是保护总体上单一型的政府，还是反对过早接受一个美利坚还没有为其准备好要素的复合型政府。文章一开始，他辛辣地讽刺对手对于自己的新知识的过度自信，并采用一种（即便在保守的反联邦主义者看来也）言过其实的论述："没有什么新东西是可靠的、有用的。"（Ⅱ, 5.1.22）此前，人们并非不知道，代议制政府与人类同龄，但是政府由于容易腐败，最后总是短命。总体上讲，这篇重要但多少有点松散的文章的一个观点是，代议制政府是精英政治，它是腐败的、专制的，并且导致绝望的人民将自己交付给某一个人。那么，通常代议制政府会导致一个靠常备军维持的专制政体，但是一位农夫坚称，有可能用一个强大、独立的行政部门（不像《宪法》之下参议院与行政部门的联合）去调和这种精英政治。然而在合众国，当13个复杂的政府形式被联结在一个更复杂的政府之下，导致"一切责任（好政府的唯一标志）丧失殆尽"时，败坏的进程会比通常情况下更快、更严重。（Ⅱ, 5.1.34）对常备军的质疑、它对自由的影响，以及如何防范它，占据了这篇文章的后半部分。（Ⅱ, 5.1.35–53）

259

在第三篇文章中，一位农夫提出质疑，一个全国性或者联邦性的政府是否更合适。如果说一个全国性政府能够为美利坚带来尊严与辉煌，那么又可以说，真正的幸福在于政府的简单与平静。然而，一位农夫对其公民同胞目前的腐败作风视而不见，他指出，他们目前有能力实行自治。各邦之间的关系以及抵御外国渗透或腐蚀，是密切相联的问题，就此而言，一个由小的大众政府结成的邦联才是最好的。在这篇文章的后半部分，一位农夫饶有趣味地勾画出合众国的三个等级以及他们的未来。（Ⅲ，5.1.56-60）最后他指出，"公共自由取决于保护党派"，平衡党派利益应该是自由和英明的人民的目标，只有这样才能克服一切党派的弱点，将全体人民的判断联合到一起并进行调和，使党派受到良好的治理。（Ⅲ，5.1.60）

在第四篇文章中，一位农夫批评了《宪法》缺少规定民事案件中使用陪审团的条款，讨论了陪审团作为司法活动中民主角色的价值——人民对政府的制约和参与公共事务的课堂。

在十分重要又复杂的第五篇文章中，一位农夫回到其代议制的主要议题。讨论从"简单的、权利平等的政府"开始，他认为这个问题从理论到实践上都还没有被令人信服地论证过。（Ⅴ，5.1.69）不论什么原因，我们似乎都倾向于有着不变的和稳定的社会等级的混合政府。如果这是我们的目标，那就让我们缓缓地、谨慎地前行吧。代议制政府由于频繁滋生变动，"使整个体制遭人轻蔑"。（Ⅴ，5.1.71）代议制体制只有以混合的稳固的社会等级为基石，才行得通，但是在美利坚，只有小农阶层才是这样的等级，但他们的力量过于软弱。《宪法》企图在腐败的君主制的废墟上建立一个共和国。为合众国建立一个以代议制为基础的政府，至少要求行政长官终身任职，由他任命的参议院成员也应该是终身任职的。问题是必须阻止行政长官变成世袭的，为此，副总统职位

就非常重要。（V, 5.1.72-74）

在讨论了代议制——如果这是合众国必须选择的话——及其要求之后，一位农夫回过头来总结这篇文章的结论：单一制政府的益处（V, 5.1.75-82）。英国的体制，虽然属于同类中的佼佼者，但盛名之下其实难副。它虽然不乏理性，但是依靠官僚机制与腐败手段来维持，而且它不能阻止下层民众的贫困，不能避免动乱。我们可以将英国与瑞士对比。瑞士的政府是单一制的，掌握在人民个人手中，在那里每一位公民都是立法者和战士，人们享有自由、和平与繁荣。政府必须掌握在人民即那些拥有地产的人手中，如果政府由自由的有产者掌握，有理性的适度的法律，再加上一些拥有有益知识的学术机构，人民就不会滥用他们的政府，相反，为保卫这样的政府，他们赴汤蹈火在所不辞（V, 5.1.82）。

在第六篇文章中，一位农夫回答了亚里斯泰迪斯的各种小问题，主要是对当前联邦与各邦司法机构的质疑。

一位农夫最后写了一篇长文，发表在几期《马里兰公报》上，回应亚里斯泰迪斯的进一步批评，并对自己的观点进行了总结。他回顾了政府的蜕变，从一开始致力于平等权利，到后来在运转过程中不可避免地（一位农夫认为如此）陷入不平等。人民受到少数人的压迫，呼唤某一个人来治理（VII, 94-100）。结果，这位君主不可避免地陷入腐败，反过来又腐蚀整个社会（VII, 5.1.101-103）。最后，人民只好向天堂追求在地上得不到的安慰与平等，但是，宗教的专制与腐败支持政府的专制与腐败，反过来也受它们的支持（VII, 5.1.104-107）。欧洲虽然失去了市民与政治的自由，但由于国家之间实力平衡机制的适度影响，社会至少保存了一定程度的、在一个大帝国里不可能有的幸福（VII, 5.1.108-111）。一位农夫最后思考美利坚各邦的政府，指出那些导致当前混乱的邦政府的不足之处。然而，未来似乎会比过去更糟糕（VII, 5.1.112–113）。"事实是，我们曾盼望，而且至今孩子们仍然在盼望永久的公共辉煌与个人奢华，忘记了政治机构与自然机体一样都是有期限的，有最有活力的时期，也有衰败的时候……我们曾经想马上得到一切，我们今天还在渴望那些，可是一旦我们什么都得不到，甚至更糟，我们就努力修补破旧的不列颠宪法，为我们所用……而我们从来不思考，我们没有那种政府赖以维持的特别的等级阶层，我们的社会状态是完全不同的，我们只是一味地希望，却没有手段。"（VII, 5.1.113）

一、政府机制的稳定性

261

第五篇文章，1788 年 3 月 25 日

长期以来我一直被教导，对于任何行为，都可以找到其背后的道德动机。全知全能的自然之主从来不曾创造与人类追求幸福的行为不相称的人类理性。人类的错误与不幸都有明显的源头。信仰和政治偏见因教育而生成，因习惯而强化，因利益而维持，因恐惧而被奉为神圣，它们总是以激情为武器，打击人的判断力。先贤布莱斯·帕斯卡尔（他的理解力堪称非凡奇迹）以振聋发聩的警句结束其关于信仰的痛苦钻研："纯粹灵性的信仰，从来不是为人类所准备的。"[12] 没有比这更坦荡无私的箴言了；同样受教会的哺育成长，同样因偶像崇拜而内心充满尊崇与敬畏，但世上还有哪个头脑能如此强大，哪颗心灵能如此纯粹。但是，加尔文教派对此置若罔闻，他们摈弃仪式与形式的辅助，只以原始的简洁作为其教义的根基。梵蒂冈雷霆震怒，四处打压，欧洲血流成河，经年不止；最后理性恢复了自己的精神帝国。感谢上帝，尘世的专制历史终结了，人类

5.1.68

262

的幸福之门被开启。结果，在政治世界，千丝万缕的个人利益结成市民的力量之链，这些链条更平等，也更持久；但是这些链条束缚了——我恐怕会永远如此——人类的理解力，我们不禁要问，博学鸿儒们的那些充分的、自由的政治观点是否已经完好地被世人领悟？伟大而温和的孟德斯鸠曾冒险对英国宪政不吝赞誉之词，但后来也害怕、退缩，回过头来说出这样一段话："不要认为我想贬低其他政府，我思考的是自由的限度，是一切事物的限度。即便是理性本身，或者苦难，或者人类的幸福，都应该处于两个极端之间的某个适中程度。"[13]这位《波斯人信札》的作者用颤抖的笔写下这段话时，心中泛起了对高卢人政府的痛苦回忆。

5.1.69   简单的、权利平等的政府有没有可能在理论上被恰当地论述过，或者在实践中被恰当地实施过？专制与强权的信徒并不能一手遮天，他们有顽强的敌手。每一位有进取心的人，有卓越天资和财富的人，都有志于打倒他们。他们的旗帜曾被打翻在地，因为他们供不起自己的军队。最亲和、最明智的人们为建立混合政府而走到一起，这个政府的根基是人类恒久的等级与目标。我认为，美利坚政府目前追求的正是这些。果真如此的话，那么请温和一些，慢慢地、均匀地进行。让每一步、每一次实验都能经受得起充分的、公正的考验。让我们确保动机是好的、明显的、深思熟虑的，否则就不要行动。让我们在条件许可的限度内幸福地度过此生。最后，让中庸成为我们的指南，由此，节制的力量将引导我们（我希望不会带来伤害）走进某个恒久的、稳定的体制，在那里我们可以稍做休息，不会受嬗替与革命的骚扰，因为在突如其来的、暴烈的变动中，我们将有多少同胞付出昂贵的代价，被抛尸荒野！

5.1.70   我认为，任何有才有德的公民，只要头脑还算冷静，没有被情绪左右，都不会希望将人的基本权利掺合进，或者辱没在美利坚未来 50 年间可能或一定出现的那种社会组织之中。让我们守住这些个人权利，它们是不可让渡的福祉，必须始终独立于任何《宪法》以及政体之外；只要它们尚未被玷污，就请每一位公民睁大双眼，死死地看紧它们。我们要把它们当作一种神圣的储备好好看守，我们要使它们经受住每一次世事变迁，当我们离开一种政府，进入另一种建立在稳定的、可靠的理性原则之上的政府时，要确保它们不受伤害、不被削弱。我想，也没有哪位审慎之士会相信眼下这种异想天开的发明，在目前变动不定的形势下，任凭一支危险的武装——常备军——为那些无效的、不自然的政府正名，将我们带入专制体制，直至引颈就戮成为我们此生的必然下场。

263

　　放眼世界，代议制政府建立起来似乎就是为了蒙羞、为了被废除。它的每条原则都变动不定，它蔑视其他一切制度，它因快速腐败而终结。少数代表始终能通过立法投机而找到腐败的路子，蒙骗选民大众的钱袋。他们快速轮换，像农场里的佃户，只要给点甜头，就越发作恶。如果规定行政长官要轮换，那他就绝不会得罪大多数有影响力的人物，也不会对那些能够让他连任的权势人物发号施令。① 如果规定行政长官在某个特定时期不得当选，那么，他要么不履行职责，要么因为得罪了有权势的大多数人物——贵族、利益集团，或者因为引起民愤，而在卸职后得不到个人生活的保护，甚至于那些势力联合起来，至死也不放过他，甚至当众处死他。[14] 一位稳重、善良的人通常注重个人生活，而正因为如此，他值得信赖，可被赋予较高的公共职位，这样的人绝不愿意自己解甲归田之后晚境凄凉，遑论个人和家庭穷困潦倒或受辱蒙羞。如果说曾经有一个人从高位全身而退，那就是苏

5.1.71

---

① 此处下一句原文不明，中译文从略。

拉①；诚然，他在上升时期曾让罗马人失望，但他死前的个人生活并没有受到干扰，这实属奇迹，永远无法解释。如果贵族或者有钱人的代表（这些等级的原则是一切维持原状，因为混乱将使他们得不偿失）也要轮换，那么政府中就没有什么是稳定而长久的了。立法领域的专制权力开启并不断展现出一幅劫掠和混乱的景象，它以法律的名义有恃无恐。的确，节制的力量在一定时间内会起抵制作用，但它最终会让位于普遍存在的腐败。那些在家庭里受到尊重，在生活中享受永久 [ ]②的人，才是能为政府带来稳定的人，他们不会受到命运的车轮的碾压，不会被打翻在地，受顽童与傻瓜们的愚弄。代议制曾被作为政府的一个部分而被接纳，

264 但事实总能证明，它即便不是破坏性的，也是有缺陷的。试想，如果整个政府都以代议制为基础，结果又会怎样？每一个美利坚人现在都会回答，那将是最好的，代议制政府将使得行为得当。但实际上，它也在衰退。到目前为止，由于有稳定的司法机构作保障，有人类迄今为止有幸获得的最英明的民法典，它尚能维持社会运转，但是人民正在厌倦他们的代表和他们的政府。我们不妨来回顾一下。一个候选人粉墨登场，喋喋不休地爆料前任政府的种种过错，人民被蒙骗了，相信了他，决定换人，但是他上台后套路还是那样，或者他通过突然地、强硬地改变体制，换个套路。[15] 至少，下一位候选人又会如此断言，他又博得了信任，人民又被蒙骗。随之而来的是普遍的厌恶和悲哀的沉默，选举瘫痪，政府一开始受到鄙视，到最后引发满腔愤怒。

5.1.72　　不以稳定的、永久性的社会等级以及合乎人性的目标为基础，

---

① 苏拉（Sulla，又作 Sylla，公元前 138—前 78 年），古罗马元首。
② 原文不详。

就不会有稳定的、永久性的政府。[16]纸上的政府令人心仪，但是最令我们心仪的，是稳定的、永久性的社会等级，就目前而言，这个等级就是自耕农。但他们没有权力，除非，有权在某个阶段改变老板，有权将自己全部的政治利益转交给下一批可轮换的代表，都可以被称作权力的话。就我们而言，自耕农等级根本不是稳定的、永久性的等级，如果他们现在想崛起为一个等级，那是在僭越，他们将被打倒。但是在我看来，这样的等级是一个以代议制为根基的完美政府所不可缺少的。除此之外其他任何将财富引入权力的做法，都已被证明是邪恶的、令人厌恶的。就我们而言，那些代表通过选举使自身成为类似于贵族的一种人，而参议院通过一种精致的选举模式成为有钱人豢养的、侧面接应的代言人，这两种人沆瀣一气，根据最糟糕的原则组成一种不完美的贵族政体，按照那种原则贵族应该进入政府，而民主力量由此被裹挟进去，不可分离，但又不成形、软弱无力，实际上在助纣为虐。

之所以出现这些问题，正是因为我们试图在旧的腐败的君主政体的破败地基上，建造共和大厦的框架，这何其荒谬，就好比砍掉一个人的头颅，却指望四肢照样发挥作用。将查理一世送上断头台的，是一批在任何时代、任何地方都称得上能干又有德性的人——汉普登、皮姆、塞尔登、哈里·文恩爵士、西德尼、马维尔，一干人等。[①]他们追求自己心目中的模板——试图组建一个代议制的政府，一开始，它稳稳地掌控在世界上最好的议院（英格兰上议院）手中，很快两院发生分歧，由于没有第三支力量从中协调，下议院

5.1.73

---

① 约翰·汉普登（John Hampden，1595—1643）；约翰·皮姆（John Pym，1584—1643）；约翰·塞尔登（John Selden，1584—1654）；哈里·文恩爵士（Sir Henry Vane，1613 年受洗—1662 年）；阿尔杰农·西德尼（Algernon Sydney，1623—1683）；安德鲁·马维尔（Andrew Marvell，1621—1678）。

265 投票裁决废止上议院，这形成了新的一院制政府模式，并开始了最残酷的掠夺。最后，克伦威尔把他们踢出门外，篡权专制，直到他死后国民才有幸重新回到王室政府的荫庇之下，不惜将一个不尽人意的家族（他们曾经对其怒不可遏）重新扶上王座。

（待续）

一位农夫

二、英国与瑞士的不同先例

1788 年 3 月 28 日

（接上篇）

5.1.74 此前我就本话题进行了最大可能的思考，现在我确信，以代议制为基础的政府必然要求至少一位终身任职的行政长官，他堪称圣贤，不受弹劾，一些像大臣似的人向他负责，即一个终身任职的参议院，其缺员的递补、临时有限度地扩员都由这位行政长官掌握——那只起平衡作用的手必须握有起码的发号施令的权力，并有权随时将捣乱的人剔除到更高但更无害的位置。我觉得，当前的美利坚舆论中有一大部分都倾向于此。我担心的是，我们的总体政府最终即便不成为专制的，也会成为世袭的权力，为此，当前我们必须十分重视副总统这一职位，但很少有人意识到这一点。副总统在总统职位空缺时继任，这有助于防止那种曾使波兰以及各个北方王国陷入困境的弊端。我们知道，罗马人的皇帝[①]

[①] 公元 800 年，法兰克王国的查理大帝被罗马教皇利奥三世加冕为"罗马人的皇帝"。

曾经确保德意志免于选举制君主政体的弊病，如果"黄金诏书"①能够阻止在位皇帝的某个家族或者支系填补罗马人的王的空缺，那么德意志的这部分宪政就完美了，奥地利家族就永远不能将皇冠褫夺为祖传之物，以其野心使欧洲陷入荒芜，她将继续停留在哈布斯堡的鲁道夫崛起时的落后状态。美利坚的宪政保护得比此好得多，但是手段完全不同。

如果这是我们最能指望的，或者说，如果这是我们能为美 5.1.75
利坚亡灵的子孙们争取的最佳奖赏，也是我们历经磨难而奋斗的目标，那么，我们细致考察它的种种后果，难道不是顺理成章的吗？让我们看看代议制政府最令人满意的形式——英国宪政，它代代相传，历时弥久，令日内瓦启蒙思想家德洛姆——唯一一位似乎不贬低代议制的伟大作家[17]——不吝溢美之词，实际上，通 266
过这一美好的参照物来考察代议制总能点燃我们的希望，同时也让很多通达的美利坚人士误以为，这种古老而普遍的经验只是那个岛屿所独有的。下面我继续考察不列颠政府的原则与效果。首先我相信，这是一个理性的体制，它建立在稳定、安全的原则上，是这个世界上高等人群的最佳政府之一。但接下来，我坚持认为，在通过为当时的体制——我们很难追溯它的起源，最早可能是查理一世任命斯特拉福德等人之时——引入并不断规范责任大臣的有效执政，使得政府简化之前，它还称不上是政府。②而且，我不知道，这个由罗伯特·沃波尔引入的贿赂机制，以及数量巨大的债权人的势力，在多大程度上对于当时的稳定是绝对必要的。

---

① 1356 年，神圣罗马帝国皇帝查理四世颁布的帝国法律，确定皇帝选举法，规定诸侯权限等。因诏书上盖有黄金印玺，故名。
② 此前，他们一直是走狗与宠臣，通过劫掠和压迫人民不断引起骚乱，除非用斧头和绞索，他们和他们的主子很少改变。——默里·德里

毕竟在美利坚，各邦政府的下级权力机构如此之多，政府的组成如此复杂，要使这样的政府既简单又能负责任，我不确定如何才能做到。但是，责任毕竟要履行，同时又要找到一种既改变机制、改变人，又不会导致动乱的政府模式；不然的话，自由将会丢失。每念及此，我迷惑丛生，心神不宁，而专制频频出现在眼前。

　　人类的治理模式不外乎两种：要么依靠无偏袒地适用于社会各等级的公正而平等的法律，要么依靠武力。如果没有这种法律，或者这种法律的实行有太大的困难，那么武力就派上用场了。对于我们这架机器所表现出的无序，我们有没有耐心？亚历山大用利剑解决了"戈耳迪之结"①，我担心，常备军会削弱美利坚的各个政府，我前面讲过，英格兰政府能有力地保护财产——相比而言，的确如此，但是它频繁发生革命的历史证明，即便财产也是不安全的。内战期间，斯图亚特王朝入主英格兰，英格兰王国2/3的财产易主。而在兰开斯特王朝与约克王朝交替之际，以及在都铎王朝建立稳固统治以前，几乎所有的旧家族都衰落了，他们的财产散失佚落。英格兰惯以保护财产自诩，但若把目光转向低层公民，你就会发现，他们在税收的重压下苟延残喘，一家之主纵使勤勉终日也不能养活全家，儿子们耕种不辍，但收获甚微。这样的政府，必定是病入膏肓了。可悲的穷人们追逐自然与宗教的主宰，只有在那里，他们才能体会到悲苦生活的些许甜蜜。长官们推诿搪塞，任由他们从一地流落到另一地，直到因为那可悲的出身，才被某个教区勉强接纳。英格兰的民众不断移民。除非被驱使，否则他们绝不会武装起来抵御外国入侵者征服英格兰。

---

① "戈耳迪之结"（Gordian knot），公元前334年，亚历山大大帝率军进攻小亚细亚北部城市戈耳迪，果敢地用佩剑割断此地束缚战车的绳索。

他们从过去的例子中发现，这块岛屿上的防御是不稳固的，土地也没有稳定的主人，入侵者和征服者来了一茬又一茬，自己唯一能做的就是逃离。就拿最近来说，1745 年，爱德华亲王率领一群来自苏格兰高地本家族的乌合之徒，从英格兰那些人丁颇众的县一路行进到王国的心脏地带，竟如入无人之境。首都当时有 20 万战斗人员，面对一位乳臭未干的小子率领四五千半武装的农夫，竟吓得瑟瑟发抖。王国上下，危难当头，鲜有男儿扛枪迎击。政府将自身的安全系于外国雇佣军的保护，或者寄希望于攻击者的软弱与优柔。一个不争的事实是，人民永远不会战斗（只要他们能忍耐得住），不管是为了代表权、税收，还是为了那点可怜的家当。

现在，我们做个对比，看看由人民个人实施政府权力的情 5.1.76 况。[18] 当年，3 个小的民主邦乌里（Uri）、施维茨（Schwyz）、下瓦尔登（Underwald）打破奴役的锁链，奠定了瑞士联邦的基础。它们激发了革命，与其他民主邦实行联合，他们的民主同盟至今都在支持着瑞士自由的基本框架。每一个瑞士农夫生来都是立法者，还是自愿保卫自己的权力与财产的战士。他们的祖辈 500 年来早就如此，没有发生革命，也几乎没有过动荡。他们对人性不断而普遍的堕落始终保持警惕，因为那是少数人篡夺权力的基础，而且我担心是长期存在的。当整个欧洲以对上帝的爱为名而互相屠杀，并且阻止教士以信仰的名义篡夺权力时，巨大的邪恶就潜入了这块神圣的自由避难所（但是，当政府寓于人民之中时，人民绝不会因为少数人的财富或利诱而腐败）。但是，他们将骚乱之神驱逐出境，新教与教皇派在这和平的荫庇下共处；相比之下，在周围的每一个邦国或者王国里，父子相残、兄弟仇杀，而这一切都是在那些冠冕堂皇的理由之下。这些身处和平与安宁之中的幸福的瑞士人，眼睁睁看着欧洲各地变成一个大屠宰场。一个自由的瑞士人从孩提时代就了解自己国家的基本法律，他们治国的核心原则已经成为传统，代代相传，其中第一条就是，永远不要将权力托付给代表们或者一个全国性政府。一个自由的瑞士人不用缴税，相反，他还能收到税款。每一个年满 16 岁的男子每年都能收到将近 10 先令，这是周围那些有钱有势的君主为维持与这些强壮的农夫的友谊而付出的。任何时候，社会一旦变得太大，只要政府是属于公民的，公民不是任何政府的财产，这个社会就会友善地分解，每一个部分都追求简单的政府形式，那是他们的祖先遗留下来、经过一个又一个光荣而幸福的繁荣时代所证明了的宝贵遗产。他们的机构是精简的，政府官员因为他们为人民提供服务而接受报酬。作为世界上最不看重工业的国家，经过了若干年不间断的、适度的勤劳、节俭、和平与幸福，它成为太阳底下最富裕的国家。我看到一项统计，显示仅他们手头上的钱的利息，以及从那些富裕的欧洲国家手中得到的财物，足以毫不费力地养活他们自己以及子孙。但是，其他国家的政府实际上都债务缠身。

5.1.77　　一位英明的作者讲过，从一个民主的瑞士邦迈进寡头的瑞士邦，你就离开了人的社会，过上野兽般的劳苦生活。[19] 在寡头的瑞士邦，他们被迫变得温和，少征税或不征税，不然会迫使人民进入自由的邻邦，在那里他们才能衣食饱暖，得到照料。这位作者还指出，那条将全国各地所有瑞士人（人们像牲口一样，成为高高在上的老爷们的财产，被束缚在耕地上）分开的界限，分开的是光明与黑暗、幸福与恐惧。

5.1.78　　瑞士人对他们国家的爱是浪漫的、超乎想象的。对于他们的这种情怀，历史学家一致承认：他们只要见到奥地利人和法国人军队的军徽，就一定要击落（两国曾经侵犯他们），尽管他们的人数如此微不足道，似乎不足以战胜全副武装的敌人。数百位公民不惜为国家的安全捐躯，没有人贪生怕死，面对强敌，他们不让对方安营。这类事例屡见不鲜，他们让强邻感到震惊和惧怕；对于一群屈服于税收、债务缠身、痛恨政府的人来说，这样的例子似乎难以想象。我还不能不提到他们身上的另一个令人震惊的特性，对此考克斯等人都予以认可，而考克斯的权威不用我多说了。这些人都指出，在瑞士的山区普遍存在一种粗犷的歌谣，即所谓"放牧调"（*Rantz des vacques*），它由本地粗野旋律的某些简单音符组成。法国与荷兰的政府迫不得已，禁止临时雇用来的瑞士人的军队演奏这类林地音乐，否则要给予严厉的惩罚。那些熟悉的音符使他们面前立即浮现出美好的画面，那些画面一直压抑在他们年轻的胸膛里，他们的朋友、双亲、亲戚，他们可爱的国家，一下子涌进他们的想象，汹涌澎湃，没有什么能让他们平复。他们离家从戎，抑或被强征入伍，他们在深深的哀伤中日渐萎靡。在欧洲任何地方服役的瑞士军队，在返乡时无不带着善感少年的那种勤勉与焦虑，一旦他们看见自己的国家遇到危险[20]，这种爱国情怀、这种对自己国家的神圣的爱，弥漫到每一位公民的胸膛，他们生于兹，有权为自己立法。格罗斯雷（Grosley）尝言，他在罗马看见一位穷人（此人徒步游历了欧洲和亚洲的很多地区）向一群人演讲，激情澎湃，言语中饱含对自己国家的热爱，他夸耀它的幸福，把圣马力诺说成是世界上最美好的地方。[21] 这个民主的共和国，就是一个小小的自由公民的蜂巢，他们在寒冷贫瘠的山巅建立起一座香气四溢的花园，山下的意大利平原美丽而富饶，但那里的人们因暴政而四散。审视一番人类的心灵——我们热爱权力，但那是我们自己可以实施的权力。我们所憎恶的，是那些

269

施加于我们身上的权力。无论那些人是代表、元老还是国王，可以说，这些都是滥权的源头，都是美利坚人为他们的国家、他们的政府可能提供的。

5.1.79　　但是我又听人说，瑞士人不是我们的楷模——闻听此言，我心生悲戚，实际上，瑞士人是人类唯一能够保持人性尊严的群体，其人性则来自我们受造的神性。有人说，他们是稀有的少数人；这种说法也不对，实际上他们的人数比我们更多。有人说，他们的疆域就那么点大；这也不对，实际上他们拥有欧洲心脏地带的很大一块土地，不仅如此，瑞士联邦，包括格劳宾登（Grisons）的三个联盟在内，共拥有上百，或许两百个独立的政府与邦。从他们的历史或者现状中，我们也找不到理由怀疑，他们的联邦体制有可能扩大，因为它们对上千个独立的政府都具有如此长久而有益的影响力。还有人说，他们是一群贫穷、简朴的人；实际上，就他们的贫穷程度而言，情况恰恰相反。他们手头上有最大的一笔钱，却表现得身无分文。他们拥有最大的不动产，甚至略显奢华，但他们是一群充满智慧，因此懂得简朴的人。我们有什么理由鄙视他们的贫穷或者简朴？我们很多人身家百万，却一文不值。还有人说，我们不能以他们为榜样，我们应该以荷兰或者德意志为榜样；这无异于是在告诉我们，我们应该放弃崇拜上帝，而去追随魔鬼的步伐。

5.1.80　　当第一束理性之光照亮我，我开始献身于探求简洁的、权利平等的政府。英雄们的鲜血洒在自由的祭坛，他们的英名像电光火石让我感到震颤。当我阅读布鲁图斯和恺撒这些高尚的、最后的罗马人的故事时，眼眶充满敬仰的热泪。这种情感十分强烈，或许要等到我进入坟墓才会平息。那些本该属于人民的权力与权利被大幅剥夺，最后由少数人掌控；每念及此，我都心生难以言

270

喻的憎恶。我曾思忖，如果代表们不能很好地治理人民，如果他们滥用自己被赋予的权力，那么他们是应该将这一权力转交给更少的一群人，即便后者在更大的诱惑面前一定更容易腐败，还是应该把那个从人民手中接受的权力交还给人民？如果有人告诉我，人民不具备自我治理的能力，我会回答，在美利坚，除了在自由与幸福的印第安人中，人民还没有这样尝试过。印第安人证明，自我治理是从土壤中生长出来的能力。我还会回答，人民适合自我治理，甚于适合当前任何安全而牢靠的基于代议制的治理形式。500 年来，瑞士人保留了一切政府中最简单的形式，他们不被干扰地享受宁静和幸福，而在其他地方，每一种天才发明、艺术创造或者税收机制，都在一种严重的恐怖气氛中被连根拔掉。现在，当我懂得了瑞士人率先垂范为我们指引的这些原则，我就不再疑惑了，所有的理论与思辨的迷雾都在这类现实面前烟消云散。

　　人类最伟大的洞察力曾经集于某人一身，此人就是先哲尼科洛·马基雅维利。这个名字曾让人误解，成为暴君、谄媚者、科学狂人的代名词，因为他道出了真相，因为他是一位共和人士、一位篡权时代的人类之友，或许还是因为人们从来没有阅读、理解他的作品。通过考察大量的信息与思想观点，加上其身居高位的经验，马基雅维利提出他的卓越学说，指出人民才是自由与权力唯一的安全存放处。在他看来，这个存放处胜于寡头与君主；他还提到代议制，但这无损于他的学说。[22] 如果这就是马基雅维利这位佛罗伦萨公民的观点——在佛罗伦萨，民众熙熙攘攘，局促于城墙之内，组成动荡不宁的共和国，专制与残暴使自由的事业蒙羞——那么，把他的论断用于美利坚的自由农身上，该是多么恰当。在这里，他们是地产者，由此也是世上最独立的人群，而且天性温和，举止有度，坚持不懈地追求每一个正直的目标。

如果有一些人是值得信任的，值得托付他们自己的权利，这些人就是美利坚的不动产所有人。要使他们立即成为立法者，他们的子孙一生下来就是立法者——这里我指的不是最底层的人，我指的是公民阶层，这个国家属于他们。有财产资格的那些人应该发挥他们的影响力，他们应当得到保护，应该保有选举权，但是那些拥有土地上产出的财产的人应该有权自行管理这份财产。要达到这样的目的，当前的政府形式几乎不需要太多的变化，它们都应该被保留。但是，立法部门所通过的那些法律在具备约束力之前，应当被提交给各个不同的县、市，在必要的情况下，应当附上委员会所提出的那些书面理由，以及一份公共需求年度评估、一份此前的合法开支明细表。然后，将这些法律提交给各县、市不动产所有人自由讨论，由主持长官统计赞成和否决的票数，将结果移交行政长官，由他来比较各个县、市政委员会的结果，宣布哪些法律是人民的意志。当出现突发情况时，两院或者实际上一院中的多数可以授予行政长官那一权威。为了共和国的安全，有必要采取紧急措施，直到通过法律找到解决方案。

5.1.82　　代表的数量可以减少，这样可以节省费用，可以一举打破所有的立法投机。政客和寡头集团就没有影响力，原本分散在不同县的不动产所有人聚到一起，就可以阻止动乱的发生。既然没有新的法律出台，就不会出现什么混乱。放眼未来，若干年以后，甚至很快，日内瓦的杰出法律被引入，而在偿清其父辈的债务之前，没有哪位不动产所有人能进入立法会议。还应该加入奢靡法，允许使用但禁止滥用财富，以纯净公共风气。总督以及两位参议院议员可以组成审查委员会，惩罚违犯奢靡法、风化法的人，免除其职务，在必要的情况下甚至剥夺其公民权，但允许其上诉，前一种情况向其所居住的县的人民上诉，后一种情况向其所居住的州的人民上诉。每个县还都应该建立教授有益知识的学院，设立政治与国民经济教席。我们应当抛弃那些不着边际的学说，亲身教育我们的公民世界上有用的东西，比如：人类历史上的自由制度的原理，关于道德、农业、商业、农场管理以及家政的科学。到那时，在今天精神蒙昧的地方，光明将照射进来。行动起来吧，要不了几年，人民就不再会咒骂自己的政府，而是会挺直腰杆，用自己的鲜血保卫它。

近些年来，这一直是我最钟情的目标，我的所有观点都是围绕它展开的。现在我知道，不再有什么中间方案是行得通的，或者是值得追求的。任何时候，一旦我看不到这点希望，我将会把目光转向拟议中的联邦政府，希望它能接受我的这些设想。到那时，我会把我全部的希望投向那个友善的国家，在那里，政府引导我们，我希望，也相信，这些修正与保护虽然看起来有点泛泛而谈，但有了它们，这个国家会在一个安全和理性的政府治理下渐渐成熟。在新方案被接受之前，我有一句警世良言奉劝同胞们：己所能为，莫托他人。

5.1.83

272

一位农夫

尾注

［1］ 见 Philip A. Crowl, *Maryland during and after the Revolution: A Political and Economic Study* (Baltimore 1943); Forrest McDonald, *We the People* 148–162.

［2］ Bernald Steiner, "Maryland's Adoption of the Federal Constitution," *American Historical Review* October 1809 and January 1900.

［3］ Paca 赞同多数派，投了票。关于会议进程，见 A. C. Hanson, "To the People of Maryland," *Documentary History of the Constitution* IV, 650–663. 关于马里兰会议中的少数派，见 5.4 以及 John Francis Mercer 5.5.

［4］ 如果推测作者是一位相当杰出的马里兰反联邦主义者，就马里兰多少带有精英性质的政治结构而言，这种推测是合乎情理的。Mercer 是众多可能性之一，一些人以各种形式公开发表自己的观点。Mercer 可能"已经退出了国家事务"，A Farmer 在他的第六篇文章中，在谈到自己在安妮·阿伦德尔（Annie Arundell）县的财产时，也是这样说自己（VI, 5.1.84）。A Farmer 的最后一篇文章发表于 1788 年 4 月 22 日，马里兰大会开始两天之后（Mercer 出席了会议）。有可能，由于必须出席会议，原计划的续篇就中止了。当然，这些都不能证明 Mercer 就是作者。John Francis Mercer 的讲话，见 5.5.

［5］ James Mercer Garnett, "John Francis Mercer," *Maryland Historical Magazine* September 1907, pp.209–212; Mary W. Williams, "John Francis Mercer," *Dictionary of American Biography* XII, 543–44.

［6］ Mercer 5.5; Farrand II, 284–285 (14 August); *Maryland Historical Magazine* September 1907, pp.209–212.

［7］ 见 II, 5.1.22–29; V, 5.1.72; VII, 5.1.113; Farrand II, 284; Mercer 5.5.5. 参见 Federal Farmer, II, 2.8.15 及注 [29]。尽管 Mercer 与一位农夫提出的这个观点不乏独到之处，但我还是要进一步指出它的特色：它明确提出并且分析了一个反联邦主义者经常提及但含糊其词的主题或问题。

［8］ 见 II, 5.1.31; V, 5.1.74–75; Farrand II, 284–285; Mercer 5.5.11.

［9］ 见 III, 5.1.52; VI, 5.1.109; *Maryland Historical Magazine* September 1907, p.210.

［10］ 见 III, 5.1.60; *Maryland Historical Magazine* September 1907.

［11］ 见 Ford, *Pamphlets* 217–257.

［12］ Blaise Pascal, *Pensées*, La Fuma, no. 413.

［13］ *The Spirit of Laws* XI, ch.6.（作者此处引文与原著有出入，原著此段文字可译为："我无意借此贬低其他政府，也不意味着这种极端的政治自由应该使那些只享有

适中自由的人感到压抑。我该怎么说呢？我认为，即使是赔礼，如果过分了，也不是人们所追求的东西。适中往往比极端更适合人类。"参见《论法的精神》，张雁深译，北京：商务印书馆，1961 年。——译者按）

［14］　参见 *The Federalist* nos. 71–72.

［15］　Farrand II, 284.

［16］　参见 Mercer 5.5.11. 见 Centinel I, 2.7.7 注 [11]。

［17］　DeLolme, *The Constitution of England* II, chs. 5–8. 见 Centinel I, 2.7.7 注 [11]。

［18］　指瑞士，参见 Old Whig Ⅳ, 3.3.30 n.22.

［19］　出处不详。

［20］　William Coxe, *Sketches of the Natural, Civil, and Political State of Swisserland*, 2nd ed. (London 1780) 274–274；参见 51–53, 124–125.

［21］　另见 John Adams 对圣马力诺没那么赞许的评价，见其 *Defence* Ⅰ, letter 3(Works Ⅳ, 308–310).

［22］　参见 Machiavelli, *Discourses* Ⅰ, ch. 6.

第 7 章

弗吉尼亚

引言

随着 5 月 23 日南卡罗来纳批准《宪法》，该邦的罗林斯·朗兹、伊达纳斯·伯克、托马斯·桑普特① 等反联邦主义者的反对立场遭到挫败，围绕《宪法》的辩论焦点转移到弗吉尼亚。联邦主义者担心南方会在帕特里克·亨利的领导下采取一致行动，他们对亨利的动机与目的心怀疑虑。尽管亨利多次否定，但很多联邦主义者仍然认为亨利旨在建立一个独立的南部邦联。"你比我更清楚亨利先生的政治观点，"麦迪逊于 1788 年 1 月曾致信埃德蒙·伦道夫，"有时候，我觉得他就是想建立一个南部邦联，而不是进一步促成修正案，那才是他的真实意图"。[1]关于亨利的真实意图，麦迪逊可能判断错了。联邦主义者先声夺人，强行指责对手意图破坏联盟。[2]但是，南部的反联邦主义者的确考虑过将一个独立的南部邦联作为选项以及谈判条件的可能性，从主观上讲，它的确有可能。

南方的政治在很多重要方面仍然带有精英性质，因此其政治活动力的基础是现有的、受人尊重的领袖，而不是像这个国家其他地方出现的那种政治派别。[3]就弗吉尼亚而言，的确如此。乔治·蒂克诺·柯蒂斯② 敏锐地指出，该邦"充满共和自由的精神，尽管其政体及风尚带有多种精英特征"。[4]这种优势组合使得弗吉尼亚宪法批准大会的争论在当时各邦最为激烈和彻底。与这块大陆上的其他地方不同，弗吉尼亚的政治精英不是分裂的。帕特里

---

① 罗林斯·朗兹（Rawlins Lowndes, 1721—1800），曾任律师、南卡罗来纳邦总督；伊达纳斯·伯克（Aedanus Burke, 1743—1802），曾任法官，后任联邦众议院南卡罗来纳邦代表；托马斯·桑普特（Thomas Sumpter, 1761—1845），生平待考。
② 乔治·蒂克诺·柯蒂斯（George Ticknor Curtis, 1812—1894），美国作家、历史学家、律师。

克·亨利、乔治·梅森、理查德·亨利·李等人领导的弗吉尼亚反联邦主义者的能力都很强，这帮人赢得的尊重超过这个国家其他地方的反联邦主义者。激烈的争论持续了3个多星期，在6月25日的最终票决中，弗吉尼亚以89∶79的票数批准了《宪法》，但附加了一份建议性修正清单。[5]

一、理查德·亨利·李

编者按

在这封信①里，李坚决主张召开一次大会，修正《宪法》中的缺陷。[6]他尤其批评行政部门与参议院的权力联合，以及缺乏通过弹劾或者选民的有效控制对政府实施真正的问责；他批评国会的广泛权力，批评缺少权利法案，指责国会有权以简单多数的方式通过商业法案，由此构成对南方的威胁。在一份手稿中，李提出了自己认为必要的修正清单。

身为独立事业的推动者，李始终有力地支持各邦联合，他在这方面的眼界超越一些反联邦主义者的地方观念。[7]他是一位胸怀整个大陆的人，曾积极推动《邦联条例》的生效和实行，认为只要各邦各尽己责，这部条例从根本上讲是切实可行的。他甚至不情愿地同意，适当增加国会的某些权力也可能是恰当的。[8]李曾以健康为由，婉拒了联邦大会的席位，并借口自己以国会成员的身份去促成这样一部文件是不恰当的。[9]李推动阻止国会批准《宪法》提案。李后来拒绝参加弗吉尼亚的宪法批准大会[10]，积

---

① 这封信由李写给弗吉尼亚总督埃德蒙·伦道夫。斯托林的七卷本全集收录了此文，卷号5.6.；默里·德里的选本未收录，中译本予以收录。

极参与反对批准《宪法》的活动，据信还曾帮助艾尔布里奇·格里起草反对意见，帮助宾夕法尼亚和特拉华的其他反联邦主义者。[11] 面对很多刻薄的批评，李的反应理性、温和。1788 年春，李致信梅森，谈及弗吉尼亚应该为那些犹豫不决的邦作出表率，他敦促采取"周密、细致的"行动。"一方面，尽可能发挥智慧和毅力去消除公民自由所面临的危险；另一方面，应密切观察，谨防联盟、秩序以及好政府的敌人趁虚而入，阻挠我们接受拟议方案中的合理部分。"[12]

华盛顿曾说，李的这封信"在出版前的 4 个星期里，以手抄本的形式广泛流传"。[13] 它发表于《弗吉尼亚报》(*Virgina Gazette*)，似乎也作为小册子出版，只不过未被列入伊万的《美国早期印刷物》，而且至今尚未发现这本小册子。[14] 这封信被广泛印刷和讨论。在弗吉尼亚，有人署名"邦国战士"(A State Soldier) 在《弗吉尼亚独立年鉴》(*Virginia Independent Chronicle*, 12 March 1788) 上著文，对这封信予以猛烈抨击。同年 4 月 2 日、9 日和 23 日，有人署名"卡西乌斯"(Cassius) 在同样的报刊上逐条予以批驳，其中不乏人身攻击。布鲁图斯又对卡西乌斯进行了批驳。

对《宪法》进行修正的必要性

1787 年 10 月 16 日

亲爱的先生：

非常荣幸收到您 9 月 17 日从费城寄来的信件[15]。如果不是因为相关事态的发展至今未明，我会早点给您回信。 5.6.1

新的政府方案一旦以当前的形式确立，最大的问题是它对当前局势，以及对子孙后代带来的重大影响，对此，任何热爱自己的国家、热爱人类的人，都应该予以深切关注。如果人们经过慎重考虑，发现它是好的方案，那么就接受它；如果发现它是坏的，那么无论如何都该修正它。因为正如人们说，一个坏政府因人们对无政府状态的恐惧而建立，同理，我们一定会因为对死亡的恐惧而走向自我杀戮。经验以及现实表明，召开一次大会并非难事，最近召开的这次会议就没有遇到什么障碍。目前，既没有外部战争也没有内部骚乱阻止人们对这一在各方面都十分重要的主题进行最冷静、集中、完整、公正的讨论。既然人们能够毫不费力地召开一次会议以创设新的体制，那么为什么不能同样轻易地发起恰当和必要的修正？好政府并非急就章，也不是突发奇想的产物。从摩西到孟德斯鸠，伟大的天才们都在这一难题上殚精竭虑，既往的经验也向人们证明，那些为人类所创造的制度中存在重大缺陷。人们发现，坏政府总是最稳固的，但是频繁地改变政府既不审慎也不容易。因此最为重要的是，政府的建立一开始就应该以那些已经为经验证明的、最无懈可击的最好的理论为基础。不要指望时间与未来能够纠正错误，就像指望新《宪法》会自动纠正错误一样——很多人赞同《宪法》，但理性与经验都已经为我们指出了新体制中的种种错误。

在得到很好制衡的政府里，不同的立法机构应该是分开的，而且立法权与行政权应该是相互分离的；这种说法，今天已被视为至理名言。在新《宪法》中，总统与参议院拥有全部的行政权力以及2/3的立法权力。在某些重大问题上（比如签订各种条约，它们也是国土上的法律），他们拥有完整的立法与行政权力。他们联手任命各类官员，包括文官与武官；他们（参议院）审理一切弹劾案，不管是针对他们自身成员的，还是针对由他们任命的官员的。

在像这样为少数人设立的权力中，权力的联合难道不是最为　　5.6.2
可怕的吗？一个最具批判眼光的人，只要他是正直的，在这种强
势团伙身上还能看到责任吗？或者说，一个通情达理的人会认为，
将那种巨大的、没有责任的权力赋予统治者，能够为自由带来保
障？十分明显，弹劾程序对他们或者对他们中的某些人来说，算
不了什么，因为据我推测，看不出他们对于冒犯选民有什么忌惮。
总统任期 4 年，而（比如说）弗吉尼亚在选择总统时有 13 票中
的 1 票，但这第 13 票并不属于人民，而是属于选举人，且其中两
人不在人民之列。[①] 参议院 6 年一轮换，与选举总统一样，最大
的邦也只有 13 票中的 1 票，参议员的选举也是如此。我说后面
这句话是要证明，他们对于责任的思考，很少是从忠于选民的角
度，就像很少是从惧怕弹劾的角度一样。因此，先生，您完全可
以断言：新《宪法》带来的要么是一个君主政体，要么是一个贵
族政体，或许，一个最令人悲哀的政府体制就此诞生。面对事实，
我们不可否认，这部新《宪法》从其最初的原则开始就是高度
的、极其危险的寡头政体。有一点人们都赞同：一个由少数人掌
握的政府，是一切政府中最坏的。在这个体制中，人们能找到的
唯一一个合乎民主原则的制衡机构是众议院，但在我看来，这个
机构充其量不过是代议制的残羹剩饭，因为很明显，其成员之寡、
相对权力之巨大落差，都使得该院效力甚微，难以起到促成好的

---

① 美国总统选举实行选举人团制度，总统由各州议会选出的选举人团选举产生。选
举人票的数量，为体现州权平等原则，根据各州在国会的议员数量而定。例如，
每个州都在国会有 2 名参议员和至少 1 名众议员，所以任何州都至少有 3 票。《宪
法》草案中，参议员又由各州议会选举产生，而非人民直选，故作者称"其中两
人不在人民之列"。1913 年，美国通过了《宪法》第十七条修正案，规定参议员由
民众直接选举。

政府或者抑制坏的政府的作用。[16] 但是，即使是这个组织不当的机构，又被赋予了什么权力呢？那就是判断什么有利于公共幸福的权力，当这种判断当成为国会的法案时，就会变成这片国土上的最高法律。这个权力看起来涉及人类立法的每一个目标。然而，其中并没有权利法案之类的限制，以确保（布莱克斯通博士所谓）"余下的人权"——它们不能被放弃，交给社会；实际上，没必要出于任何社会目的放弃它们。[17] 按良知行事的权利、出版自由以及陪审团制度现在都仰人鼻息。有人说，刑事案件应该由陪审团来判决。但是在本邦，这如何做到？果真如此，就近审理原则，抑或在前一种情况下，即，在一个邦横跨 700 英里之距的情况下的本县审理原则，又会怎么样？这种审理模式，即便在刑事案件中也可能大打折扣，而在民事案件中，因为注重推理更有可能被忽略，对此，《宪法》针对刑事案件有正面许可，而针对民事案件则保持沉默。不能这样！在民事案件中，在最高法院的上诉案件，以及在不论针对法律还是针对事实的司法审理中，这样做都应该是遭到强烈反对的。

5.6.3　　布莱克斯通法官在其博学之作《英国法释义》"陪审团"一条中说："任何主体，若非经过其 12 位邻人及同侪的一致认可，不得侵袭其财产、自由或人身，这是任何主体都享有或希望享有的至高无上的权利——我敢说，正是这样的宪制，蒙上苍恩典，保护着这个国家公正的自由，代代相继。"倡行正义能够确保我们的人身与财产，此乃文明社会的伟大目标。但是，如果将正义全部托付给执政官——一群被挑选出来的人，以及那些被君主遴选出来的人，让他们享有本邦的这些最高职位，那么，这些选择即便本身具有天然的正当性，也常常是在有意无意地向那些拥有自身的等级与尊严的人倾斜。从人性的角度看，你无法指望少数人会始终关心多数人的利益。这位博学的法官进一步指出：
"每一个审理团，一旦被遴选出来判定事实，就是在迈向贵族政
体——这是一切政府中最具压迫性的政府。"[18]对于这些反对意
见的回答就是，新的立法能够提供对策！但是，一个继任的会议
机构，只要愿意，就可以废除那些条款。人们发现，邪恶就藏在
宪政的底部，而基于易变的立法根基的救济很容易在年度会议上
被废止。更为不幸的是，既然按照第三条第二款，它被不必要地
赋予权力，在不同邦的公民之间的财产纠纷案件中，传唤人民从
自己的家乡到国会所在地的远距离的法庭去受审，那么，人权的
伟大保障——陪审团制度——就被削弱；因为，虽然出于上述目
的，可以在各邦设立次级国会法庭，但是这完全随新的立法机构
的喜好而定，结果，如果他们不愿意设立这类法庭，或者他们没
有合理地规定上诉权利，人民将受到无尽的压迫，在大多数情况
下，他们宁可屈服并偿付不公正的费用，也不愿意花费重金，跟
随起诉者前往远距离的法庭，在那里接受判决，而且很可能还没
有陪审团。

在这个国会立法机构里，得票简单多数就可以形成商业法
律，这样的话，7 个北部邦的代表根据法律构成多数，就可以对 5
个南部邦施加最具压迫性的独断，虽然北部邦的投票人没有一个
是南部人民的代表，或者对他们负责，而且南部 5 个邦的环境与
出产和北部邦有着根本的差异。这样一帮人，虽然被涂上真理的
色彩，为人民制定法律，但是能够被称为他们的代表吗？但愿北
部邦的政策会阻止这类滥权。

但是先生，当这种政策遇到利益冲突，特别是商贾之流的利 5.6.4
益冲突时，是何其无力？这种政策又有何抑制作用？为什么？因
为我们可能受滥权者的驱使，成为造船者！但是，需要等多久，

一群农夫才能制造出足够的船只，出口与我们的商品同样数量巨大的商品，又能达到什么样的程度？如果我们有船，海员们什么时候才能到来？——在弗吉尼亚，至少需要 4000 名海员。既然这么容易出现滥权，那为什么不将必需票数设定为立法成员的 2/3？很多参加联邦大会的人带着这部《宪法》进入国会，这些人中不乏这套体制的最热心的推崇者，有 3 个邦投了赞同票，有 2 个邦因他们而分化，他们还混入了其他很多邦里。很容易看到，国会对这一问题几乎没有意见。一些人否定我们制定修正案的权利，也有一些更温和的人赞同这种权利，但是否认修正的合宜性；但是公正地讲，多数人是赞同的，他们准备提出修正意见。我的判断力与良知禁止我接受这个文本，因此，我十分荣幸地随信附上我的修正意见，它们是否可以见诸报刊，我希望得到您是或者不是的答复。似乎是为了警告和为了阻止这样的说法见诸报刊，人们同意发布《宪法》，但不得带有任何赞同或不赞同的表态，这样，所谓"全体一致地同意"只能指发布；通过使用"决定发布"之类的术语，您能看到这一点。先生，总体上，我的意见是，这部《宪法》中有一些有益的规定，但同时也容易遭致强烈的、根本性的反对，我们所追求的，是提出必要的修正案，并表达我们在修正条件下接受它的意愿，并建议为商讨它而召开新的大会。对此，我看不出存在根本性的反对理由，只会给可能的结果带来巨大的安全与益处。我非常高兴，您在思考公共利益问题时，会重视这封信，现在，我要请您原谅我对您打搅太久，还要向您夫人致以崇高的尊敬，最后，我向您保证，亲爱的先生，我对您怀有最高的忠诚与敬仰，是您最深情、顺服、谦卑的仆人。

理查德·亨利·李

二、公正考察者

275

《弗吉尼亚独立年鉴》，1788 年 2 月

编者按

公正考察者的五篇文章均发表于《弗吉尼亚独立年鉴》（*Virginia Independent Chronicle*），第一篇发表于 1788 年 2—3 月间，余下的发表于随后的 5—6 月的几个星期里。[①] 它们构成反联邦主义者另外一种重要而有趣的观点。公正考察者的第一篇文章较长，很好地论述了不审慎的革新可能带来的危险（5.14.1）。他区分并着力论述了独断政府与自由政府，这构成了其整个论述的基础："在（独断政府中），执政者被赋予按自己的意愿行事的权力，只要他们自己认为对公共利益有益的，都可以不受限制地去做；而在（自由政府中），执政者不会被委以这种不受限制的权威，他们对权力的运用必须符合某些特定的基本原则，'公民契约'中明确列举了为他们保留的各项权力，凡是没有被这样列举的，都实质上默认被放弃了。"（5.14.2）根据这一标准，作者发现，《宪法》草案是独断性的，它为联邦政府赋予了不受限制的最高权威，而没有考虑到合众国这个利益联盟不同部分的利益，而这才应该是各咨议机构联合的基础（5.14.4, 5, 10）。里面也没有权利宣言，少了它，公民自由将不复存在，面对政府压迫，申诉都没有了依据（5.14.5, 10）。《宪法》还保障在税收（5.14.6–7）、常备军（5.14.8）、司法（5.14.9）领域的危险的、不受限制的权

[①] 中译本参考默里·德里的选本，只收录第一篇文章。这篇文章写成于 1787 年 12 月，于次年年初分三次发表。公正考察者（the Impartial Examiner）的真实身份待考。

力。作者尊重起草者们的用心，但也坚持认为，人们必须享有独立判断的权力（5.14.10-12）。他提出，一个更为温和的修正版是可行的，（在一段考虑平衡的、有说服力的论述中，）他强调了真正的邦联的高贵性（5.14.13）。公正考察者在第一篇文章的最后，很好地论述了宽松的、广泛的权力的危害，而这些是一般的反联邦主义者所没有警觉的。问题在于，随着"自由的热血"开始降温，也就是说，随着领袖人物的野心不断增长，新政府的优势"在运行中遭到腐蚀"，随着人民在繁华中臃肿起来，如何才能让自由的共和国长存？避免这些问题危及政治秩序的原则，必须被明确写入《宪法》（5.14-16）。

在接下来的几篇文章中，公正考察者主要论述了前面留下的主题。在第二篇文章中，他指出，独断政府是天然的暴政（5.14.17-22）。我们首先要问，拟议中的体制是否与"（美利坚）长久以来的自由箴言相吻合"；第二个问题是，它是否"有利于产生好的决策"（5.14.24）。在第一篇文章中，公正考察者已经证明，这个体制没有回答前一个问题，因此，这里他指出，对后一个问题的考察严格来说并不是必需的。但是，在这篇文章的最后，他与很多关心决策问题的作者一样总结说，所谓的反联邦主义者才是真正的联邦主义者。

在第三篇文章中，公正考察者讨论代议制问题。他指出（这是反联邦主义者关于这一问题的最好讨论），代议制必须既充分又完整，而从众议院的代表席位数量来看，它在这两方面都不符合（5.14.28-32）。参议院不是由人民、而是由各邦立法机构选举，会招致更加强烈的反对（5.14.33-34）。

第四篇文章讨论新《宪法》所提议设立的行政部门，它指出，行政部门不应该拥有对立法的否决权，这种权力是对不列颠体制

276

的模仿，而后者的国情很不相同。行政否决权必然破坏，而不是维护美利坚共和体制的平衡（5.14.35-40）。

作为总结（第五篇文章），公正考察者指出，我们在《邦联条例》下所遭遇的弊端不是源于蔓延整个体制的不良原则（应当承认，这些急需改变），而是源于其中个别条款的某种软弱性。因此，这些软弱性可以通过加强相应条款而得到纠正，特别是通过赋予国会足够的权力去规划商业，以及为公共防务或者共同福利征收必要的税收。

1. 变革须审慎

第一篇文章（上），发表于 1788 年 2 月 20 日

致弗吉尼亚的自由人民

同乡们、公民同胞们：

下面将要考察的主题对这个国家意义非凡，这一点无须逻辑证明；它值得这个共同体的每个成员最严肃的关切，这也是无可争辩的事实。对于我这个说法，你们去看看新的《联邦宪法》，难道还不一目了然吗？一个外国人或者诸如此类的局外人，由于自己的地方关系，不会对美利坚产生永久的兴趣，他们可能对此漠不关心，对于他们而言，这些都只是一种胡思乱想或者个人娱乐。但是，当这种人想起我们那些高尚的、杰出的人物，想到他们起草了一套条款，并将它作为一个辽阔大陆上的人民的未来的政府形式时，他会在好奇心的驱使下去考察那些条款的内容，而且或许，在了解了这群人此前所面临的形势——他们与强大的敌人做斗争，他们以自己的德行与爱国热情，将自己从迫在眉睫的危机中拯救出来；他们用同样的努力，为自己树立了一个基于自由原

5.14.1

277

367

则（free and liberal principles）的政府体制；他们选择了一个能够保护他们的自然权利与自由的制度，以实现人类幸福这一伟大目标；他们在这个制度运行了几年之际，却开始酝酿一些根本性的改变，在考虑到这些情况之后，我敢说，这个陌生人不禁会想，这是一个不安分的、不知足的民族，他们反复无常的性情使他们不能长久地共处于同一种形势之下，他们不断追求新的东西，得到这项好处就扔掉那项好处，他们就这样沉迷于自己的任性之中，他们在变得真正成熟之前会丢失一切。在我们当中，即便有一些家伙漫不经心，怀有这种想法，难道那些正派的美利坚人也愿意这样想问题吗？一旦人们意识到自己的国家被这个人如此羞辱，他们会不会感到由衷的愤怒？我们在还没有充分考察旧政府的好处之前，就这样委身于一个新政府，我们难道不应该想想那些构想究竟是对是错？[19]

　　人类的思想时常出错，如果发现我们的《宪法》不完美，那实际上不必奇怪。最井然有序的政府也有缺陷，也需要改进，但是，最大的困难在于清楚地发现其最令人不满意的地方在哪里，并果断地进行修正。因此，一个有智慧的民族会以充分的谨慎去尝试这种革新。他们一旦培育出自己的政治结构，就会视其为自身幸福的神圣守护者；他们在触摸它时，就像一位温柔敏感的人在触摸自己的眼球，他们的手会那么轻柔，颤抖着，小心翼翼地触摸它，唯恐在改变其中某一部分时会损害整个结构。在小的、琐碎的问题上，改变可能带来较小的危险，但是，如果要改变本质性的、要害的地方，要改变基础本身，要重新塑造整个方案，这时你难道不会踌躇吗，美利坚人？难道你不应该稍作停顿，思考一下你打算迈出的那重要的一步？难道你不应该好好地看看现在交由你们采纳的《宪法》的本质与倾向？通过比较当前的政府

278

模式，难道不应该努力搞清楚哪一个才是最可行的？难道不应该想一想，哪一个最有利于促进你们的幸福？哪一个最有利于获取并确保那些堪称文明社会伟大目标的利益？如果你们匆忙地、不假思索地接受一个会影响这个国家未来多年命运的方案，难道这符合你们作为一个民族为自己赋予的职责，符合你们对子孙后代所应当怀有的感情？如果你们像断奶婴儿喜爱新奇之物那样，突然扇动起想象的翅膀，在这个重大问题上仓促作出决定，或者沉浸于杂乱的思维惰性，认为这件事无关紧要，不值得认真考量，那么，这符合你们作为独立的人民所具有的尊严与荣誉吗？尊严何在？荣誉何在？如果将来数百万新的生命，在你们全都归于尘土之际，发现自己身陷困境，而那一切都是源于你们在目前的这一时期所作出的不明智的决定，那么，他们在想起你们的时候还会有尊敬之情吗？这些提问，如果你们觉得没什么不妥之处，那么它们中所包含的那些建议，你们就不会认为不值得注意。这里我不揣冒昧地讲，你们稍作思考就会发现，在当前形势下很明显，这些问题并非空穴来风。

　　在开始这篇长文之前，请允许我先讨论一个前提性问题：独断政府与自由政府的唯一真正差别似乎就是，在前一种政府中，执政者被赋予按自己的意愿行事的权力，只要他们自己认为对公共利益有益，他们[20]就可以不受限制地去做；而在后一种政府中，执政者不会被委以这种不受限制的权威，他们对权力的运用必须符合某些根本性的原则，而"公民契约"中明确列举了为他们保留的各项权力，凡是没有被这样列举的，都实质上默认被放弃了。　　5.14.2

　　按后一种方式构建起来的社会，赋予最高执政者以充足的、根据自己的判断去行事的权力，只要不有悖于或者不有损于那些原则。只要他们遵守这一限制，他们的行为就可以不受任何其他力量的干涉或者控制。那些原则指的是某些内在的权利，一切人类在自然自由的状态下都具有这种权利，但由于人性的软弱、不完美和堕落，这种权利在那一状态下得不到保障。因此，人们同意加入社会，凭借很多人联合起来的力量，每个人的权利都得到保护和保障。在一切公正的政府里，这些都被视为"公民契约"的基础，这是一部一个人与全体人之间的契约：他们进入同一个社会，受同一些权力的支配；他们为那一目的搭建政府的架构；结果，他们创建了每个成员之间的"契约"，以约束那些可能在任何时候被委以权力的人，依据社会成员被组织到一起的文明政体的形式，忠实地运用自己所获得的信任，并要求全体成员适当地顺从。公民权力只有一种正当源头，那就是全体人民之间的此类共同契约：虽然人民在构建社会时的伟大目标就是确保自己的自然权利，但是，这个政治联盟所形成的各种关系又产生了对国家的特定责任与义务，要求人民牺牲在自然状态下所获得的某部分权利、某部分充沛的自由。另一方面，社会关系又要求人民拥有另外一些权利与权益，这补偿了这种牺牲。由此，政府的益处可以根据人们在当时以最小的牺牲、最大的收益所获得的安全的程度来衡量。因此，一个政府如果为实现这三个目标而得到最好的调适，那就一定是文明政体的最佳框架设计。

那么，这里我们不妨这样来说：在一些人组成一个社会共同体，并打算制定他们的政府方案时，谨慎行事并不为过。他们在构建这个方案时，应该以最大可能地保障他们的权利为目标；这样，他们所应当放弃的，不应该超过那些被认为绝对必要放弃的部分；他们应该朝着组织、安排和联系好政府的各部分这一目标去努力，这样的话，若运行得当，这个政府方案就有利于促进全体人的共同利益，最大程度地发挥一个文明制度所具有的优势。前面提到，公民社会中的权力的唯一正当源头在于所有人民为那一目的而达成的契约。如果这一说法是正确的（我敢说，这是无可争议的，至少在这个国家如此），那么，正当的理性一定会告诉我们，在缔结那一基于正确原则的契约时，牢牢把握一些关键性的要素是明智的。审慎的人民会考虑进入社会状态的一切动机，从最重大的目标到最细微的预期收益。对于他们而言，每一个动机都应当有恰当的分量。他们不会过多关注琐碎的事情而忽略意义重大的事项。他们每走一步，都是在小心谨慎地实现计划中的每一个目标，他们的认真程度与目标的高尚程度相称，也与目标所包含的利益多少相一致。因此很明显，他们应当以最大的勤勉去追求那些神圣的权利，那些权利虽然是他们生来具有的，但除非得到明确地保留，否则他们既不能自己得到，也不能传给子孙。

人们为建立一个政府而授予他人权力，这种行为应该始终被理解为交出了他们没有明确保留的部分；这是一个基本的道理，我敢说，是世人皆知的道理。[21] 这一点，可以从这种公民制度的设计中明显看得出来——人们接受这种公民制度，以代替自然自由状态。由于每个人平等地有资格享有一切自然权利，而且平等地拥有一个正义的权威去实施全部的行动权力，而且当这些权力涉及其他个人时，绝不会伤及他们的权利，那么可以说，在进入社会时，每个人都为这些目标作出了让步，由此将自己的那些权力交到了国家手中。由于是每个成员都这样做，那么通常我们可以得出结论，所有的这类权力，既可能由于涉及任何个人而被[联盟]整个地拥有，也可能由于联盟的行为而被[联盟]放弃。如果这种放弃是没有保留的，那么同样可以得出结论，每个人以及所有的人所交出的，不仅是那些涉及他人的权力，同样包括每

280

一项他们自己从个人角度提出的诉求。因为，授权在这种情况下所具有的广泛性必然使其包括每一项行动权力，以及每一项拥有或者获得某物的诉求，除了国家规定的之外。如果一项权利被定义为"根据法律所确立的采取行动、拥有某物，或从他人那里获取某物的权力或诉求"[22]，那么，每一项自然权利也就成了根据自然法而确立的这种权力或诉求。这样，很明确，在以这种方式构建的社会里，每一项权利都将处于公民司法机构的权力与控制之下，这是独断政府的首要特征。任何时候，人民如果建立的是这样的政府，他们就会屈服于一个不具备任何自由政府特性的政府之下。因此，这就导致有必要用明确的条文，规定所有这类打算杜绝管理当局染指的权利。

5.14.3 　　现在，同胞们，请允许我对拟议中的《联邦宪法》提出一些思考。这个主题十分棘手，我在尝试这样做时难免不够自信。然而，这又是最有意义的主题，因为其中包含了自由人所关心的最高利益，即一切对于联合各邦的公民来说宝贵的东西。一想到这个主题迫切需要进行自由而广泛的讨论，我就克服了自己的不自信，将这篇文章摆到你们的面前。这样做，我靠的是那种悲悯而果敢的情怀，你们也一直受这种情怀的激励。但愿，这些宽厚的品质能够带来最愉快的迁就，而我写作这篇文章的热情也能使它的缺陷在一定程度上得到原谅。因此，这篇文章无论多么不完美，无论相对于你们的思想或者相对于那位将它交给你们思考的人的希望来说多么不充分，这里我都恳求你们对它报以你们认为恰当的宠爱——严肃、公正、心平气和的阅读，因为它关系到一项共同的事业，大家都同样地关切。

5.14.4 　　那么首先，我从这部《宪法》第六条的内容开始。这几乎是最后提出的条款，或许，从这一条开始讨论会显得有点不合常理，但是，如果考虑到这一条决定了国会权威的范围，并且无可争议地确立了其最高地位，任何认为这样做不得体的想法可能都会消失。这个条款包括下列文字："本宪法及依照本宪法所制定之合众国法律，以及根据合众国权力所缔结或将缔结的一切条约，均为全国的最高法律；即使与任何一州的宪法或法律相抵触，各州的法官仍应遵守。任何一州宪法或法律中任何与之相悖的内容，均为无效。"如果这部《宪法》被采纳，美利坚的主权就被明确地确立在联邦身上，同时也废除了当前每个邦的独立主权。由于政府是总体性的，并不是只管大陆的某个部分，而是覆盖每个邦并且对所有的邦同样地树立其权威，因此，它至高无上的地位终会得到每个邦的承认，而所有的其他权力都只能发挥次级的作用。因为，认为同一个共同体内可以存在两个主权，这样的想法是荒谬的。如果认为它们是平等的，那么它们的运行应该是相对的，就像两个具有同样动能的机械力量会相互抵消。如果一个的力量比另一个大，那么对于两个具有一定速度、并且会从不同的方向结合到一起的运动中的物体来说，较小物体的运动必然会受到较大物体的运动的破坏，因此，只有较大物体的运动才是有效的。由此，什么样的数学运算才能证明这样两个不同的主权能够同时存在？仅凭自然的理解力，任何人都看得出来，这种想法中包含着明显的荒谬性。如果它有意义的话，那它一定是指那一最高权力，其存在于国家的某个地方；或者换句话说，它是所有被集合起来、统制进一个组织的个人权力的联合。因此，这一集合、这一联合、这一最高权力，只能存在于同一个组织中。一直有人指出，在《宪法》草案中，每个邦都退化成了"意义不大的市镇团体"[23]，这种说法是正确的，这一点对每个人都是很明显的。这注定是各邦的结果，到那时，各邦不再有订立法律的权威，甚至对

281

于它们自己的政府而言，由于国会被许以更大的权力，它们的政府的权限会更小。弗吉尼亚人，这就是你们为独立而斗争之后将迎来的令人生畏的形势！如果不嫌麻烦，你们去查查，就会发现，这个联合机制打算为联邦赋予的那种巨大的、超越一切的权威，并不受制约，其中没有一个条款保护那些宝贵的、任何年代的自由人都引以为豪的权利。诚然，"合众国应保障联邦各州实行共和政体"，然而，它并不保障不同的邦维持现有的政府形式及相应的
282 《权利法案》；而且，这句话说得太模糊、太不确定，一部契约不应该如此含蓄。有可能，"共和政体"的底子是绝对的专制原则，就像东方的君主政体那样。我认为，一个民族的自由并不取决于政府的框架——它只是确定了权力的范围；而是取决于对那些权力所设置的适当的限制，并保证那些权力是建立在公正的原则基础之上。

5.14.5　　在北方某邦，有位热切地鼓吹这部《宪法》的人坚持认为，在联邦政府中没必要制定权利法案，但他同时又承认，当年各邦政府制定《宪法》时，这种必要性是存在的。[24]他声称，在那些情况下，但凡没有以明确的语句保留的每一项权力与权威，都被人民赋予代表们。我敢说，这是一种差别对待，至少对于当前的讨论主题是如此。这样一种不公平的态度对当前的联盟制度的影响严重到了什么程度，这个问题无从考察，而我们的思考一旦只限于此，我们或许就会承认这种做法或多或少是恰当的。众所周知，在邦联体制下，国会的权威并不能延伸到诸如干涉各邦立法机构的权力，或者对其施加任何程度的强迫，每个邦对内部治安的处理都是自由的、有主权的、独立的。这样一来，人民的自由受到保障，一如他们的《宪法》所允许的那样，而且，关于权利的宣言既然被设置为政府的基础，且自身具有充分的力量与活力，

就无须对其做进一步的规定。但是，当这个主张被用于这部《联邦宪法》草案——它包含了如此巨大而广泛的权力，以至于将主权从每个邦转移到那个联合机构，它赋予了国会干涉和限制各邦立法的权力，它赋予了国会最高的、针对一切邦的立法权力，它取消了各邦的独立性，简言之，它吞噬了除自身之外的一切权力，将它们悉数纳入其无所不包的立法机构之中；这时，如果我宣称，这样的安排是荒谬的，如果我坚持认为，有必要制定一份正面的、毫不含糊的宣言，保护当前形势下自由人的权利，其保护之有力甚至要超过它们在各自政府之中的情况，那么，真的，我不应该被打上狂妄自大的标签。在我看来，在文官机构建立时，其影响越广，被赋予的权力越大，就有更大的理由采取必要的预防机制，确保其恰当的实施，防止不正当的滥权。

（待续）

2. 征税权、常备军与司法权限 283

第一篇文章（中），发表于 1788 年 2 月 27 日

（续前文）

第一条第八款赋予国会"规定和征收直接税、间接税、进口税与消费税"的权力。人们说，那些受我们信任、被赋予政府最高权力的人应当恪守两条原则：一、一心关注全体人的共同利益，不考虑个体利益；二、对共同体的各部分一视同仁，不会厚此薄彼。如果这个说法是有道理的，那么很显然，在《宪法》草案之下，这个由 13 个不同的邦组成的广泛的邦联社会，既不符合第一条原则，也不符合第二条原则。因为，各个不同的社会虽然被糅合到一个立法机构之下，但由于有着各自不同的利益，而且似 5.14.6

乎没有可行的统一法则，因此大家在关注自身利益的过程中，就失去了共同的利益。同理，我们会哀叹，第二条原则的优势也可能失去，因为我们同样会看到，由于不同的立法机构都偏向自己的邦，全体邦共同关注的东西就得不到满足。只要人类还受到利益的影响，任何议事机构中的联合委员会要想发挥作用，最可靠的办法就是利益的联合。[25] 现在，应该有人认识到，就是这个团队，就是这个联盟，在推动公共利益，只有它才能在这个大共和国里保持和谐，并推动它走向成功与繁荣；如果美利坚置这种深刻的理解于不顾，那么她必将走向不幸。但是，我担心，这些问题的罪魁祸首在很大程度上就是立法机构中的那一部门，因为它准许征收内部直接税。因为，在联邦大会里，各邦的利益不可能像在自己的立法机构里那样，很容易、很便捷地得到协商。各邦的财产种类如此不同，产出如此多样，利润如此不等，甚至同样的财产的利润也会不等，那么，就没有一种普遍的模式，能够在各邦产生同样的效果。这样，就会出现互相冲突的竞争目标。利益的多样性还会导致计划的多样性。很自然地，每个邦都会尽可能最少伤害自身利益，提高自己的收入。这是分歧之源，它明显会破坏和谐，而和谐是邦联得以维持的必要条件。联邦体制的改革应该确保不同的邦服从国会的必要征调，我很难想象这样的改革是不可行的。让所有的邦都能自行提高自己的收入，都能独立地就政府模式是否最为便利提出自己的判断，那么，非常有可能，

284 政府中的这个重要部门的运转会更好地让每一个邦满意，也会有助于促进这个巨大共同体的各部分之间的和谐精神。每个邦被这样纳入整体，并分享联盟的好处，没有哪个邦会感到不便利，政府将它们如此黏合到一起，所有的邦对政府的感情都会越来越深。

5.14.7   我相信人们都承认，消费税的设立会带来严重的苦难，一个

半世纪来，英国人几乎一直在它的重压之下辛苦劳作。虽然这可以说是一项很经济的税收，因为它发端于制造业，勤劳的人会从中受益，而有钱人由于消费量大，自然构成最大一部分税收来源；但是，就其本性来看，它要求在执行过程中实行严刑峻法，因此它势必成为普遍憎恶的目标。由此，布莱克斯通大法官宣布："消费税法律的严苛性和随意性与自由民族的禀性是不相宜的。"[26]因此，如果你是自由人，也就是说，如果你除了习惯于那些执行有度、宽松得体的权力外，不习惯于其他的权力，那么你一定会去思考，委身于一个纵容肆意践踏居民神圣权利的新的权威，这种做法是否适当。如果这一种收入成立，那么必将导致最严苛的消费税法律，以确保它的征收。在这种情况下，一旦被指控，你会发现自己被完全剥夺了你们引以为豪的陪审团权益。那令人称许的普通法程序也让位于某种快捷、从简的模式，这样，不幸的被告会发现自己孤立无助，其辩护过程还没达到通常程序所花费的时间，就草草收场了。

　　一直有人指出，在和平时期，常备军对于一个自由国家来说 5.14.8
是危险的；但是，对其原因，似乎还没有人作出深入的剖析。常备军除了无用，还因为没有服务目标，所以是不便利的、昂贵的。那些军人通常由社会残渣组成，一旦不受约束或者不适合军事目的——其实同样不适合其他目的，将变成极大的负担。由于这群人不需要从事社会生活的通常职业，他们的利益也不同于共同体的其他成员，因此他们通常好逸恶劳；虽然他们的给养来自国家，但是他们没有责任感，因为责任源于政治关联。他们必须纪律严明，这使得他们在一定程度上受到奴役；他们被要求对长官无条件服从，这使得他们成为暴政和压迫的最佳工具。因此，古往今来，他们都或多或少是奴役人类的帮凶，这方面的事例令人震惊，举不胜举。若有人不厌其烦，愿意仔细检点，他会发现，迄今为止，在各个失去往日光荣的自由传统的民族中，有很大一部分民族，其毁灭都可以归咎于常备军。有人说，他们是必需的，因为要防止突然袭击。[27] 难道，一支训练有素、纪律严明的民兵，不能提供足够的安全？在我看来，一旦实际发生战争，这就是自由人民所能拥有的最好的、最可靠的保护。相比之下，这种防卫至少有两个优势：首先，当必须征召军队时，他们立即成为士兵，他们的利益与全部共同体成员的利益高度一致，他们将自己最为珍贵的东西寄予共同体的安全之中；其次，如果一支军队被消灭，能够很快组建另外一支，他们也受过军事训练。罗马帝国就是通过某种与此类似的策略，登上强大与辉煌的顶峰。

5.14.9　　最高法院是联邦是另外一支权力部门，它带有帝国司法的特征，等级森严，管辖范围深入大陆的各个部分。这种情况与立法领域一样，它吞噬了其他一切法庭。是什么样的一种权力，拥有对"一切……普通法的及衡平法的案件"的"初审权"，以及对其他所有案件的"上诉审理权"，但在操作过程中须遵守既定的规则？在实际操作中可作为初审机构，但拥有"无论是法律方面还是事实方面的上诉审理权"，这又是什么样的一种权力？[28] 或者说，在下级法院已经作出庄严的判决之后，关于事实审理的上诉权又指什么，难道是重新审理？显然，这种审理难道不是在暗示低级法院在实施其正当司法权力时的无能？进一步而言，这会不会渐渐使后者的整个司法体系形同虚设？毫不奇怪，这样建立的一套司法体系是新奇的、反常的。它是一种新奇之物，它在英国人、美利坚人——英国人的后裔——所经历过的任何事物中都找不到相似之处。最后，除了在某些刑事案件中使用陪审团之外，这个高级的特权法庭没有确立根本的程序规则。其他一切案件都被置于——屈服于——"国会所规定的这类规则"。在这些情况下，我恳求你们，作为弗吉尼亚的公民，要认真考虑你们是不是在危害庄严的陪审团制度——它是你们长期珍视的抵制不公的神圣屏障；你们的祖先在多个世纪以前树立起来，并作为公民自由的伟大堡垒传到你们的手中；你们一直在守护它，到今天一直未被冒犯。我恳求你们，作为这个共和国的成员，考虑一下你们会不会陷入危险，失去针对所有这些案件的这种宝贵的审理模式，因为它不受这部《宪法》的保障。[29]还有，这一条款限于一些特定案件，这难道不是在通过这种做法暗示排除了其他一切案件？人们在长期实践中发现，这一高贵的特权是一种根据平等的自由尺度解决争端的最为精准的方法，请你们开动脑筋深入思考，失去这种特权后，真不知道会有什么样的审判模式来代替它。或许到那时，你们会惊讶于一种奇怪的司法机制——某种独断的方法，或许，它会将一切审判都交由执政官的完全判决，人民大众被完全排斥在外，不能参与公共正义的评判。

（待续）

3. 抵制过于强大的联邦政府

第一篇文章（下），发表于 1788 年 2 月 27 日

前文对这一重要问题进行了最审慎的思考，现在，我亲爱的同胞们，请允许我以最诚恳的态度向你们宣布，这个政府方案看起来是为确保美利坚的幸福而设计的，我对它没有成见，但作为公民同胞，我还是禁不住向你们表达我的这些情怀。我不为派性所动，不为激情所困，也不受任何其他利益的影响，只受对这个国家、我们共同的国家的最真切的热情的驱使。我以最虔诚、最

286

5.14.10

坦率的语言向你们坦白，我一读到这部新法典，我就做不到不用一种抵触的眼光去看待它。虽然对于这个命运攸关的事物，我不愿意第一眼看到就排斥，但是，我还是决定不信任这样一个过早获得通过的架构的正当性。这促使我以最大的勤勉、竭尽所能地继续探寻。相信我，下面的思考源于最为充分的信念：这个体制包含了最危险的原则，而且，从提升美利坚自由的"水准"这一角度看，我的确担心，它一旦被采纳，我们现有的这件光荣的、已经耗费了很多宝贵的爱国者的生命的"作品"，将被长久蒙上灰尘。希望从此你们不要再认为笔者心胸狭隘，竟怀疑那些提出这份联邦政府方案的绅士的意图。[30]他知道，没有什么外部原因导致他怀疑，他们除了这个国家的美好，还有什么别的目标。当我们回忆那位伟大的、宽宏的英雄，他指挥军队渡过一次又一次困苦与危险，没有哪个人会如此无耻，侮辱他的所作所为带有不良动机。每一位真正的美利坚人都深信那一美德的坚定性——灵魂的善良支配着他的一切行动，然而，每一位美利坚人以及每一位其他人，也会乐于承认，人不可能不犯错误——做一个人就是做一个犯错的主体。最好的、最伟大的、最英明的人都会犯错。那么请记住，这部政府法典是为美利坚的每一位自由人拟议的。为了什么？难道是为了不经他们同意就束缚他们？不。为了绝对地接受？不。为了让他们采纳，以便与大会议保持一致？不。那么，为了什么？每个人对自己的国家的职责为他指明了这一议案的目标。每个人都知道，它是为了一个自由、坦率、公正的讨论与决断，不论他们将赞同并采纳它，还是不赞同并拒绝它。因此，有哪位公民会如此软弱，有哪位公民会如此胆怯、如此优柔寡断，承认自己没有权利就这一问题作出自己的判断？如果我们中间有媚上之徒，认为这一主题不应当交给别人，而应当只交给一些杰出人物去处理，那么就让这些人想一想，能够激起炽热的情感的，是他们的国家的尊严与意义，而不是高大的人物——那种情感应该与美利坚的价值相称，而不是与少数几个人物的作用相称。那么，弗吉尼亚人，在这个事关自由大业的问题上，你们还会贸然断言他们有特权为你们作出判断吗？不，不，我的同胞们，你们不会如此，你们不会的。我这样说，靠的是那些勇敢的爱国者的灵魂，他们在最近的战争中为同样的事业而战斗。在这件事情上，你们的行动决定了你们变成什么样的人。你们在地球上属于什么样的民族，决定了你们怎么样去做。你们配得上你们的等级，配得上自由人的品性；你们将证明，如果打破那一特权，你们就一定能够解放。

　　大多数人民的幸福当然是最高的价值，值得任何社会去追求；如果你们都贡献出自己的一份力量去实现它，你们将会获得同样的一份光荣。没有什么大人物，没有什么人的声名，没有什么特别的出身，没有什么杰出之辈，可以骗取你们的理解能力，引导你们服从其他什么人的命令。你们所做的那些事，你们所付出的那些勇敢的、高贵的努力，足以证明你们坚韧的品质，驳斥一切认为你们软弱无力的非议。你们已经表现出最强烈的公共道德感，你们已经向这个世界表明，自由的事业在你们的内心中占据着最高的位置。那些人，那些守卫他们国家的勇士，那些不惧怕任何磨难与危险的人，那些即便在死亡面前也不惊慌失措的人，会拥有这样的情操吗？哦，你们弗吉尼亚人，在展现出这些真正的爱国主义和英雄主义的光辉榜样之后，会突然变得前后不一吗？会不再维护这项毫无争议地属于自己的特权吗？不，我的同胞们，无论怎样，我都不会认为，那在你们每一个人的胸膛里汹涌澎湃的热情，会在短短 5 年的时间里就挥发殆尽？我不会怀疑，但是在这个考验你们的时刻，你们必须一如既往地为自己正名。你们需要能够说服你们的力量，以恰当的自由去探讨拟议的这份政府方案的优点，这些都并不可怕；不然你们不能正确地关注你们勇敢地为之奋斗的这个国家的利益。

288

一大群令人尊重的人在一起思考这部《联邦宪法》的原则，当这样的画面进入我的脑海，我信心十足，也不会觉得奇怪。如果我想到，你们对它打算建立的极其强大的、广泛的权力感到警觉，我只会从你们的忧惧中看到最强的理性。因为，如果一个体制凌驾于当前各邦的不同政府之上，要求"依照本宪法所制定之……法律为……最高法律；即使与任何一州的宪法或法律相抵触，各州的法官仍应遵守"，那真的要引起警觉啊！这一万能的权力会带来什么后果呢？你们的《权利法案》对你们还有什么用处？有了这一权力，国会制定的法律可以约束一切。它可以推翻你们当前的《宪法》，推翻其中关于你们的权利的每一个条款。这些条款是你们的《宪法》的一个部分，同时又是你们的《宪法》的基础。结果，如果你们通过了这部新《宪法》，你们就有了一部赤裸裸的、具有不受限制的司法权力的政府方案，这种司法权不仅会通过使一切邦政府不具备效力而推翻你们的《权利法案》，而且在实施过程中不会受到任何关于那些自然权利的条文的约束，只是一味地将安全作为一切政府的目的。这类条文是非常必要的，我们可以设想，没有它们，任何公民自由都将不复存在。因为那样一来，在任何情况下都不能断言破坏已经发生，即权利已经被冒犯，因为这里面没有标准可循，没有标准可以衡量破坏，或者发现侵犯到底有没有已经发生。[31]

因此很明显，最臭名昭著的压迫行径可能大行其道，而且还找不到明显的受伤害的对象，因为没有违宪的侵权。比如，如果国会通过一项法律，规定被指控犯死罪的人无权要求知道指控的理由与属性，不需要与控告人或者证人当面对质或要求对方提供有利于自己的证据，那么，这里就有一个涉及国会权威的问题：当缺乏对国会权威的限制，缺乏为权利制定的条款的时候，当《宪法》没有对国会提出责任要求的时候，还能不能说国会已经越过它们的司法界限？对于任何独断的、任意的、违背"这片国土的法律"的禁止，都可以这样发问。同样，如果被要求缴纳过高的保释金，如果被处以过度的罚金，如果被施加残忍的、非同寻常的惩罚，如果出版自由受到限制，总之，如果制定的法律完全是在贬低所有在你们当前各类政府中有保障的各类权利，那么，同样也可以这样发问。

无疑，你会思考，消费税——通过对任何物品直接征税—— 5.14.11
以及联邦法庭的建立给这个国家带来的这些不便，有没有可能没 289
那么让人受不了，或者伤害没那么大？你会接受和平时期常备军的设立所带来的危险的、压迫性的后果，接受那些为自由民族始终报以最大警惕的有害的野心。同样，你会判定，未经国会同意不得维持战船是否是恰当的。这些邦目前所处的形势急需建立一支海军力量。他们的一侧面临大海，这给任何非法闯入者以可乘之机。如果没有船只护卫，他们会受到持续的劫掠。这种防卫力量的好处是明显的。它可以带来的最大好处是提升了一个民族的力量，每一个对这个国家有良好愿望的人都会乐于见到一支与本邦形势需要相适应的强大的海军力量。因此，这似乎是对各邦的十分不恰当的限制，这种限制最终会被证明是十分有害的。

我的公民同胞们，不论你们最终认为这份《宪法》草案是合适 5.14.12
的或者不合适的，你们都要在你们的代表们动身去参加大会之际，正确地引导他们。立法机构已经以自己的智慧判定，明智的做法是，选择一个适当的时机即几个月之后，就这一重大事项作出决定，因为到那时，你们将彻底了解这一与自己的利益如此休戚相关的主题。

5.14.13 我知道，新政府的鼓吹者们津津乐道的话题就是，新政府将提升国会的尊严，而邦联体制目前所欠缺的能力也会得到弥补。没有人怀疑，联盟政府的修正是容易办到的。但是，有没有人想过，在权力欠缺与掌权无限之间，在只能提出推荐性建议这一笨拙的规定与最大程度地将各个政府部门凌驾于联合的各邦之上这一横扫一切的司法权之间，在当前软弱的邦联肌理与拟议的神经质的韧带之间，就没有缓冲地带吗？难道不可能加强国会的力量，使其能够满足联盟的一切急需——规划大陆的庞大商业利益，监管一切涉及合众国集体能力的事务，但又不会将政府各部门的最高权力移交给那一组织？[32]当初的大陆会议议事机构的属性、目的表明，这种改革是可行的，而且会证明，对于美利坚各邦来说，保留各自的独立主权是更高尚、更光荣的，而且将来也会更幸福。如果各邦享受完全的自由，实施各自的政府权力，但同时又被一

290 个共同的首脑机构联系在一起，受一个温和的、公正的、组织良好的均衡的邦联的影响，同时共同促进那些作为联盟伟大目标的外部优势，那么，相比于任何一个国家，哪一种是真正的强大？这种独立性存在于每一个邦，相应地，和谐遍布于整体。在邦联体制下，这种合宜的力量联合起来，将形成一种国家的宏伟。它会为每一个邦带来光荣，并将荣耀传遍大陆。它会引来人类的赞赏，并展示一种光彩夺目的真正的自尊，它远优越于那种权力的下放，在后者，各邦的主权会缩水至一无所有。

5.14.14 巨大而广泛的权力会带来什么样的后果，不需要太多的历史知识就能明白。每个人都天生地热衷于权力，一旦得到某种程度的权力，就很少能不再渴求更多的权力——人的地位越高，心里

384

的欲求就走得越远。这样一步一步地，以平常的进程，他向前走下去，直到控制欲成为支配性的欲望，吸收了其他的一切追求。当一个人使自己处于这种情感的影响之下，很自然地，他就会抓住一切机会，不惜一切手段，达到自己的目的。拥有权力是一件如此令人迷醉的事情，以至于人们几乎不能真正享受它，也几乎不能不为那些非同寻常的手段动心。高高在上的优越感令人陶醉，给人带来无限遐想。不，人的性情本身常常出现这种转变，这恰恰是令人悲叹的：为了满足野心，人性中的温和、慷慨等美德都变成残忍和暴虐，人们失去了荣誉感、正直、仁慈与感恩之心。[33] 如果权力可能被不受限制地滥用，或者为心术不正的人提供机会，使他得以将危险的计谋付诸行动，而不需要对自己的行为负责，那么，对于这些大权在握的人，自由的人民不应当付出自己的信任；这样的警醒，难道我们不应当牢记在心，永志不忘？既然人类的眼界无法洞察将来的事物，无法始终抵御邪恶的入侵，正如最可靠的政府也很少能让人高枕无忧，那么，接纳这样一个政府——它明显要为野心家们提供施展抱负的手段，或许还要破坏美利坚的自由——岂不是最为鲁莽之举？

如果一群人刚刚经历一场反抗压迫的艰苦斗争，过去的伤痛还历历在目，那么再想奴役他们就几乎不可能。但是，经过一段时间之后，这种感觉会慢慢淡化，对自由的渴望也渐渐丧失，共和方案体现出的大众平等的愿景也在不知不觉中消失了，新型政府带来的喜悦与优势在运行中慢慢腐蚀了。[34] 随着所有这些充满活力的行动的衰退，人们的惰性逐渐加强。自由的启明星不再被勤勉地守望，一支新的激情大军将追随精神的帝国，人们将追逐各种不同的欲望目标。如果一个国家碰巧享有持续的繁荣、富足，那么，对财富的过度喜爱以及奢靡习气就有了人口，并蔚然成风，这些会引发

5.14.15

291

各种贪污和腐败，为贿赂打开致命的大门。这样，接下来在这种伤风败俗的氛围中，一些人或者一个人比其他人更有权力，热衷于到处树立权威，而且通过巨大的财富或者通过盗用公共资金，或许会完全颠覆政府，在其废墟上建立一个寡头的或者君主的专制。要完成这件邪恶之作，有现成的工具，那就是无数的常备军，以及追求合众国巨大收入的热情！钱可以买到士兵，士兵可以弄到钱，二者都可以为所欲为。我亲爱的同胞们，你应该用最大程度的谨慎与细心努力抵制的，正是这种世风的堕落、这种邪恶的趋势。所有的民族都曾经在某个阶段遭遇过这种恶的"复活"，但如果在这危急时刻，你们的政府没有稳固的安全基础，警惕坏人们的计谋，那么，这个国家的安全将丢失，或许永远！

5.14.16　　一个人说，让我们建立一个强大的联邦政府，它会让我们的国会成为伟大和杰出的组织。另一个人说，要不惜一切手段，这样，我们就能吸引全欧洲的注意。请问，在最为悲伤的时候，在灾难深重的时刻，即便全欧洲都注意国会，又有何用？即便他们将国会提高到最宏大的程度，这对美利坚的公民们又有什么益处？难道宏大的声音会穿过大西洋，在欧洲的每个城镇回响？如果你们将自己置于一种可能以苦难而告终的境地，这种盛况，我指的是，那一令人敬仰的机构的辉煌，于你们又有何益？如果你们中的这个人或者那个人因此沦为什么人的羔羊，那么，那种国会独大的状态会给你们、你们的子孙带来什么结果？哦，上帝，阻止这种可怕的灾难吧。如果有一天人们发现，美利坚不再是一个自由的民族，请不要让那一天来临！这是最后一块受压制的自由的神圣的保护地，不要让它不再为这位美丽的自由女神提供休憩之所！请让在这个光荣的事业中逐渐耗尽的热情再次振作起来！让它激励我们，为所有的议事者带来启迪！让优雅的光明使者降临我们，引导我们前行，扇动温情的翅膀，在我们的头顶上盘旋，将真正的对智慧的爱注入我们的灵魂！在这个糟糕的、重要的时刻，我们有可能被引导在充满错误的迷宫里安全地前行，国民幸福有可能获得坚固的基石，欣欣向荣，永世不衰。

写于 1787 年 12 月 17 日

三、帕特里克·亨利
编者按

293

帕特里克·亨利（Patrick Henry）没有写过反联邦主义的小册子或者文章，但他在弗吉尼亚宪法批准大会上坚决反对新《宪法》。弗吉尼亚的大会上有一群全国最杰出的反联邦主义者，但是亨利在第一个星期里几乎是单打独斗，他发表了六次演讲，涉及所有的反联邦主义论题，展现出宪法批准斗争中双方都不具有的斗志、论证与修辞。亨利的辩论技巧[35]，他对自己所了解、所共同成长的自耕农的情况的驾轻就熟，对简洁、普通手法的坚持，以及就像有人说的，甚至对有感染力的大白话的运用，都为他树立了鼓动家的名声；而他后来于 1799 年作为联邦主义者重返政坛，又加重了这一名声。[36]无疑，正如内文斯（Nevins）所言，他是一位"了不起的建设性政客"[37]。但是，他是一个有内涵、有才华的人，这一点从他在弗吉尼亚大会的表现上可以看出来。

不幸的是，亨利没有留下书面记录阐述自己的政治观点，而关于他的各种传记在罗列具体立场时也没有讨论基本的指导原则。[38]乔治·T. 柯蒂斯的评价要比很多历史学家更恰当，他以赞同的态度描述了亨利同时代人的说法，即亨利聪明有加，但是缺乏深度，"他关于公共自由这一目标的论断十分有力，但是这种力量似乎误导了他，使他把目的当作实现和保障目的的手段"。[39]
他是一位主张联合的人；实际上，正是他在第一次大陆会议上
（他唯一一次在弗吉尼亚之外从事公务）表明了国家主义立场的
根本原则，他的话语经由詹姆斯·威尔逊在 1787 年的费城回响。
"在弗吉尼亚人、宾夕法尼亚人、纽约人以及新英格兰人之间不再
有差别，我是弗吉尼亚人，但也是美利坚人。"[40]然而，他正是作
为一名弗吉尼亚人，履行自己的大多数公共职务，包括弗吉尼亚
总督、众议院成员，他正是从弗吉尼亚人的视角去观察美国问题。
294 他受邀但拒绝作为弗吉尼亚的代表参加 1787 年的联邦大会，其
中很大的原因是，他反对杰伊与西班牙的媾和协议，他认为它反
映的是北部邦的意愿，为了商业目的而出卖美利坚对密西西比河
的诉求。[41]

　　亨利在弗吉尼亚大会上的观点常常是精彩、混乱、重复的，
后人难以编辑。这里编选的是他最早的两篇演讲（6 月 4 日、5
日），以及两篇后期的、较短的关于权利法案的演讲（6 月 16 日、
17 日）。① 其他重要的演讲或者陈述被删节（6 月 9 日、12 日）。
应该指出，亨利关于密西西比河协议的讨论，特别是关于南方的
利益——比如，涉及商业规划问题时——的讨论，这里大都省略
了。虽然这一伟大的"为帝国而斗争"[42]（反联邦主义者加里森②
语）是南部反联邦主义者的重要关注点，但它附属于更大的原则
问题，只在设定了原则基础之后才得到大致讨论。

　　亨利对《宪法》的反对观点中有一个主线索，那就是真正的

---

① 指斯托林全集版。默里·德里的选本收录了 6 月 4 日、5 日、7 日以及 9 日的演
　讲。鉴于 9 日的演讲与 7 日多有重复，中译本只收录 6 月 4 日、5 日以及 7 日的演
　讲的部分内容。
② 威廉·加里森（William Grayson, 1740—1790），弗吉尼亚参议员、律师。

联邦主义以及弗吉尼亚爱国主义。《宪法》声称"我们人民"，这是对邦联的破坏，也是对弗吉尼亚的破坏（5.16.1-2, 6, 8, 9, 22-23）。亨利主张联邦主义，虽然并非总是井井有条，但也有几个深入的见解。他坚持认为，《宪法》表达的是对光荣与财富的渴望，而不是对自由这一政府的真正目标，对各邦的相关目标以及各邦在《邦联条例》下的联合的渴望。（5.16.2, 6）他否认自己倾向于退出邦联，或者另行联合。（5.16.6）虽然亨利并没有大谈特谈小共和国的观点，但他暗示接受这种观点。（5.16.11）他坚持认为，在新《宪法》下，代表席位非常不足（5.16.2, 8, 19, 29），而且，不像不列颠体制，这里没有实际的制衡或者真正的责任（5.16.2, 7-8, 17），唯一的指望就是治国者的德性了（5.16.7, 11, 17）。《宪法》不够牢靠。"不要告诉我纸面上的制衡，请告诉我以自爱为基础的制衡。"（5.16.14, 17）

亨利支持缴纳份额的制度（5.16.15-19），认为《宪法》下的征税权力特别危险，它将导致各邦丧失任何真正意义，成为人民源源不断的负担的源头。在《宪法》下，人民交出了一切，失去了自己制约政府、保护自身自由的能力。（5.16.2, 6, 7）

《宪法》鼓吹者们说什么外部危险与内部动乱，其实它们并不存在。（5.16.1, 2-4）即便有这些危险，亨利认为可以由美利坚精 295 神保护我们。（5.16.2,12）要解决美国的经济问题，需要的并不是新的《宪法》，而是工业与经济。（5.16.10）共和国的简单、对自由的热爱，是美利坚自由的基石，美国的法律必须倡导并保护这样的精神。（5.16.12-13）权利法案的缺失，说明《宪法》距离真正的美国自由精神有多么遥远。

这里的文本取自《弗吉尼亚立宪辩论》①。埃利奥特（Elliot）关于弗吉尼亚辩论的报告也出自这个文本。虽然埃利奥特常常有一些小改动或错误（比如日期上），但对于读者来说，为埃利奥特的版本而不是那个难以得到的 1788 年版本加上脚注说明，是方便之举。

1. 质疑新体制的必要性

1788 年 6 月 4 日

5.16.1　主席先生：

大众以及我自己都因这份改变政府的计划草案而忧心忡忡。请允许我陈言，因为他们想彻底弄懂当前危急不安的形势，以及我们为什么来到这里，就这一重大国事作出决定。我视自己为这个共和国的人民的仆人，他们的权利、自由与幸福的卫士。当我说他们忧心忡忡，我是在表达他们的感受，他们从以前享受的完全安全的状态被带到当前不明朗的形势面前。一年前，我们的公民们还享受安宁。在上次的费城联邦会议之前，这个国家到处是和平、安宁。但是自那以后，他们十分不安，难以静心。当我期待被委任参加这次会议时，我的内心被公共形势搅得十分烦乱。在我看来，共和国正面临巨大危险。如果我们面临如此不安的形势，那这种可怕的险情是什么时候开始的？它源于这个致命的体制草案，源于这份要改变我们的政府的提议，这个提议最终将使各邦最崇高的事业化为乌有。9 个邦建立一个联邦，这个提议最

296

---

① *Debates and Other Proceedings of the Convention of Virgina, Convened at Richmond, on Monday the 2nd day of June, 1788, for the purpose of deliberating on the Constitution recommended by the Grand Federal Convention* (Petersburg 1788—1789), 3 vols.

终将排除其他 4 个邦。它还会废止我们同其他国家已经签订的那些庄严条约。法国当前的形势乃是那个王国为我们提供的良好机遇，要求我们最忠实、最严格地遵守我们与它缔结的条约。我们还与西班牙人、荷兰人以及普鲁士人都签订有条约。这些条约对我们 13 个邦都有效，因为我们结成了一个邦联。但是，这份提议却要颠覆这个邦联。我们放弃我们的一切条约和国家义务，这可能吗？而且是为什么呢？我希望，对于这样一个完全出乎我，也出乎很多人意料之外的事件，有人能讲出原因。我们的民生政策或者公共司法，有没有受到危害或者被侵蚀？国家的根基有没有受到威胁，或者说事情正在逐步恶化？这份要改变我们的政府的方案，它的性质最令人警觉。说什么新政府好处多多，其实，它除了一腔热情没有别的。你们应当十分小心谨慎，守卫好你们的自由，因为你们的权利得不到保障，相反会永远失去。如果现在轻举妄动，共和将永远不复存在。如果这个新的政府不能满足人民的期望，而是让他们感到失望，那么他们的自由就会失去，代之而起的必将是暴政。我再说一遍，我希望绅士们考虑，现在走错一步，我们就会陷入苦难，我们就会失去共和体制。

我们这次大会有必要认真检讨联邦大会之前的各种历史细节，以及促使其成员提议完全改变政府的原因，并说明等待我们的那些险情。如果那些险情是危言耸听，目的是推出这样一份极端危险的方案，那么我必须说，本次会议有绝对的权利搞清楚这一重大事件相关的每一种背景。这里，我还要考察联邦大会后期的那些重要人物。我相信，他们满脑子想的都是组建一个统制政府的必要性，而不是一个邦联。这将是一个统制政府，这一点一目了然，而这种政府的危险在我看来，是令人震惊的。我对这些绅士怀有最高的尊重，但是，先生，请允许我质疑，他们有什么

297

权利说"我们人民"。我的政治警觉，加上我对共和国利益的密切关注，使我不禁要问，是什么赋予他们权威说"我们人民"而不是"我们各邦"这样的话？邦是邦联的主体与灵魂。[43] 如果邦不是这部契约的主体，那么那一定是囊括所有邦的人民的统制国家的政府。我对那些参与那次大会的绅士怀有最高的尊敬，即便他们中有些人现在不在这里，我还是要证明我对他们的尊敬。先前，美利坚对他们寄予极高的信任，那种信任用对了地方，而且我相信，先生，我愿意把我的一切都交给他们，我信任他们作我的代表。但是，先生，在这种情况下，我想要知道他们的行动理由。那位卓越的人物，用他的勇敢拯救了我们，可我仍然想知道他的行动理由——他以自己的勇敢为我们带来自由，正是自由让我们去追问他的理由。如果他现在在这里，我相信，他会告诉我们那一理由。不过，有其他绅士在这里。他们也可以给我们讲一讲。人民并没有给他们权力使用人民的名义。他们越权了，这是十分明确的。触动我的，并不仅仅是警觉，我希望注意到真正的、现实存在的危险。现在没有发生造反或者叛乱，一切都平静安宁。但是即便如此，在人类的事务上，我们好比在汪洋中航行。我们找不到路标。我们奔跑，但不知道要到哪里去。人们的思想分歧日趋严重，致使这个国家的各部分之间开始出现怨恨——这可以说是这项危险的发明的结果。联邦会议应当修正旧的体制——选派代表的目的——仅仅如此。他们的使命不应该扩大到其他方面。因此，你必须原谅一位卑微的成员，他迫切地想知道，在当前的邦联下到底出现了什么危险，又是什么原因导致了这份要改变我们的政府的提议？

2. 新体制的危险

1788 年 6 月 5 日

主席先生：

非常感谢这位杰出的绅士（指理查德·亨利·李——译者按）　5.16.2
的溢美之词。我希望我拥有才智，或者拥有使我能够阐述这一重
大主题的任何东西。我心头一直有个疑问——或许我习惯于以怀
疑为乐。我昨天提出了心头早就有的一个问题。当我提出那个问
题，我想我的意图是明显的。那个问题以及美利坚的命运都掌握　298
在你们手中。他们有没有说"我们各邦"？他们有没有提出在各
邦之间订立契约的提议？如果他们做了，那么这就是邦联。否则
的话，就再明显不过是一个统制政府。

先生，问题现在集中于一件小事，即"我们人民"而不是
"我们美利坚各邦"这个表述上。这里我可以不费力气地证明，前
一种体制的原则是极其有害的、非政治的、危险的。它是不是一
个君主国，就像英格兰，是在君主与人民之间订立契约，并且通
过对前者的制约确保后者的自由？它是不是一个邦联，就像荷兰，
一个由众多独立邦组成的联合，每一个邦都保有自己的主权？它
是不是民主政体，其中人民安全地保有自己的一切权利？如果这
些原则都得到了遵从，那我们就不会被带到这里，面对这个从邦
联的向统制的政府的令人警觉的转变。[44]对于这些重大问题，我
们不知详情，在我看来，在我们重新思考这类新政府之前，它们
应当得到充分讨论。

现在发生的是一场革命，其激进程度丝毫不亚于那场使我们
与大不列颠分离的革命。这种转变是革命性的，我们的权利与特
权受到威胁，各邦的主权将被放弃，难道这还不能说是一场革命

393

吗？按良知行事的权利、陪审团制度、出版自由、你们的一切豁免权与特许权、对人权及特权的一切主张，都将处于无保障的状态甚至可能消失，而这都是因为这场改变，人们开始议论它，有的人大声喧哗，有的人唧唧喳喳。这么温驯地交出权利，符合自由人的品格吗？符合顽强不屈这一共和人士的特征吗？据说，已经有 8 个邦接受了这部方案。我宣布，即便有 12 个半的邦接纳了它，即便全世界都在犯错，我也会顽强地拒绝它，你们不要问贸易将如何增长，也不要问你们如何成为一群伟大、强大的人，你们应该问，你们的那些自由如何才能有保障，因为自由应该成为你们的政府的直接目标。[45]

　　提出这些前提性问题后，下面我就以我的判断力，以我所掌握的信息——应该承认，它们是有限的——开始对这一体制进行具体细致的讨论。你们接受这套体制，放弃这些伟大的权利，这样做对于你们的自由是有必要的吗？出让陪审团制度及出版自由，对你们的自由是有必要的吗？出让你们最神圣的权利有利于确保你们的自由吗？自由是人世间最大的幸福，给我们这个珍宝吧，其他的一切都可以拿走！但是我又担心，我年事渐高①，开始成为老古董了。或许，对人的宝贵权利的强烈情感，在这些优雅的、开明的日子里，注定是过时的；果真如此的话，我宁愿选择这样。我想说，长久以来，我的心脏一直在为美利坚的自由而跳动，我相信，每一位真正的美利坚人身上，都有一颗这样的心脏。但是，与此同时，猜忌也在滋长——有人怀疑我的正直，公开报道说我的信仰是不真实的。23 年前，我不是被说成是国家的叛徒吗？那时，我被说成是煽动者，因为我支持我们国家的权利。当我说我

---

① 帕特里克·亨利（1736—1799），时年 52 岁。

们的特权与权利都面临危险时，有人指责我疑心重。但是，先生，这个国家里软弱的人大有人在，他们认为这些指责都太对了。我高兴地看到，另外一位绅士宣称，它们是没有道理的。但是，先生，疑心也是一种美德，只要它的目标是维护公共利益，只要它保持适当的限度。如果我有这样的美德，我会感到欣慰，因为良知的安慰是最大的安慰。我相信，有很多人认为我对公共利益的热情是真诚的。让你们的猜疑兼顾两边吧。在与我对立的一面，很多人可能被说服了，虽然我深信这些措施对你们的自由是有危害的，但他们却相信它们是必要的。

精心守护公共自由吧。小心每一个靠近这一珍宝的人。不幸的是，能守卫它的，除了实实在在的权力，没有别的。任何时候，一旦你交出那一权利，你就一定会毁灭。绅士们回答我说，我可能忽略了形势的严峻，事实是，我认为包围着我们的危险，一项也不存在。但在我看来，这个新政府本身就是那些危险之一，那些令我们很多好公民深感苦恼的困境正是它制造出来的。我来到这里，就是要保卫这可怜的弗吉尼亚共和国，如果有可能，我们一定要做些什么以保卫你们的以及我自己的自由。邦联，这个同样遭到诟病的政府，在我看来却值得最高的礼赞——它带领我们度过漫长而危险的战争，它在那场与一个强大国家的血腥斗争中为我们带来胜利，它确保我们拥有一个比欧洲任何君主所拥有的都大的疆域。一个如此强大而充满活力的政府，难道应该被指责为低能，应该借口缺少力量而被遗弃？[46]

在你们与政府分道扬镳之前，请考虑一下你们打算做的事情。请你们花更长的时间想一想，这样的变革在欧洲几乎每个国家都发生过，同样的先例在古代希腊和古代罗马也能找到，在这些例子中，人民由于自身的疏忽及少数人的野心失去了他们的自由。那位受人尊敬的绅士在他的位置上警告我们，要警惕内讧与混乱。我承认恣意妄为是危险的，应该被压制，我也承认新的政府可能真的会压制它，但是，还有另外一件事情也是新政府可能真的会去做的——它会压制和毁灭人民。对于煽动与恣意妄为之类的行为，现在的预防是足够的，因为，当权力被交给目前的政府以压制这些行为，或者服务于其他目的时，它所采用的语言是清晰的、明确的、不含糊的，但是，当这部《宪法》提到这一特权时，却有模糊之处，先生，致命的模糊之处，简直令人震惊。

300　　在我们所讨论的那些条款中，有句话我认为是最霸道的。这里我指的是，代表数量不应该超过每3万人1名。先生，规避这样的权利岂不是太容易了？"数额不超过每3万人1名"，其结果就是每邦1名。按照这个巧妙的说法，如果我们的人口一直如此，那么这块巨大的大陆就只需要13名代表。我承认，这样的安排是有违自然的，但是，这个表达的模糊性为争端提供了方便的理由。为什么说他们有权每3万人派1位代表这样的表述是不清晰、并非不含糊的？这句话本应该能够平息一切争端，做到这一点很难吗？道理是什么？当人口增长，一个邦要按这一比例派出代表时，国会会驳回，因为每3万人1位代表的权利没有得到清晰的表达。每邦代表降为1名，这种可能性接近于另一个表述所导致的可能性——"每邦至少有1名代表"。现在，难道还不够清楚，根据第一句表述，数额可能下降，要不是还加了后面这句表述的话，某些邦甚至可能连1名代表都没有？由于这是对各邦的唯一限制，因此我们可以得出结论，它们可以将数额限定为每邦1名。

　　同样的恐怖不断萦绕在我心头。有人会说我总是杞人忧天，但是，先生，我的担忧的确是有道理的。从你们面前这个方案的某些部分看，自由人的那些伟大权利正遭受威胁，而从另外一些部分看，它们绝对被剥夺了。你们的陪审团审判权利怎么样？在民事案件中，这个最好的特权消失了，在刑事案件中它也得不到充分的保障。但是有人对我们说，我们不需要害怕，因为那些握有权力的人，作为我们的代表不会滥用我们交到他们手中的权力。我不精通历史，但是我想提请你们回忆一下，自由究竟是更多地毁于人民的恣意妄为，还是统治者的独裁？我想，先生，您会发现，答案的天平会倾斜到独裁这一端。[47]那些民族忘记了抵抗他们的压迫者，任由他们的自由受那些人的摧残，后来一直在难以忍受的专制中哀号！如果你们能逃过这些民族的命运，你们就会幸福。今天，人类的大多数民族都处于这种可悲的境地，而那些一直在追求宏伟、权力、辉煌的民族也沦为牺牲品，为自己的愚蠢付出了代价。当他们获得那些虚幻的幸福时，却失去了他们的自由。

我对这个政府的最大的反对意见在于，它没有留给我们保卫我们的权利的手段，也没有留给我们与暴政战斗的手段。有些绅士争辩说，这个新政府会给我们带来力量——一支军队，以及各邦的民兵。这真是极其荒谬的想法，为真正的绅士所不齿。它所能带来的，将是对我们失去自由后的践踏。让我们可爱的美利坚人警惕，从致命的、四处弥漫的昏睡中醒来吧。当我们唯一的护卫——民兵——被交予国会之手，我们还有抵制那些训练有素的军队的手段吗？那位令人尊敬的绅士说，如果大会没有接受这个体制，那么巨大的危险将随之而至。我要问，危险在哪里？我没看见。另外一些绅士告诉我们，有了这些城墙，联盟就消失了，或者说联盟将要消失。这样的说法，在他们的公民同胞看来，岂不无聊？我会认为他们纯属无中生有，除非他们告诉我们他们的恐惧的理由。

301

397

我起身探问，那些危险在哪里，他们不做回答，我相信我永远得不到那个答案。这个国家的人民是否有对抗法治的习惯？弗吉尼亚发生过内讧吗？弗吉尼亚人民面临不断加剧的困难，辛勤劳动，即便那时候，他们难道不是表现出对法治最热忱的遵从？如果他们在共同的灾难面前全体保持沉默，还有什么比这更糟糕的？弗吉尼亚现在有革命吗？美利坚的精神到哪里去了？美利坚的天才人物都逃到哪里去了？就在昨天，我们的敌人在我们的国家横行。这个国家的人民没有被他们浮华的装备吓倒，他们阻挡了敌人的步伐，胜利地俘获了他们。现在，可以与此相提并论的危险在哪里？有些人被外国的警告吓破了胆。我们是幸运的，我们没有来自欧洲的真正危险。那个国家正陷于更严重的困难，我们没有理由害怕，对于他们，你们可以永远安稳地睡觉。危险在哪里？先生，如果有的话，我想起了美国精神，它可以保卫我们。凭着那一精神，我们战胜了最大的困难[48]；凭着那一精神，我强烈地呼吁，我们要阻止接受一个破坏自由的制度。不要告诉绅士们，拒绝这个政府是危险的。

不安全表现在哪里？我们被告知有危险，但是，那些危险是想象出来的，没法被证实。为了鼓励我们接纳它，他们告诉我们，有一种轻松平常的办法去修正。当我思考这一点时，我认为我疯了，或者说我们的同胞们疯了。在我看来，修正的道路已经断了。让我们看看这个所谓的容易的办法。"国会应在两院各2/3议员认为必要时，提出本宪法的修正案，或根据全国2/3州议会的请求召开会议提出修正案。以上任何一种情况下提出的修正案，经全国的州议会或3/4州的宪法会议批准，即成为本宪法的一部分而发生实际效力；采用哪种批准方式可由国会提出。但在1808年前所制定的修正案不得以任何形式影响本宪法第一条第九款之第

一、第四两项；任何一州，未经其同意，不得被剥夺它在参议院中的平等投票权。"

　　由此看来，任何必要的修宪必须最终获得 3/4 州的同意。让我们来看看它的后果。不管这一条看上去多么严苛，我还是要说出我的观点——最不正派的人会得到权力，阻止发起修宪。让我们想一想，你们碰巧让那些权力落在了最不正派的人手里，这种情况是完全有可能的，那样一来，那些人会放弃已经到手的权力，同意修宪？国会的 2/3 成员或者 2/3 邦的立法机构才能发起修宪。如果其中 1/3 的人都是不正派的，他们必然会阻止修宪方案的实施，而更具破坏性、更有害的一条是，拟定的修正案必须获得 3/4 的邦立法机构或者邦宪法会议的一致同意。在这么一大群人中，必定有一些别有用心之徒。说 3/4 的州这样一大群人会一致同意，等于是说他们都是天才，有学识、正直，能创造奇迹。他们如果能就同一项修正达成一致，或者彼此之间如此气味相投，那才叫奇迹呢；而就最小的 4 个邦而言，他们的人口数加到一块也不及合众国人口的 1/10，但可能阻碍最有益、最必要的修正案。不，在这 4 个邦中，有 6/10 的人会反对这些修正案；试想，如果这个邦的修正案与那个邦的修正案相抵触（这是完全有可能的），3/4 的邦同意同一份修正案还有可能吗？这 4 个小邦中的简单多数会阻碍修正案的通过，因此，我们可以公正地得出结论，美利坚人民中的这 1/20 会通过拒绝同意修正案而阻碍消除那些最令人痛苦的不便与压迫。微弱的少数可以拒绝最有益的修正案。难道这是确保公共自由的便利模式吗？先生，当最微不足道的少数能够阻止改变最具压迫性的政府时——从很多方面看，的确会如此，那么形势就十分令人担忧了。难道这就是共和主义的精神？

302

先生，民主的实质是什么？让我们来看一下弗吉尼亚的《权利法案》，它与此有关，其中第三款写道：政府的设立是而且应当是为了人民、民族和共同体的公共利益、防御与安全。在各种政府模式与形式中，最好的政府就是，有能力提供最大程度的幸福与安全，最有效地抵御恶治的危险。任何时候，一旦发现政府能力不足或者有悖于这些目的，那么共同体的多数人就有不容置疑、不可让渡和不可剥夺的权利，通过一切被证明最能带来公共幸福的措施，去改变或者废除它。[49]

先生，这是民主的语言——当政府被发现是压迫性的时候，共同体的多数人就有权改变它。但是，你们的这部新《宪法》的精神与此多么不同！微不足道的少数人能够阻止多数人的利益，这与自由人的性情多么不同！那么，如果绅士们从这一立场出发，最后竟走到愿意束缚自己及后代的受压迫的那一步，我真感到震惊，其程度无以言表。如果这是多数人的意见，我服从；但是先生，对我而言，它明显是危险的、破坏性的。我不能不这样想。或许这是我年纪使然。对于一个我这把年纪的人来说，当美国精神离开自己，当自己的精神力量就像这群人的一样遭到腐蚀时，这种感觉是最自然不过的了。先生，如果修正案被留给美国的 1/20 或者 1/10 人民，那么你们的自由将一去不复返。

我听说，在英国的下议院腐败横行，很多成员通过出售全体人民的权利扶摇直上。但是，先生，这个群体的 1/10 尚不能继续维持对其余人民的压迫。在这一点上，英国的自由比美国的自由基础更为牢固。1/10 的人反对某项改革方案，无论该方案多么英明，都是再容易不过的了。那位令人尊敬的主持会议的绅士曾告诉我们，为了阻止我们的政府出现滥权行为，我们可以召集开会，收回委任出去的权力，惩罚那些滥用我们所赋予的信任的公仆。[50] 哦，先生，实际上，要惩罚暴政者，我们有很好的时机，召集人民就足够了！你们曾经赖以自卫的武器不见了，你们不再拥有贵族精神，不再拥有民主精神。你是否发现哪个国家的革命是因为那些手无寸权的人惩罚那些当权者导致的？你在一个国家里看到一场叛乱，这个国家被称为世上最自由的国家，邻人宁愿冒着被雇佣军团这个专制帮凶射杀的危险集结到一起。我们在美利坚看到了这些。我们将拥有一支常备军，但它也可能执行暴君的恶劣命令，那么你们怎么惩罚他们？你命令他们受罚？谁会遵守这些命令？你们的权杖执掌人是否配得上一支训练有素的军队？我们将处于什么形势？你们面前的这个条款规定了无边界的、不受限制的征收直接税的权力，以及广泛的、针对一切问题的立法权力，包括购买 100 平方英里的土地或者购买一切地方，用于修筑要塞、军火库、兵工厂、船厂，其意图何其疯狂。你会发现，这个国家的全部武力都落到了你们的敌人的手中；他们的卫队总是占据这个国家里最有利的位置。你们的民兵已经交给了国会；而且，在这个方案的另一条中还规定，他们可以做他们自己认为合适的事情，即一切兵力都在他们自己的掌握之中。你不能逼迫他们接受惩罚。最有可能，你在自己的邦里连一支枪都没有，这时候你还能指望民兵给你们提供什么服务？武装都是由国会提供，他们可以装备也可以不装备民兵。这里，我想请你们注意其中有一条：国会有权"规定征召民兵的组织、装备和纪律，规定可能征召为合众国服务的那部分民兵的管理办法；但民兵军官的任命和按照国会规定的纪律训练民兵的权力由各州保留"。先生，从这一条你能看出来，他们可以无底线地控制我们最后、最好的防御。 304
如果国会忽略或者拒绝训练或者装备我们的民兵，那么要民兵就没用了，因为各邦也没有权力这么做，这方面的权力已经完全交给国会了。任命官员管理一群未受过训练、没有装备的人是可笑的，结果，国会留给各邦的这支残余兵力有名无实，变得微不足道了。

我们的形势实际上非常糟糕，我们不能指望这个政府草案将来会得到修正，因为我已经证明，很少的少数人就可以阻止它，还有少数人愿意继续维持这种压制。压迫者会放过被压迫者？有这样的例子吗？在历史记录中，你能找到一个例子，说明那些过度拥有权力的人会自愿放过被压迫者，哪怕他们最诚恳地哀求？因此，修正案是没有结果的。有时候，经过一次血腥斗争，全国上下哀鸿遍野，被压迫者变得没精打采，但是，自愿交出权力这样的事情绝非人性使然，也非能力所及。

关于人民作为主体在构建政府中的权利，那位令人尊敬的绅士提出了自己的看法，但愚以为尚可商榷。[51]对于全国性政府与邦联之间的差别，他的认识不够充分。那些被派往费城的代表，有权力提议用一个统制政府代替邦联吗？难道他们不是由各邦委派的，而是由人民委派的吗？人民以集体身份认可不是构建联邦政府的必要条件。人民没有权利组成联盟、同盟或者邦联，他们不是实现这一目标的适当主体。国家及外国势力才是这类政府的唯一主体。给我举出一个例子来，说明人民参与过这些事情。在立法机构中，这样的例子难道不是始终不见踪影？

我请你们看看与法国、荷兰及其他国家签订的那些条约，它们是如何签订的？难道它们不是由国家签订的？在总体政府中的人是形成联盟的适当人选吗？因此，这要看它是否经过了立法机构的认可。实际上，人民从来没有委派代表去制定任何改变政府的提案。当然，我承认，那份提案的某些基础是最纯粹的；或许，就政府的某些改变而言，我可能会被打动，表示同意。但是，其中有一点，我绝不会赞许。我指的是将它变为一个统制政府，这太令我厌恶了。(那位令人尊敬的绅士接着谈我们与外国打交道的事，也就是我们与法国和荷兰的那些可耻交易；根据条文的意思，这竟是他为当前虚弱的政府所做的贡献)。[52] 我们发现，有人说过我们是卑微的人，但是这样看待我们的时代已经过去了。同样处于可鄙的政府之下，我们曾得到过全欧洲的尊重，为什么现在却不一样了？美国精神已经从这里溜走了，它溜到了从来不被指望的地区，它到了法国，那里的人民正在寻求一个辉煌的政府，一个强大的、充满活力的政府。

305

　　我们要不要效仿那些从一个简单政府走向辉煌政府的国家？那些国家是否更值得我们去效仿？什么才能让那些国家的人民满意，弥补他们委身于这种政府之下所承受的损失——失去自由？如果我们接受这个统制政府，那也是因为我们喜欢一个大的、辉煌的政府。那样的话，我们一定会变成一个强大的帝国，我们一定会有陆军，有海军，林林总总。当美国精神尚处年轻时，美国人的语言可不是这些——自由，先生，自由是那时最主要的目标。我们在退步，我们这群人的政府不再建立在自由的基础之上，而我们光荣的大不列颠父辈们将自由作为一切事物的基础。那个国家之所以变成一个伟大、强大、辉煌的民族，并不是因为他们的政府是强大的、有活力的，先生，而是因为自由是其直接的目标与基础。我们从我们的不列颠祖先那里传下自由的精神，凭着那种精神，我们战胜了每一个困难。但是现在，在统制体制的绳索与锁链中，美国精神正把这个国家变为一个强有力的、令人生畏的帝国。如果你使这个国家的公民都同意变成一个巨大的统制的美利坚帝国的臣民，你们的政府将不再有足够的力量把他们维持在一起。这样的政府与共和主义的精髓格格不入。在这样的政府

403

里，不再有牵制，也不再有真正的平衡。你们那些外表光鲜的、想象中很美好的平衡，你们被捆绑的舞蹈、带镣铐的跳动、滑稽的牵制、理想的机巧，还能有什么益处？先生，我们不是受外国人的胁迫，我们也不是要使国家动荡。这是能带来幸福，还是能保障自由？[53]先生，我相信，我们这方面的政治理念将始终引导我们的行为保障那些目标。

先生，请看看我们目前的形势，请走到穷人中，问问他在做什么。他会告诉你，他享受自己的劳动成果，坐在自己的无花果树下，妻儿围绕在身旁，和平，安全。请你走到社会的其他成员中间，你会发现同样安逸与满足的祥和景象，你看不到警觉与骚乱。那么，为什么要对我们讲危险，吓唬我们，以使我们接受这种新的政府形式？再说，谁知道这个新的体制会不会带来危险？他们来自普通人，他们不能预见潜在的后果。我担心它一旦运行将对中下层人民产生的影响，我是为他们担心对这个体制的采纳。我担心我对委员会会失去耐心，但是这里我仍然想多说几句。当我坦承自己是人民的自由的鼓吹者，就会有人对我说，我是一个要计谋的人，我想成为大人物，想做一个煽动者，很多诸如此类的攻击会向我袭来，但是，先生，良知与正派会战胜这些。我能看到这个新政府中的巨大危险，但我从当前的政府中却看不到。我希望某位绅士能完完整整地列出那些危险，如果它们确实存在，我们就要正视它们，应对它们。

3. 再论新体制的危险

1788 年 6 月 7 日

5.16.3　我以前认为，至今依然认为，在对这一重大问题作出任何

决定之前，必须对美利坚的当前形势做全面的考察。政府不过是
众多恶中的一种，这一观点已经被大多数有知识的人接受，并且
已经成为经受住时间考验的至理名言。如果能够证明，接受这部
新《宪法》是很小的恶，那么，先生，我承认应该采纳这部《宪
法》；但是，先生，如果事实是，接纳这部《宪法》会给这个国
家的自由人民带来苦难，那么，我就坚持认为应该拒绝它。一些
绅士坚称接纳它会为我们带来重大利益，但是，先生，我天性爱
质疑，武断并不能让我心悦诚服。我只能被说服。先生，我应该
坚守我在这一问题上的认知，直到我看见我们的自由得到保障，
而且其方式与我的设想完全吻合。

　　……已经有人（伦道夫总督）告诉你，这里没有安宁[54]，只　　5.16.4
不过你们喜欢自欺欺人，说一切都处于安宁之中。这里没有安
宁，这个国家四面楚歌，商业、财富、财物都不见了，公民们跑
到世界上其他地方去寻找舒适的生活；法律被践踏，专制立法的
例子不胜枚举。先生，这些事情都是我闻所未闻的。他发现了这
些问题。至于司法部门，我相信，商业等领域的失败不能归咎于
它。我的年纪告诉我，它在旧政府中取得过进步。我可以证明，
它在这个邦，就像在旧政府里一样，能够一如既往地运行。至于
在这块大陆的其他地方，就看那里的绅士们的了。至于那些执掌
这个部门的人的能力，我相信，比那些在王室权威下执掌这个部
门的人并不逊色。如果财富不见了，那抱怨的矛头该指向谁？是
不是还要考虑其他这类重大原因？它有没有给这个共和国带来危
险，以至于需要以如此草率的方式，来一场如此重要、如此惊人
的变革？至于对法律的冒犯，据我所知没有。在这一点上，我相
信，相比先前的政府，这个共和国并不逊色。法律被很好地实施，
而且被认可，就像以前在王室治理之下一样。要比较国家的形势，

不妨将我们的公民与那时的样子相比，然后判断人身与财产是不是与那时一样安全和有保障？在这个共和国里，有没有这样一个人，他的人身受到攻击而对方却不受惩罚？对于人身攻击或者伤害，这里难道不是与世界其他地方，与那些贵族或者君主得势的国家一样有补偿吗？在这里，对财产的保护不是执行得很好吗？对于这个共和国的这类指责是没有事实根据的。在我看来，那些针对它的严厉指责都完全没有道理。如果公正地考察，终会发现

307　其实并没有什么真正的危险包围着我们。我们有共和人士，他们有坚韧不拔的品格，有百折不挠的锐气，可以带领我们渡过不幸与灾难。能够渡过充满劫难的风暴海洋，这真是一个共和国的幸运。我不知道有什么危险在等待我们。在这里，你会发现公共及个人安全都处于最高程度的保护中。先生，不被想象中的危险吓倒，这对于自由的人民来说真是幸运。恐惧是奴隶的情感。我们这边的政治与自然现在充满安宁。让我们想一想我们讨论的这一主题的巨大意义。让我们考虑一下错误决定的潜在后果，不要让我们的头脑被那些错误的、不恰当的建议所左右。在这个共和国，在权力的运用方面有很多不同寻常的宽厚、节制的例子。我可以带你们回忆一下战争期间及之后这方面的很多例子，这里的每一位绅士都必须正视这一点。

5.16.5　　　关于他所谓的专制的立法机构，以及公民权利剥夺法案（在约书亚·菲利普斯案中），那位令人尊敬的议员做过不凡的论述。[55]但是，他搞错了事实。那个人不是被专制权力判处死刑。他是一个亡命之徒，逍遥法外，这个人指挥着一支臭名昭著的乌合之众，而当时战争正处于紧要关头。他犯下了最残忍、最骇人听闻的野蛮罪行。他是人类的敌人。那些向人类宣战的人一旦被捕获，可以就地处决。他的处决没有依照法律针对刑事案件所设

计的那些漂亮的法律程式。他罪大恶极，配不上那些程式。我是尊重法律形式与方式的，但是，先生，案情决定手段。一个强盗，一个亡命之徒，或者一个人类公敌，可以在任何时候处死。这符合自然及国家的法律。那位令人尊敬的议员告诉我们，在我们大多数公民的心中燃烧着愤怒的火焰，他们对自己的政府不满意。[56]这位令人尊敬的议员既然这么说的话，我不怀疑他相信这是真的。但是我有更令人满意的答案，那就是，事实并非如此，这一点才是事实——中下层人民并不拥有出身良好的人所乐于拥有的那些见识，他们不可能意识到潜在的问题。现代政客的显微镜似的双眼能够看到旧体制的各种弊端，他们凭着丰富的想象力能够发现变革的必要性。

　　……我说过，我认为这是一个统制政府，现在我来证明这一点。人民的伟大权利能不能得到这个政府的保障？设想，如果它是压迫性的政府，如何才能改变？我们的《权利法案》宣布："共同体的多数拥有不容置疑的、不可让渡的、不可剥夺的权利去改变、替换或者废除它，只要其手段被判断最有利于公共福利。"[57]我前面证明，1/10 或者更少的美利坚人民——最卑微的少数人——可能会阻止这种改革或改变。假设，弗吉尼亚的人民希望改变他们的政府，那么他们中的多数人会这样做吗？不，因为他们与其他人是联系在一起的，换句话说，他们与其他邦是联系在一起的。当将来某一天，弗吉尼亚的人民希望改变他们的政府，虽然他们在这个愿望上是全体一致的，但是他们可能还会受到来自合众国边远地区的卑微的少数人的阻止。你们自己的《宪法》的创立者们将你们的政府设计为可以改变的政府，但是，改变它的权力却从你们手中消失了。它去哪里了呢？它被置于其他人的手中，那些人拥有其他 12个邦的权利，而拥有这些权利的人有权利与权力抓住这些权利不

5.16.6

308

放。它不是弗吉尼亚政府独有的政府，后者的一个首要特点是，当公共利益需要的时候，多数人可以改变它。这个政府不是弗吉尼亚的政府，而是美利坚的政府。因此，它难道不是统制的政府吗？你们的《权利法案》中的第六条指出："选举议会中的人民代表应当是自由的，而且一切能充分证明与共同体有永久的共同利益关联的人，都有选举权，而且未经他们自己的或者他们那样选举出来的代表的许可，都不能出于公共用途对他们的财产课税或者予以剥夺，也不能出于公共利益，约束他们遵守他们没有以同样的方式认可的法律。"[58] 但是这部《宪法》说了什么？这里讨论的那些条款规定了不受限制的、没有边际的征税权力。假设，弗吉尼亚的每一位代表都反对某条征税法律，结果如何呢？他们会遭到多数人的反对，11 位成员就能挫败他们的努力，而那虚弱的 10 位并不能阻止最具压迫性的税收法律的通过；其结果是，你们被课税，不是出于自己的同意，而是出于一群与你们没有关系的人的同意，这与你们的《权利法案》的精神及确切表述格格不入。

《权利法案》的下一条指出："未经人民代表的同意，任何权威取缔法律或者中止其实施的权力都是对人民的权利的伤害，都不应当被行使。"[59] 这告诉我们，未经我们的同意，政府与法律都不应该被中止，但是，这部《宪法》却能与那些我们反对其强制性实施的法律相悖并中止它们，因为他们有直接征税权，这实际上取缔了我们的《权利法案》，而且里面明确指出，他们可以制定为实施他们的权力所需要的一切法律，并且宣称高于各邦的法律与《宪法》。想一想，我们所剩的唯一防卫就这么被摧毁了。他们要按自己的意愿尽可能维持参议院及其他议院的华丽与显赫。除了这方面的花费外，还要设立一位高大而有力的总统，他有着每一种行政权力——国王的权力。他要维持自己的显赫与庄严，结果，通过按他们的意愿征税、为他们支付满意的薪酬，以及随意中止我们的法律，我们的所有财产就被这样一个美利坚政府剥夺了。或许有人会说我斤斤计较，但是我认为，我应该占用你们哪怕一点点的时间，去清点一下弗吉尼亚政府还剩下什么权力。实际上，它的权力所剩无几了：他们在各邦要害地带设立的驻防部队、弹药库、兵工厂以及要塞，他们占据的 10 英里见方的地盘（他们在里面除了享有权力，还拥有从各邦征集的各种精妙的生活设施），这些都将使后者的权力丧失殆尽。

　　我相信，我们的子孙会听见我们为自由而斗争的声音，传承这一传统。如果我们的后代配得上美利坚人的名字，他们将保持我们当前的作为并传递给下一代。虽然我说我的呐喊可能不值得倾听，但是他们将会明白，我们已经为保存他们的自由竭尽全力，因为我绝不会迫于强力而放弃直接税这项权力。我交出这种权力是有条件的，换句话说，不妥协也是有条件的。我还可以做些别的，先生，我所希望的东西会使最多疑的人相信，我是一个热爱美利坚联盟的人，也就是说，如果弗吉尼亚不能按时缴纳它的份额，我们对海关的控制以及所有的贸易规划，都应交给国会处理，甚至弗吉尼亚的越境通行问题也交由国会处理，直到弗吉尼亚支付最后一笔钱，提供最后一位士兵。不仅如此，先生，甚至另一种结果我也能同意：他们可以把我们逐出联盟，剥夺我们的联邦权益，直到我们接受联邦条件，但是，让我们按照自己的意愿、以我们的人民最便捷的方式缴纳我们的份额吧。即便所有的邦联合起来对抗我们，比母国更甚，我希望弗吉尼亚也能保卫自己；但是，先生，联合的破裂是我最不愿意看到的事情。在我的心中，第一位的是美利坚的自由，第二位的才是美利坚的联合。[60]我希望，弗吉尼亚人能努力维持联合。南部各邦的人口增长比新英格

309

兰快得多，要不了多久，他们的人口要比那个地区多得多。想想这一点，你会发现，我们这个邦对美利坚的自由有着特别的兴趣，不会让子孙受制于一项缺乏远见的权利让渡。我愿意最大程度地保证当下有条件的妥协；但是，我斗胆请求绅士们，不要交出这一不受限制的征税权力。那位令人尊敬的绅士告诉我们，这些权力会伴随一种关系到一切的司法制度，一起交给国会。[61]仔细考察一下，你会发现，这种司法制度是压迫性的，你们的陪审团权益将被破坏，法官将依赖国会。

在这个强势的政府方案里，人们会发现有两套收税体制——邦与联邦的治安官。在我看来，这将会带来可怕的压迫，人民将不堪重负。联邦治安官可以随心所欲地极尽压迫、打击之能事，使你们破产，自己却不受惩罚，因为，你们能绑住他的双手吗？你们有什么有效办法，阻止他们通过投机、设立委员会、乱收费去榨干你们的血液？你们当中数千人遭到最无耻的剥夺。我们的邦治安官，那些麻木不仁的嗜血者，在我们立法机构的眼皮底下，对我们的人民进行最可怕、最野蛮的劫掠。我们已经要求立法机构保持警觉，使他们不得将人民盘剥得一无所有，我们不断制定法律，打击他们邪恶的投机及残忍的掠夺。但是，他们同样频繁地搞出各种名堂，以推动那些法律的实施。在这场斗争中，他们通常都能战胜立法机构。

土地以 5 先令就被出售，这已成为既定事实，而它本应该值100 英镑。如果治安官们敢于就这样在我们邦立法机构和司法机构的眼皮底下展开大肆掠夺，那么如果他们的老板是在费城或者纽约，他们还有什么不敢干的呢？如果他们对你们的人身与财产进行最无理的盘剥，你们并不能从费城或者纽约挽回什么，你们到哪里去挽回呢？如果你们的家庭营生使你们能够去到那里，你们就会向那里的法官上诉，但他们发过誓支持这部反对各邦的《宪法》，他们站在自己的官员一边。当这些怪物有收税官撑腰，收税官们可以随时搜查你们的房子、你们最隐秘的柜子，人民还能忍受吗？如果你觉得可以忍受，那你和我真不一样。一旦我认为某个地方有可能出现这类灾难，我交出权力的手会变得十分吝啬；现在在这里，就有着很强的可能性，这些压迫会实际发生。有人会告诉我，站到那边虽然有错，但却是安全的，因为这些制度是由国会制定以限制这些官员的，因为法律是由我们的代表制定，并由正直的法官执行的；但是，先生，正如这些制度会被制定，它们也可能不被制定，有很多理由都能让人相信他们不愿意制定那些制度。因此，在这一点上，我就是一位异端，至死不渝。

这部《宪法》据说有各种好的特点，但是，当我检视这些特点时，先生，它们对我来说简直太可怕了。除了各种缺陷，它还有一种可怕的倾向，它倾向于君主制，这一点，难道不会在每一位真正的美利坚人的胸中激起仇恨吗？ 5.16.7

你们的总统很容易变为国王。你们参议院的构成如此不合理，你们那些最宝贵的权利会因为少数派而被牺牲掉，而少数派会使得这个政府永远不可改变，即便它有着严重的缺陷。在这样的政府中，你们的制约力在哪里？你们的要塞将掌握在敌人手中。说你们的美利坚总督们都是诚实的，这些政府的一切好的品质都是基础牢靠的，这都是臆想。它的构成是有缺陷的、不完美的。如果他们是坏人的话，他们能够运用手中的权力去制造最不幸的灾难。先生，全世界，从西半球到东半球，谁不会谴责我们漫不经心的愚蠢，竟将自己的权利交予统治者或好或坏的不确定性？请指给我看，哪个年代，哪个国家，如果人民的权利与自由寄希望于统治者是个好人，其结果不会是自由的丧失？我要说，那些 311

宝贵的权益一旦失去，紧随而来的，绝对就是这类疯狂的做法。

如果你们的美利坚领袖是一个有野心又能干的人，他使自己成为绝对人物该是多么容易。军队在他的手上，如果他还是能言善道的人，军队会更拥护他，这样，如何抓住第一时机实现自己的计谋，就是他长期谋划的主题。那么，先生，到这一步，单凭美利坚精神，你还能安然无恙吗？将来我们绝对会有——我相信，这次大会中的大多数人会有同样的观点——国王、领主和平民，而不只是一个充满这些无法忍受的邪恶的政府。如果我们拥立一位国王，我们要求他依据我们提出的法律统治人民，还会加一些制约措施，以阻止他侵犯他们的权利。但是，在这块地盘，总统作为其军队的统领，会设定一些能够使其独揽大权的条款，结果很多美利坚人就稀里糊涂地引颈就戮。我没有耐心讨论这个问题。如果他背离法律，无非是两种后果：要么他成为军队的首领，把一切都揽到自己的面前；要么他交付保证金，或者按照首席大法官的要求做事。如果他还自觉有罪，在回忆自己的种种罪过之后，难道他不会毅然决然地追逐美利坚王座？一种是成为一切的主人，另一种是受到可耻的审判与惩罚，其中的巨大差别，难道不会强烈地激发他的这种冒险的欲望吗？但是，先生，处罚他的力量在哪里？他作为军队首领，难道不会打击一切反对力量？别提你们的总统，我们将有一位国王，军队将向他致君王礼，你们的民兵将离开你们，推波助澜立其为王，并向你们开战，到时候，你们拿什么反击这支力量？你们以及你们的权利将变为何物？绝对专制难道还不会到来吗？[62]

5.16.8 最有问题的，莫过于那个关于选举的条款。国会被赋予随时随地、以任何方式控制选举的权力，这将破坏普选的目标。选举有可能只在一地举行，而且可能是一邦之内最不便捷的地方，或者是距离那些有普选权的人过于遥远的地方，这样一来，9/10 的人要么根本不参加选举，要么投票给陌生人。为了让人们知道谁是最恰当的人选，最有势力的人物往往被推出来。这里我再次强调，国会对选举方式的控制一定会证明这一点。其结果自然就是，这个民主部门并不能得到公众的信任，人民将对那些以这种混淆视听的方式选举出来的代表心存偏见。北方人的私密会议的把戏逃脱了这个国家的自耕农的眼睛。有人告诉我们，赞成票与否定票都会被计算在内，并写入会议记录。先生，这并没有起什么用，它们会被锁进柜子，永远对人民封闭，他们不会公开他们认为需要保密的部分，他们认为并将认为，全部都需要保密。

312

　　这部《宪法》的另一个漂亮的说法是，不时公布公共钱财的收支。"不时"这种说法太不确定，它可以指一个世纪。假如他们全都是坏人，他们挥霍公共钱财，直到把你们榨干，这句话并不能帮你们挽回什么。我说他们会榨干你们，因为，责任在哪里？赞同与反对的情况不会向你们展示，除非他们都是傻瓜加恶棍，因为，在粗暴地践踏人民的权利之后，他们可能真的会犯傻，去公开或者泄露他们的邪恶，就如同他们有权力隐瞒一样。责任，这个不列颠政府的首要原则，在哪里？在那个政府里，规定有确定的、不能逃脱的惩罚；但是在这里，即便有大范围的恶政，也不会受到真实的、实际的惩罚。即便他们最粗暴地践踏我们的豁免权，他们也可以不受惩罚。那张纸上写着他们会受到惩罚。我要问，依据什么法律？他们应该制定法律，因为目前还没有这方面的法律。让他们制定法律惩罚自己，那是什么样的法律啊？！先生，我强烈反对这部《宪法》，就是因为它没有规定真正的责任。而我们的自由的保全，却依赖于一些人以偶然的美德去制定惩罚他们自己的法律。[63]

　　在我们祖上的那个国家，有真实的而不是想象中的责任，他们的恶政曾使他们人头落地，那些可能是最邪恶的、有才华的大脑。因为缺少责任，参议院在订立条约时，就可能破坏你们的自由与法律。在场的 2/3 议员，加上总统，就可以订立条约，并且使之成为这块土地上的最高法律。他们可能制定最无益的条约，却不会受到惩罚。谁要是能够证明有惩罚他们的规定，请拿给我看。因此，先生，即便有八根柱子，他们还想要第九根。[①] 到哪里去找第九根？先生，我认为，本邦或者其他任何邦接受这个体制的先决条件，是剔除它目前所充斥的那些错误。一位不够格的掌权的将军转变成一个政府的统辖者，似乎很容易，因为，虽然美利坚各邦的结构各有不同，但你中有我，我中有你。先生，那个体制中最危险的部分，正是这强烈的统制特征。9 个邦就足以树立这个政府，管理这 9 个邦。设想，这 9 个邦将变成一个邦。弗吉尼亚是有顾虑的。设想，如果她最终拒绝加入那些邦，她还会继续与他们保持友谊与联合吗？如果她缴纳自己的美元年金，你们会认为，他们的胃口很小，会拒绝她的钞票吗？他们会不接手她的军队？他们会恐吓你，让你们不加思考地接纳，他们会用想象中的弊端、以不联合就会瓦解为由，吓唬你们。先生，这都是虚张声势，事实是，8 个采纳新《宪法》的邦几乎都不能自立。公共舆论告诉我们，采纳新《宪法》的那些邦现在都懊悔不已，悔不该仓促行事，先生，这种做法将酿成大错。当我想到这些以及其他一些情况，我定会认为，那些邦将会与我们结盟。如果我们缴纳自己的年金，在必要的时候武装自己的适龄男性，我看不出拒绝它会有什么危险。

瑞士的历史清楚地证明，假如我们不接受这部《宪法》，仍然可以与那些邦保持友好联盟关系。瑞士是一个邦联国家，由不

---

① 代指新《宪法》获得 9 个邦的批准即生效。

同的政府构成。它就是个例子，证明不同结构的政府可以结成邦联。那个邦联共和国昂然挺立了 400 年，虽然有的共和国是民主制的，有的是贵族制的，但这种不一致并没有带来什么不好的后果，他们勇敢地面对法国、德国长期以来的一切力量。先生，瑞士精神将他们凝聚到一起，他们遭遇过巨大的困难，但用耐心与毅力战胜了它们。在强大而心怀野心的四邻中，他们保持了自己的独立、共和国的朴素，以及顽强。[在这里他将瑞士与法国的人民做了一番对比，并引用艾迪生来说明这一点。] 看看那个国家的农民与法国的农民，注意区别。你会发现，前者的条件比后者好得多，舒适得多。不论人民是否伟大、辉煌、有力，他们能享受自由就好。土耳其的苏丹、我们的总统，都将使我们蒙羞，我们感到欣慰的是，我们的公民毕竟不同于土耳其的奴隶。政府最有价值的目标是其居民的自由。失去了这一权益，任何好处都于事无补。请向我证明解散这个美利坚联盟的理由。那 8 个采纳了的邦是谁？他们反对在我们作出决定之前，给我们一些时间去思考吗？这样做会使与他们的联合更可能吗，或者，使人民仓促地接受极具重要性的方案，一点都不给时间宽限，是那类政府的本意吗？如果是，那么，先生，我们要接受这样的政府吗？我们有权利花时间去考虑，因此我们会坚持这样做。除非政府被修正，否则我们绝不接受它。那些已经接受这个政府方案的邦无疑会接受我们的钱和军队，那么，如果我们不联合，结果会怎样？我认为，如果稍停片刻，看看其他邦接受这部《宪法》的结果，这样做是否合适，现在还不清楚。在组建一个政府的过程中，应该特别谨慎，以防它变成压迫性的政府。现在的这个政府如此错综复杂，难以琢磨，这个地球上没有人能知道它的实际运作会是怎样。从弗吉尼亚此前的所作所为判断，其他邦没有理由认为她有意向脱

314

离联合，或者对公共利益方面反应消极。因此，难道他们不会默许我们花一些时间去思考——思考这个方案是否不仅对我们自己，而且对那些已经采纳它的邦都不构成危险？

先生，请允许我说，即便在那些采纳新《宪法》的邦，绝大多数人民也不喜欢它。他们被误导了，我相信我这样说是对的。或许，宾夕法尼亚上了圈套。其他采纳新《宪法》的邦即便不是被蒙骗，也是过于仓促就采纳了。有几个邦里，有少数十分令人尊敬的人，如果报道属实，他们很明确地不喜欢新政府。如果我们也加入它，结果将是有害的，我们所热爱的国家的和平与繁荣将遭到破坏。这个政府当前还没有博得人民的情感。如果它是压迫性的政府，人民的情感就会完全消失。先生，你知道，一个政府如果不能博得人民的情感，它既不能长久，也不能令人幸福。我人微言轻，但是我说的是数千人想说的话。先生，我无意于脱离联合，我既不煽动这种情绪，也不说这种话。

感谢您的耐心，听我说了许久，我真的是有许多话想说。那位令人尊敬的议员说过，我们应该被恰当地代表。请记住，先生，我们的代表人数只有 10 个，这样 6 个就构成多数。那些人拥有足够的信息吗？只了解某个区域的某些信息是不够的。他们必须熟知整个大陆的农业、商业等方方面面的各种情况，他们不仅必须知道欧洲与美利坚各国的实际状况，以及它们的农场主、佃农、技工的处境，而且应该知道那些国家之间的相对局势与关系。弗吉尼亚与英格兰一般大。我们的代表配额只有 10 个。在英格兰，是 558 个。英格兰的下议院，虽然成员如此之多，但我们听说，都接受贿赂，出卖了其选民的权利，那么我们又会怎么样呢？这么少的代表能保护我们的权利吗？他们是不可腐蚀的吗？你说他们是一群比英国下院议员更好的人。我说，他们绝对是更坏的人，因为他们是靠暗箱操作被选出来的，他们的选举（条款以及关于任职的规定都是不准确的）是随意提名而不是选择的结果。

　　我恐怕烦劳委员会太久了，但是，相比我脑子里想到的以及我想说的，这还不到百万分之一。此刻，我告诫自己一定要密切关注本邦的利益，我认为她最宝贵的权利危在旦夕。我年事渐高——也浪得虚名——愿意为我的国家奉献自己的绵薄之力。在这个重大时刻，我的思考片刻不停，从一个问题到另一个问题。我们都陷入了混乱，从当今那些公共绅士到我自己，都是如此。面对如此错综复杂的论题，以这样一种泛论的方式发言，我并没有做好准备。我希望您会宽限我，容我他日再议。在您打算放弃目前的制度之前，我希望您不仅能够最成熟地考虑它的缺陷，而且同样考虑到替代方案的那些缺陷。希望您能充分认识到后者的危险，并且不是通过致命的体验，而是通过某位比我更有才的它的鼓吹者！

315

尾注

[1] Madison, *Writings* (ed. Hunt) V, 80–81. 6 个月后，John R. Smith 致信 Madison："弗吉尼亚与其他邦保持独立，或者成立一个地方性邦联或对外联盟，这类想法在本邦比在其他地区更能得到一些人的公开赞同。我与老总督一样，深知弗吉尼亚人的情怀。"见 *Documentary History of the Constitution* IV, 703. 关于独立邦联，见 vol I, ch.4, n.2.

[2] 这正是 The Federalist 施展雄辩的基础。参见署名 Observer 的反联邦主义者的文章，6.4.3.

[3] 因此，有反联邦倾向的昂里科（Henrico）县会选出 John Marshall 这位众所周知的联邦主义者作为代表参加本邦的宪法批准大会。见 John Marshall, *An Autobiographical Sketch*, ed. John Stokes Adams (Ann Arbor 1937) 7.

[4] Curtis, *Constitutional History of the United States* I, 632.

[5] 然而在当时，弗吉尼亚人并不知道，新罕布什尔已经于 6 月 21 日以 57：47 的票数批准了《宪法》。因此，新罕布什尔成为第 9 个批准《宪法》的邦，弗吉尼亚是第 10 个。

[6] 关于 The Federal Farmer 的这些重要信件，其作者是不是 Lee，有关质疑参见 2.8 编者按。

[7] 目前还没有完整的 Lee 的传记。参见他的孙子 Richard Henry Lee（爷孙同名。——译者按）为他写的传记 *Memoirs of Life of Richard Henry Lee*(Philadelphia 1825)，以及 Oliver Perry Chitwood, *Richard Henry Lee: Statesman of the Revolution* (Morgantown 1976).

[8] 参见 Lee*, Letters* II, 419, 424, 427–428, 447.

[9] Lee to Edmund Randolph, 26 March 1787, and to John Adams, 5 September 1787, ibid. 415, 434.

[10] Lee to General John Lamb, 27 June 1788, ibid. 475.

[11] Bancroft, *History of the Formation of the Constitution of the U.S.A.*, II, 230.

[12] Lee to George Mason, 7 May 1788; Lee, *Letters* II, 466.

[13] Washington to Mason, 7 December 1787; *Documentary History of the Constitution* IV, 395.

[14] 见 Valerius, *Virginia Independent Chronicle* 23 January 1788.

[15] 这可能指 Edmund Randolph 在《宪法》提案签字那天写的信，信中告知费城会议的结果。这封信今天无从查考。后人更为熟知 Randolph 另一封写于 10 月 10 日的信，信中解释了他没有在《宪法》提案上签字的原因，这封信见 2.5.

［16］　参见 The Federal Farmer Ⅱ, 2.8.15 注 [29]。

［17］　*Commentaries* Ⅲ, 119.

［18］　*Commentaries* Ⅲ, 379–380.

［19］　参见 Republican Federalist 4.13.15 n. 11.

［20］　原作"他们"（them，宾格）。

［21］　参见 The Federal Farmer Ⅳ, 2.8.50 注 [58]。

［22］　引文原文未查到。

［23］　参见 Pennsylvania House Minority 3.2.7.

［24］　James Wilson, "Address to the Citizens of Philadelphia," 6 October 1787, McMaster and Stone 143–144. 参见 The Federal Farmer Ⅳ, 2.8.50 注 [56]; [New Hampshire], Farmer 4.17.14 n.9. 关于缺少权利法案的质疑，见 Mason 2.2.1 n.1.

［25］　这种观点可对比 Publius 在 *The Federalist*, no.10 中提出的观点，及其在 nos.6–8 中关于各邦之间分歧原因的讨论。另见 Brutus Ⅰ, 2.9.16.

［26］　*Commentaries* Ⅰ, 318.

［27］　参见 Brutus Ⅷ, 2.9.97 注 [75]。

［28］　参见 Democratic Federalist 3.5.6 n.6.

［29］　关于陪审团审判，参见 Plebeian 6.11.15 n.13.

［30］　参见 Federal Republican 3.6.5 n4; Centinel Ⅰ, 2.7.5 注 [9]。

［31］　参见 Agrippa Ⅵ, 4.6.23 注 [20]。

［32］　反联邦主义者对统制的反对，见 Plebeian 6.11.15 n.9.

［33］　Impartial Examiner 既表达了反联邦主义者关于自由共和国长期繁荣的鲜明观点，也提出了反联邦主义者对这一问题的十分狭隘的解决办法。参见 Columbian Patriot 4.28.12; Warren 6.14.157. 关于联邦主义者方面，可将 *The Federalist*, no.19 与 Fabius Ford, *Pamphlets* 183, 188, 213–215 的观点以及 James Wilson 的 7 月 4 日演讲（*Boston Gazette and the Country Journal* 28 July 1788）进行比较。参见 Abraham Lincoln "Address before the Young Men's Lyceum of Springfield Illinois," 27 January 1838, *Collected Works* Ⅰ, 108–115；以及 Harry V. Jaffa 在其 *Crisis of the House Divided* 183–232 中关于 Lincoln 这一观点的解读。

［34］　原文此处是分号。

［35］　"他转身对我说话，" Jefferson 记录了他第一次听 Henry 说话的情况，"颇有荷马之风。" *Autobiography*, in *The Writings of Thomas Jefferson*, ed. P. L. Ford(New York 1892) Ⅰ, 6.

［36］　Henry 业绩不凡，比如在托利党的权利、屠杀印第安人，以及一些更常规的业绩上，他为自己 1799 年的联邦主义提供了可靠的证据。见 Jefferson 1783 年 5 月 7 日致 Madison 的信，*The Writings of Thomas Jefferson* (ed. Ford) Ⅲ, 318; Nevins, *The American States before and after the Revolution* 324; Moses Colt Tyler, *Patrick Henry* (Boston 1887) 417–419.

［37］ Nevins, *The American States before and after the Revolution* 135.

［38］ 在众多关于 Patrick Henry 的传记中，杰出的有：William Wirt Henry, *Patrick Henry: Life, Correspondence, and Speeches*, 3 vols. (New York 1891); Robert D. Meade, *Patrick Henry: Patriot in the Making* (Philadelphia 1957), Tyler, *Patrick Henry* (参见前文注释 [36]); William Wirt, *Sketches of the Life and Character of Patrick Henry* (Philadelphia 1818).

［39］ Curtis, *Constitutional History* Ⅰ, 663.

［40］ *Diary and Autobiography of John Adams*, ed. L.H. Butterfield (1961) Ⅱ, 125 (6 September 1774). 参见 Farrand Ⅰ,166 (8 June).

［41］ 参见 Tyler, *Patrick Henry* 310–311.

［42］ Elliot Ⅲ , 365.

［43］ 参见 *The Federalist* no. 15, 92–98; "宾夕法尼亚邦大会少数派" (Pennsylvania Convention Minority) 3.11.30 注 [20]。

［44］ 参见 5.16.2. 关于统制，见 Plebeian 6.11.15 n.9.

［45］ 参见 5.16.2; Brutus Ⅶ, 2.9.86.

［46］ 参见 Lowndes 5.12.1–2 及 n.7.

［47］ 对此，James Wilson 的回答是："在对历史的仔细检视中，我们发现，混乱、暴力和对权力的滥用，伴随着多数人对少数人权利的践踏，导致党派的出现与内讧，后者在一个共和国里是更常见的导致专制的原因。"合众国不能免于这一危机，须时时防范。"或许，在讨论的过程中会发现，对付这些弊病的唯一药方以及维持和保卫共和原则的手段，似乎正在于这个被视为压迫之源而加以反对的体制之中。" Elliot Ⅲ, 87–88. 参见 *The Federalist* no. 10，以及 Madison 于 6 月 6 日、26 日在宪法大会上的演讲。Farrand Ⅰ, 134–136, 421–423. 另见 Brutus Ⅳ, 2.9.45 注 [39]。

［48］ 参见 George Mason 在宪法大会轮值时的演讲，以及 Farrand Ⅰ, 101–102, 110–114(4 June); Brutus Ⅶ, 2.9.86 及注 [66]。

［49］ Thorpe, *Federal and State Constitutions* Ⅶ, 3813.

［50］ Edmund Pendleton, Elliot Ⅲ, 37. Edmund Pendleton 曾当选会议主席，但是大多数辩论发生在全体委员会上，其主席是 George Wythe。

［51］ Elliot, Ⅲ, 37.

［52］ Elliot 认为这句话是对争论的篡改，它在原文中没有。更有可能，Henry 指的是 Pendleton 的讨论中被报道出来的一部分，Elliot, Ⅲ, 38–39, 53.

［53］ Edmund Randolph 回复称："那位令人尊敬的绅士暗示，我们想要成为一群庞大的、辉煌的、卓越的人，但我们不希望成为这样的人。王室宫廷的辉煌不是我们的目标。我们想要一个政府，先生，一个稳定的、能给我们带来安全的政府，因为我们目前的政府既不稳定，又没有能力带来安全。或许，说它不是一个政府也未尝不可，因

为它不具备实施制裁的能力。我希望我的国家不会成为外国势力的觊觎对象。一个治理良好的共同体总是令人尊敬的。正是这样的国内形势以及政府的缺陷，诱惑着国外势力，先生，诱惑常常伴随屈服。"Elliot, Ⅲ, 81. 并非所有的联邦主义者都这么中庸；Henry 认为一些支持《宪法》的人过于注重荣耀，他是对的。参见 McMaster and Stone 127–129 (A Pennsylvania Farmer); Northampton, Massachusetts *Hampshire Gazette* 17 October 1787(Anon, "Observe…"); *Virginia Independent Chronicle* 28 November 1787 ("Extract of a letter from a well informed correspondent…"); New Hampshire *Freeman's Oracle* 6 June 1788(A Patriotic Citizen); Herbert J. Storing, "The 'Other' Federalist Papers: A Preliminary Sketch," *Political Science Review* Ⅵ (1976), 215–247.

［54］ Elliot, Ⅲ, 65–66. 反联邦主义者关于合众国形势的观点，见 The Federal Farmer Ⅰ, 2.8.1 注 [22]; Plebeian 6.11.5 n.6.

［55］ Edmund Randolph 指责，弗吉尼亚的立法机构经常违宪，举一个例子："一个人原先是公民，却被那样剥夺了生命。单凭一份普通的报告，众议院的一位绅士就向本院提出，某人（Josiah Philips）犯有多种罪，现在潜逃在外，图谋其他犯罪。他因此要求前往去抓捕他。他当即获批。他还没有得到批件，就从口袋里掏出一份起草好了的文件。这份文件一天之内在议会通过了三读，并被送给了参议院。我不会说它同一天就在参议院获得通过，但是，那个人很快就被抓获，而且除了那份模糊的报告外，没有更好的证据。那个人没有与证人当面对质，没有出示证据，没有权利要求出示有利于自己的证据，就被宣判死刑，随后被执行。"Elliot, Ⅲ, 66–67. Henry 对此的应答使自己面临严重的批评，尤以 John Marshall 为甚。参见 Wirt, *Sketches of Patrick Henry* 234–241；以及 William W. Crosskey, *Politics and the Constitution* Ⅱ, 944ff. Philips 不是按剥夺财产和公民权来判决的，而是以公路抢劫罪审判的——这是大检察官 Edmund Randolph 提出的罪状。

［56］ Elliot, Ⅲ, 66–67.

［57］ Thorpe, *Federal and State Constitutions* Ⅶ, 3813.

［58］ 同上。

［59］ 同上。

［60］ 参见下文 Mason (Virginia) 5.14.1; Smith 6.12.2. 联邦主义者认为，拒绝《宪法》意味着破坏联合，参见，比如 Ford, *Pamphlets* 46 (A Citizen of America), 122 (A Citizen of Philadelphia); McMaster and Stone 386 (Wilson). 关于声称反联邦主义者想要分裂联邦，见下文 n.25，以及 Centinel XI, 2.7.142 n. 75; Henry 5.16.11 n.25. 正是对联合的关切最终使得很多反联邦主义者妥协，接受了《宪法》，参见，比如 Randolph 2.4, Turner 4.18.

［61］ 这里可能指的是 Pendleton，Elliot III, 39. Elliot 改写了 Henry 这里的提法。

［62］ 原版这里未分段。

［63］ 参见 The Federal Farmer X, 2.8.110 n. 72. 关于责任，参见 Centinel I, 2.7.7 注 [11]。

第 8 章

纽约

引言

在弗吉尼亚邦开始讨论新《宪法》两周之后，纽约邦各地代表齐集波基普希（Poughkeepsie）。围绕宪法批准问题，该邦形成了两个对立的派别，这一点与宾夕法尼亚相同，又与弗吉尼亚形成了鲜明的对比。纽约邦的反联邦主义者主要是纽约市的商业与教会人士，他们通过社会背景、利益以及婚姻与上纽约邦的大地产者结盟。克林顿派作为反联邦主义者的先行者，从激进的辉格派手中夺过了领导权，将根基牢牢扎在小农场主之中。[1]

总督克林顿虽然始终担心邦的权威被剥夺，但面对越来越高的召开宪法大会的呼声，他也只好妥协。然而，克林顿比宾夕法尼亚的那些宪政主义者在政治上表现得更加成熟，他派两位拥有更大权力的政治人物约翰·兰辛、罗伯特·耶茨去牵制亚历山大·汉密尔顿，后者在参议院受到很多联邦主义者的支持，并且以鼓吹强有力的中央政府而出名。随着《宪法》草案被公布，反联邦主义者发起批评的热潮。除了印发默西·沃伦（Mercy Warren）化名"美洲爱国者"（Columbian Patriot）的演讲，奥尔巴尼的反联邦主义者委员会还印发了自己的演讲。纽约港的税务检察官约翰·兰姆将军发起了一个反联邦团体，名为"联邦共和人士"（Federal Republicans），他们虽然没能成功地将反联邦方案传播到全国各地，但无意中为历史学家提供了关于宪法批准运动中反对力量的珍贵史料。[2]

在围绕宪法批准的斗争中，克林顿的战略是模糊的，这让人难免得出结论，克林顿在地方问题上旗帜鲜明的做法却使他在更大的范围内陷入孤立。纽约邦立法机构虽然处在克林顿派的控制下，但还是提议召开宪法批准大会，要求与会代表经普选产生，会议日期为 6 月 17 日，并删除了拟议的序言，其大意是，宪法大会超越了它的权限。反联邦主义者获得了压倒性胜利，在会议代表中，反联邦主义者 46 人，联邦主义者 19 人。如果克林顿选择早点召开会议的话，纽约邦的否决必将对其他邦产生影响。克林330 顿对自己能否带领同党否决《宪法》似乎并没有把握，即便这是他的用意所在。[3]他选择推迟会议。然而，到 6 月中旬，有 8 个邦批准了《宪法》，而在纽约邦还在商讨之际，新罕布什尔与弗吉尼亚也批准了《宪法》。纽约的不同寻常的经济政策现在似乎遭到一个强有力的联盟的反击。有传闻如果本邦拒绝《宪法》，南部各县将退出本邦。克林顿派的很多人，包括梅兰克顿·史密斯（Melancton Smith），以及在辩论中占据上风的反联邦主义者，都急于寻找批准《宪法》的理由。各种各样的妥协方案被提出，最后终于以 30：25 的微弱优势达成批准决定，同时提出了一些解释性条款和建议性修正条款。[4]随着《宪法》的批准，克林顿给其他邦的总督写了一封信，敦促再召开一次大会议，起草宪法修正案。

331 <h1 style="text-align:center">编者按</h1>

（梅兰克顿·史密斯在纽约邦《联邦宪法》批准大会上的演讲）

　　纽约邦宪法批准大会上的辩论，其精彩程度堪与弗吉尼亚邦关于《宪法》的讨论相比。或许在这个邦，一些问题比在其他邦得到了更充分的公开讨论。没有哪个邦的宪法大会上，代表席位这个关键问题得到了论辩双方如此彻底的讨论。在联邦主义者一方，亚历山大·汉密尔顿轻松而英明地引导着本方的主要观点。他受到了来自纽约市以及波基普希的一位杰出商人梅兰克顿·史密斯的反驳，后者的反驳坚定，有时还很深刻，可谓旗鼓相当。史密斯曾先后供职于纽约邦第一届大区议会、大陆会议，并任达切斯（Dutchess）县的县治安官。[5]

这里编选了梅兰克顿·史密斯的 5 篇演讲，它们可分为 3 个主题：众议院的构成、参议院的构成以及国会的税权。这些演讲分别发表于 6 月 20、21、23、25 以及 27 日，并选自最早的 1788 年的出版物。[6]

一开始，史密斯做了一系列导入性评论，包括对联合以及自由的坚定拥护（6.12.1-2），承认《邦联条例》的缺陷，强调对手们已经承认新《宪法》是对条例的激进变革（6.12.5-6），以及对革新，特别是对一个以人民意见为基石的政府的革新的警惕（6.12.7）。然后，他提出自己对《宪法》中关于众议院的条款的反对，特别指出众议院太小。这使得他进一步讨论代议制的最初的、真正的原则，而这是反联邦主义者的重要论题之一。比较一下史密斯的理论旨趣与实践目标是有趣而且重要的。他的理论旨趣是一个"类似于"人民群体的代表机构，而他的实践目标是一个中等阶层占适当比例、天然贵族也必须占据较多席位的代表机构。像李一样，史密斯指出，联邦主义者声称自由精神是根本，但这种精神应该有相应的法律去支持与保护。像李一样，史密斯认为，在整个合众国的任何政府里，不可能有充分的代表，因此，代议制必须改进，而联邦政府的权力也必须被小心地限定和制约。

在讨论参议院问题时，史密斯承认这个机构在稳定政府方面的必要性，但是他坚持认为，一个轮选和可撤销的机制既是可行的，也是符合共和原则的，而联邦主义者夸大了邦的力量的危险（6.12.27-32）。有趣的是，相比先前关于代议制的论述，史密斯这里所依赖的观点是，邦立法机构反映的不只是人民的一时之念，

332

而是"当选人团体"（select bodies）的意志（6.12.30）。

最后一篇演讲（6.12.36-40）包括了史密斯关于联邦税收这一不受限制的权力的主要观点。这里，史密斯支持对联邦税收权力的限制，认为如果没有这种限制，各邦将受到打击，不再是体制的有意义的组成部分。汉密尔顿派认为，手段必须与目的相称，而联邦政府的目标是不受限制的。针对这一观点，史密斯指出，邦与联邦的政府的根本性完善取决于邦联，取决于激进变革的鲁莽程度。

一、众议院的代表性

1788 年 6 月 20 日

【1788 年 6 月 19 日和 20 日，辩论由罗伯特·R. 利文斯顿（Robert R. Livingston）与约翰·兰辛大法官主持，在梅兰克顿·史密斯的提议下，大会开始一段一段地审读《宪法》草案。第一条第一款被宣读，未经讨论即获通过。第二款涉及众议院的组成，得到深入讨论。这场讨论主要是史密斯与亚历山大·汉密尔顿的争论，这可以说是围绕《宪法》展开的一场激烈交锋。】

6.12.1   史密斯先生再次起身。他[①]满怀真诚地赞同昨天发起辩论的那位令人尊敬的绅士的观点，认为要讨论现在摆在他们面前的这

333   个重要问题，必须秉持爱国主义精神，必须怀有以理服人的开放心态，必须决心从调查中发现的证据出发，形成有利于解决问题

---

① 原文以第三人称记录梅兰克顿·史密斯的演讲。

的观点。至于那位令人尊敬的绅士的基本论述与这些原则有多大差距，他请会议判断。他说，他无意于跟着那位绅士展开自己的全部论述。他想指出，目前的讨论似乎并不切合主题。

他与很多人一样，对于联合的必要性有着强烈的倾向。他热 6.12.2
情地追求它。在讨论这一问题时，他愿意做一切理性的让步，实际上，为了联合，除了这个国家里的各种自由，他愿意牺牲一切，甚至不惜陷入他心目中不那么大的灾难。[7] 但是他希望，不到万不得已，我们不需要牺牲或者危害我们的那些自由，去保存联合。如果非得那样，结果是可怕的。但是，他并没有马上说采纳《宪法》就会危害我们的那些自由，因为这还是一个争论中的问题，而在得出任何结论之前，应该先设定前提。他希望所有的讨论都应该严守这一点，强词夺理和煽动激情都应该被杜绝。

他问，为什么我们被告知我们有很多弱点？[8] 比如：本邦南 6.12.3
部各地不设防，首府处于暴露之中；长岛四边环水，处于康涅狄格邻邦的攻击之下；佛蒙特已与我们分离，声称拥有独立政府的权力；本邦西北部分尚处于外敌之手。为什么我们被警告，东部邦对我们怀有敌意，不愿意与我们联盟？他说，很抱歉，他对此都深表怀疑。他认为，在东部邦就不存在这样的情况。也很难设想，那些邦会与我们开战，就因为我们维护自己作为自由人的权利，就因为我们面对任何大会上都最为重要的主题，都独立地思考和判断。如果不加入的结果就是与邻人的战争，那么在这里争论就没有意义了；而如果我们不能够抵抗他们，我们就只好接受他们的命令。我们的旧邦联的缺陷无须证明，就如同联合的必要性无须证明一样。但是，完全没有证据证明，《宪法》草案就是好的。他说，旧邦联的缺陷没有人会否认，但是，我们仍然有可能得到一个更坏的政府。问题不在于当前的邦联是不是不好，而是

《宪法》草案是否就好。[9]

6.12.4　有人说，还没有一个先例，证明联邦共和国能够成功。[10]的确，古代的邦联共和国都毁灭了，那些没有结成邦联的也是如此，

334　一切古代政府，不论何种形式，都难逃此运。无疑，荷兰也曾因其政府的缺陷而命途多舛，但是即便有这些缺陷，她还是存活了下来；在邦联形式下，她成为欧洲各国中的佼佼者。他相信，很少国家能享有比她更好的国内和平与繁荣。德国人的邦联不是这方面的最好的例子。绝对君主把属民看作自己的财产，他自己的意志就是法律，自己的野心不受限制，在这样的国家里，要找到导致动荡的原因并不是一件多难的事情。在考察这部《宪法》的过程中，讨论各邦国结成的不论何种形式的邦联是否可行，是有必要的。

6.12.5　他高兴地看到，在辩论一开始，那位令人尊敬的绅士本人表示，这部《宪法》的目标不是一个邦联，而是要将所有的邦纳入一个统制的政府。[11]他希望那位绅士大度一点，不妨与那些不喜欢这部《宪法》的人换个名字，这些人是联邦主义者，而那些鼓吹这部《宪法》的人其实是反联邦主义者，如果这样，他就愿意屈尊让步。[12]他请求离席去提醒那位绅士，孟德斯鸠深谙现代及古代各种共和国的历史，并从中得出结论，一个邦联共和国对内具有共和国的一切优点，对外又具有君主政府的强大力量。[13]他高兴地看到，一位具有如此显赫地位的官员能向政府的其他官员、向立法机构的那些成员建议，不要受利益动机或者本邦傲气的牵制。[14]就他本人而言，幸运的是，他能够抵制这种诱惑，没有以在本邦谋取一官半职为荣。但是，他与这次大会上的其他绅士一样，还受到另一种诱惑，对此他认为我们必须同样予以警觉。他说，如果这部《宪法》被采纳，将会出现大量高贵的、有很多好

处的职位需要人去填充，我们必须警惕某些人的企图，不要受那些心术不正的人的影响。

他说，我们就像行进在一块田地上，满怀热情但漫无目标，随手摘取野花。这可能很开心，但对发现真相了无益处。我们可能一方面将我们的对手所鼓吹的方案比作"铁腿泥足的黄金塑像"，另一方面又将它比作"可怕的巨兽，极其强壮，有大铁牙，能吞噬、撕扯，剩下的用脚踏碎"。① 最后他说，我们将发现，这两种幻想都来自同一种想象，它们的真正意义必须靠冷静的推理去发现。

6.12.6

他同意那位令人尊敬的绅士的说法：任何制度都不可能尽善尽美。如果追求那样的目标，那么围绕在他们面前的这套制度的争论很快就可以结束了。但是他认为，这样的说法同样适合针对对某一制度的改变，特别是本质性的、激进的改变。他说，反复无常是自由人民的特征，在为他们拟定《宪法》时，或许最困难的事情就是矫正这种性情，防止它的不良影响。他相信，要阻止这种不良影响但又不破坏人民的自由，是不可能的。就好比治疗一个确诊的肺病患者，要改正他一些不好的生活习惯。这种反复无常的性情在改变政府时，尤其危险。[15] 这位绅士从宗教史中所援引的那个例子，正好可用于证明这一点。以色列先民曾经从上天接到一个市民形式的政府，在很长时期里都喜爱这个政府，但是后来，由于自身的过错和鲁莽，他们在重压下劳作。他们找不到不幸的真正原因，也没有通过改正错误去改变他们的悲惨处境，只一味地认为那都是他们《宪法》中的缺陷所致。他们拒绝了自己的神性统治者，要求撒母耳为自己造一位王，为自己断案，就

6.12.7

335

---

① 典出《圣经·但以理书》2：33。

像其他民族那样。撒母耳为他们的愚蠢难过，但是，凭了上帝的指令，他倾听他们的声音，后来，他庄严地向他们宣告了王治理他们的方式。"（撒母耳说，）管辖你们的王必这样行：他必派你们的儿子为他赶车、跟马，奔走在车前；又派他们作千夫长、五十夫长，为他耕种田地，收割庄稼，打造军器和车上的器械；必取你们的女儿为他制造香膏，做饭烤饼；也必取你们最好的田地、葡萄园、橄榄园，赐给他的臣仆。你们的粮食和葡萄园所出的，他必取十分之一给他的太监和臣仆；又必取你们的仆人婢女、健壮的少年人和你们的驴，供他的差役。你们的羊群，他必取十分之一，你们也必作他的仆人。那时你们必因所选的王哀求耶和华，耶和华却不应允你们。"[16] 这段经文对于这一主题多么贴切，他没有立即明说。他们遭遇过那些不幸，为时并不久远。说到底，他希望人们能以此为鉴，坦诚而审慎。

6.12.8　　接下来，他开始陈述他对刚才所宣读的条款（第一条第二款第三句）的反对意见。他的反对主要有三点：第一，配额原则是不公正的；第二，众议院的缩减没有具体的数额底线；第三，它是不充分的。

336　　首先，代表的配额以白人居民的总数加上其他居民的 3/5 为基数，并与之相称；用简单的英语来说，也就是，每个邦按照其自由民的数量加上其包含的奴隶折合 3/5 所得的总数选派代表。他不明白奴隶为什么要作为代表配额的基数，哪怕以任何比例折算。每一个自由主体可以在自我治理中发挥作用，这是代议制的原则；将那一权力赋予一个不能够实施的人，显然是荒谬的。奴隶没有自我意志。而这一条款正是要为那些邪恶的蓄奴者谋取特权。他知道，这一配额原则是建立在不公正的原则的基础之上，但这是一种妥协，他设想，我们将不得不接受这种妥协，只要我们想与南方各邦保持联合，即便从情感上对此深感厌恶。

其次，《宪法》没有确定代表数额，而是交由立法机构决定——或许他弄错了，但他希望有人能告诉他。从《宪法》中可知，65 名成员构成众议院，任期 3 年；期满之后将进行人口普查，立法机构将依据以下原则重新确定代表数额：一、根据人口数分配各邦的配额；二、每邦至少有 1 名代表；三、比例不超过每 3 万人 1 名代表。果真如此的话，那么接下来的第一届国会将会把代表数量缩减到目前的规模之下——有了这种权力，它会将人民代表的数量交给统治者任意决定，这完全不符合自由政府的原则。除了那些被委以重任的人为人正派，你没有别的保障；而如果你没有别的保障，那么为《宪法》而斗争将无从谈起。

最后，假如国会宣布，每 3 万人选派 1 名代表，那么在他看来，这并不能满足代议制的那些伟大目标。他说，自由政府的根本原则在于，人民制定法律并根据法律被治理。被他人控制的人是奴隶；受任何人或者少数人，或者低于共同体所要求的数量的一群人的意志所左右的政府，是奴役的政府。

一个新问题是，共同体的意志如何表达？由于人数众多，人们不可能聚集到一起，因此为了克服这种不便，人们采取代议制这一方案，也就是说，人民委派他人代表自己。众多的个人加入社会组成一个实体，这个实体应该受同一个思想的驱动，而他相信，每一种形式的政府都面临这样的情况。的确，我们了解各种各样的经验，但似乎只有代议制才能经受住考验。在古代的共和国里，有某种类似的形式，那些共和国规模小，人民很容易聚集到一起，只不过他们不协商，他们只考虑他们的长官提交给他们的那些问题。在大不列颠，代议制的实施比我们所知的任何政府都更彻底——除我们自己的政府外，但是在那个国家，现在也只

6.12.9

337

空有其名。美利坚是唯一一个被赋予从头开始的机遇的国家。在殖民地时期，我们的代议制就比当时所知的任何其他代议制好；自革命以来，我们日臻完善。他认为，将代议制固定在真正的代议制原则之上，是一切目标中最为重要的目标；然而，他知道，在一个统制政府中，这样的代议制是行不通的。但是他说我们可以通过提高代表数量、限制国会权力，找到通向完美的途径。[17]他认为，人民的巨大利益以及自由只有在邦政府下才能得到保障。他说，如果新政府局限于追求全国性的大目标，倒也无可厚非，但是它触及人性中最宝贵的一切。事实就是如此，这无须太多的推理环节去证明。那个既掌管钱袋又掌管武力的权力，掌管着整个国家的政府，必然会渗透到每一个、任何一个目标。他已经根据代议制的真正含义指出，代表必须由其多数选民的自由意志选出，这一原则必须牢固树立。因此接下来，代表应该从小的地区选出。他问，如果是这样，那么还能像这样从300万人中选出65人，或者每3万人中选出1人？他们有充足的信息，为这个辽阔国度里的众多生灵带来幸福吗？对于这句话的反对意见还在于，如果政府事务都托付给少数人，那么他们就更容易腐败。他知道，对于我们来说，腐败并不是什么新鲜事。他认为，美国人与其他人一样，虽然迄今为止展现出崇高的美德，但是他们毕竟是人，因此必须采取措施，杜绝腐败的可能性。我们现在处在一个独特的、能够自由协商的社会阶段，但这个阶段能维持多久，只有上帝知道！或许，20年之后，这些信条就过时了。他说，我们已经听说，在全国各地，有绅士们在讽刺爱国精神以及对自由的热爱，但正是这些情操，使我们渡过了危险时代的一切困难。当爱国主义就要被从我们的社会连根拔去之际，难道我们不应当采取措施，遏止这种腐败的进程？[18]

他还提出另外一点，以证明这种代议制是不充分的。他说，一个政府要想运行良好，必须以人民的正当意见为基础，因为即便把政府变成天堂，只要得不到人民的信任，它就无法运行。[19]这一点，可以通过那位绅士给出的关于犹太人神权政治的例子证明。它必须有一个好的制度设计，或者学习好的榜样，以自由为目标。他认为，旧邦联的不足源于信任缺失，而这又在很大程度上是由于那些显要的绅士从大陆的这一头到另一头对旧邦联的不断贬低，他们常常说它无异于用绳子将沙子捆在一起。这影响到每一个阶层的公民，使他们将自己的不幸以及由懒散与奢靡所导致的后果，都归咎为那一体制的弊病。战争刚刚结束，我们的国家百废待兴，地球上任何国家都不可能在短时间内修复这种情况，只有时间与辛勤劳动才能奏效。他说，他对这些问题的看法，暂且讲到这里，并用下面这段话来总结："我认为，代表的数量应该按照《宪法》第一条第二款所确立的原则确认，定为每 2 万居民 1 名，直至达到总数 300 名为止；而在此之后，代表数额应该在各邦之间分配，以每邦的居民数量计。在第一次配额之前，为实现《宪法》所提到的那一目的，一些邦有权选出双倍数量的代表。"

6.12.10

338

二、众议院的构成

1788 年 6 月 21 日

梅兰克顿·史密斯先生说：昨天我有幸提出对于所议条款的修正意见，并提出某些支持性的论点。接下来，请容许我再发表一些观点，以回应纽约来的那位令人尊敬的绅士。他花了很多时间论证，旧邦联的最大弊端在于，它针对的是邦而不是个人。对

6.12.11

于我们没有分歧的话题，就不必要再去争论。应该说，总体政府的各项权力应该在一定程度上施加于个人。但这些权力包括哪些，又在哪些情况下才能针对个人，是一个问题。在我们的考察中，会涉及这个制度的不同部分，现在专门考察这一问题，实为幸运。我希望，我会严守委员会当前所提交讨论的主题的范围。为证明根据这一条款所设立的配额规则的合理性，那位令人尊敬的绅士提出了自己的观点，对此我将不予回应，有人劝我，为了南部邦的利益，在这个问题上我不妨让步。因此，我的修正意见不是为了改变这一条款。

339

6.12.12　　那位令人尊敬的绅士说，那一条款结构清晰，为代议制确立了原则。[20] 我不想逐字逐句地辩驳这一条款，但我看不出其中清晰的结构。我很清楚，一方面，代表配额不能超过每 3 万居民 1 位，但另一方面，在根据这一配额规则计算居民总数时，不论结果有多大，每个邦其实只需要委派 1 位代表。在我看来，一切尽在立法机构的掌控之中。如果有什么别的限制，那必定是包含于其中的。迫在眉睫的问题不应该诉诸模棱两可的句式结构。有人指出，代表数额最终可能确定为每 3 万人 1 名，因为这符合大邦的利益。[21] 这种观点是否能够胜出，我暂时还看不出来。在我看来很明显，不同邦的相对影响力是一样的，代表数量是 65，还是 600，还是更多，没有什么差别，因为随着众议院的代表总数的增多，每个代表分享的权力就会减少。人总是不愿意自己既有的权力被削弱，如果这句话是有道理的，那么我们就不要指望众议院会增加代表总数。同样，总统与参议院也会反对增加众议院代表的数量，因为一旦众议院扩张，他们会觉得自己的权力被削弱了。因此，最为重要的是，《宪法》应该确立适当的众议院代表数量。

6.12.13　　一位令人尊敬的代表提出，东部邦出于节约原则，主张小的代议制。在考虑周到的人的心目中，这种主张必定没有分量。维持一个代表数量充足的众议院，与维持当前提议的这种规模的众议院，每年的开销差别在 2 万与 3 万美元之间。以维护自由为名坚决反对这笔开销的人，其实不配享有自由。此外，通过增加代表数量，我们为我们国家的自耕农提供了机会，这些人有节约的习惯，对于浪费时刻保持警惕，这样一来，就能为公共资金节省一大笔钱，其数量足以维持他们的开支。此外，还可以减少邦立法机构成员的数量，这样节省下来的一大笔钱，足以用于维持总体立法机构，因为按照被提议的体制，一切与我们共同关心的问题相关的立法权力都被授予总体政府，邦立法机构的权力自然会被削弱，其规模也就自然不需要像目前这么大。

但是，一位令人尊敬的绅士已经提出，构成众议院的恰当代表数量到底是多少，这是一个无法回答的问题。我承认，这是一个不可能有正确数字的答案，政治问题很少能有数学答案，但是我们可以准确地判定，某个数字是太小或者太大了。我们可以确定，10 太小了，而 1000 又太大了。每个人都会觉得，前一个数字太小，不能反映民情，也不能抵御腐败；而 1000 人又太多，很难协商问题。 6.12.14

340

要确定这部《宪法》提议的众议院代表数量多少才是合适的，首先应该考察一下，该院为了人民的幸福而谨慎地实施自己的权力时，到底应该具备哪些资格。当我们谈起代表们时，我们自然想到的一点是，他们与他们所代表的人类似，他们应该是人民的真正写照，洞悉他们的处境和需求，同情他们的一切缺陷，愿意满足他们的正当利益。[22]自由人民的代表们不仅需要掌握广泛的政治与商业知识，就像那些受过良好教育、有闲暇不断提升自我的人所具备的那些知识，还要了解人民的共同关切以及所从事的 6.12.15

职业，就此而言，一般来说，中间阶层的人比更高阶层的人更适合做代表。要了解一个国家的真正的商业利益，不仅需要懂得全世界的一般商业，而且更主要的是具备关于自己国家的产品、它们的价值、土地的出产能力、制成品的品质，以及国家的增长能力等知识。为谨慎地运用征收直接税、间接税及消费税的权力，仅仅熟悉某些深奥的商业运行机制还是不够的。它还要求掌握人民的所处环境以及能力，洞察各种负担对不同阶层的影响。

6.12.16　　通过这番考察，我们可以得出结论，代表的数量应该大到什么程度，主要看它吸纳第一阶层的人时，能否给中间阶层的人提供生活出路。据我所知，在构成这样的政府时，代表们主要由共同体中第一阶层的人构成，对于这群人，我用国家的"天然贵族"这个名词予以区分。[23] 我用这个词并无恶意。我知道很多绅士会有这种奇怪的想法。我被问道，"天然贵族"是什么意思？我被告知，我们中间没有这样的阶层区分。诚然，我们之间没有法律或者血统的高下之分，这是我们独有的福祉；但是，现实的分层仍

341　然是存在的。每个社会都天然地分成不同阶层。大自然的创造者为某些人赋予了比其他人更强的能力；而出身、教育、天赋以及财富带来人与人之间的差别，为有势力的人贴上头衔、星徽、吊袜等标志。在每一个社会，这个阶层的人都能获得最高的尊重；而如果在构建一个政府时，像这样让少数人掌握权力，那么按常理，政府就会落入他们的手中。中间阶层的人也有资格做代表，他们对当选的愿望与第一等级的人一样迫切。当代表总数过少时，这一职位就显得高贵，代表们的生活方式也变得高贵，这样一来，对于那些明智、踏实的人来说，代表职位就不那么令人称羡，因为这些人习惯于在朴实和节俭中度过人生。

6.12.17　　此外，有势力的人一般情况下更容易在选举中获胜。要将一

个国家中包含 3 万或 4 万居民的大区统合到没有势力的人的名下，是困难的，无论你怎么设计选举规则，除非那个人有着明显的军事、市政、法律天赋，并且深得人心。大人物很容易联合，而较穷的中间阶层的人很难抱成团。如果选举是按相对多数来确定结果——本邦就很可能是这样，那么除了大人物，几乎没有人会当选，因为大人物很容易实现利益联合，而普通人则容易分化，而这种分化又会被大人物们加剧。除了某个大人物，其他人几乎不可能有机会将普通人联合起来，除非他煽动民众，毫无原则。一个务实的自耕农，有思想，有判断力，但这样的人是几乎不可能当选的。

通过以上论述，我认为，政府将落入少数大人物之手。这将是一个压迫性的政府。我无意于贬低大人物，将他们一概斥为不讲原则、不诚实的人。情感与偏见人人难免。人所处的环境在很大程度上塑造了人的性格。那些处在适中环境中的人不容易受到诱惑，他们受自身的习性以及他们所交往的人的影响，倾向于约束自己的情绪与欲念。如果这还不够，娱乐手段的匮乏也会成为一种约束——他们有义务将时间花在尽自己的天职上；这样看来，这个国家里务实的自耕农要比大人物们更温和、更讲道德、更少野心。[24] 后者并不同情较穷的中间阶层，原因很明显，他们无须忍受痛苦、耗费体力去追求财富。他们无须精打细算，没有体会过那种难受的滋味。大人物认为自己高人一等，他们享有人们的尊重，他们不屑于与普通人走到一起，他们自以为在一切方面都有优先权。简言之，他们的情感与世袭贵族无异，他们与世袭贵族受同样动机的驱使。我知道，说我们国家存在这样一个阶层，对于某些人来说是滑稽的，但是由于他们的势力，我对他们的这种危险不能不深感忧虑。这类差异存在于世界各地，为论自由政

342

府的一切作者所关注，而且也符合事物的常理。警惕大人物的势力，一直是自由政府的主要目标。通常的观察与经验都证明这种差异的存在。难道有人敢说，在这个国家没有高人一等的家族、财富与天赋，而这些不会对普通人产生影响，令他们向往？1775年，在致魁北克大区居民的信中，大陆会议援引下面这段贝卡利亚侯爵铿锵有力的文字："在任何人类社会，都存在一种不断获取最大限度的权力与幸福、使他人陷入贫弱与苦难的性情。良好的法律的目的，就是抵制这种企图，使法律普遍地、平等地影响社会。"[25]我们应当警惕政府落到这群人手中。他们不会对自己的选民有同情心，即便为了他们自己的利益，这是他们密切地联系选民时所必需的。他们习惯于在生活中挥霍，在公共开支上也会铺张。他们缴税没有困难，因此不会觉得有什么公共负担。此外，如果让他们来治理，他们还会得到政府的报酬。中等阶级习惯于节俭，对公共负担深有感受，在增加税收时会十分谨慎。

6.12.18　　　有人会问我，你会把共同体的第一阶层排除在立法活动之外吗？对此我没有办法回答。他们处在权力之外要比处在权力之内更危险。他们会拉帮结派、牢骚满天，不断给政府添乱。这可能是不公正的，因为他们与其他人一样，有权力保护自己的财产。我的观点是，《宪法》应该将这个等级的人纳入进去，但同时要纳入足够数量的其他等级的人，以控制他们。那样，你就可以将共同体成员的能力与诚实、适当的信息以及对公共利益的追求结合到一起。一个主要由品行正派的自耕农组成的代表机构，才有可能是对自由的最好保障。追求共同体的这一部分人的利益，就是追求公共的利益，因为国家的每个团体中都有这类人；因为富人与穷人的利益都包含在那一中间阶级的利益之中。这不会造成对穷人的负担，而中间阶层也只会感到合理的影响。任何可能导致财产不安全的法律对他们都是有害的。因此，当社会中的这个等级追求他们自身的利益时，他们是在促进公共利益，因为他们的利益就包含在公共利益之中。

这么少的代表数，容易导致腐败和串通的危险。一位伟大的政治家说过，人人都待价而沽。[26] 我希望这完全不对，但我想请这位绅士告诉我，这句话在哪个政府中没有应验过？虽然人们说希腊共和国的缺陷在于其古代邦联体制，但是，它们的崩溃应更多地归咎于这里所说的这个原因，而不是其政府形式的不完美。这才是导致它们分崩离析的致命毒药。我们的国家幅员辽阔，人口众多，发展迅速。政府中不乏油水十足的职位，它们将成为贪婪、野心之人的目标。有了职位做后盾，想取得有效的多数票，以迎合那些扶持自己的人的观点与需求，简直易如反掌。外国势力的腐蚀同样要提防。欧洲的政府对腐败体制并不陌生。人们干这些事并不脸红心跳，我们中间跃跃欲试者大有人在，我们不可掉以轻心。对此，最有效、也最自然的预防措施就是在立法机构中设置一个强大的民主部门，它频繁改选，包含一大批这个国家的务实的、有头脑的自耕农。众议院符合这一条件吗？坦白地讲，在我看来，它并不具备民主部门的特征，它徒有其形。两院议员总共 91 人，其中 46 人构成多数，而这其中 24 人——这毫无问题——就可以统揽一切。难道 300 万人民的自由可以托付给这区区 24 人之手？让如此少的人去决定摆在他们面前的重大问题，难道不显得鲁莽吗？这完全背离理性。

纽约的那位令人尊敬的绅士说，众议院中设置 65 名代表就能满足国家当前的形势需求；他还信誓旦旦地表示，代表总数将按每 3 万人 1 位的配额增长，25 年后将达到 200 人。他这种说法，实际上进一步承认了《宪法》所确定的代表数量是不足的。这位

6.12.19

343

6.12.20

绅士本人不得不承认，《宪法》没有宣布代表总数将增长，这个问题将交给立法机构自行判断。《宪法》本应确定那些事关自由的根本问题，这是我们的当务之急。如果说有什么属于这种问题，那就是立法机构的成员数量。这位绅士也说道，我们的安全取决于人民的精神，人民应该对自己的自由保持警惕，不让它受到侵害；但是，这样说太笼统了。按这种说法，我们可以接受任何形式的政府。我相信，如果我们创立的是专制政体，专制君主也不至于立即就施行暴政，但是要不了多久，要么他摧毁人民的精神，要么人民摧毁他。如果人民崇尚自由，政府就应该顺应这种精神，珍重对自由的热爱，同时又有足够的力量去打击胡作非为。政府作用于人民的精神，就如同人民的精神作用于政府；如果二者不能互相适应，那么其中必有一个压倒另一个。[27] 结果如何，要不了 25 年，就会水落石出。到那个时候，这个国家的精神会是什么样，现在无法预知。我们的责任是建立一个有益于自由、有益于人类权利的政府，那样的政府爱护自由并会在我们的公民中培育对自由的热爱。如果这个政府变成压迫性的，那也是一步步变成的。它会先在政府中宣传对共和主义的对立情绪，然后一步步地剥夺人民对政府的参与权。对于这个国家近年来出现的变故，很多人记忆犹新，我们应该时刻警惕。很多人大肆吹捧这个新体制，诋毁共和主义原则，说什么共和主义原则是空想的，应该从社会根除。在 10 年前谁会想到，那些人冒着生命危险、抛家舍业去支持的共和主义原则，今天会被说成是空洞虚幻的？

　　几年前，我们为自由而战，我们组建了一个以自由原则为基础的政府，我们将邦立法机构——人民在其中享有充分、公正的代表权——置于国会与人民之间。那时的确，我们过于谨慎，我们过于严格地限制总体政府的权力。但是现在又走向另一个极端，

344

一个更危险的极端——撤销一切障碍，让新政府随便进入我们的钱袋，对我们的人下达指令，但又不提供真正的、公正的人民代表机制。没有人敢说，25 年后人们的性情会变成什么样子。同样的人，今天叫嚷有必要建立强有力的政府，劝导人民接受这个体制，可能要不了多久又会对其大放厥词，就像今天对邦联体制一样，极力鼓吹远离这个体制，就像今天鼓吹远离邦联体制一样。那些有势力、有才干、有产业的人越来越多。要为他们设置障碍，现在正是时候。我们都想建立一个能实现联合目标的政府，那就让我们谨慎地将其建立在平等的自由这一广泛的基础之上。

三、关于众议院的腐败、等级以及席位

1788 年 6 月 23 日

令人尊敬的史密斯先生致辞：我不打算就这一条款再做讨论。实际上，今天我所听到的，除了对于我的演说的不失礼节的谴责，都是有人提出过的。我本不应该再起身发言，除了检验一下到底谁才是最伟大的演讲者。那位绅士希望我说一下代表人民的情感是什么意思。[28] 如果我没记错的话，我说过，代表应该围绕人民的真正利益，去认识和管理自己的所作所为。我相信我讲清楚了这一点。他试图解释我的观点，但他完全弄拧了；他没有回应我的观点，而是歪曲它，然后拿它取笑。但是，他至少应该知道，就大会眼下的氛围而言，挑拨不是和解的好办法。这位绅士通过对我的观点添加错误的注解，使我成为富人的敌人。这有悖于事实。我所说的是，人类在很大程度上受到利益与偏见的影响，不同生活层次的人容易受到不同的诱惑，而野心更多来源于有钱有势的人的性情。这位绅士设想，穷人对其同胞的遭遇更少有同

6.12.21

345

443

情心，因为那些生活得最沮丧的人最容易忽视他人的不幸。这个观点是有道理呢，还是不过是一种诡辩，让所有的听众去判断吧。我认为，富人更容易暴露在等级与权力所展示的种种诱惑之下；他们更奢侈无度，因为他们有更多的享乐途径；他们更有野心，因为他们成功的希望更大。那位绅士说我的原则是不正确的，因为穷人有野心想成为治安官，就像富人想成为总督一样；但是，穷人不会为实现自己的野心而结党营私，严重地伤害他的国家。

6.12.22　　这位绅士讽刺我的下一个目标是我关于贵族的观点。[29] 那好，如果我是一名贵族，但我又公开提醒我们的同胞地方贵族的腐败，他们一定会认为我是最大公无私的朋友。我关于贵族的观点并不新鲜，很多人在讨论政府问题时都提到过。这里我打算援引一位天然贵族、令人尊敬的约翰·亚当斯先生的定义来与这位绅士讨论这个问题。[30] 这位作者将给他带来最有说服力、最满意的答案。但是，我不想长篇大论地谈我自己关于这个问题的观点，那很滑稽，就像那位绅士对我那样；我的任何表述也不会为他强加的含义提供理由。我的观点是，为了实现正确的、真正的代议制，你们必须接受中等阶层人民进入你们的政府，就像组成这个大会机构时一样。我认为，合众国的代议制不可能完全代表人民的情感与利益，但是我们应当尽可能接近这一目标。那位绅士说，恰当的代表数量难以确定，代表们也不可能知道究竟该是多少。但是，他们一定能区别 20 与 30 吧。我承认，全面的代表会使得立法机构人数庞大，因此我们的责任就在于，限制权力，建立与政府人数规模相称的制约机制。

6.12.23　　那位令人尊敬的绅士接下来批评我对腐败的忧虑，并以当
346　前的国会为例说明我的观点是荒谬的。但是，他的批评是合理的吗？这一机构在运行中有很多实质性的制约，而未来的国会就没

有了。首先，现在的国会议员是每年改选的。还有什么比这更有力的制约？他们都是可召回的。任何重要决议必须获得 9 个邦的同意，它在获得各邦立法机构的人民的认可之前，不得被付诸实施。他说，人民信任并支持国会的法案。即便他说的是对的，如果这些法案违背人民的根本利益，人民就一定不会让步，因为他们不需要遵守任何旨在毁灭自己的法律。

在我看来，如果经济因素是压缩代表数量的原因，那么撤除这部《宪法》所要求的某些职位就应该是更恰当的。我很清楚，很多不爱思考的人都想当然地认为，较大规模的代表机构会带来较大的开支，但是，他们不知道这会为一切政府部门中的经济管理带来真正的安全。 6.12.24

这位绅士还进一步认为，就他所知，人民都认为 65 是一个对于本邦大会议来说足够多的数额。他的意思是，65 对应于 25.4 万人，与 65 对应于 3 万人是一样的。这真是古怪的推算。我觉得我已经占用委员会太长时间。我不会再就这个话题起身发言，只要我的观点大体上没有被歪曲的话。 6.12.25

【6 月 24 日，大会讨论《宪法》第一条第三款关于众议院的内容。乔治·利文斯顿先生提出一条修正案："兹决定，任何人不得在 12 年间担任参议员 6 年以上，各邦立法机构有权召回他们的全体或部分参议员，并选派他人在这全体或部分参议员被召回期间接替他们。"】

令人尊敬的史密斯先生发言。他很荣幸就代议制问题向委员会发言，他向他们提出自己的观点，那就是，在目前的《宪法》下不可能实现真正的代议制，它自己也不能形成对政府的制约。 6.12.26

因此，我们有责任提出另一种性质的制约机制。那位来自纽约的令人尊敬的绅士已经就稳定的参议院的重要性提出很多见解。他认为其一般原则是正确的。他只是质疑从中衍生出来的那些推理，以及它们在《宪法》草案中的运用。唯一的问题是，修正案试图提出的那些制约机制是否与他视为好政府的根本的稳定性不相容。史密斯先生说，他暂时不想加入这个问题的争论。他身体欠佳，不得不暂时离开委员会，将自己必须向委员会做的发言延至次日。

347

四、参议院的缺陷

1788 年 6 月 25 日，星期三

再次宣读第三款，这时，史密斯先生表达了自己的观点，如下：

6.12.27 修正案主要有两点：一、参议员在任何 12 年间最多只能任职 6 年；二、他们应该可以由本邦立法机构召回。这两点应该分开来讨论。我同意那位可敬的绅士的看法，也认为有必要赋予这个部门比众议院更大的稳定性。我认为他在这一点上讲的是有道理的。但是，先生，我不认为这意味着参议员应当终身任职。在任期 6 年之后宣布他们不再有资格任职，并不等于没有为他们提供必要的稳定性。我们认为，修正案将置参议院的改选于一个恰当的时限，使它既不频繁变动，也不长期不变。照现在的条款，无疑，参议员将长期任职，这样一来他们一定会失去对人民的依赖与情感。参议院如果固定不变，当然有悖于现有的共和主义原则。那么，必须设立某个宪政条文，去避免这种不良倾向。我认为，轮选是一种最好的矫正模式。修正案不仅会挫败任何破坏自由与邦政府权威的企图，而且是平息党争的最佳手段——党争大有蔓

延之势，这对立法机构有时是致命的。在我看来，这是一项重要
的措施。我们常常发现，长期机构到最后要么会内部勾结，阴谋
篡位；要么会拉帮结派，抢占山头。这都是国家不幸的源头。这
些事实，大多数人都能从历史中熟知。我们的国会本来可能是党
派风气蔓延的最佳场所。要不是《邦联条例》所确立的轮选制度
的保护，毫无疑问，这个机构早就遭到党争的各种危害。我认为，　348
轮选在一个政府中是非常重要而且真正符合共和精神的机制。我
敢说，一切真正的共和主义者都会非常尊重它。[31]

　　当前，一种相互赶超的精神正在形成，这个大陆里有才干的　6.12.28
人争相出任公职，他们希望自己的资历与治国的职责相称，他们
的抱负越大，成功的概率也越高。这是一种对轮选极为有利的氛
围。如果职位长期被少数人霸占，那么其他人即便有同等的才干
和德性，如果没有如此广泛的影响力，也会感到气馁，对公职不
敢问津。我们在政治科学上建树越高，那些美好的共和主义原则
就越能得到稳定的支持。《宪法》的真谛在于，提高国家的透明
度，尽可能广泛地传播关于政府的知识。如果能做到这一点，那
么不论遇到什么危急情况，我们都会拥有一大批启蒙的公民，时
刻准备听从国家的召唤。就眼下这部《宪法》而言，你们只把机
会给了两个熟悉公共事务的人。在我的心中有一个格言，那就
是，每个人民雇来执掌高级职位的人，都应该时常回到人民中
去，身处那样的环境，他们就必须以自己的言行和执政措施博得
人民的满意。如果我们没记错的话，一位来自纽约的可敬的先生
曾经指出，这个修正案是对人民的自然权利的侵犯。[32]愚以为，
如果那位绅士能够看透他这一观点的本质，那么他就能看出它本
身的问题。什么是政府？政府本身就是对人民的自然权利的限
制。《宪法》之所以被设计出来，哪一部不是为了限制人民的原初

的自由？所有的自由政府运行的一整套资格制度，难道不是一种限制？为什么必须年龄适当？为什么必须具备一定时期的公民身份？先生，这部《宪法》本身就包含数不清的限制。的确，修正案可能导致最好的两个人被排除在外，但是它几乎不会导致本邦由此遭受任何实质性损失。我希望，我也相信，我们始终拥有不止两位有资格履行参议员一职的人。但是，如果真的发生意外，本邦只有两个有能力的人，那么这两个人也必须不时地回到本邦，调查和规划本邦事务。我不认为本邦会有什么不便。实际上，如果代表数很大，这种观点倒也不无道理；但是，当权力只针对两个人，那么这位绅士就完全没有理由忧虑了。

6.12.29　　至于修正案的第二部分，我要说，既然参议员是邦立法机构的代表，那么他们受后者的控制就是合理的、适当的。当一个邦派出代理机构，任务是处理事务或者提供服务，那么它当然应该有召回的权力。这些都是质朴的道理，就目前我们所讨论的问题而言，我们应该能接受。要想组建一个令自己满意的政府，那么在任何情况下，你都应该将一些非常重要的权力从政府移入这个代理机构。这些权力必须交到少数人的手中；只有这样，他们才能履行小范围的职责。在这种情况下，我们是自己保卫自己；由这种必要的权力代理所导致的不便，将通过一些适当的制约措施去纠正。

6.12.30　　为反对这部分修正案，有人提出了很多观点，有些看上去还不无道理。有人说，如果修正案生效，参议员将只能在本邦立法机构感到满意的期间任职，结果将无法获得必要的坚定性、稳定性。先生，我认为，这种观点中不乏谬误，它源于一种疑虑，认为一个邦的立法机构是由一群不守规矩的乌合之众组成。我知道，大众的盲动与有条不紊的政府是格格不入的。人民常常缺乏深入讨论的能力，容易犯错和盲动。邦立法机构也是这样吗？我认为不是。我认为，他们从来不会受盲目冲动的驱使，他们很少仓促地、未经思考地行事。[33] 我的不安是，召回的权力可能经常不被实施。一个人受本邦信任，又有稳定的影响力，若非行为不端，被召回的可能性几乎是没有的。因此，这位绅士的观念不适合这种情况。有人进一步说，赋予立法机构这一权力是不恰当的，因为地方利益与偏见不应当进入总体政府，而且如果参议员过多地依赖于其选民[34]，他将因执行本邦政策而牺牲联盟的利益。先生，参议院通常被一切党派视为各邦权利的保障。在这一点上，他们之间保持最密切的联系被认为是有必要的。但是现在，我们说的是另外一套话语；我们现在认为他们与本邦最起码的联系都是危险的；我们现在赞成将他们分离，使他们完全独立，以便我们将邦的主权连根拔除，不留一丝残余。

一位来自纽约的可敬的绅士昨天提道，各邦将始终维护自己的重要性和权威，因为它们对人民具有最大的影响力。[35] 为证明这种影响力，他提到这个大陆中邦代表的合计总数。但是我问他，2000 位代表每年开一次会，制定法律以规划你们院墙的高度、翻修你们的道路；对于这些代表，人民能保持多久的信任？渐渐地，他们会不会说："嗨，我们花钱养了一大批人，他们却什么也没做，我们最好将本邦的一切民政事务连同其权力交给国会吧，但国会也是一年到头坐在那里，那我们最好丢掉这些无用的负担吧。"事情到最后就是这样，我对此深信不疑。要不了多久，邦政府既没有什么作为，也没有了权威，逐渐萎缩，失去了意义，被人民所厌弃。先生，我不禁困惑，邦立法机构整天都在做什么？他们会制定法律以规划农业吗？我认为，这最好交给那些从事这个行当的精明勤劳之人。那位绅士给出的另外一条理由是，各邦的官员队伍人数将比总体政府多。我对此表示怀疑。让我们来做个比较。首先，联邦政

6.12.31

350

府必须有完整的司法官员，他们等级不同，分布在整个大陆；其次，还要有一大帮行政官员，他们分布在所有的收益部门，包括国内收入和国外收入；最后，还有各种民政和军事部门。除此之外，他们的薪俸要比任何一邦官员的薪俸更高，更有保障。如果这么庞大的官员队伍不是现成的，那么及时地建立这支队伍就是国会的权力。很少的官员职位会成为邦的野心对象。他们根本就没有建立与上述相似的职位；至于其他的，他们会有与国会一样的部门。但是我要问，相比而言，他们的影响力和重要性表现在哪里？先生，我想把这个问题留给某个坦诚的人，由他去判断，相比于各邦让与的东西，在国会馈赠的东西中，难道就没有什么是更合算、更高尚的吗？但是，这位绅士的整个推理都基于这样的逻辑：各邦能够通过激发人民的反对立场去制约总体政府；这只会证明，邦官员对人民的影响力最终促使他们走向憎恨与反叛。我敢说，这种制约将是一种有害的东西，理当杜绝。政府中的"制约"应当是无声地进行，不会引起公共骚动。[36] 我认为，应该尽一切手段维护这两种权力的和谐，若非如此，政府运转起来就是有害的，这个或者那个部分将在冲突中受到伤害。各自的权威应该在《宪法》中界限分明，忌恨情绪或者暴力对抗没有存在的空间。[37]

6.12.32　　有人进一步指出，地方利益往往是相互冲突的，为此，参议院应该是永久性的。我认为，每个邦的真正利益就是整体的利益，如果我们有一个良治的政府，这种想法是能实现的。实际上，在这部新《宪法》下，我们几乎没有什么可追求的地方利益，因为它用如此狭小的界限限制了邦的诉求，以至于就各邦而言，几乎没有什么分歧，也没有什么值得争吵。但是，先生，我认为，派351 性利益会越来越小，因为在各邦的真正利益之间没有那些根本性的、长期阻止它们结成联盟的分歧。

这位绅士提出的另外一个观点是，我们的修正案将为选民之间结成党派提供可能，心术不正的人将歪曲一位令人信任的参议员的行为，他会耍手段，以莫须有的理由制造召回的机会，以便自己补位。但是，先生，一个真正有野心谋求职位的人绝不会使这些职位不稳，他绝不会这样做，除非他是疯子。很难设想，一个邦 20 年才召回一次代表，让另外的人补位。这样的危险十分遥远，我认为不值得认真考虑。 6.12.33

不止一位绅士笑话我对于腐败的担忧。他们说，人民如何被腐蚀？被他们自己的钱吗？先生，在很多国家，人民花钱腐蚀他们自己，为什么在我们这里就不会发生呢？国会与其他由人构成的团体一样，当然也有腐败倾向。难道他们没有同样的缺陷，不会遇到同样的诱惑？至于因职位安排引起的腐败，那些绅士对我的观点置若罔闻。找个人出来算一算，看看是不是没有足够多的好职位，让每个人都获得一个，又可以随意地放弃；因为难道有人会认为，国会成员不会走出去，让出一天四美元、一年两三千英镑的收入吗？这一点被人反对，即没有人可以获得在他任职国会期间新增的职位。但是，一个有权势的人看见一个现有的好职位已经被别人占据，他会对他的朋友说："嘿，我会给你一个薪水更肥的职位，你把你的位置让给我吧。"《宪法》看上去是一种约束，但实际上它什么也不是。先生，我觉得，世界上没有哪个政府，在职位分配问题上权势与腐败有着如此大的空间。先生，我不是说所有的人都不诚实，但是我认为，在制定一部《宪法》时，如果我们假设如此，那我们将处于最安全的境地。[38]这个极端当然比其他极端危险更少。加大制约的力度，使其超过当前形势的要求，是明智之举。有人说，旧政府中从来没有发生腐败，我相信，绅士们是在做无稽之谈。它在一定程度上发生过，这是很有 6.12.34

可能的。数以百万的钱进入政府之手，这从来没有得到解释，什么时候能解释清楚，只有老天知道。

6.12.35　　我常常想，是一种对邦政府才有，而国会从来不会受到的限制，如你们所愿地创造了那个机构。代表越接近其选民，对他们的情感和依赖就越强；这是一个浅显的道理。在各邦，选举是频繁

352　　的，代表是众多的。代表们处理事务时置身于选民之间，每个人都必须按规定对自己的行为作出说明。在本邦，职务任命委员会每年被选举一次。《宪法》草案确立了一个永久性的职务任命委员会。在两个政府的可靠性方面，有可比性吗？有人说，本邦总督总是合格的，但这不是问题所在。本邦总督的权力是有限的，实际上，相比合众国的参议员，他的权威较小，也没那么举足轻重。

五、总体政府的税权与司法权限

1788 年 6 月 27 日，星期五

【6 月 26 日，大会进行到第一条第八款，讨论国会权力。约翰·威廉姆斯（John Williams）先生提议，除非进口税和消费税不足以满足公共急需，而且对各邦的摊派被拒绝或拖延，否则国会不得设置直接税。次日，史密斯发言如下。】

第八款被再次宣读，随后，令人尊敬的史密斯先生起身发言。

6.12.36　　下面我们将讨论的这个体制中的这个部分，需要我们高度集中注意力，高度谨慎地考察。被赋予政府的权力有必要准确地列举，而人民应该知道它是否运行在《宪法》之内。像现在讨论的这种政府就更有这种必要，因为这里的国会被认为只是复合体制的一个部

分。邦政府对于某些地方目的是必要的，而总体政府对于全国性目的是有必要的。后者不仅形式上，而且在其运作中都依赖前者。因此，清晰划定司法界限是非常重要的；先生，这有利于维持政府之间的和谐，阻止不时发生的干扰——这要么导致永久的分歧，要么迫使一方不公正地屈服于另一方。在我看来，除非设计这个体制就是为了维护和谐，否则它就不能运转良好。如果做不到这一点，弱势的一方必定会屈服于强势的一方。我们面前的这个条款意义重大，它契合政府的每一条根本原则。在可以被委派的权力中，这项权力是最有效、最广泛的。钱财的征收应该兼顾两种政府的需求，我相信这是一个很明显的道理。因此，如果你赋予一方或者另一方的权力在运行中可能变成独断性的，那么很明显，一方将仰赖 353 另一方的意志而存在，最终被牺牲掉。总体政府的权力延伸至以一切可能的方式征集钱财，除出口税之外；延伸至对进口、土地、建筑物甚至人头课税。这样一来，各邦将根本不被允许征集钱财，而合众国有权从每一个角落征集钱财。而且，总体政府有这方面的优势——一切关乎司法权的分歧都必须在联邦法庭解决。

一切政府都会设法尽可能多地征集钱财，这是一个很普遍的道 6.12.37 理。[39]实际上，它们通常总想得到更多。因此，就我们所知道的而言，所有的政府都在负债。它们全都有多少收入就花多少，也就是说，靠收入存活，我认为这是铁定的事实。国会会动用它们的权力，人民能出多少，它们就征集多少。它们不会因为顾忌超过了形势的需求就放过直接说。如果它们克制，那也只是因为人民不能满足它们的需求。不可能阻止司法机构之间的冲突，除非能建立某种和解机制。试想，同一个物品被两个政府课税。在我看来，它们不可能相安无事地运行。我知道，两个机体不能占据同一个地方，同样我明白，在征税问题上，两个权力不可能同时运作。因此，它们不仅互相冲突，而且彼此敌视。我来列一下这种事务中会被雇用的两种各类税收官员：税务总监、评税员、治安官。^①我没必要再举例子证明这些复合的权力不能和平相处，不会一个压倒另一个。一天，大陆收税官在收税，他抓住一匹马；第二天，州收税官来了，照章征税，他也抓住这匹马，收取本州税款。我说这些是想证明，人民不会屈服于这样的政府，这样的政府最终会被自己打败。

6.12.38　　很明显，将来会出现长期的利益冲突与主张分歧。在这种斗争中，各邦有机会获胜吗？如果它们能获胜，我们就没必要提出修正意见了。看一看总体政府的绝对优势吧，看看它广泛的、专擅的收入，它能征集的巨大钱财，以及它由此获得的维持强大常备军的手段。相反，各邦却不能征得一文一厘、一兵一卒。两个政府就像两个人在争夺某件财物。一方得不到自己的利益，只有有争议的对象；而另一方却有足够多的钱打20年的官司。这一条款规定了国会在税收上不受限制的权力。另一条款宣称，为使《宪法》生效，国会有权制定一切必要的法律。因此，没有什么"解释"的余地，这些权力表达得再清楚不过了。邦立法机构还如何能够获得收

354 入，每个思考这个问题的人都判断得出来。如果他想一想事情的一般走向，他会相信，联盟的权力将吞噬其成员的权力。我不是说这样的结果会突然到来。只要人民对本邦政府还保有普遍而强大的依赖，国会就不能得逞。但如果国会谨慎行事，他们的权力会得以运行并逐渐增强。即便征税比较温和，但毕竟带有弱化公民情感的趋势。如果它变成压迫性的，它就会破坏他们的信任。当总体税收足够重，邦再想加重税收势必会被认为是暴政，而对于一个不依靠虐

---

① 这里指各类税收官员都有两种——联邦的和州的，如下文"大陆收税官"和"州收税官"所示。

待人民就不能维持自身运转的政府，人民将不会对他们有信任和好感。如果这部《宪法》就这样被接受，我相信，7 年之后，人们就会对各邦政府指责不断，就像现在对这部《宪法》点头称赞一样。

先生，我认为，废除各邦《宪法》是一件对于美利坚的自由　6.12.39
致命的事件。这些自由不应该从人民身上被粗暴地剥夺，否则人民会遭到打击，渐渐变得萎靡不振。在这个问题上，我们再怎么挑剔也不为过。相关的考察是困难的，因为我们没有前例可以参考，这个世界上还没有出现过治理这样一个国家的这样一个政府。如果我们找到这个问题上的某些权威，他们会说，用这样一套宽泛的方案治理一群自由的人民是不可行的。[40] 在一个国家里，一部分人民生活在离中心地带 1200 英里之外。我认为没有什么样的机构能够为全体立法。立法机构能够制定一套税收制度，能带来统一的利益吗？它能将这种制度付诸实施吗？它会不会留下机会，使那一大群数不尽的官员得以寄生在我们的国家，消耗我们的物资？人民将承受不堪重负的盘剥，而他们的抱怨却抵达不了政府。

我心中还有另一个想法，我认为它对反对单一的美利坚政府　6.12.40
是至关重要的。将一群熟悉大陆各个地方的代表找到一起，是不可能的。你能在佐治亚找到一个熟知新罕布什尔的形势，知道哪种税最适合那里的居民，知道他们能够承担多少的人吗？即便是最好的人，能够为他们完全不了解的人制定法律吗？先生，我们没有理由始终轻蔑我们的邦政府，或者认为它们没有能力明智地运作。我相信，我们的这些政府带来的好处比大多数人预想的还要多，大多数人认为，它们建立在战争和混乱年代，难免带有结构性缺陷。这对于所有不抱执念的人都是一件惊奇的事情，他们思考我们的形势，思考好政府能够好到什么程度。诚然，大多数邦都颁布过不好的法律，但是，它们源于艰难时光，而不是源于　355

缺乏诚信和智慧。或许，从没有哪个政府在 10 年间一直没有做过什么懊悔的事情。譬如罗得岛，我这里不想为她辩解，她的确有值得谴责的地方。如果这个世界上只有一个政治堕落的例子，那非她莫属；治理不当已经成为她的特点，没有那个国家获得过，或者说遭受过比这更严重的恶名。马萨诸塞也犯过错，最近陷于内乱不能自拔。大不列颠尽管自诩宪政，但长期处于革命与内战之中。她的国会被废除，她的国王被废黜和杀害。我敢说，联盟中的大多数政府运行得比任何人想象的都要好；本邦法律要想获得人们尊重，必须稳定与明智，在这方面，我们除了经验和习惯，什么也不缺。如果这些都是事实，我想我们就不应当改变我们的形势，弄不好会失去我们的邦《宪法》。我们都同意，总体政府是有必要的；但是，它不应当走得太远，破坏成员的权威。在如此重要的问题上，我们没有已知的、确定的依据就重起炉灶，是不明智的。邦《宪法》是对我们内部权利与利益的保护，对于联邦政府来说，应该既是支持，也是制约。

提升总体收入的手段匮乏，一直是造成我们的困境的主要原因。我相信，没有人会怀疑，如果我们当前的国会有足够多的钱，人们就不会那么抱怨它的软弱。或许，人们对摊派谴责得太过了。它们的实际运作怎么样？让我们回顾一下以往的经验，看看它们是不是像人们通常设想的那样，是一种又穷又无效的东西。如果我没算错，过去 10 年间，摊派总额为 3600 万美元，实际收缴 2400 万美元，占 2/3。这一点难道还不能证明，这一模式有可信赖之处？此外，会不会有哪位绅士说，各邦从其人民中征集税款的能力都超过 2/3 的税额？某些邦不能如数缴付税款是由于纸币面值的波动。实际上，我坚定地认为，在我们所经历的那种困难时期，没有哪个政府有能力征收到计划税额的 2/3。我可以提出两点在我看来很有分量的思考。即便考虑到可能发生的纳税不足，但被征收上来的钱很可能超过了实际之需；同样有可能，在短时间内，国家能力的增长导致摊派成为更有效的增加收入的模式。战争使人民背负十分沉重的负担，受到公共债务和私人债务的双重压力。现在，他们正快速从困境中崛起。无疑，很多人仍然很有多不便，但是，他们会逐渐找到办法。

先生，有哪个遭受过我们这种困难的国家，在几年之内就展现出如此振兴和繁荣的景象？它的人口增长何其迅速！它的农业、商业和制造业发展得何其迅速！有那么多的森林被砍伐，那么多的废地被清理、开垦！我们的乡镇和城市的亮点越来越多！我认为我们进步神速。要不了几年，我们就有希望摆脱当前的困境，除非出现新的灾难，不然我们定会繁荣、幸福。在收缴税款的过程中，无论采用什么模式，都会面临困难。有些邦缴得多，有些邦缴得少。如果纽约开征某个税种，难道不会有某个县或者区缴得比额定的多，另一个县或者区缴得少？这种事情，在纽约会发生，在其他邦会发生，那么在合众国同样也会发生。如果同等地分配责任，那么那些钱财充足的地区会很快缴付，而那些钱少的地区就不能如数缴付。国会应当拥有不受限制的权力，这真是新奇之见。在这次大会之前，我从未听说过。总体政府曾经号召各邦在本邦内筹募资金以供急需，但是它从来没有要求征调各邦的一切资源。它并不希望控制人民的一切财产。如果我们现在允许它这么控制，那么我们就是连邦政府也一并交出了。我没想过要让这两种权力有所改变，我也不会为一个连一分钱都拿不出来的政府交出一分钱。总之，在我看来，各邦政府除非保有某种专门的收入来源，否则，它们的政府即便独立，也很有可能形同虚设。

356

尾注

［1］ 关于纽约邦的局势与宪法批准情况，见 Spaulding, *New York in the Critical Period*; Thomas Childs Cochran, *New York in the Confederation: An Economic Study*(Philadelphia 1932); Clarence Miner, *The Ratification of the Federal Constitution by State of New York*(New York 1921); DePauw, *The Eleventh Pillar*.

［2］ 关于"Federal Republicans"的活动的讨论，见 Isaac Q. Leake, *Memoir of the Life and Times of General John Lamb* ch. 23, and DePauw, *The Eleventh Pillar*.

［3］ Edward Carrington 于 1787 年 10 月 23 日致信 Jefferson："总督本人缄口不言，可以推测，他希望看到流产的结局，但他自己若公开反对，却又信心不足。"Curtis, *Documentary History* IV, 345.

［4］ 参见 DePauw, *The Eleventh Pillar*, chs. 18, 19，他认为批准《宪法》是有条件的。

［5］ 没有关于 Smith 的传记。见 Julian P. Boyd, "Melancton Smith," *Dictionary of American Biography* XVII, 319–320. Smith 一般被认为是署名 Plebeian 的文章的作者，见 6.11.

［6］ *The Debates and Proceedings of the Convention of the State of New York. Assembled at Poughkeepsie on the 17th of June,* 1788 (New York: Francis Childs, 1788). 这些辩论的脚注（中译本的尾注。——译者按）通常根据更易获得的 Elliot 编本作出。

［7］ 参见 Henry 5.16.6.

［8］ 参见 Robert Livingston, Elliot II, 212–213; *The Federalist* nos. 6–8, Centinel IV, 2.7.91 n. 43; Federal Farmer I, 2.8.1 注 [22]; Plebeian 6.11.5 n.6.

［9］ Hamilton 的回应，见 Elliot II, 250–231；另见 *The Federalist* 中的讨论：联合的益处，当前邦联的缺陷，一个如拟议中的、有活力的政府的必要性（no. 1, 6–7）。Livingston 接着 *The Federalist* 中的讨论，谈到了联合的好处，然后又谈到《邦联条例》的根本不足。Elliot II, 208–16.

［10］ Livingston, Elliot II, 214.

［11］ Livingston 指出："旧的邦联有着原则上的缺陷，执行中受到抵触，它依靠各邦的政治能力对各邦发挥作用，而不是对个人发挥作用。它暗藏着内部暴乱的种子，最终会走向瓦解……邦联首脑机构根据各邦的同意而被授予权力，但那种权力要么是不充分的，要么因不可能发挥实际作用而形同虚设，因为那毕竟是一个由完全独立的各邦组成的邦国联盟。第二点，如果原则必须改变，政府的形式也就要改变。但是，如果我们不愿意继续奉行旧的邦联原则，不得不改变它的形式，那么我们有必要创制新的《宪法》，因为旧的邦联体制难以为继，在旧的邦联中我们找不到依靠……"Elliot

II, 214–215；参见 *The Federalist* no. 15. 关于反联邦主义者对统制的反对，见 Plebeian, 6.11.15 n.9.

［12］ 参见 Martin 2.4.43 n.12.

［13］ Montesquieu, *The Spirit of Laws* IX, ch.1.

［14］ Livingston 是纽约的大法官。关于反联邦主义者主要是邦的官员的说法，见 Martin 2.4.117 n.4.

［15］ 参见 *The Federalist* no. 49. 关于革新的危险，见 Republican Federalist 4.13.15 n.11.

［16］ I Samuel 8:11–18.

［17］ 参见 Brutus IV, 2.9.48 注［42］。

［18］ 参见 Cato IV, 2.6.27 n. 18.

［19］ Hamilton 回答："昨天有人提出，为获得人民的信任，较大的代表数额是必要的。这句话基本上是不对的。只要治理良好，自然可以获得人民的信任。这是一个试金石。……或许，公众的情感在很大程度上仰仗于一系列的繁荣局面，而这种局面是英明决策和勇于作为的结果，大的组织要比小的组织更容易促成这种局面。"Elliot II, 254. 参见 *The Federalist* no. 17, 106–107; no. 27.

［20］ Hamilton 虽然承认没有直接的限制，但辩驳道："从这句条款真正的、本来的含义看，国会没有被赋予权力将代表数量削减到目前数额之下。虽然他们可以限制，但是他们绝不会削减数量。"Elliot II, 238.

［21］ 参见 *The Federalist* no. 58. Smith 的后续讨论见 6.12.22.

［22］ 见 6.12.21ff. Smith 关于代议制及其对征税权的意义的全部讨论可与 *The Federalist* nos. 35, 36, 63 相对比。反联邦主义者关于代议制的主要讨论，The Federal Farmer II, 2.8.15 注［29］提供了指引。

［23］ Hamilton 答道："但是，谁是我们中间的贵族？我们到哪里能发现一些人，他们攀升到公民同胞之上的层次，拥有完全不受后者控制的权力？这位绅士的观点只能证明，我们中间有富人，有穷人，有聪明人，也有糊涂人；它还证明，实际上，每一个杰出的人都是一个贵族。这让我想起最近一篇署名 The Federal Farmer 的文章中关于贵族的描述。作者将各邦总督、国会成员、大法官以及所有的军事将领，一并视为贵族。这种描述在我看来真是可笑。它完全出于空想。难道新政府会使富人比穷人更胜任公职？不，新政府没有提出这样的资格要求。新政府以你们本邦《宪法》中广泛的平等原则为根基。"Elliot II, 256. 参见 The Federal Farmer VII, 2.8.97–100. Smith 的答复见 6.12.21–23. 其他反联邦主义者关于"天然贵族"的讨论，见 The Federal Farmer VII, 2.8.97 注［82］。

［24］ Hamilton 答道："说人会变坏，也会变得进步和开明，二者的概率一样，这种说法是经不起推敲的。以往的经验不能证明，一个阶层的人会比另一个阶层的人更有道德。通观共同体里的富人与穷人、学识渊博的人与愚昧无知的人，哪些人更具道德

优势？实际上，邪恶随机分布于各个阶层，差异不在于邪恶的数量，而在于其类型；由此，优势在富人一边。对于国家来说，他们的邪恶或许比那些贫穷之辈更能令人接受，他们身上较少有道德堕落。" Elliot II, 257, 另见注 [28]。

[25] *Journals of the Continental Congress* I, 105–113. 这段话原发表于 1774 年，出自 Beccaria, *On Crimes and Punishments*, Introduction. 参见 The Federal Farmer VII, 2.8.97 注 [79]。

[26] Sir Robert Walpole? William Coxe, *Memoirs of Walpole* IV, 369.

[27] 关于这一点，其他反联邦主义者的讨论见 Federal Farmer III, 2.8.25 n.19.

[28] 见 6.12.15, 21–22. Livingston 大法官说过："至于代表人民的情感，我并不完全明白是什么意思，除非说他们的利益就是他们的情感。在我看来，它们似乎是同一回事。但是，如果人民的某种情感不是源于他们的利益，我想，它们就不应当被代表。什么！难道不公正、自私、不友善的情感也要被代表？难道人民的邪恶、病态、激情也要被代表？" "先生，政府好比巨兽，制定法律的目的是鼓励美德、维护和平，如果法律是为了颠覆权威、践踏自身赖以树立的基础，岂非咄咄怪事？此外，人民的情感向来变化不定，结果我们的统治者每天都被改换，人民今天是这样的情感，明天又是另外一种，代表们的声音必然不断变化，才能与这些情感保持一致。这将使他们变成政治跟风派。" Elliot II, 275–276.

[29] 大法官的讽刺是广泛的，但他指出了 Smith 观点中的一个基本悖论，他说："这位绅士要想证明自己的推理，最好求助于那莫须有的贵族。关于贵族，我倒听过不少说法。我始终认为它是一种派系之分。我们都知道，在每一个国家都有天然贵族，这类贵族由富人和大人物构成。但是，那位绅士走得更远，他还将英明的人、有学识的人和那些有杰出才能或者高尚道德的人，都归于此列。一个人为自己的公民同胞提供过重要服务，难道就能博得他们的信任吗？他是一名贵族。他很正派？他是一名贵族，这样的人才值得信任。实际上，要判定一个人是贵族，我们只需要确定他是一个有品格的人。我希望我们有很多这样的人。我希望我们都是贵族。我对那位绅士的才华、人品和德性如此了解，我们应该立即推举他为第一贵族、首席元老（prince of the senate）。但是，以常识的名义，我们又选谁代表我们呢？不是富人，因为他们都是十足的贵族。不是有学问的人、英明的人或者道德高尚的人，因为他们也都是贵族。那么是谁？为什么会是那些没有品格的人、那些不英明的人、那些没有学识的人，因为这些人才是值得托付我们的自由的人。他还进一步说，我们不应该选这些贵族，因为人民不会信任他们，也就是说，人民不会信任那些最值得他们信任、最拥有他们信任的人。他是要这个政府由其他阶层的人组成，但我们到哪里能找到那种人？唉，因为他只能走出去，到公路上去找那些无赖和强盗，他只能去篱笆下、阴沟旁，找几个穷人、瞎子和跛子。既然那位绅士如此定义贵族，我相信，没有人会认为这是一个骂人的词，因为我们中间谁不是英明的，谁不是有道德的，谁不是战胜了欲望的人？再看看他让我们如何提防贵族。显然，他是要双倍的代表数量，派 12 名贵族，而不是 6

名。事实上，在共和政府中，我们看不到实质性区别，我们都同样是贵族。职位、薪俸和荣誉对所有人都是开放的。"Elliot II, 277–278. 参见注 [23]。

［30］ John Adams, *Defence of the Constitution of the United States* I, letter 25 (*Works* IV, 396–398).

［31］ 参见 Hamilton 的回应，见 Elliot II, 320–321. Governeur Morris 反对任何形式的轮选，他说："它会形成一种政治学校，其中我们总是受到学者而不是大佬的支配。"Farrand II, 112(25 July). 关于轮选，见 Federal Farmer XI, 2.8.147; Georgian 5.9.4–6.

［32］ Robert R. Livingston："人民是最好的法官，法官应当代表人民。压制和控制他们，告诉他们不应该选谁，是对他们的自然权利的侵犯。"Elliot II, 292–293.

［33］ Smith 当天稍晚对这句话有评论："邦立法机构也是从众人中选举出来的，其成员因高超的智慧而当选，他们组织到一起，能够平静地、有规则地行事。"见 Elliot II, 324.

［34］ 原文作"独立于其选民"。

［35］ Alexander Hamilton, Elliot II, 304–305. 参见 *The Federalist* no. 17, 106–107; no. 27, 172–174.

［36］ Hamilton 辩称："先生，国会成员如果想背弃其选民的利益，最有力的障碍在于本邦立法机构。邦立法机构是常设的观察机构，它拥有人民的信任，警惕联邦的侵蚀，动用每一项权力审查背叛行为的蛛丝马迹。它们使常规调查模式制度化。立法者与其选民在本邦内千丝万缕的复杂关系将使他们成为人民权力的忠诚卫士。一旦有了抵抗的手段和倾向，对抗精神将很容易渗透到人民之中，最后在一群有组织的领导者的指挥下，演变成为有力量、有系统的行动。由此看来，正是邦联的这种架构，提供了最可靠的预防错误机制，以及对错误行为的最有力的制约。"Elliot II, 266–267; 另见 304–305. 对于这种观点，Lansing 回答道："这位绅士列举的情形貌似有利于各邦，但只能证明人民将处于某种优势，能够察觉国会的侵蚀，并发出预警。但是，这又意味着什么？这位绅士不会说他的这些理论是要鼓动反叛。那么他们还有哪些办法？——什么也没有，除了静静地等待，直到他们的参议员的漫长任期结束，再选出其他的人。那些被夸耀的各邦所具有的优势最后也不过如此。这位绅士说起了邦政府与总体政府之间的敌意，那么双方的处境将会怎样？他说，他的希望是阻止任何敌意，办法就是赋予各邦合宪的、和平的纠正乱政的模式，召回它们的参议员，不使它们为获得补偿而陷入仇恨。"Elliot II, 308–309.

［37］ 参见 Brutus X, 2.9.128 注 [92]; Monroe 5.21.17 n.8; 参见 Hamilton 的观点，他认为，总体政府与邦政府之间的权力分割是一个关于方便与否的问题，需要审慎的探究，Elliot II, 350.

［38］ 同样的观点，见 Brutus IV, 2.9.54; DeWitt 4.3.17; A Friend to the Rights of the People 4.23.3; Cincinnatus II, 6.1.12; 另见 Elliot IV, 203(Lenoir). 联邦主义者反复告诫，警惕当选的治国者的过度嫉妒心，见 Ford, *Pamphlets* 126(A Citizen of Philadelphia),

364 (Marcus); Ford, *Essays* 191 (A Landholder); Elliot III, 70 (Randolph); Elliot IV, 195, 221 (Iredell)；以及 *The Federalist* no. 76, 513–514 中的最后论断。

［39］ Hamilton 回答，总体政府应该"根据急需而尽可能地，也就是说不受限制地扩展资源。《宪法》不能为国家的需求设定界限，因此，也不能为其资源设立界限"。Elliot II, 351. 在 *The Federalist* 中，Hamilton 坚定地总结说，"在通常的事物进程中，一个民族在其每个发展阶段所需要的物品都至少与它的资源相等"。*The Federalist* no. 30, 190；另见 no. 23, 147–148; no. 21, 194–195; Symmes 4.5.14 n.5.

［40］ 同样的观点见 Cato III, 2.6.13–21 及 n. 8. Hamilton 辩称，"这种观点来自一位杰出作家，我们在讨论政治问题时，他时常显得有荒谬之见，但这其实是一种误解"。Elliot II, 352. 另见 *The Federalist* no. 9; Agrippa IV, 4.6.16 注 [16]。

参考文献

一、主要文献

John Adams, *Works*	*The Works of John Adams,* ed. Charles Francis Adams (Boston 1851)
Blackstone, *Commentaries*	William Blackstone, *Commentaries on the Laws of England* (1765—1769)
Crosskey, *Politics and the Constitution*	William W.Crosskey, *Politics and the Constitution in the History of the United States* (Chicago 1953)
Curtis, Constitutional History	George Ticknor Curtis, *Constitutional History of the United States: From Their Declaration of Independence to the Close of the Civil War* (New York 1889)
Dall.	Dallas' Pennsylvania and United States Reports, 1790—1880
Documentary History of the Constitution	*A Documentary History of the Constitution of the Untied States of America, 1786—1879; Derived form the Records, Manuscripts, and Rolls Deposited in the Bureau of Rolls and Library of the Department of State* (Washington, D.C. , 1894—1905)
Elliot	*The Debates of the State Conventions on the Adoption of the Federal Constitution, as Recommended by the General Convention at Philadelphia in 1787,* 2nd ed. , ed. Jonathan Elliot (Philadelphia 1866)
Evans, *Early American Imprints*	Charles Evans, *Early American Imprints, 1639—1800* (Worcester, Mass. , 1955—)
Farrand	*The Records of the Federal Convention of 1787,*ed. Max Farrand (New Haven 1911—1937)
The Federalist	*The Federalist,* ed. Jacob E. Cooke (Middletown, Conn. , 1961)
Ford, *Essays*	*Essays on the Constitution of the United States, Published During Its Discussion by the People, 1787—1788,* ed. Paul Leicester Ford (Brooklyn, N.Y., 1892)
Ford, *Pamphlets*	*Pamphlets on the Constitution of the United States, Published During Its Discussion by the People, 1787—1788,* ed. Paul Leicester Ford (Brooklyn, N.Y. ,1888)

Harding, Contest over Ratification	Samuel Bannister Harding, *The Contest over the Ratification of the Federal Constitution in the State of Massachusetts* (New York 1896)
Jensen, New Nation	Merrill Jensen, *The New Nation* (New York 1950)
Madison, Writings (ed. Hunt)	*The Writings of James Madison,* ed. Gaillard Hunt (New York 1900—1910)
Main, Antifederalists	Jackson Turner Main, *Then Antifederalists: Critics of the Constitution* (Chapel Hill, N.C. ,1960)
McMaster and Stone	*Pennsylvania and the Federal Constitution, 1787—1788,* ed. John Bach McMaster and Frederick D. Stone (Published for the Subscribers by the Historical Society of Pennsylvania, 1888)
Thorpe, Federal and State Constitutions	*The Federal and State Constitutions, Colonial Charters, and Other Organic Laws of the States, Territories, and Colonies Now or Heretofore Forming the Untied States of America,* comp. Francis Newton Thorpe (Washington, D.C. , 1931—1944)
Wood, Creation	Gordon Wood, *The Creation of the American Republic, 1776—1787* (Chapel Hill, N.C. ,1969)

二、延伸阅读

Bancroft, George. *History of the Formation of the Constitution of the United States of America.* New York, 1882.

Beard, Charles. *An Economic Interpretation of the Constitution of the United States.* Rev. ed. New York, 1961.

Borden, Morton, ed. *The Antifederalist Papers.* Lansing, Mich. , 1965—1967.

Boyd, Steven R. *The Politics of Opposition: Antifederalists and the Acceptance of the Constitution,* Millwood, N.Y. , 1979.

Crosskey, William Winslow, and William Jeffery, Jr. *Politics and the Constitution in the History of the United States,* vol.3: *The Political Background of the Federal Convention.* Chicago, 1980.

DePauw, Linda Grant. *The Eleventh Pillar: New York State and the Federal Constitution.* Ithaca, N.Y. , 1966.

Diamond, Ann Stuart. "The Anti-Federalist 'Brutus.' " *Political Science Reviewer* 6 (1976): 249–281.

Documentary History of the Ratification of the Constitution. Vols. 1-3, ed. Merrill Jensen. Vols, 13-14, ed. John P. Kaminski and Gaspare J. Saladino. Madison, Wisc., 1976—.

Douglass, Elisha P. *Rebels and Democrats: The Struggle for Equal Political Rights and Majority During the American Revolution*. Chapel Hill, N.C., 1955.

Dry, Murray. "The Anti-Federalists and the Constitution." In *Principles of the Constitution Order,* ed. Robert L. Utley, Jr. Washington, D.C., forthcoming.

Goldwin, Robert A. , and William A. Schambra, eds. *How Democratic is the Constitution?* Washington, D.C., 1980. (Essays by Gordon S. Wood, Walter Berns, Wilson Carey McWilliams, and Alfred E. Young refer to the Anti-Federalists.)

Hutson, James H. "Country, Court, and Constitution: Antifederalism and the Historians." *William and Mary Quarterly,* 3rd ser., 38, no. 3 (1981): 337–368.

Jeffrey, William, Jr. ,ed. "The Letters of 'Brutus' —A Neglected Element in the Ratification Campaign of 1787." *University of Cincinnati Law Review* 40 (1971): 643–677.

Kenyon, Cecelia M., ed. *The Antifederalists*. Indianapolis 1966. (Selected writing; introductory essay by Kenyon, "The Political Thought of the Antifederalists," originally published as "Men of Little Faith: The Anti-Federalists on the Nature of Representative Government," *William and Mary Quarterly*, 3rd ser. , 12, no. 1[1955]:3–46.)

Levy, Leonard, ed, *Essays on the Making of the Constitution*. New York, 1969.

Lewis, John D., ed. *Anti-Federalists versus Federalists: Selected Documents*. San Francisco, 1972.

Lienesch, Michael. "In Defense of the Antifederalists." *History of Political Thought* (Exeter, England) 4, no. 1 (1983): 65-87.

——. "Interpreting Experience: History, Philosophy, and Science in the American Constitutional Debates." *American Politics Quarterly* 11, no. 4 (1983): 378–401.

Lutz, Donald S. *Popular Consent and Popular Control: Whig Political Theory in the Early State Constitutions*. Baton Rouge, La., 1980. (See especially chapter 8.)

Main, Jackson Turner. *Political Parties Before the Constitution*. Chapel Hill, N.C. , 1975.

Mason, Alpheus Thomas, ed. *The States Rights Debate*: *Antifederalism and the Constitution*. 2nd ed. New York, 1972.

McDonald, Forrest. *We the People: The Economic Origins of the Constitution*. Chicago, 1958.

——. "The Anti-Federalists, 1781—1789." *Wisconsin Magazine of History* 46, no. 3 (1963).

McDonald, Forrest, ed. *Empire and Nation*. Englewood Cliffs, N.J., 1962.

McDowell, Gary. "Richard Henry Lee and the Quest for Constitutional Liberty." In *The American Founding: Politics, Statesmanship, and the Constitution*, ed. Ralph Rossum and Gary McDowell. Port Washington, N.Y. , 1981.

——. "Were the Anti-Federalists Right? Judicial Activism and the Problem of Consolidated Government." *Publius* 12, no. 3 (1982): 99-108.

Rossum, Ralph A. "Representation and Republican Government: Contemporary Court Variations on the Founders' Theme." In *Taking the Constitution Seriously: Essays on the Constitution and Constitution Law,* ed. Gary McDowell. Dubuque, Iowa, 1981.

Rutland, Robert. *The Ordeal of the Constitution: The Anti-Federalists and the Ratification Struggle of 1787—1788.* Norman, Okla., 1966.

——. "George Mason: The Revolutionist as Conservative." In *The American Founding: Politics, Statesmanship, and the Constitution,* ed. Ralph Rossum and Gary McDowell. Port Washington, N.Y., 1981.

Storing, Herbert J. *What the Anti-Federalists Were For.* Chicago 1981. (Vol.1 of *The Complete Anti-Federalist* issued separately as a paperback.)

——. "The Constitution and the Bill of Rights." In *Essays on the Constitution of the United States,* ed. M. Judd Harmon. Port Washington, N.Y., 1978. Also in *Taking the Constitution Seriously: Essays on the Constitution and Constitution Law,* ed. Gary McDowell. Dubuque, Iowa, 1981.

——. "The Constitution Convention: Toward a More Perfect Union." In *American Political Thought: The Philosophic Dimension of American Statesmanship*, 2nd ed., ed. Morton J. Frisch and Richard G. Stevens. Dubuque, Iowa, 1976.

—— "The 'Other' Federalist Papers: A Preliminary Sketch." *Political Science Reviewer* 6 (1976): 215-247.

Storing, Herbert J., ed. *The Complete Anti-Federalist.* 7 vols. Chicago, 1981.

Wood, Gordon. "The Democratization of Mind in the American Revolution." In *The Moral Foundations of the American Republic,* ed. Robert H. Horwitz. Charlottesville, Va., 1977.

Wood, Gordon, ed. *The Confederation and the Constitution: The Critical Issues.* Boston, 1973.

Yarbrough, Jean. "Representation and Republican Government: Two Views." *Publius* 9,no. 2 (1979): 77–78.

索引

说明：

中译本的索引尝试用一种新的编排方式。译者放弃目前国内学术译著中索引照搬原文、按英文字母排序的惯常做法，改为按中文词条的汉语拼音排序，并以带标点的居先。愚以为这样能使读者查阅更加便捷，充分发挥索引的检索功能。因此，读者在索引中检索外国人名时，需注意按其姓氏而非名字的中文拼音顺序排检，如：约翰·亚当斯（John Adams），索引中作：亚当斯，约翰（Adams, John）。索引各项页码指原文页码，即本书边码。

附录

一、人物化名与实名对照表

说明：

1. 表中所列人物以本书为主，实名由译者考证，供参考。

2. 为便于检索，排序方式参见前文"索引"。

3. 化名中文用楷体标识。

	化名中文	化名	实名中文	实名
1			蔡斯，塞缪尔	Chase, Samuel
2			德维特，约翰	DeWitt, John
3			格里，艾尔布里奇	Gerry, Elbridge
4			亨利，帕特里克	Henry, Patrick
5			亨布尔，约翰	Humble, John
6			马丁，路德	Martin, Luther
7			梅森，乔治	Mason, George
8			佩恩，威廉	Penn, William
9			伦道夫，埃德蒙	Randolph, Edmund
10			史密斯，梅兰克顿	Smith, Melancton

	化名中文	化名	实名中文	实名
11	（马里兰）农夫	A [Maryland] Farmer	默塞，约翰·弗朗西斯	Mercer, John Francis
12	（宾夕法尼亚）农夫	A [Pennsylvania] Farmer		
13	纽约公民	A Citizen of New York	杰伊，约翰	Jay, John
14	来自达切斯的乡下人	A Countryman from Dutchess County		
15	民主人士	A Democratic		
16	地产者	A Landholder	埃尔斯沃思，奥利弗	Ellsworth, Oliver
17	自由之子	A Son of Liberty		
18	阿格里帕	Agrippa	温斯罗普，詹姆斯	Winthrop, James
19	美利坚公民	American Citizen	韦伯斯特，诺亚	Webster, Noah
20	美利坚公民	An American Citizen	考克斯，坦奇	Coxe, Tench
21	亚里斯泰迪斯	Aristides	汉森，亚历山大·康蒂	Hanson, Alexander Contee
22	布鲁图斯（纽约）	Brutus（New York）	耶茨，罗伯特	Yates, Robert
23	布鲁图斯（弗吉尼亚）	Brutus（Virginia）		

	化名中文	化名	实名中文	实名
24	加图	Cato	克林顿，乔治	Clinton, George
25	森提内尔	Centinel	布莱恩，塞缪尔	Bryan, Samuel
26	辛辛纳图斯	Cincinnatus		
27	美洲爱国者	Columbian Patriot	沃伦，默西	Warren, Mercy
28	科尼利厄斯	Cornelius		
29	得了感冒的委员	Delegate Who Has Catched Cold		
30	深思熟虑者	Deliberator		
31	民主联邦主义者	Democratic Federalist		
32	农夫	Farmer		
33	联邦农夫	Federal Farmer	李，理查德·亨利	Lee, Richard Henry
34	联邦共和主义者	Federal Republican		
35	公正考察者	Impartial Examiner		
36	老辉格党	Old Whig		
37	一位民众	One of the Common People		
38	费城人	Philadelphiensis		
39	普利比安	Plebeian		

	化名中文	化名	实名中文	实名
40	珀普利克拉	Poplicola		
41	普布里乌斯	Publius	汉密尔顿，亚历山大；麦迪逊，詹姆斯；杰伊，约翰	Hamilton, Alexander; Madison, James; Jay, John
42	共和人士	Republicus		
43	宾夕法尼亚邦大会少数派	The Minority of the Convention of Pennsylvania	布莱恩，塞缪尔	Bryan, Samuel
44	Z	Z		

二、费城会议前后13个殖民地（邦、州）基本情况

	开始殖民的时间	原殖民地类型	批准邦联宪法、建立邦政府的时间	批准《联邦宪法》加入联邦的时间	1780年人口数（千人）	1790年概况		
						人口（千人）	土地面积（km²）	众议院席位
新罕布什尔			1776.1.5	1788.6.21	88	142	23300	3
马萨诸塞	1630	公司型	1780.6.16	1788.2.6	267	379	20746	8
罗得岛	1636	契约型	1776.5	1790.5.29	53	69	2753	1
康涅狄格	1639	契约型	1776.10	1788.1.9	207	238	12435	5
纽约	1664	领主型	1776.4.20	1788.7.26	211	340	122942	6
新泽西	1664	领主型	1776.7.2	1787.12.18	140	184	19386	4
宾夕法尼亚	1681	领主型	1776.9.28	1787.12.12	327	434	115667	8
特拉华	1701	领主型	1776.9.21	1787.10.10	45	59	5070	1

续表

	开始殖民的时间	原殖民地类型	批准邦联宪法、建立邦政府的时间	批准《联邦宪法》加入联邦的时间	1780年人口数（千人）	1790年概况		
						人口（千人）	土地面积（km²）	众议院席位
马里兰	1632	领主型	1776.11.8	1788.4.28	246	320	25797	6
弗吉尼亚	1607	公司型	1776.6.29	1788.6.25	538	748	165852	10
北卡罗来纳	1662	领主型	1776.12.18	1789.10.21	270	394	125749	5
南卡罗来纳	1662	领主型	1776.3.26	1788.5.23	180	249	78677	5
佐治亚	1732	领主型	1776.2.5	1788.1.2	56	83	374606	3
合计					2628	3637	1092980	65

说明：以上人口数均包含奴隶人口数。

转引自［美］麦迪逊：《辩论：美国制宪会议记录》（下），尹宣译，沈阳：辽宁教育出版社，2003年，第887—894页。

三、《邦联条例》

美利坚合众国各州代表，于公元 1777 年 11 月 15 日美国独立之翌年，一致通过本邦联条款，永结联盟，参与结盟者，计有：新罕布什尔州、马萨诸塞州、罗得艾兰州及普威腾士种植园、康涅狄格州、纽约州、新泽西州、宾夕法尼亚州、特拉华州、马里兰州、弗吉尼亚州、北卡罗来纳州、南卡罗来纳及佐治亚州。

第一条　本邦联定名为"美利坚合众国"。

第二条　各州均保留其主权、自由与独立，凡未经本条款明示授给合众国之各项权力、司法权及权利，均由各州保留之。

第三条　基于共同安全，确保自由与增进各州彼此间及全民福利，各州一致同意成立坚固之友谊联盟，相互约束，协助抵御所有武力侵略，或以宗教、主权、贸易或任何其他借口而发起之攻击。

第四条　为完善确保及巩固本联盟各州人民间之相互友谊与交往，每州之自由居民、穷人、流浪者及逃亡者，得享受各州自由居民所享有之所有权利及豁免权；每州之人民有自由进出任何他州之权利，并享有他州之所有贸易与商业权，亦受相同之抽税与限制，但此项限制不得禁止将国外输入之财产移往任何一州以及财产所有者居住之任何其他州；任何一州亦不得对合众国或各州之财产抽税或加以限制。

凡在任何一州触犯或被控以叛国罪、重罪或其他次重罪而逃出该州司法权外，并在他州被发现者，他州应即根据该罪犯所逃出州行政首长之请求，将该罪犯交出，并移解至对该罪犯有司法权之州。

各州对他州法院及司法官之各项记录、法案及司法程序应给予完全尊重与信任。

第五条 为更方便管理合众国之全民福利，各州立法机关应每年指派代表出席 11 月第一个星期一所召开之邦联议会，但各州保有在该年内随时撤回代表并在该年之剩余时间内选派新代表继任之权。

各州所指派之邦联议会代表不得少于二人，亦不得多于七人；在六年期限内不能有人任代表达三年以上；任何邦联议会代表为自己或由别人为其利益而领受工资、报酬或任何津贴者，均不得在合众国之下任职。

各州应保有本州之代表作为邦联议会委员会之委员出席合众国议会。

邦联议会决议各项有关合众国之问题时，每州均持有一票投票权。

邦联议会成员在会场内或会场外任何地方之自由言论及辩论，不受任何法院之弹劾或质询。议会成员除犯叛国罪、重罪或破坏治安外，在往返议会途中及开会期间，应保障其人身不受逮捕及拘禁。

第六条 未经邦联议会同意，各州不能派遣或接受任何大使或与任何国君或国家举行任何会议，签订任何协定、同盟或条约；在合众国或任何州担任具有营利或信任之职位之任何人，不得从任何国君或外国接受任何礼物、津贴、职位或任何头衔；合众国或任何州均不得颁赐任何爵位。

未经议会同意，并述明缔结之目的及存续期，各两州或更多之州，不得缔结任何条约、邦联或同盟。

对于合众国议会为履行早经议会所建议之对法国王朝及西班牙王朝之条约及与任何国君或国家所签订之条约，各州不得征收违反该条约规定之任何进口税或关税。

除合众国议会认可为保卫该州及其贸易所必要战舰数量外，任何州均不得于和平时期拥有战舰；除合众国议会核定为守卫该州防务所必要的要塞部队数量外，任何州均不得于和平时期拥有任何军队；但各州应随时拥有纪律严明、武装精良之民兵，并应在公众仓库中拥有随时可用之适量野战炮、营帐、武器、弹药及营地设备。

除确实遭受敌人侵略或获知某印第安部族决意侵略该州的情报，而情势紧迫不容延误，不及咨询议会外，未经议会同意，各州不得从事任何战争。非经合众国议会宣战，各州不得对任何战舰授予委任状或逮捕及报复特许证。对已由议会宣战者，亦仅得对已宣战王国、国家及其人民依议会之规定行事。但各州受海盗骚扰者，得在情势危险存续期间，装备战舰以资应敌，直至议会另有决议为止。

第七条　各州为一般防务所征召之陆军，所有上校级及以下之军官，由各征召或负责指挥之州立法机关分别任命，军官出缺时，由原任命之州补足之。

第八条　所有作战费用及所有其他为国防或全民福利所招致之费用，经邦联议会同意者，应由国库支付。国库收入由各州依其境内之土地价值比例分摊之。各州之土地、建筑物及其改良之价值，应依议会所规定之方式按时估定之。各州按比例应负担之税额，由各州立法机关依其权限及指令在议会议定期限内规定并征收之。

第九条　合众国议会单独拥有决定宣战媾和的绝对权力，但第六条中所述情况不在此限。合众国议会单独拥有绝对权力派遣及接受大使及签订条约、缔结同盟。凡被禁止立法征收外国人进口税及关税（各州本身人民除外）之各州或被禁止进出口各类货物或商品之各州，均不得对外签订商务条约。议会拥有绝对权力制定讼案裁判法则，决定何种陆上或水上俘获为合法，决定为合众国服役之陆海军所掳获之战利品应以何种方式分配。议会拥有绝对权力在和平时期颁发逮捕及报复特许证。议会拥有绝对权力任命法庭审理公海上之海盗罪及重罪案件，并设置法庭受理并裁决所有有关掳获案件的最后上诉，但议会成员均不得被任命为上述法庭之法官。

对于现有一切纠纷分歧，或可能成为二州或二州以上涉及境界、管辖或其他事件之诉讼，议会为最后上诉机构，审判权则随时均应以下列方式行使。凡州与州间发生争执时，其立法当局或行政当局或合法代表人，应向议会提出呈文，述明争端并请求审理，议会则下令通知被告州之立法当局，或行政当局，并指定当事人合法代表出庭之日期。议会指令所有合法代理人以一致同意的方式任命司法长官或法官组成法庭，审理裁判上述案件。无法获得一致同意的任命者，议会应由每州提名三人编列名单，由双方当事人轮流剔除一位，由原告一方开始，直至名单中仅剩十三人为止，此十三人中再由议会以抽签方式选出九人以下七人以上或任何五人，充任司法长官或法官，对争执审理并做最后之裁判，案件裁判需依参与审理法官之多数意见为准。如某方当事人未于指定日期到庭应讯，并未述明理由者，但议会认为其有充分理由，或如到庭应讯而又拒绝剔除名单，则议会应径由每州提名三人，由议会负责人代表缺席之当事人或拒绝剔除名单之当事人剔除名单；被任命之法庭以上述方式所做之裁判，具有最终及绝对效力；如任何一方拒绝服从该法庭之裁判，或提出要求或为其要求辩护，议会仍应进行宣判，此项宣判同样具有最终及绝对效力。不论在上述两种情况中之任何一种所做之裁判及其他过程，需送交议会，并为当事人之安全起见，存放于议会之档案中。议会规定每一司法长官在参与裁判前，由审理该案所在州之最高或高等法院法官监誓："余谨就个人最佳判断，慎重审理裁判此一案件，绝无偏袒、私情或获取报酬之意图。"议会亦规定不得为合众国利益剥夺任何州之领土。

由于两州或更多州之不同承诺而发生土地私权之各项争执，应由首先承诺此项土地权利之州，对此项土地行使司法权，但如一方或一方以上同时宣称早已拥有司法权，则应依照当事人对议会之申请，由议会参照解决各州领域争执之方式，尽可能作类似之最终裁判。

合众国议会单独拥有绝对权力规定由议会或各州铸造硬币之成色与价值，规定全国度量衡之标准，规定管理与印第安人之贸易和其他事务，但不得侵犯各州在其境内之立法权。合众国议会拥有绝对权力设立管理全国各州间之邮局，并收取与各邮局必要开支相等之邮资。除团部军官外，议会有权任命所有服役合众国之陆海军军官，并有权委派服役合众国之各类官员；有权为政府制定陆海军管理条例，并指挥其作战。

合众国议会有权任命一个委员会，在议会休会期间理事，名曰"合众国委员会"，由每州出一名代表组成；为管理合众国一般事务，有权任命其他类似之委员会及公务官员；有权任命其中一人担任主席，但主席之任期，在每三年任期中不得超过一年；有权确定因合众国利益而募集必要之金钱数目，并为公共费用支出而分配及运用该项金钱；有权举债并以合众国信用发行债券，但每半年应向各州报告其负债数量或发行债券之数量；有权建立及装备海军；有权决定陆军之数量并依各州白种居民人数比例，决定各州征兵限额；由于征兵系各州应尽之义务，各州立法机关应任命团级军官，征召士兵，以合众国费用装备军队，并于议会议定之期限内，开至指定地点。但如议会依情况判断，可认为某州不宜征兵，或仅宜征小于限额数量之兵员；也可认为某州宜征大于限额之兵员，其超征之士兵亦应与本州限额内之士兵以同样方式装备。但若各州立法机关认为超征之兵为安全所需，则由各州装备之。此军队亦应于议会议定之期限内开至指定地点。

除非经九个州一致同意，合众国议会不得从事战争或于和平时期颁发逮捕及报复特许证，或签订条约、缔结同盟，或铸造货币并规定其价值，或核定国防或任何一州之防务及全民或任何一州人民之福利费用，或发行债券，或以合众国信用举债，或拨款，或议定应建造或购买之战舰数量及征召陆海军之数量，或任命陆军或海军总司令。除在以决议确定之休会期间内，任何其他各项争议，均应经合众国议会多数票表决决议之。

合众国议会有权在一年内休会至任何时期，并迁移至合众国任何地方开会，因此休会期不能超过六个月。议会议事录应每月出版，但议会认为需保密之有关条约、同盟或军事行动等部分除外。各州代表对各项问题之肯定及否定意见，应根据任何一名代表之请求，登载于议事录上。议会亦应根据某州代表团或任何一名代表之请求，提供上述议事录之副本，存置于各州立法机关，但上述之保密部分除外。

第十条 邦联议会休会期间，应授权合众国委员会或任何九个州，执行经九个州同意赋予议会之权力；但根据邦联条款规定，在邦联议会中应经九个州一致通过之权力，则不得授予该委员会行使。

第十一条 加拿大有意参加本邦联及合众国之度量衡标准，应准予加入并享受本邦联之各项利益。但其他殖民地，除非经九个州一致同意，不得准予加入。

第十二条　在合众国议会集会成立邦联之前，所有已由议会或在议会之下所发行之钞票，所借入之款项及所负债务均视为合众国所应偿还者，谨在此以联邦及全民之信用严肃担保偿付之。

第十三条　合众国议会就各项问题所作决议，依本邦联条例规定分送各州，各州有遵守之义务。各州应绝对遵守本邦联条例之规定。本邦联应永久存在。除邦联议会同意并随后经每一州之立法机关批准外，不得于任何时间对本邦联条例作任何修正。

吾等仰承天意，分别代表各州议会参与邦联议会，批准本邦联条例及永结联盟。吾等在条款之下签名之各州代表，依据各州授权，以各州选民之名义，代表他们绝对承认并批准本邦联条例各项规定及永结同盟，谨进一步严肃担保履行各州选民之付托，遵守合众国议会依据本邦联条例规定送交各州就各项问题所作之决议。吾等所代表之各州应绝对遵守本邦联条例之规定。本邦联应永久存在。本邦联条例于公元 1778 年 7 月 9 日，即美国独立后之第三年，于宾夕法尼亚州费城集会制定。吾等谨于邦联议会宣誓，以资证明。

四、费城会议代表名单

在美国邦联时期的 13 个邦中，除罗得岛外，其他 12 个邦共派出 55 位代表，名单如下 ①：

新罕布什尔 2 人：约翰·兰登（John Langdon）、尼古拉斯·吉尔曼（Nicholas Gilman）；

---

① 下画线者为因健康原因提前离会或者持反对意见而没有在《宪法》草案上签字的代表，计 16 人。参见麦迪逊：《辩论：美国制宪会议记录》（下），尹宣译，沈阳：辽宁教育出版社，2003 年，附录十"制宪会议代表的出勤情况"，第 880-884 页。

马萨诸塞 4 人：纳撒尼尔·戈汉姆（Nathaniel Gorham）、艾尔布里奇·格里（Elbridge Gerry）、鲁弗斯·金（Rufus King）、卡立巴·斯特朗（Caleb Strong）；

康涅狄格 3 人：奥利弗·艾尔斯沃思（Oliver Ellsworth）、威廉·塞缪尔·约翰逊（William Samuel Johnson）、罗杰·谢尔曼（Roger Sherman）；

纽约 3 人：罗伯特·耶茨（Robert Yates）、约翰·兰辛（John Lansing, Jr.）、亚历山大·汉密尔顿（Alexr. Hamilton）；

新泽西 5 人：威廉·利文斯顿（William Livingston）、威廉·佩特森（William Patterson）、戴维·布瑞利（David Brearly）、乔纳森·戴顿（Jonathan Dayton）、威廉·豪斯顿（William Houston）；

宾夕法尼亚 8 人：本杰明·富兰克林（Benjamin Franklin）、詹姆斯·威尔逊（James Wilson）、古文诺·莫里斯（Govurneur Morris）、罗伯特·莫里斯（Robert Morris）、托马斯·米弗林（Thomas Mifflin）、贾雷德·英格索尔（Jared Ingersoll）、乔治·克莱默（George Clymer）、托马斯·菲茨西蒙斯（Thomas Fitzsimmons）；

特拉华 5 人：约翰·迪金森（John Dickinson）、乔治·里德（George Read）、冈宁·贝德福德（Gunning Bedford, Jr.）、理查德·巴塞特（Richard Basset）、雅各布·布鲁姆（Jacob Broome）；

马里兰 5 人：圣托马斯·詹尼弗的丹尼尔（Daniel of St. Thomas Jennifer）、詹姆斯·麦克亨利（James McHenry）、路德·马丁（Luther Martin）、丹尼尔·卡罗尔（Daniel Carroll）、约翰·弗朗西斯·默塞（John Francis Mercer）；

弗吉尼亚 7 人：乔治·华盛顿（George Washington）、乔治·梅森（George Mason）、埃德蒙·伦道夫（Edmund Randolph）、詹姆斯·麦迪逊（James Madison）、乔治·韦思（George Wythe）、詹姆斯·麦克朗（James McClurg）、约翰·布莱尔（John Blair）；

北卡罗来纳 5 人：亚历山大·马丁（Alexander Martin）、休·威廉森（Hugh Williamson）、理查德·多布斯·斯佩特（Richard Dobbs Spaight）、威廉·布朗特（William Blount）、威廉·理查森·戴维（William Richardson Davie）；

南卡罗来纳 4 人：皮尔斯·巴特勒（Pierce Butler）、查尔斯·科茨沃斯·平克尼（Charles Cotesworth Pinckney）、查尔斯·平克尼（Charles Pinckney）、约翰·拉特里奇（John Rutledge）；

佐治亚 4 人：威廉·菲尤（William Few）、亚伯拉罕·鲍德温（Abraham Baldwin）、威廉·皮尔斯（William Pierce）、威廉·豪斯通（William Houstoun）。

五、费城会议《宪法》草案

序言

我们合众国人民，为了建立一个更完善的联邦，树立正义，确保国内安宁，提供共同防御，增进公共福利，并保证我们自身和子孙后代永享自由的幸福，特制定美利坚合众国宪法。

第一条

第一款

本宪法所授予的全部立法权均属于由参议院和众议院组成的

合众国国会。

第二款

众议院由各州人民每两年选举产生的议员组成，每州的选举人应具备该州州议会人数最多一院的选举人所需具备的资格。

年龄未满 25 岁，为合众国公民未满 7 年以及当选时非其选出州居民者，不得为众议院议员。

众议院人数和直接税税额均应按本联邦所辖各州的人口比例分配于各州，各州人口数目指自由人总数加上所有其他人口的 3/5。自由人总数包括必须在一定年限内服役的人，但不包括未被征税的印第安人。人口的实际统计应于合众国国会第一次会议 3 年内，以及此后每 10 年内依照法律规定的方式进行。众议员人数以每 3 万人选出 1 人为限，但每州至少应有众议员 1 人。在实行此种人口统计前，新罕布什尔州可选出 3 人，马萨诸塞州 8 人，罗得岛州和普罗维登斯种植地 1 人，康涅狄格州 5 人，纽约州 6 人，新泽西州 4 人，宾夕法尼亚州 8 人，特拉华州 1 人，马里兰州 6 人，弗吉尼亚州 10 人，北卡罗来纳州 5 人，南卡罗来纳州 5 人，佐治亚州 3 人。

任何一州所选众议员中出现缺额时，该州行政长官应发布选举令以补足此项缺额。

众议院应选举该院议长和其他官员，并独自享有弹劾权。

第三款

合众国参议院由每州州议会选出 2 名参议员组成，参议员任期 6 年，每名参议员有 1 票表决权。

参议员在第一次选举后集会时，即应尽可能平均分为三组：第一组参议员应于第 2 年年终改选，第二组参议员应于第 4 年年终改选，第 3 组参议员应于第 6 年年终改选，以便每两年改选参议员总数的 1/3。

在任何一州州议会休会期间，如因辞职或其他原因出现参议员缺额，该州行政长官可在州议会召开下次会议补足缺额之前，任命临时参议员。

年龄未满 30 岁，为合众国公民未满 9 年以及当选时非其选出州居民者，不得为参议院议员。

合众国副总统应为参议院议长，但除非出现该院全体参议员的赞成票和反对票相等的情况，无表决权。

参议院应选定本院其他官员，遇副总统缺席或行使合众国总统职权时，应选举临时议长。

参议院享有审理一切弹劾案的全权。因审理弹劾案而开庭时，参议员应进行宣誓或作郑重声明。合众国总统受审时，应由最高法院首席大法官主持审判，无论何人，非经出席参议员 2/3 人数同意，不得被定罪。

弹劾案的判决，应以免职和剥夺其担任和享有合众国荣誉职位、信任职位或高收益职位的资格为限；但被定罪者仍应依法接受起诉、审讯、判决和惩罚。

第四款

举行参议员和众议员选举的时间、地点和方式，由各州州议会自行规定，但除选举参议员的地点一项外，国会可随时以法律制定或改变此类规定。

国会每年至少应开会一次，除以法律另行指定日期外，会议应在 12 月第一个星期一举行。

第五款

各院应自行审查本院议员的选举、选举结果报告和议员资格；各院议员出席过半数即构成议事的法定人数；不足法定人数时可逐日休会，并可依照各院规定的方式与罚则强迫缺席议员出席会议。

各院可制定其议事规则，处罚扰乱秩序的议员，并可经 2/3 人数同意开除议员。

各院应保持本院的会议记录，并不时予以公布，但各院认为需要保密的那部分除外；各院议员对任何问题所投的赞成票和反对票应依 1/5 出席议员的请求，载入会议记录。

在国会开会期间，一院未经另一院同意不得休会 3 日以上，也不得从两院开会地点移往他处。

第六款

参议员和众议员应取得由法律规定，并从合众国国库中支付的服务报酬。两院议员，除犯有叛国罪、重罪和妨害治安罪外，在出席各自议院会议期间和往返于各自议院途中不受逮捕；也不得因其在各自议院发表的演说或辩论而在其他任何地方受到质问。

参议员或众议员在其当选期内不得出任合众国当局在此期间设置或增加薪俸的任何文官职务；在合众国属下供职者，在其继续任职期间，不得担任国会任何一院的议员。

第七款

所有征税议案应首先由众议院提出；但参议院可以如同对待其他议案一样，提出修正案或对修正案表示赞同。

众议院或参议院通过的每一议案，均应在成为法律之前送交合众国总统；总统如批准该议案，即应签署；如不批准，则应附上异议书，将议案退还给提出该项议案的议院，该院应将总统异议详细载入本院会议记录，并进行复议。如复议后，该院 2/3 议员同意通过，即应将该议案连同异议书送交另一院，另一院亦应加以复议，如经该院 2/3 议员认可，该项议案即成为法律。但在这种情况下，两院的表决应以投赞成票和反对票决定，投赞成票或反对票的议员的姓名应分别载入各院的会议记录。如议案在送交总统后 10 日内（星期日除外）未经退还，即视为业经总统签署，该项议案即成为法律；但如因国会休会而阻碍该议案退还，则该项议案不能成为法律。

凡须经参议院和众议院一致同意的命令、决议或表决（有关休会问题者除外）均应送交合众国总统，以上命令、决议或表决须经总统批准始能生效。如总统不予批准，则应按照对于议案所规定的规则与限制，由参议院和众议院 2/3 议员再行通过。

第八款

国会拥有下列权力：

规定和征收直接税、间接税、进口税与消费税，以偿付国债，以及为合众国提供共同防御和公共福利，但所有间接税、进口税与消费税应全国统一；

以合众国的名义借贷款项；

管理合众国与外国的、各州之间的以及与印第安部落的贸易；

制定全国统一的归化条例和破产法；

铸造货币，厘定国币和外币的价值，并确定度量衡的标准；

制定关于伪造合众国证券和通货的罚则；

设立邮局并开辟邮路；

保障著作家和发明家对其著作和发明在限定期间内的专利权，以促进科学与实用技艺的发展；

设立低于最高法院的各级法院；

明确划定并惩罚在公海上所犯的海盗罪与重罪以及违反国际法的犯罪行为；

宣战，颁发缉拿敌船许可证和报复性拘捕证，制定关于陆上和水上的拘捕条例；

招募陆军并供应给养，但此项用途的拨款期限不得超过两年；

装备海军并供应给养；制定统辖和管理陆海军的条例；规定征召民兵以执行联邦法律、平息叛乱和抵御外侮的条例；规定征召民兵的组织、装备和纪律，规定可能征召为合众国服务的那部分民兵的管理办法；但民兵军官的任命和按照国会规定的纪律训练民兵的权力由各州保留；

在任何情况下，对由某些州让与合众国，经国会接受，充作合众国政府所在地的区域（其面积不超过 100 平方英里）行使专有的立法权；并对经州立法机构同意由合众国在该州购买的一切用于修筑要塞、军火库、兵工厂、船厂及其他必要建筑物的地方行使同样的权力；

制定为执行以上各项权力和依据本宪法授予合众国政府或政府中任何机构或官员的其他一切权力所必要和适当的法律。

第九款

现有任何一州认为应予接纳的人员移居或入境时，国会在 1808 年以前不得加以禁止；但对入境者可征收每人不超过 10 美元的税金或关税。

根据人身保护令享有的特权，除非在发生叛乱或遭遇入侵，公共治安需要停止此项特权时，不得中止。

不得通过公民权利剥夺法案或追溯既往的法律。

除按本宪法前文对人口普查或统计结果规定的比例征税外，不得征收人头税或其他直接税。

对于从任何一州输入的货物不得征收直接税或间接税。

任何贸易条例或税收条例不得给予一州港口以优于另一州港口的特惠，开往或来自一州的船舶不得强令其在另一州入港、出港或交纳关税。

除依据法律规定拨款外，不得从国库支款；一切公款的收支报告和账目应不时予以公布。

合众国不得授予贵族爵位；在合众国担任任何信任职位或高收益职位者，未经国会许可，不得接受任何外国君主或国家所赠予的任何礼物、酬金、官职或爵位。

第十款

无论何州不得缔结条约、结盟或加入联邦；不得颁发缉拿敌船许可证和报复性拘捕证；不得铸造货币；不得发行信用券；不得将金银币以外的任何物品作为偿还债务的法定货币；不得通过公民权利剥夺法案、追溯既往的法律或损害契约义务的法律；不得授予任何贵族爵位。

无论何州，不经国会同意，不得对进出口货物征收进口税或间接税，但为执行该州检查法令所绝对必要者不在此限。任何一州对进出口货物征得的一切间接税和进口税的净所得额应充合众国国库之用，所有这类法律都应由国会负责修订与控制。

无论何州，未经国会同意，不得征收船舶吨位税，不得在和平时期保持军队或战舰，不得与另一州或外国缔结协定或条约，除非已实际遭受入侵或遇到刻不容缓的危险，不得进行战争。

第二条

第一款

行政权属于美利坚合众国总统。总统任期为 4 年，副总统任期与总统任期相同。总统和副总统的选举办法如下：

各州应按照该州议会规定的方式选派选举人若干名，其人数应与该州所应选派于国会的参议员和众议员的总数相等；但参议员或众议员或在合众国政府中担任信任职位或高收益职位者不得被选派为选举人。

选举人应在本州集会，投票选举 2 人，其中至少应有 1 人不是选举人同州的居民。选举人应开列名单，写明所有被选举人和每人所得票数；他们还应签名作证，并将封印后的名单送至合众国政府所在地交与参议院议长。参议院议长应于参众两院全体议员之前，开拆所有来件，计算票数。获得选票最多者如选票超出选举人总数的一半即当选为总统。

如不止 1 人获得半数选票且票数相当，众议院应立即投票其中 1 人为总统。如无人获得过半数票，则众议院应以同样方式从名单上得票最多的 5 人中选举 1 人为总统。但众议院选举总统时应以州为单位投票，每州代表有 1 票表决权；以此种方式选举总统的法定人数为全国 2/3 的州各有 1 名或数名代表出席，并须取得所有州的过半数票始能当选。在总统选出后，获得选举人所投票数最多者即当选为副总统；但如有 2 人或数人获得相等票数，参议院应投票选举其中 1 人为副总统。

国会可决定选出选举人的时间以及选举人的投票日期，该日期须全国统一。

任何人除出生于合众国的公民或在本宪法通过时已为合众国公民者外，不得当选为总统。年龄未满 35 岁及居住于合众国境内未满 14 年者亦不得当选为总统。

如遇总统免职、死亡、辞职或丧失履行总统权力和职责的能力时，该项职务应移交给副总统；在总统与副总统均为免职、死亡、辞职或丧失履行总统权力和职责的能力时，国会得依法律规定宣布某一官员代行总统职权，该官员即为总统，直至总统恢复任职能力或新总统选出为止。

总统应在规定时间获得服务报酬，此项报酬在其当选任总统期间不得增加或减少。总统在任期内不得收受合众国或任何一州给予的任何其他酬金。

总统在就职前应作如下宣誓或郑重声明：

"我谨庄严宣誓（或郑重声明），我一定忠实执行合众国总统职务，竭尽全力，恪守、维护和捍卫合众国宪法。"

第二款

总统为合众国陆海军的总司令，并在各州民团奉召为合众国执行任务时担任统帅；他可以要求每个行政部门的主管官员提出有关他们职务的任何事件的书面意见，除了弹劾案之外，他有权对于违犯合众国法律者颁赐缓刑和特赦。

总统有权缔订条约，但须取得参议院的意见和同意，并须出席的参议员中 2/3 的人赞成；总统应提出人选，并于取得参议院的意见和同意后，任命大使、公使及领事、最高法院的法官，以及一切其他在本宪法中未经明定、但以后将依法律的规定而设置之合众国官员。国会可以制定法律，酌情把这些下级官员的任命权授予总统本人，或授予法院，或授予各部部长。

在参议院休会期间，如遇有职位出缺，总统有权任命官员补充缺额，任期于参议院下届会议结束时终结。

第三款

总统应经常向国会做有关国情的报告，并向国会提出他认为必要和适当的措施，供其考虑；在非常时期，总统可召集两院或其中一院开会，如两院对于休会时间意见不一致时，总统可使两院休会到他认为适当的时期为止；总统应接见大使和公使；他应监督一切法律的切实执行，并任命合众国的一切官员。

第四款

合众国总统、副总统及其他所有文官，因叛国、贿赂或其他重罪和轻罪而遭弹劾并被判定有罪时，应予以免职。

第三条

第一款

合众国的司法权属于最高法院以及由国会随时下令设立的低级法院。最高法院和低级法院的法官，如果尽忠职守得继续任职，并应在规定时间获得服务报酬，此项报酬在他们继续任职期间不得减少。

第二款

司法权适用的范围如下：一切基于本宪法、合众国法律以及根据合众国权力所缔结的及将缔结的条约而产生的普通法的及衡平法的案件；一切涉及大使、其他使节及领事的案件；一切有关海事法和海事管辖权的案件；以合众国为当事人的诉讼；两个州或数个州之间的诉讼；一州与另一州的公民之间的诉讼；一州公民与另一州公民之间的诉讼；同州公民之间对他州让与土地的所有权的诉讼；一州或其公民与外国或外国公民或国民之间的诉讼。

在一切有关大使、公使、领事以及州为当事一方的案件中，最高法院有最初审理权。在上述所有其他案件中，最高法院享有受理上诉的权力，既包括涉及法律的上诉，也包括涉及事实的上述，但由国会规定为例外及另有处理条例者，不在此限。

一切罪案，除弹劾案外，均应由陪审团审判；审判应在所控犯罪发生的州内进行；但如不止在一个州内发生，审判应在国会以法律规定的一处或数处地点进行。

第三款

只有对合众国发动战争，或依附、帮助、庇护合众国敌人者，才犯叛国罪。无论何人，如非经由两个证人证明他的公然的叛国行为，或经由本人在公开法庭认罪者，均不得被判叛国罪。

国会有权宣布对于叛国罪的惩处，但叛国罪犯公民权的剥夺，不得影响其继承人的权益，除剥夺公民权利终身外，不得包括没收财产。

第四条

第一款

各州对其他州的公共法令、记录和司法诉讼程序应给予完全的信任和尊重。国会可用一般法律规定此类法令、记录和司法诉讼程序的验定方法及其效力。

第二款

每州公民应享受其他各州公民所有之一切特权及豁免权。

凡在任何一州被控犯有叛国罪、重罪或其他罪行的人并于另一州被缉获时，该州应即依照该人所逃出之州的行政当局的请求，将其交出，以便押送到对该罪行有审理权的州。

凡根据一州之法律应在该州服兵役或服劳役者，逃往另一州时，不得根据逃往州的任何法律或规章解除该兵役或劳役，而应依照有权得到劳役或劳动的当事人的要求，将其交出。

第三款

国会可准许新州加入本联邦，但不得在任何其他州的管辖权之内组成或建立新州，亦不得未经有关州议会和国会同意合并两州或数州的部分地区建立新州。

国会有权处置并制定合众国领土或其他财产的一切必要法章和条例；对本宪法条文，不得做有损于合众国或任何特定州的任何权利的解释。

第四款

合众国应保障联邦各州实行共和政体，保护各州免受入侵，并应根据州议会或州行政长官（当州议会不能召集时）的请求平定内乱。

第五条

国会应在两院各 2/3 议员认为必要时，提出本宪法的修正案，或根据全国 2/3 州议会的请求召开会议提出修正案。以上任何一种情况下提出的修正案，经全国的州议会或 3/4 州的宪法会议批准，即成为本宪法的一部分而发生实际效力；采用哪种批准方式可由国会提出。但在 1808 年前所制定的修正案不得以任何形式影响本宪法第一条第九款之第一、第四两项；任何一州，未经其同意，不得被剥夺它在参议院中的平等投票权。

第六条

本宪法生效前所负的一切债务和所签订一切契约在本宪法生效后对合众国仍然有效，其效力一如邦联时代。

本宪法及依照本宪法所制定之合众国法律，以及根据合众国权力所缔结或将缔结的一切条约，均为全国的最高法律；即使与任何一州的宪法或法律相抵触，各州的法官仍应遵守。任何一州宪法或法律中任何与之相悖的内容，均为无效。

上述参议员和众议员、各州议会议员以及合众国政府和各州一切行政、司法官员均应宣誓或郑重声明拥护本宪法，但不得以宗教信仰作为担任合众国任何官职或公职的必要资格。

第七条

经过 9 个州的宪法会议批准，即足以使本宪法在批准本宪法的各州成立。

本宪法于耶稣纪元 1787 年，即美利坚合众国独立后第 12 年的 9 月 17 日，经出席会议的各州与会者一致同意后制定。我们谨在此签名作证。

会议主席、弗吉尼亚州代表：乔治·华盛顿

签署人：乔治·华盛顿、亚伯拉罕·鲍德温、理查德·巴塞特、冈宁·贝德福德、约翰·布莱尔、威廉·布朗特、戴维·布瑞利、雅各布·布鲁姆、皮尔斯·巴特勒、丹尼尔·卡罗尔、乔治·克莱默、圣托马斯·詹尼弗的丹尼尔、乔纳森·戴顿、约翰·迪金森、威廉·菲尤、托马斯·菲茨西蒙斯、本杰明·富兰克林、尼古拉斯·吉尔曼、纳撒尼尔·戈汉姆、亚历山大·汉密尔顿、贾雷德·英格索尔、威廉·塞缪尔·约翰逊、鲁弗斯·金、约翰·兰登、威廉·利文斯顿、詹姆斯·麦迪逊、詹姆斯·麦克亨利、托马斯·米弗林、古文诺·莫里斯、罗伯特·莫里斯、威廉·佩特森、查尔斯·科茨沃斯·平克尼、查尔斯·平克尼、乔治·里德、约翰·拉特里奇、罗杰·谢尔曼、理查德·多布斯·斯佩特、休·威廉森、詹姆斯·威尔逊。

六、全集目录

(Herbert J. Storing, *the Complete Anti-Federalist*, Chicago: University of Chicago Press, 1981)

VOLUME ONE

What the Anti-Federalists Were For

VOLUME TWO

PART 1

Objections of Non-Signers of the Constitution

译者后记

　　作为《联邦党人文集》的"姊妹篇",中译本定名为"反联邦论",而不是"反联邦党人文集",其中原因,译者在中译本序言中做了说明。中译本完稿之际,译者对诸多支持与帮助表示诚挚的感谢。

　　清华大学历史系刘北成教授一直关心和指导编译工作,没有他的鞭策和帮助,中译本可能更晚甚至不会问世。

　　浙江大学原副校长罗卫东教授关心本书的出版,我也多次有幸参加浙江大学人文高等研究院举办的启蒙运动学术研讨会。

　　译者于多年前访问美国宾夕法尼亚大学"麦克尼尔早期美国研究中心"(McNeil Center for Early American Studies, University of Pennsylvania)时,中心主任丹尼尔·K. 里克特(Daniel K. Richter)教授及美国同行为我的翻译与研究工作提供了宝贵的学术支持。

　　美国宾夕法尼亚州印第安纳大学王希教授在我访美期间提供了友好的接待,对我的这项翻译与研究提出了宝贵的建议。

　　中译本及相关研究得到了辽宁省社会科学规划基金(项目编号:L16BSS001)和中央高校基本科研业务费专项资金(项目编号:DUT12RC-3-77)的支持。

　　大连理工大学人文与社会科学学部的领导及法律系的同人关心、鼓励译者的编译工作,博士生崔正贤、黄兴华等同学为我提供了技术性帮助。

　　译者感谢上述人员和机构的帮助,但文责自负。

马万利

2020 年夏,于大连理工大学